权威·前沿·原创

皮书系列为
"十二五"国家重点图书出版规划项目

西咸新区蓝皮书

BLUE BOOK OF
XIXIAN NEW AREA

西咸新区发展报告
（2011~2015）

REPORT ON DEVELOPMENT OF XIXIAN NEW AREA
(2011-2015)

主 编/李 扬 王 军

社会科学文献出版社
SOCIAL SCIENCES ACADEMIC PRESS（CHINA）

图书在版编目（CIP）数据

西咸新区发展报告：2011~2015 / 李扬，王军主编
. --北京：社会科学文献出版社，2016.6
（西咸新区蓝皮书）
ISBN 978 - 7 - 5097 - 9145 - 5

Ⅰ. ①西… Ⅱ. ①李… ②王… Ⅲ. ①区域经济发展
- 研究报告 - 陕西省 - 2011~2015②社会发展 - 研究报告
- 陕西省 - 2011~2015 Ⅳ. ①F127.411

中国版本图书馆 CIP 数据核字（2016）第 102342 号

西咸新区蓝皮书
西咸新区发展报告（2011~2015）

主　编／李扬　王军

出 版 人／谢寿光
项目统筹／恽　薇　高　雁
责任编辑／高　雁　颜林柯　恽　薇

出　　　版／社会科学文献出版社·经济与管理出版分社（010）59367226
　　　　　　地址：北京市北三环中路甲 29 号院华龙大厦　邮编：100029
　　　　　　网址：www. ssap. com. cn
发　　　行／市场营销中心（010）59367081　59367018
印　　　装／北京季蜂印刷有限公司

规　　　格／开本：787mm×1092mm　1/16
　　　　　　印张：25　字数：379 千字
版　　　次／2016 年 6 月第 1 版　2016 年 6 月第 1 次印刷
书　　　号／ISBN 978 - 7 - 5097 - 9145 - 5
定　　　价／89.00 元

皮书序列号／B - 2016 - 498

《西咸新区发展报告（2011～2015）》
编委会

主编简介

李 扬 1951 年 9 月出生，籍贯安徽，经济学博士，毕业于中国人民大学财政金融系。

中国社会科学院学部委员，国际欧亚科学院院士。经济学博士。

中国社会科学院经济学部主任。

第十二届全国人大代表，全国人大财经委员会委员。

中国金融学会副会长。中国海洋研究会副理事长。

中国社会科学院原副院长，第三任中国人民银行货币政策委员会委员。

曾五次获得"孙冶方经济科学奖"著作奖和论文奖。2015 年获"中国软科学奖"。同年获首届"孙冶方金融创新奖"。

专业领域：金融、宏观经济、财政。

王 军 1956 年 11 月出生，福建闽侯人。1982 年西北大学汉语言文学专业毕业，文学学士学位。

现任西咸新区党工委书记，十二届全国人大代表，历经市、区和省直部门多个重要岗位，具有丰富的地方政府管理和城市建设经验。曾主导建设西安浐灞生态区，创新区域生态治理的商业模式，建成了西北地区首个国家级生态区；作为 2011 西安世界园艺博览会的操盘手，为西安世园会的策划、申办、建设到举办做出了重要贡献；作为组建西咸新区管委会的负责人之一，为西咸新区谋篇、布局、蓄势和创新城市发展方式、建设现代田园城市打下了坚实基础。

摘　要

《西咸新区发展报告（2011～2015）》主要总结自2011年6月西咸新区管委会成立以来至2015年西咸新区的发展情况，由总报告、分报告、专题报告、实证案例篇、附录组成。总报告系统回顾了西咸新区的建设背景，阐述了建区条件、重要意义和发展蓝图，总结了4年多来西咸新区的开发建设成效，在分析当前面临的宏观环境和运行态势的基础上，提出今后一个时期加快西咸新区发展的对策建议；分报告对空港、沣东、秦汉、沣西、泾河五个新城和西咸集团4年多来的开发建设情况进行了全面总结，针对存在的问题提出今后发展思路和措施；专题报告对西咸新区开发建设4年多来的重点工作和创新试点进行专题总结，包括基础设施建设、招商引资、土地管理、优美小镇建设、农村土地流转、大数据产业发展、海绵城市建设、国际航空物流枢纽、国家现代农业示范区、统筹科技资源改革、历史文化保护等；实证案例篇对西咸新区开发建设中的典型案例进行总结，包括中国西部科技创新港、空港新城和谐拆迁模式、茯茶小镇、花园小镇、渭河秦汉新城段综合治理、斗门水库项目建设、泾河新城农业转移人口市民化、干热岩技术应用等；附录主要是汇总西咸新区成立以来的发展大事，汇编关于西咸新区开发建设的重要文件。

　　4年多来，西咸新区紧紧围绕国家赋予的战略任务和陕西省委、省政府的工作部署，抢抓机遇，砥砺奋进，把创新理念融入城市发展，创新城市发展方式，建设现代田园城市，形成了以总体规划为统领的新区规划体系和加快新区开发建设的基本政策体系，推动资本向新区集聚、产业向园区集中、人口向城镇聚集，新区呈现大开发、大建设、大发展的态势，经济社会各方面均取得了显著成效，实现了新区发展的阶段性目标。未来5年，在经济新常态和国家实施"一带一路"战略带来的机遇与挑战的背景下，西咸新区面临着转型发展的新形势、新任务，将聚焦国家战略定位，深化改革创新，努力发挥国家创新城市发展方式试验区综合功能，进一步完善基础设施和城市功能，加大招商引资力度，大力引进、培育和聚集产业，优化生态环境，创新体制机制，强化人才保障，扩大对外开放，积极争取国家支持，实现新区持续健康快速发展，把新区建设成为我国向西开放的重要枢纽、西部大开发的新引擎、"丝绸之路经济带"的重要支点和中国特色新型城镇化的范例。

Abstract

The Development Report of Xixian New Area (*2011 – 2015*) summarizes development process of Xixian New Area since its establishment, consisting of the following five parts: *General Report*, *Subject Reports*, *Special Reports*, *Empirical Cases and Appendix.* The *general report* systematically reviews Xixian New Area's construction background, demonstrates its foundation condition, significance and blueprint; sums up its achievements over the past 4 years; analyses its current macro environment and development orientation and offers countermeasures and suggestions to accelerate Xixian New Area's development. *The subject reports* sum up the overall development of Airport New City, Fengdong New City, Qinhan New City, Fengxi New City, Jinghe New City and Xixian New Area Development Group. It provides solutions and measures for the existing problems. *The special reports* emphasize on a series of key work and innovation pilots in past 4 years, including infrastructure construction, attracting investment, land administration and use, beautiful small town construction, rural land transfer, big data industry, "sponge city" construction, international aviation logistics hub, national modern agricultural demonstration zone, co-ordination of scientific and technological resources reform, historical cultural protection and so on. *Empirical cases* review some typical cases in the process of development and construction, including Western China Science and Technology Innovation Harbor, new model of harmonious relocation in Airport New City, Fucha Town in Jinghe New City, Garden Town in Airport New City, comprehensive management and construction of Weihe River in Qinhan New City, construction of Doumen Reservoir Project, main method of citizenization of agricultural transfer population in Jinghe New City, applications of hot dry rock technology etc. *Appendix* embodies chronology of the events since New Area's establishment, compiles important documents about development and construction in Xixian New Area.

In the past 4 years, Xixian New Area focused on strategic missions granted by the central government and the work deployed by Shaanxi Provincial CPC and Provincial Government. It seized opportunities and forged ahead and integrated innovation idea into city development, attempted to innovate cities' development pattern and construct modern garden cites. So far it has formed the New Area's planning system guided by the overall planning and the basic policy system to accelerate New Area's development. Meanwhile, capitals and funds have pooled into New Area, industries have aggregated in industrial park and population has agglomerated in towns. Overall, Xixian New Area is appearing a strong development momentum, acquiring significant achievements in social and economic aspects and realizing its periodical target. In the next 5 years, going with opportunities of the "Belt and Road Initiatives" and challenges of new normal state for economy, Xixian New Area will encounter new situation and mission during the process of transformation. It will focus on the national strategic positioning, deepen reform and innovation, and make efforts to play a part in comprehensive functions of experimental site of innovative urban development mode. Moreover, Xixian New Area would further improve its infrastructure construction and cities' function, attract more investment, introduce, incubate and attract industries clusters, optimize the ecological environment, innovate its system and mechanism, strengthen personnel security, open wider to the outside world, bid actively for the national support. Through all efforts mentioned above, Xixian New Area would lead a way of healthy, rapid and sustained development, and eventually become an important hub for opening to the west, a new engine in the large-scale development of the western region, a significant pivot of the Silk Road Economic Belt and a model of new-type urbanization with Chinese characteristics.

目 录

Ⅰ 总报告

Ⅱ 分报告

Ⅲ 专题报告

Ⅳ 实证案例篇

V 附录

皮书数据库阅读**使用指南**

CONTENTS

I   General Report

II   Subject Reports

III Special Reports

IV Empirical Cases

V Appendix

总 报 告

General Report

B.1
西咸新区发展报告
（2011~2015）

摘　要：　2011~2015 年，西咸新区以"核心板块支撑、快捷交通连接、优美小镇点缀、都市农业衬托"为开发建设理念，围绕"拉开骨架、对接主城、提升环境、产业起步、体现概念"，坚守规划，开拓创新，历经 4 年的谋篇、布局、蓄势，城市骨架基本拉开，新兴产业集聚发展，生态环境明显改善，公共服务配套同步推进，点状布局、组团式发展的现代田园城市格局初步形成，实现了新区发展的阶段性目标。未来 5 年，西咸新区将进入发展新阶段，既面临诸多挑战，也迎来难得机遇，要进一步加大招商引资力度，加快产业集聚发展，扩大对外开放，完善新区管理体制，实现新区快速健康发展。

关键词：　西咸新区　开发建设　创新发展

2011 年以来，西咸新区按照中共陕西省委、省人民政府要求，在省有关部门和西安、咸阳两市的大力支持下，以"核心板块支撑、快捷交通连接、优美小镇点缀、都市农业衬托"为开发建设理念，围绕"拉开骨架、对接主城、提升环境、产业起步、体现概念"，坚守规划，开拓创新，经过 4 年的开发建设，新区骨架基本拉开，生态环境明显改善，招商引资成效显著，新兴产业集聚发展，公共服务配套同步推进，点状布局、组团式发展的现代田园城市格局初步形成，实现了新区发展的阶段性目标。

一 西咸新区建设背景

西安和咸阳两个城市相距仅 25 公里，山通脉、水同源、路相连、界为邻，同城效应明显。随着城市经济社会的快速发展，西安市和咸阳市的城市人口、产业密度不断提高并向外转移，城市边界也随之向周边延展，亟须进行统筹规划、有序开发，实现互补共赢发展。在西安和咸阳两市之间设立西咸新区，既是两市经济社会发展的必然趋势，也顺应了城市发展规律。建设西咸新区是国家实施西部大开发战略的重点，是实施关中—天水经济区发展规划的核心，是推进西咸一体化、建设西安国际化大都市的关键。

（一）历史沿革

推进西咸一体化、建设西咸新区已走过 13 年历程，大致可分为五个阶段：第一阶段 2002～2006 年，西咸一体化的探索；第二阶段 2007～2009 年 6 月，西咸一体化的推进；第三阶段 2009 年，西咸新区的提出；第四阶段 2010～2011 年 5 月，设立"西咸办"；第五阶段 2011 年 6 月至今，成立西咸新区管委会。

1. 第一阶段（2002～2006年）：西咸一体化的探索

（1）2002 年 8 月中旬，陕西省委提出咸阳、西安两市要优势互补、共同发展。10月，陕西省出台《关于加快"一线两带"建设、实现关中率先发展的意见》，提出"一线两带"①的战略决策。西安、咸阳位于"一线两带"的核心层，西咸一体化呼之欲出。12月28日，西安、咸阳两市签订《西咸经济一体化协议书》，并编制经济一体化战略规划纲要，提出"规划同筹、交通同网、信息同享、市场同体、产业同布、科技同兴、旅游同线、环境同治"（以下简称八同）的一体化发展思路。

（2）2003年初，西安、咸阳两市成立"西咸一体化领导小组办公室"，召开联席会议，建立联系机制、开展编制规划，并制定了详细的工作方案。6月，西安、咸阳两市联合撰写《西咸经济一体化战略规划思路》。7月，由西安、咸阳两市共同举办"2004年西安·咸阳经济一体化两市领导联席会议"，会议通过了《西安·咸阳实施经济一体化战略规划纲要》，并签署了《2004年西安·咸阳经济一体化两市领导联席会议备忘录》。

（3）2006年9月16日，咸阳电话撤销0910区号，并入西安统一采用区号029，咸阳固定电话号码升为8位。西安、咸阳本地网并网成为我国两个独立的市级行政区域实施并网的第一例，统一了西安、咸阳的对外形象。随后，国道312线咸阳世纪大道沣河桥加宽改造工程启动。

2. 第二阶段（2007~2009年6月）：西咸一体化的推进

（1）2007年5月，陕西省第十一次党代会明确指出，着力推进"西安都市圈"建设，加快西咸经济一体化进程。同月，《陕西省城镇体系规划》获国务院同意批准实施，首次提出"西安都市圈"并确定范围，包括西安市行政辖属的9区4县，咸阳市行政辖属的2区1市4县（秦都区、渭城区、兴平市、三原县、礼泉县、乾县、泾阳县）。

（2）2008年4月11日，省政府成立陕西省西咸一体化协调指导小组，负责制定和督促落实西咸一体化总体规划和相关措施，指导和推进西咸一体化建设，协调两市利益关系和项目建设中的问题。协调指导小组办公室设在

---

① "一线"：指以西安为中心，以陇海铁路陕西段为轴线，以线串点、以点带面形成的以高新技术和先进技术为特点的产业经济体系，涵盖整个关中地区。"两带"：建设国家级关中高新技术产业开发带和国家级关中星火产业带。

省发展改革委。

（3）2008年底，省政府印发《西咸一体化建设规划》及"三区一带"（沣渭新区、泾渭工业园、空港产业园和渭河西咸段生态景观带）专项规划，进一步明确了"八同"的建设思路，推动西咸经济一体化进入了"产业一体同构，城市功能互补"的新阶段。

（4）2009年6月10日，国务院批准《关中—天水经济区发展规划》，明确提出要加快推进西（安）咸（阳）一体化建设，着力打造西安国际化大都市。

3. 第三阶段（2009年）：西咸新区的提出

（1）2009年7月，省政府研究编制《西咸新区规划建设方案》，将其与《西安国际化大都市战略规划》相衔接。

（2）12月31日，省政府印发《西咸新区规划建设方案》（陕政发〔2009〕73号），正式提出设立西咸新区，构建沣渭新区、泾渭新区及渭河百里生态景观长廊相连接的"两区一带"开发建设格局，明确以贯彻实施《关中—天水经济区发展规划》为契机，力争经过5～10年的开发建设，形成在全国具有重要影响力、在西部具有强大集聚和辐射带动功能的一体化开发示范区。

4. 第四阶段（2010～2011年5月）：设立西咸办

（1）2010年2月21日，省推进西咸新区建设工作委员会办公室（简称西咸办）和沣渭新区、泾渭新区管委会挂牌成立。

（2）2010年12月，《全国主体功能区规划》提出，推进西安、咸阳一体化进程和西咸新区建设。这是在国家层面首次提出西咸新区。

5. 第五阶段（2011年6月至今）：成立西咸新区管委会

（1）2011年5月7日，省委、省政府将西咸新区开发建设体制调整为"省市共建，开发建设以省为主"的管理体制，将省推进西咸新区建设工作委员会办公室改设为西咸新区管委会，在省委、省政府的直接领导下，统一负责西咸新区开发建设。2011年6月13日，陕西省政府在国务院新闻办召开新闻发布会正式发布《西咸新区总体规划（2010～2020年）》。新区建设迈入大开发、大建设、大发展的新阶段。

（2）2012年2月，《西部大开发"十二五"规划》将西咸新区列入全国五个西部地区重点城市新区，明确提出打造区域性中心城市核心区和现代田园城市。

（3）2014年1月6日，国务院批复同意设立陕西西咸新区。西咸新区成为首个以创新城市发展方式为主题的国家级新区，国务院明确要求新区要着力建设"丝绸之路经济带"重要支点，着力统筹科技资源，着力发展高新技术产业，着力健全城乡发展一体化体制机制，着力保护生态环境和历史文化，着力创新体制机制，努力把西咸新区建设成为我国向西开放的重要枢纽、西部大开发的新引擎和中国特色新型城镇化的范例。同年2月，国家发展改革委印发《陕西西咸新区总体方案》，进一步明确了设立西咸新区的重要意义、总体思路和布局、重点建设任务以及政策支持。

（4）2014年10月17日，陕西省委、省政府出台《关于加快西咸新区发展的若干意见》，要求进一步统一思想，举全省之力推进西咸新区开发建设，全面落实国家赋予新区的建设任务，理顺新区体制机制，为新区加快发展注入了新的活力，提供了坚强保障。

（5）2015年2月，习近平总书记在陕西考察工作时指出，发挥西咸新区作为国家创新城市发展方式试验区的综合功能，对西咸新区的发展提出了更高的要求。

（二）建区条件

1. 新区区位

西咸新区地处关中平原，位于西安和咸阳两市结合部，东距西安市中心10公里，西距咸阳市中心3公里。

新区区位优越，交通便利。新区是我国大地原点所在地，居于全国的几何中心位置，是欧亚大陆桥的中心。区内有福银、西宝等6条高速公路，G312、G108等国道，S208、S104等省道穿过。西安北客站位于新区南侧，是亚洲最大的铁路客运站。位于新区北部的西安咸阳国际机场是中国第八大机场，也是西部最大的枢纽机场，2009年开通航线141条，连接境外66个城市，年旅客吞吐量1137万人次、货邮吞吐量11.2万吨。

2. 行政区划

西咸新区西起茂陵和涝河入渭口，东至包茂高速，北至规划中的西咸环线，南至京昆高速，行政范围涉及西安、咸阳两市 7 个县（区）、23 个乡镇（街道办）、450 个行政村。其中，包括西安市一县两区 7 个乡镇（街道办），咸阳市一县一市两区 16 个乡镇（街道办）（见表1）。

表1　西咸新区行政区划

所在行政区	区（县）	街镇乡
西安市	户县	大王镇
	长安区	马王街办、高桥乡、斗门街办、王寺街办
	未央区	三桥街办、六村堡街办
咸阳市	渭城区	北杜镇、底张镇、周陵镇、渭城镇、窑店镇、正阳镇
	秦都区	钓台街办、陈杨街办、沣东街办、双照镇
	泾阳县	泾干镇、崇文镇、太平镇、高庄镇、永乐镇
	兴平市	南位镇（部分）

资料来源：《西咸新区总体规划（2010~2020年）》。

3. 自然资源

（1）地形及气候。关中平原沃野千里，台塬山地错落有致。新区渭河以南以平原为主，海拔 400~700 米，地势平坦开阔。渭河以北区域，整体地形逐渐升高，由河流冲积阶地过渡到黄土台塬，塬面地势平坦，边缘沟壑纵横。新区属暖温带大陆性季风气候，冷暖干湿四季分明。冬季寒冷干燥，夏季炎热多雨，降水量年际变化大，7 月、9 月降水较为集中。年最高气温在 40℃ 左右，最低气温在 -8℃ 左右。无霜期平均为 219~233 天，年主导风向为东北风。

（2）水资源。关中"八水绕长安"中的渭河、泾河、沣河三条河流贯穿新区，其中，渭河为黄河一级支流，由西向东横贯全境，河流曲折，迂回流动，在新区内过境长约 38 公里，河床宽度 600~1000 米，河水较浅，平水期 0~3 米，比降 0.65‰；沣河属黄河二级支流，在新区内过境长约 24 公里，两岸大部分是原生态的农林地；泾河属黄河二级支流，在新区内过境长约 23.5 公里。

（3）土地资源。西咸新区规划控制范围 882 平方公里，其中城市建设用地 272 平方公里，占总用地面积的 30.84%，河流、保护区、生态区、基本农田等其他用地面积约 610 平方公里，占总用地面积的 69.16%（见表 2）。

表 2　西咸新区用地汇总

单位：平方公里，%

类别名称	面积	占比	类别名称	面积	占比
城乡建设用地	360	40.82	非建设用地	522	59.18
城市建设用地	272	30.84	水域	132	14.97
区域设施用地	51	5.78	农林用地	223	25.28
乡村建设用地	29	3.29	其他非建设用地	167	18.93
遗址保护用地	8	0.91	总体规划用地	882	100.00

资料来源：《西咸新区总体规划（2010~2020 年）》。

（4）矿产资源。区内矿产主要分布在沣西新城南部和泾河新城北部。沣西新城南部（户县）已发现矿藏地及矿藏线索 30 余处，包括金、银、铜、铁、锰、钛、铝及石灰石、石墨、磷、滑石、大理石、白云岩等，大理石储量最大；泾河新城北部山区有石灰石、黏土、铁矿、大理岩矿、白云岩矿、石英砂岩矿和泾河沿岸的沙砾石矿，其中石灰石储量 599 亿立方米，大理石岩矿储量 52 万吨、耐火黏土储量 242.68 万吨。秦汉新城拥有丰富的地热资源，地热资源储量约 2500 亿立方米，现已勘察和规划的地热出水量为 372 亿立方米，富含氡、硫、锂、锶等多种矿物质和微量元素。

（5）历史文化资源。"长安自古帝王都"，新区拥有丰富的历史文化遗存。沿渭河两岸，南有周丰镐二京、秦阿房宫、汉长安城、汉建章宫，北有汉唐陵墓群，包括汉高祖长陵、汉武帝茂陵、汉景帝阳陵等汉陵，以及周陵、唐顺陵等（见表 3）。区内共有县级以上文物保护单位 37 处 43 个点，其中国家级重点文物保护单位 10 处 16 个点，省级重点文物保护单位 13 处，市县级文物保护单位 14 处。同时，新区拥有丰富的非物质文化遗产，如传统音乐类的长安鼓乐、秦汉战鼓，传统戏曲类的户县曲子、长安道情，民间舞蹈类的泾河号子，传统技艺类的楮皮纸制作、米皮制作、泾渭茯茶制作工艺，民俗类的社火等。

表3 西咸新区内县级以上文物保护单位

等级	文物保护单位
国家重点文物保护单位(10处16个点)	丰镐遗址、秦咸阳城遗址、阿房宫遗址、兆伦锺官铸钱遗址、长陵、西汉帝陵(安陵、阳陵、平陵、渭陵、延陵、义陵、康陵)、茂陵、霍去病墓、顺陵、崇文塔
省级重点文物保护单位(13处)	真守村遗址、周陵、望夷宫遗址、建章宫前殿遗址、沙河古桥遗址、牛郎织女石刻、孝陵、李晒墓、千佛铁塔、泾阳文庙、太壶寺、胡登州墓、国家大地原点
市县级文物保护单位(14处)	鲁公伯禽墓、姜子牙墓、周公墓、周毕公墓、萧何墓、曹参墓、周勃墓、双冢、渭城遗址、赵王如意墓、戚夫人墓、班婕妤墓、阴阳冢、恭陵

资料来源:《西咸新区总体规划(2010~2020年)》。

4. 社会经济

(1)人口及城镇化水平。2009年底,西咸新区总人口89.37万人,城镇人口20.57万人,占区内人口总数的23.02%,农业人口68.80万人,占区内人口总数的76.98%,城镇化水平为23.02%。

(2)经济发展。西咸新区规划范围内大部分为农田,一产比例较大,二产刚刚启动,三产发展滞后。渭河以南主要有西安车辆厂、西部汽车城、子午轮胎、法士特、海天制药等企业;渭河以北主要有长庆石化、天宏硅业、渭河电厂等企业。2009年,区内生产总值130亿元,地方财政收入7.5亿元,规模以上工业企业总产值394亿元(见表4)。

表4 2009年西咸新区经济发展概况

指标	2009年
人口(万人)	89.37
生产总值(亿元)	130
地方财政收入(亿元)	7.5
新区面积(平方公里)	882
规模以上工业企业数(个)	166
规模以上工业企业总产值(亿元)	394

资料来源:《西咸新区总体规划(2010~2020年)》。

（3）科技教育。陕西科教实力雄厚，现有高等院校 116 所，绝大多数在西安，在校人数 133 万人，每 10 万人口中有在校大学生 3209 人，居全国第四位、西部第一位；拥有科研院所 1076 个，两院院士 56 人，各类专业技术人员 147 万人，均居全国前列。

（三）重要意义

1. 有利于加快推进西咸一体化

西安市和咸阳市主城区相距仅 25 公里，同城效应明显，西咸一体化发展是必然趋势。西咸两市结合部空间广阔，发展潜力大，在两市结合部开发建设西咸新区，通过整合省级和西安、咸阳两市资源，统筹规划，合理配置土地、资金、人才等要素，实现互惠互利发展，是顺应西咸一体化发展趋势的重要举措，建设大西安的必由之路。

2. 有利于增强区域经济核心带动作用，带动大关中，引领大西北

关中—天水经济区是引领和带动西部地区发展的重要增长极，西安（咸阳）大都市是关中—天水经济区的核心，西咸新区是将西安和咸阳有机连接为一体、建设大西安的关键。建设西咸新区，充分发挥区位、资源、科教、历史文化等综合优势，聚集资金、人才等要素，加快发展高新技术产业，成为陕西经济社会发展的重要增长极。通过西咸经济圈，辐射和带动关中地区经济社会的全面发展，增强关中—天水经济区的综合实力，引领和带动大西北，促进区域经济协调发展。

3. 有利于打造内陆开放新高地，推动我国向西开放，建设"丝绸之路经济带"

建设西咸新区，进一步发挥欧亚经济论坛、中国东西部合作与投资贸易洽谈会等平台作用，探求和发展新型区域对话与合作模式，促进我国东、中、西部地区交流合作，拓展投资合作领域，全方位、多层次地推进国内外经贸技术交流合作，扩大向西开放。"丝绸之路经济带"的起点在西安，具体位置——沙河古桥在新区范围内，将西咸新区建设成为"丝绸之路经济带"空中交通枢纽、能源金融贸易枢纽、信息通道枢纽、文化教育交流枢

纽，并以点带面，成为"丝绸之路经济带"的重要支点。

4. 有利于创新城市发展方式、探索中国特色新型城镇化道路

改革开放以来，我国经历了世界历史上规模最大、速度最快的城镇化进程，城市发展波澜壮阔，取得了举世瞩目的成就。但是，在城镇化取得巨大成就的同时，也存在着"摊大饼式"扩张、土地利用粗放低效、城市空间分布和规模结构不合理、城市管理服务水平不高、交通拥堵、环境污染、"城市病"等问题。西咸新区开发建设，是在深刻总结我国城镇化发展的历史经验和教训的基础上，从自身的特色和优势出发，吸收借鉴国内外城市发展经验，坚持以人为核心，遵循城市发展规律，探索走出一条优化布局、统筹城乡、生态文明、文化传承、可持续发展的城镇化新路。新区通过创新城市发展方式和科学规划建设，构建点状布局、组团式发展的市镇体系，形成"大开大合"的城市空间布局，建成经济社会发展与生态环境保护统一、城乡一体化发展的现代田园城市，实现历史与现代完美结合、经济发展与生态环境保护相统一的城镇化目标，为新型城镇化建设和发展提供范例。

二　西咸新区发展蓝图

（一）规划范围

西咸新区位于陕西省西安市和咸阳市建成区之间，区域范围涉及西安、咸阳两市 7 县（区）23 个乡镇和街道办事处，规划控制面积 882 平方公里，其中，规划建设用地 272 平方公里，现有人口 94 万人。新区下设空港、沣东、秦汉、沣西、泾河 5 个组团。渭河、泾河、沣河三河穿境而过，丰镐二京、秦阿房宫等周秦汉唐历史遗址散布其中（见图 1）。

（二）规划理念

遵循自然山水格局、遵循历史文脉、遵循现代规划理念，严格限定城市发展边界，禁止无序扩张，节约高效用地，传承历史文化，保护生态环境，

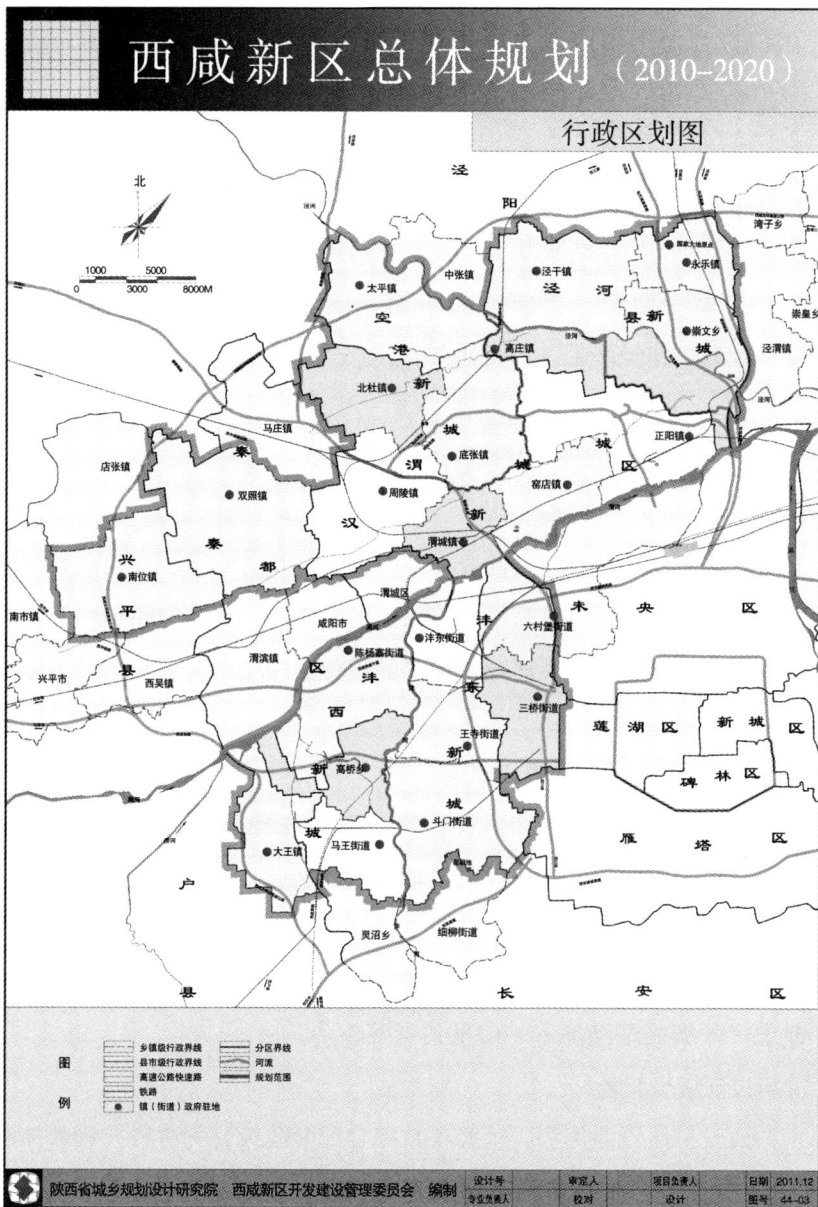

图1　西咸新区行政区划图

资料来源：《西咸新区总体规划（2010～2020年）》。

建设"核心板块支撑、快捷交通连接、优美小镇点缀、都市农业衬托"的现代田园城市。

（三）发展目标

到2020年，西咸新区创新城市发展方式取得明显成效，经济综合实力、创新发展能力和人民生活水平大幅提升；西咸一体化取得重要进展，建设我国向西开放的重要枢纽、西部大开发的新引擎和中国特色新型城镇化范例，为建设"丝绸之路经济带"发挥重要作用。

（四）战略定位

1. 创新城市发展方式试验区

充分借鉴国内外城市建设的成功经验，立足自身实际，将西咸新区建设成为土地节约集约利用、城市空间组团式紧凑布局、生态空间和农业空间环绕周边、城乡有机融合、人居环境优美的现代田园城市，对我国城市发展起到引领示范作用。

2. "丝绸之路经济带"重要支点

依托西安咸阳国际机场和国家航空城试验区建设，加快建设丝绸之路空港物流产业园，发挥空港物流保税区功能，开通更多面向中亚、西亚、欧洲等国际航线，推进"大通关"建设，建立"丝绸之路经济带"自由贸易区。以信息产业园为载体，大力发展云计算、物联网、电子政务、跨境电子商务等，建设"丝绸之路经济带"信息共享中心。

3. 科技创新示范区

发挥西安科研资源优势，统筹科技综合配套政策，完善科技创新体制机制，加快建设中国西部科技创新港、国家统筹科技资源改革示范基地和国际文教园，建立技术转移和知识产权交易中心，将西咸新区建设成为全国一流的高新技术研发基地、科技成果转化基地、创新型产业生产基地和国际文化教育交流平台，发挥西咸新区在科教创新中的引领示范作用。

4. 历史文化传承保护示范区

依托西咸新区丰富的周秦汉唐历史文化遗址遗存和人文资源，探索大遗址保护、文化旅游、生态环保融合发展之路，加强历史文化保护和非物质文化遗产传承，形成独具魅力的城市文化，塑造具有特色的城市形象，打造国际一流的历史文化旅游精品。

5. 西北地区能源金融中心和物流中心

发挥西咸新区周边能源资源富集和交通便捷的优势，构建以能源交易为主体的金融体系，建设大西北重要的能源金融中心，打造中国向西开放的能源交易中心和结算中心。发挥国际航空港功能和陆地交通枢纽功能，提升物流集散能力，建设全国重要的物流中心。

（五）组团发展

1. 规划定位

——空港组团："国际化、人文化、生态化、智慧化"第四代国际空港城市和国际一流航空物流枢纽。

——沣东组团：国家统筹科技资源示范基地，西部地区能源中心和体育会展中心。

——秦汉组团：具有世界影响力的秦汉历史文明集中展示区、西咸新区北部中心和大西安田园生态示范新城。

——沣西组团：西安国际化大都市综合服务副中心和战略性新兴产业基地。

——泾河组团：西安国际化大都市北部中心，新能源、新材料和高端制造业、现代物流业、地理信息产业基地，现代农业和统筹城乡发展示范区。

2. 规划结构

以"大开大合"的空间发展模式，沿承西安国际化大都市的空间结构，构建新区"一河、两带、四轴、五组团"的空间结构。通过两条遗址带，渭河、沣河、泾河三条生态景观廊道，以及组团间的楔形绿地为分隔，形成

"廊道贯穿、组团布局"的田园城市总体空间形态。

一河：以渭河为纽带，渭河两岸集中高端制造服务业，着力构建横贯东西的百里渭河生态长廊，建设大西安渭河核心区带。

两带：沿五陵塬遗址，构建渭北帝陵风光带；沿周秦汉都城遗址带，构建周秦汉古都文化带。

四轴：沿正阳大道拓展城市功能，对接西安钟楼南北线，共同构建大西安南北主轴带；以沣泾大道为轴带，对接大西安开发区经济发展带；以红光大道为轴带对接大西安东西主轴带，完善大西安的发展格局；以秦汉大道为轴带，连接秦咸阳宫与汉长安城遗址，构建大西安秦汉文化主轴带。

五组团：空港新城、沣东新城、秦汉新城、沣西新城和泾河新城。

3. 产业定位

按照"资源整合、错位布局、集群发展"的思路，依托西安、咸阳产业资源，注重自主创新，构建创新型产业体系。大力发展现代都市农业，加快农业产业化进程，提高农业综合生产力，增加农民收入。重点发展高端装备制造、新一代信息技术、生物医药、节能环保等产业，建设国家战略性新兴产业基地。积极发展电子商务、信息服务、文化旅游、商贸会展等，打造面向全国的现代服务业新高地。五个组团根据地域和资源禀赋条件，突出主业，错位发展。

——空港新城：重点发展航空维修与制造产业、航空物流业、临空高新技术研发产业、高端服务业等临空产业。

——沣东新城：重点发展高新技术研发及创业孵化、现代商贸服务、总部经济、文化旅游等产业。

——秦汉新城：重点发展历史文化旅游、医疗健康、现代都市农业等产业。

——沣西新城：重点发展大数据、云计算等信息技术、生物医药、节能环保、国际文化教育等产业。

——泾河新城：重点发展新能源、新材料和高端装备制造、文化旅游、都市农业、地理信息、现代物流等产业。

三　西咸新区建设成效

陕西省委、省政府高度重视西咸新区开发建设。时任省委书记赵乐际对西咸新区提出了"保护历史文化、保护耕地、保护农民利益，发展新产业、形成新业态、建设新城市"的要求，现任省委书记赵正永指出西咸新区要"创新城市发展方式"，建设"核心板块支撑、快捷交通连接、优美小镇点缀、都市农业衬托"的现代田园城市，省长娄勤俭强调西咸新区要整体规划，集约、集群、集成发展产业，构建现代产业体系，把创新理念融入城市建设。省委、省政府主要领导主导西咸新区发展战略研究，形成了一系列城市发展理念，指导西咸新区开发建设。

4年来，西咸新区紧紧围绕省委、省政府的基本思路，提出了"大开大合"的现代田园城市建设理念，将城市现代化公共服务与优美田园风光合二为一，同时实现人口承载和集约用地两个目标，坚守现代城市规划、现代产业体系、生态保护、文化传承、产城一体、城乡一体六大理念，新区上下白手起家、筚路蓝缕、砥砺奋进、负重前行，形成了以总体规划为统领的新区规划体系和加快新区开发建设的基本政策体系，资本向新区集聚，产业向园区集中，人口向城镇聚集，呈现出大开发、大建设、大发展的态势，经济社会各方面均取得了显著成效。

（一）综合实力明显提升，成为全省新的经济增长极

经过4年的开发建设，西咸新区经济规模不断扩大，综合实力明显提升，成为全省经济社会发展的新亮点，在国家级新区中处于发展前列，影响力日益增强。

固定资产投资高速增长。2011~2015年累计完成全社会固定资产投资4253.51亿元。其中，2011年7~12月完成178亿元，2012年完成597.59亿元，2013年完成833.25亿元，2014年完成1133.57亿元，2015年完成

1512.02 亿元，年均增长 36.3%①。"十二五"期间，新区固定资产投资增速高于全省平均水平 15.32 个百分点（见图 2）。

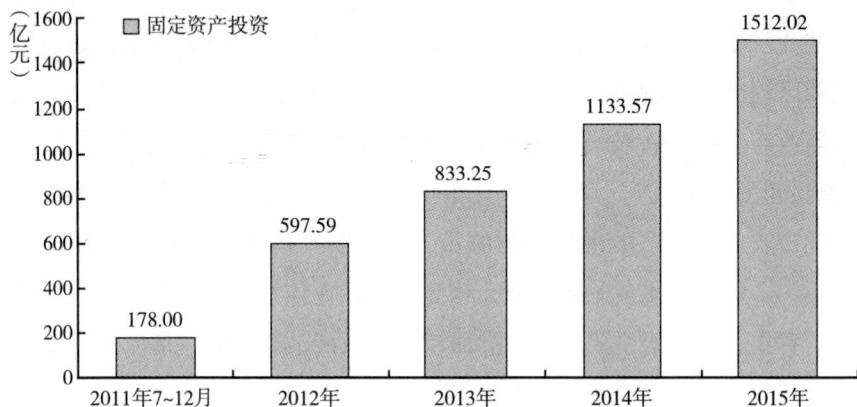

图 2　2011～2015 年西咸新区全社会固定资产投资情况

经济规模不断扩大。地区生产总值从 2012 年的 320.88 亿元增长到 2015 年的 432.06 亿元，增长了 34.6%，年均增长 10.4%，高于全省平均增长速度（见图 3）。

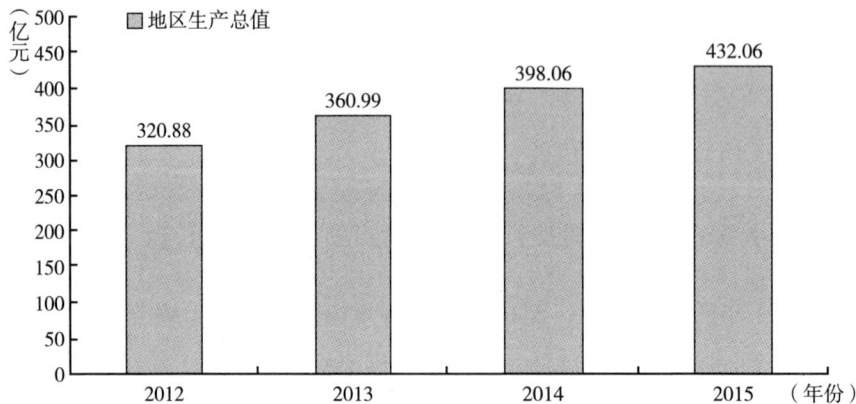

图 3　2012～2015 年西咸新区生产总值情况

资料来源：陕西省统计局官网。

———————

① 数据由西咸新区统计中心提供。

（二）加强基础设施建设，快捷交通初步连接

新区建设，基础先行。重点加强道路交通、市政配套、环保设施等基础设施建设，构建布局合理、功能齐全、设施先进、适度超前的现代化城市基础设施体系，经济发展硬环境、居民生活居住、交通出行和公共环境质量明显改善。

1. 骨干路网建设

对接西安、咸阳主城的"五纵五横"骨干路网建设全面展开，西安地铁1号线二期工程西咸新区段、西安北客站—机场轨道交通、西安地铁5号线全面开工。截至2015年底，建成25条城市主干道，557公里道路建成通车，其中，秦汉大道一期、沣泾大道泾河新城段、红光大道、富裕路、自贸大道、三桥新街、石化大道、白马河路等一批骨干道路建成通车，西咸北环线如期通车，后围寨城市立交枢纽即将完工，各新城内部核心区域的主要路网框架基本成形。

2. 城市公共交通

沣东新城在主干道路上预留BRT车道空间，"沣东快线一号线"免费通勤巴士投入运行。秦汉新城兰池大道公交专线开通运行。空港新城总长41公里的公交线路、27个公交站点完成设计。沣西新城至咸阳主城区首条公交线路开通。泾河新城开通西安至乐华城的3条公交线路，开辟自行车道、景观步行道等慢行交通系统。城市公共交通的建设完善，逐步解决了新区群众的出行问题，密切了与西安、咸阳主城区的联系。

3. 城市管网建设

新建供水管网583公里，新建燃气管网392公里，新建和改造供热管网252公里。加快雨污分流管网改造与排水防涝设施建设，新建排水管网763公里，改建排水管网156公里，重点解决了原有道路中污水、雨水并流和管网系统陈旧不完善等问题。国家电网西咸新区供电公司投资44亿元建设陕西智能电网应用先行区。沣西新城规划建设综合管廊175公里，已建成综合管廊35公里；积极探索PPP模式推动管廊建设，成功发行我国第一笔城市

地下综合管廊建设专项债券 5 亿元。能源金融贸易中心和国际文化教育园规划综合管廊共 100 公里，部分已开工建设。

4. 环保基础设施

新区规划建设污水处理厂 7 座、垃圾处理厂 1 座。秦汉新城朝阳污水处理厂、沣东南污水处理厂已开工建设。沣东新城环境监测站通过省计量认证评审，空港新城、泾河新城环境监测站即将建成。

5. 保障性住房建设

累计完成投资 240.6 亿元，实施保障性住房项目 76 个，开工建设廉租房、限价房、经适房、公共租赁住房及棚户区改造各类保障性住房 83510 套，总建筑面积 840 万平方米，基本建成 46618 套，竣工 19856 套。沣西新城在全国首次将海绵城市理念、干热岩等新技术应用于同德佳苑保障房建设中，打造保障房绿色样板工程。

6. 智慧西咸建设

2012 年 6 月，"陕西省物联网产业基地"落户沣西新城信息产业园。2015 年 12 月，新区智慧云计算中心项目通过验收并正式启动，实现西咸新区及各新城、园办以及国税、地税、工商、质监等机构政务云的无缝链接。重点打造沣西新城"西部云谷"项目，建设互联网时代的"云、网、端"新基础设施，建设互联网数据中心、电子政务数据中心和云计算创新服务公共平台。

（三）产业集聚发展，核心板块已见雏形

4 年来，西咸新区坚持加大招商引资力度，创新招商引资形式，以项目建设为抓手，推动产业发展，完善城市配套建设和服务，形成现代田园城市的核心和载体。

1. 招商引资成效显著

2012～2015 年新区累计引进内资 743.3 亿元，年均增长 23.5%；引进外资 24040 万美元，年均增长 66.3%[①]。空港新城引进内资 197.6 亿元，外

---

① 数据由西咸新区经发局提供。

资 3655 万美元；沣东新城引进内资 195 亿元，外资 14328 万美元；秦汉新城引进内资 186 亿元，外资 4014 万美元；沣西新城引进内资 223.6 亿元，外资 2043 万美元；泾河新城引进内资 240.62 亿元（见图4、图5）。

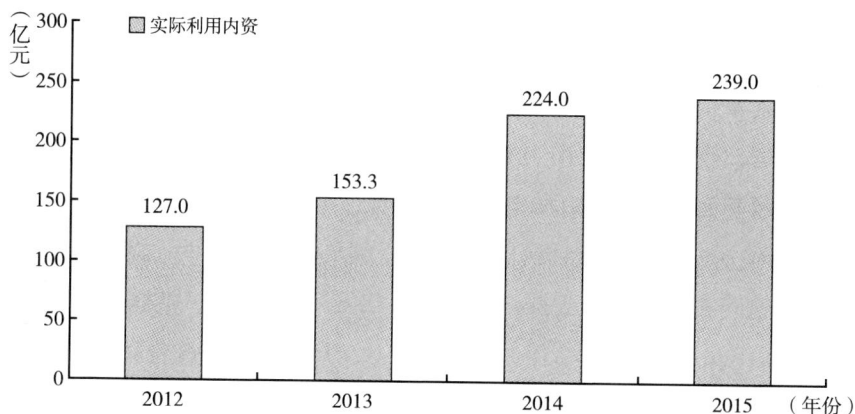

图 4　2012～2015 年西咸新区实际利用内资情况

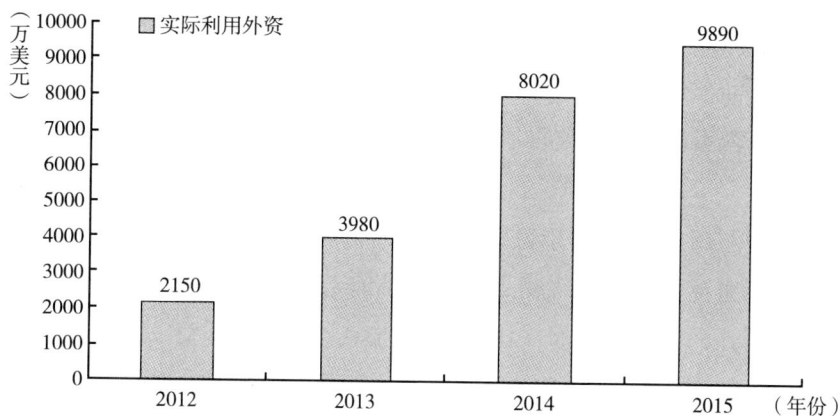

图 5　2012～2015 年西咸新区实际利用外资情况

2. 产业项目建设稳步推进

空港新城基本建成 5 个物流项目，圆通速递西北转运中心、普洛斯航港基地已经投入运营，日快件处理量近 100 万件、进出货物 400 吨；西咸空港保税物流中心正式通过国家验收，即将封关运营；航投大厦、东航新机库等项目建成投入使用，年平均产值 7.5 亿元。沣东新城统筹科技资源改革示范基地完成固定资产投资 15 亿元，入区项目 20 余个；中俄两国政府战略层面的合作项目——中俄丝绸之路高科技产业园启动建设；瑞典宜家、大明宫沣东国际项目建成对外营业，年销售额达 4.3 亿元；沣东都市农业博览园一期开园，累计接待游客 30 万人次。秦汉新城新丝路·数字文化创意产业基地两栋主体楼宇正在施工，陕西建工集团建筑产业化总部项目和长信科技产业园如期推进，投产后预计年产值 330 亿元。沣西新城率先在国内举起大数据旗帜，中国联通陕西西安数据中心投入运营，预计建成后可提供约 3 万个标准机柜、50 万台服务器的运营能力，年产值 9 亿元；西部云谷一期引进中软、巅峰软件等百余家信息服务企业，微软创新中心及 IT 学院等五个项目同步投入运营；西部创新港开工建设，预计 2020 年将形成科研、教育、转孵化及综合服务四大功能板块，产值上千亿元；泾河新城华晨汽车产业园一期工程主体结构封顶，预计 2016 年上半年正式投产；乐华欢乐世界 2015 年7 月开园运营，日均接待游客超过 2 万人次。

3. 核心板块已具雏形

（1）空港新城。开工建设道路 105 公里，沣泾大道、自贸大道、周公大道、天翼大道、正平大街组成的"三横两纵"骨干路网初步成形。空港国际商务中心、空港国际酒店、西安国际美术馆、绿地新城（一期）等城市配套项目封顶。建成唐顺陵生态园林、萧何曹参遗址公园、唐昭容上官氏公园等城市绿地公园。建成空港花园小镇、空港幸福小镇、空港阳光小镇 3 个社区，枫叶国际学校计划 2016 年 9 月开学，国际空港城市框架基本成形。

（2）沣东新城。开工建设道路 105 公里，红光大道、沣泾大道、富裕路等城市交通网络初步形成。启航时代广场、瑞典宜家等多个商业项目投入运营，保利城市综合体、华润都市综合体、沣东国际 CBD 中心等一大批大型高端商业项目进展顺利，三桥商业圈活力初显。建设了启航佳苑、芊域阳光、启航佳境等 15 个安置小区，回迁安置群众近 3.2 万人。新建沣东一小、二小、三小等 7 所学校，5 所中小学和 3 个街道幼儿园正在建设。新建三桥、王寺、和平 3 个社区卫生服务中心，改造西郊纺织医院和斗门、高桥、六村堡等 6 家基层医疗机构，沣东国际医院和西安交大口腔医院沣东医院开工建设。沣河生态景区示范园投入使用。

（3）秦汉新城。累计建设道路 112 公里，兰池大道、兰池二路、三路、秦汉大道、沣泾大道等 84 公里道路建成通车，"三纵四横"组团路网框架初步形成。多家五星级酒店、写字楼、城市商业综合体正在建设，其中，广州星河湾酒店已开业，重庆中科、希尔顿、秦汉大酒店和秦汉财富中心主体封顶，西北首家赛特奥莱商业中心开工建设。第四军医大学医教研综合园区开工建设，科研楼、部分配套设施主体竣工。渭柳佳苑、周礼佳苑小区等建成入住。清华附中秦汉学校 2014 年 9 月建成开学。依托渭河综合治理工程，修建了上林、太伟、秦曲等城市休闲公园。

（4）沣西新城。建成秦皇大道、白马河路、沣景路等 5 条城市主干道，秦皇立交、白马河立交建成通车，核心区路网通车里程近百公里。区内世纪大道商圈逐步成熟，中铁·港沣国际、先河之星、天兴商务大厦等商业设施完成主体施工，同德佳苑第一批住户入住，康定和园、沣润和园、天福和园等社区主体完工。沣西第一学校建成开学，沣西一小、同德小学、幼儿园加快建设，预计 2016 年秋季正式开学。建成中心绿廊一期、环形公园一期等绿地公园。陕西中医药大学第二附属医院、德尚医院、陕西慈善总医院开工建设。

（5）泾河新城。实施"三纵三横"六条主干道路建设，城市道路通车里程达 300 多公里，沣泾大道、华晨大道、泾河大道等建成通车。集聚了西部五金机电城、明珠国际家居新城等 30 余个商业体，产业孵化中心建成使用。建成崇文小学、中学 2 所学校，陕商文化博览馆、国艺秦腔馆开馆运营。城区景观绿化面积 120 万平方米，景观小品 80 余处。公共停车位、公共绿地、广场等设施配套逐步完善。

（四）规划建设小城镇，"优美小镇点缀"形象初显

建设优美小镇是创新城市发展方式的核心任务，是现代田园城市的有机组成部分，是以社会建设推动新型城镇化、实现城乡一体的重要载体。

1. 出台优美小镇规划

2015 年 6 月，西咸新区制定颁布《西咸新区优美小镇三大片区规划（2015～2020）》，在新区核心板块外围规划建设泾河、五陵塬帝陵带、沣河两岸三大优美小镇片区各种类型的优美小镇 35 个。其中，政府主导的安置型宜居小镇 6 个，校企共建型智慧学镇 2 个，以城市工商资本为主的特色风情小镇 16 个，农民自主改造的民俗产业小镇 11 个。为规范优美小镇建设，先后出台《西咸新区管委会关于加快推进优美小镇建设的意见》《西咸新区优美小镇考核办法（试行）》，确立"四个有利于"衡量标准，即是否有利于农民获益，是否有利于节约用地，是否有利于综合体现现代田园城市核心理念，是否有利于形成可复制、可推广的建设模式，将优美小镇建设与产业发展、科技创新、文化保护、生态旅游、农民就地城镇化等结合起来。

2. 推进优美小镇建设

坚持政府引导、社会投资、村民自治，充分发挥市场在资源配置中的决定性作用，鼓励各类企业、村集体和村民参与优美小镇建设，进一步盘活整合农村现有土地资源，保障优美小镇建设用地，积极培育和大力发展特色产业，加强优美小镇的产业支撑，满足当地居民的就业需求，新区规划的 35 个优美小镇正在积极建设、有序推进。

泾河新城崇文小镇、茯茶小镇，空港新城花园小镇、大石头民俗文化村，秦汉新城酒庄小镇、刘家沟民俗小镇等优美小镇基本建成，泾河新城花李小镇，沣西新城智慧学镇、丝路风情小镇，秦汉新城周礼小镇，空港新城太平小镇、美术小镇，沣东新城沣滨小镇、西周小镇等优美小镇完成规划设计，其余优美小镇的规划工作正在积极推进。

3. 优美小镇建设运营情况

泾河新城崇文小镇以崇文塔为核心，打造集文物保护、休闲观光、旅游购物、度假娱乐为一体的景区，规划建设陕商文化博览馆、崇文国学馆、国艺秦腔馆、非物质文化遗产馆、茯茶文化博览馆等，崇文塔景区（一期）于 2013 年 9 月开园。泾河新城茯茶小镇以泾阳茯茶文化为主题，推广茯茶文化、展示关中民俗风情、提升乡村环境质量，2015 年 8 月一期建成开园，月均接待游客近 100 万人次，被列为全省"美丽乡村"建设示范村。空港新城花园小镇以完善的公共服务配套、均等化的市民服务、信息化的管理网络为特色，建成空港花园社区、产业公寓、幼儿园，空港小学、商业中心、社区服务中心、社区医疗中心和文化公园正在建设。空港新城大石头民俗文化村围绕关中民俗文化，建设乡村旅游文化休闲基地，创办农家乐、农家宾馆、乡村酒吧、乡村音乐屋等 80 余户，每户月均纯收入达 2 万元，全村年纯利润 1600 万元，先后被评为省级乡村旅游示范村、咸阳市旅游示范村、陕西省关中民俗度假村、全国节能环保示范村、国家 3A 级乡村旅游景区。秦汉新城酒庄小镇以张裕瑞那城堡酒庄为主，集葡萄种植、葡萄酒生产品鉴、艺术创作、文艺展览为一体，2013 年酒庄建成投产，年产高档葡萄酒3000 吨，年产值 6 亿元，年实现税收 1.75 亿元，成为全省发展工业旅游的典范，入选 2015 年全国休闲农业示范点。

（五）改造传统农业，体现"都市农业衬托"

西咸新区规划面积的 2/3 为河流、文物保护区、生态区及农田等非建设用地，是新区发展都市农业的基础，也是体现现代田园城市理念的主要部分。新区开发建设以来，按照总体规划，节约集约利用土地，规范农村土地流转，实现土地规模经营，发展都市农业，促进农民增收，建设西安国际化大都市的菜篮子基地。

1. 都市农业各组团规划情况

2012 年 12 月西咸新区土地利用规划调整后，农用地面积约 423 平方公里，其中耕地面积约 348 平方公里。各组团按照《西咸新区都市农业规划》，分别规划都市农业片区。其中，空港新城规划建设临空农业板块，重点发展休闲观光农业、高端农业、绿色健康农业；沣东新城重点建设苗木花卉公园、瓜果蔬菜种植园、都市农业观光园、现代农业科技示范园、农产品加工物流园 5 个园区；秦汉新城以发展休闲、观光、旅游、生态、创意、高科技型的都市农业为定位，编制《秦汉新城都市农业发展规划（2012~2020）》；泾河新城遵循现代田园城市建设标准，规划建设一批都市农业项目；沣西新城规划建设"镇园结合"、"产村相融"和"多点联动"的都市农业发展格局；泾河新城遵循现代田园城市建设标准，规划建设一批都市农业项目，获批国家级现代农业示范区和国家农业科技园区。

2. 都市农业发展情况

新区完成土地流转近 10 万亩（包括各新城主导、农民自发流转等）用于发展都市农业，先后建设观光型、设施型、特色型、园林型农业项目 30 余个，基本建成沣东新城农业博览园、泾河新城秦龙现代生态智能创意农业园、秦汉新城张裕瑞那葡萄酒庄、泾河新城生态科技园（一期）等项目，建设总占地面积约 2 万亩，实际投资逾 7 亿元，年均接待游客 100 万人次，安排当地 400 余人就业，年营业收入约 3500 万元。西咸生态农庄、秦汉新城西部芳香植物园、空港新城临空生态农业示范园、泾河新城天心庄园、沣西新城现代田园实践区等项目正在加快建设。

3. 发展都市农业主要做法

一是抓基础，规范农村土地流转。按照土地登记申请、地籍调查、核属审核、登记注册、颁发土地证书等程序对土地进行整理、确权，坚持以符合土地利用规划和土地用途管制为前提，坚持农地农用，由各组团主导或农户自发进行土地流转。二是抓主体，加快农业项目建设。都市农业项目投资主体主要分为组团管委会和企业两种类型：组团管委会投资的农业项目，通过集团公司或设立农业子公司的方式，负责项目投资、规划设计、土地流转、项目建设以及经营管理，如沣东新城农业博览园、泾河新城科技生态园（一期）、秦汉新城西部芳香植物园、空港新城临空生态农业示范园等；企业投资的农业项目，由企业根据耕地条件和原有种植现状，建立标准化生产基地、发展特色种养业等都市农业项目，如泾河秦龙现代生态智能创意农业园、秦汉张裕瑞那城堡酒庄等。三是抓技术，提高农业科技水平。鼓励和支持都市农业项目积极引进国内外高端农业科技成果、试验示范农业高端技术，提高农业科技自主创新能力，实现从传统农业向现代农业的转变，带动和辐射周边地区农业发展。四是抓培育，集一、二、三产业融合发展。通过改造提升传统农业，推进农产品精深加工，使农业发展与休闲生态旅游融为一体，加快农业"接二连三"的产业融合。五是抓核心，切实解决农民问题。积极鼓励包括土地在内的农村资产入股，改善农村经营模式，拓宽农民增收渠道。同时，加强农民就业技术培训，通过补偿商业用房、约定入区企业预留岗位给本地群众等方式解决农民长远生计问题。如泾河新城，入区都市农业项目均吸收一定数量的当地农民就业，农民人均增收2万多元。

（六）加强环境综合治理，生态环境明显改善

西咸新区践行现代田园城市理念，把生态环境建设放在重要位置，坚持创新绿色集成发展，加强环境综合治理，走集约高效、生态良好、可持续的城市发展道路。

1. 河流综合治理

投资40亿元治理渭河、沣河、泾河，完成38公里渭河堤防堆筑、堤顶道路及绿化工程，渭河秦汉新城段成为陕西省渭河综合治理的示范性节点工程；完成13公里沣河综合治理工程，21.8公里的泾河防洪暨生态治理工程全面开工，渭河北岸湿地公园和沣河湿地公园建成开放，成为全国水利风景区。建成沣河、新河入渭口交通桥2座，沙河廊道规划设计完成。斗门水库项目总规、控规、立项审批等工作稳步推进，列入"全国中型水库建设规划"，2015年2月28日试验段工程启动建设。

2. 城市景观建设

新区市政道路总绿化面积220万平方米，总投资7.8亿元。建成渭河、沣河综合治理项目沿岸景观工程（湿地公园）绿地面积70万平方米，总投资17.7亿元。建成西三环绿化廊道14万平方米，长陵、安陵绿化面积5000亩。新建城市公园7个，总面积1845亩，总投资4.9亿元，包括沣河湿地公园、萧何曹参遗址公园、沣西中心绿廊公园等。

3. 绿色、低碳、生态城市建设

严格执行绿色建筑标准，10个项目获得省级绿色建筑设计一星级评价标识，1个项目获得省级绿色建筑设计二星级评价标识，建筑面积72万平方米。将沣西新城核心区47.7平方公里作为试点，从空间布局、绿色交通、

生态环境、水资源、清洁能源、固废资源、绿色建筑等方面，制定低碳生态试点城的规划目标和实施方案。同德佳苑太阳能应用项目、总部经济园区地源热泵项目列入省级可再生能源建筑试点示范项目。积极实践"海绵城市"建设理念，沣西新城海绵城市建设列入"国家海绵城市建设试点"，在构建低影响开发系统、生态修复区域河流的同时，将中央雨洪系统植入城市绿廊，实现区域内雨水汇集、净化、调蓄、溢流功能，让城市回归自然。

4. 治污减排

提高环境准入门槛，严把污染物排放达标和总量控制关，从源头控制住大气污染源的增长。通过财税等优惠政策，扶持和引导社会资本投向污水垃圾处理设施及相关的环保产业，带动新区环保产业发展。实施提升环境类项目 20 个，总投资 197 亿元。推广使用清洁能源，率先在全省推广干热岩供热技术，并应用到新区保障房项目，实现地热能资源的清洁、高效、持续利用。除集中供热设施外禁止新建任何燃煤锅炉，并对已有燃煤锅炉逐步拆除或改造，拆改锅炉 17 台，拆除锅炉 34 台，共 524.75 蒸吨。

（七）保护传承历史文化，文化旅游产业健康发展

西咸新区位于周秦汉唐故地，是中华文明的重要发源地，历史遗迹遍布全区。保护和传承这些历史文化遗存和文化资源，是新区在开发建设中必须承担的重大历史责任。新区坚持"整体保护、系统展现、合理开发、永续利用"的原则，创新大遗址保护、历史文化旅游和文化产业发展方式，提升城市文化软实力，打造历史文化传承保护示范区，推动历史文化传承与现代城市建设融合发展。

1. 保护遗址遗存

加强文物保护开发的基础设施建设，启动汉唐帝陵旅游设施项目和西汉帝陵博物馆建设工作，改造遗址区道路。全面完成顺陵南门乳阙保护性展示工程、千佛铁塔文管所环境整治工程和唐兴宁陵馆所建设及安防系统工程招投标、方案编制等工作，投入资金 500 余万元。把文物本体保护作为保护工作的重中之重，实施安陵、延陵封土抢救性修复试点项目，完成长陵、安陵

的技防设施和文管所提升示范工程。

在文物和旅游资源较为集中的秦汉新城，设立文化文物旅游局，对接省区、市有关部门，健全大遗址保护管理机制，规范新城范围内的招商项目和建设工程项目审批程序，坚持文勘前置、环评一体，整改和取缔文物保护区内砖厂、工矿等各类违法生产经营项目。

2. 编制文物保护规划

编制完成覆盖新区的《文化遗产保护总体规划》，并启动《五陵塬片区展示专项规划》、《汉长陵文物保护总体规划》和《渭陵、延陵、义陵、康陵文物保护总体规划》编制工作。同时，与文物保护专业机构合作完成秦咸阳城考古遗址公园规划，秦咸阳城（咸阳宫遗址）保护展示工程规划，秦咸阳城（制陶作坊遗址）保护展示工程规划，秦咸阳城遗址牛羊沟治理工程，唐顺陵保护展示工程，西汉帝陵（五陵塬片区）遗址公园，西汉长陵、渭陵、安陵（陵邑）保护展示工程，北杜铁塔保护规划等项目的立项报告，并通过审批立项，涉及投资2亿多元，实际到位资本5000余万元。

3. 开发历史文化与民俗文化资源

新区依托丰厚的历史文化遗产，在保护的前提下，规划建设系列历史文化项目，让文化遗产活起来，以生动的方式深入人心。秦汉新城咸阳博物院以秦咸阳历史文化为主线，以北斗七星的排列方式组成一个包含7个建筑的建筑群，发挥文物保护、科教普及、旅游服务、市民活动等功能。空港新城唐顺陵遗址生态园林秉持融唐文化、樱花文化、顺陵文化为一体的设计理念，建设具有文物保护、生态观光等综合性功能的樱花苗圃园，提升区域环境形象。泾河新城崇文塔景区以崇文塔为中心，发展文化旅游、休闲观光、科普教育等产业，促进文物保护和文化旅游产业协调发展。沣西新城丝绸之路风情城结合沙河古桥遗址，建设丝绸之路文化旅游第一站。

新区范围内深厚的历史文化氛围和传统浓郁的民俗风情为建设民俗文化村提供了坚实的基础和条件。秦汉新城刘家沟村紧邻秦咸阳宫遗址，历史文化遗存丰富，新城延续村庄原有脉络肌理，保证村落传统风格，对其进行"见缝插绿、空地建园、明渠改暗、立面改造、节点示范"的综合改造，累计投资 200 余万元，建成了 180 亩的兰池生态观光园，窑洞农家乐、窑洞宾馆 80 余家，特色小吃近 40 家，及相关游乐设施，村民广泛参与民俗文化村建设与运营，家家创业，户户增收。刘家沟民俗文化村建成开放两年来，接待游客 72 万人次，已成为周边居民休闲旅游的热点，于 2015 年入选第一批省级传统村落名录。

（八）对外开放迈出新步伐，建设"丝绸之路经济带"重要支点

紧紧抓住"一带一路"战略和向西开放的重要机遇，主动融入对外开放新格局，坚持"引进来"和"走出去"，创新合作模式，推动区域合作共赢发展。

2014 年 10 月签署中俄战略合作协议，中俄双方分别出资 1 亿美元股本金成立合资企业，共同建设中俄丝绸之路创新园，中方园区位于沣东新城，总投资约 84 亿元。2015 年 5 月中国首个俄罗斯商用飞机项目落户园区。引进全球最大的家具用品零售企业、世界 500 强瑞典宜家集团，建成西北地区首个商贸及配送服务中心，于 2015 年 8 月开业运营。规划建设丝绸之路能源金融贸易区，搭建能源、科技和金融"金三角"平台，建设大西北能源金融中心。启动了中国 – 沙特工业园和丝绸之路阿拉伯风情小镇项目前期工作。引进美国梅奥诊所、香港耀华国际学校等国际教育医疗项目，启动空港中加枫叶国际学校建设。

以西安咸阳国际机场为依托，建设丝绸之路航空枢纽和对外开放的国际门户，2014 年 5 月获批国家航空城实验区，2015 年 12 月西咸空港保税物流中心获海关总署等四部委验收并将封关运营。开通西安至阿拉木图、罗马客运航线和广州、香港的货运航线，推动机场由区域枢纽向国际枢纽转变。2015 年 3 月与意大利航空航天企业协会签订战略合作协议，共建"中意航空谷"项目，为中意企业在飞机设计研发、航空零部件制造、航空教育培训等方面开拓市场、搭建平台，先期引进了西部民航特种设备保障服务中心、航空叶片生产加工等项目。引进世界 500 强新加坡普洛斯集团，投资建设普洛斯空港国际物流枢纽航港基地、普洛斯西咸空港国际物流园，一期已

于 2014 年建成运营。引进丰树集团投资建设丰树西咸空港新城物流园和巴夫洛电商冷链物流园。引进香港九龙仓集团，投资建设时代奥特莱斯项目。依托西咸空港保税物流中心设立 O2O 跨境电商出口网贸会基地和欧咖进口商品分销体验中心，打通互联网上的"丝绸之路"。吉尔吉斯斯坦共和国驻中国陕西商务代表处落户空港新城，推进设立驻西安总领事馆，在产业园区、开通航线和机场建设等方面开展合作。

（九）管理体制逐步理顺，发展环境不断优化

西咸新区管委会成立 4 年来，高度重视行政管理体制创新，逐步理顺财政、土地、金融等管理体制，不断推进行政审批、简政放权、负面清单等商事制度改革，提高了行政效率，降低了运行成本，为新区发展创造了良好的体制机制环境。

1. 确立统分结合管理体制

西咸新区两级管委会自成立之初，即按照创新体制、权力下放的要求，赋予空港、沣东、秦汉、沣西、泾河五个新城不低于西安市各开发区的权限，各新城管委会作为开发建设主体，履行规划、项目、建设、土地房屋管理等审批权限，全面负责新城开发建设工作。新区管委会按照省政府授权或委托，行使新区开发建设管理权，在发展战略、规划土地、宣传招商、财政金融、风险防控和干部人事等方面实施统一管理。两级管委会统分结合，各负其责，初步形成了"五龙舞西咸"的良好局面。

2. 逐步理顺新区土地管理体制

根据国家土地管理法律法规和省委、省政府《关于加快西咸新区发展的若干意见》（陕发〔2014〕10 号）等有关精神，按照国土资源实行垂直集中管理的原则，省国土资源管理部门设立了西咸新区国土资源局（与西咸新区土地储备中心一套班子、两块牌子），负责新区范围内的国土资源规划、管理、保护与合理利用等职责。同时，明确建设用地报批单位，规范报批程序和方法，建立统一报批平台，逐步理顺了建设用地报批体制。在空港、沣西和泾河三个新城分别设立国土分局，为西咸新区国土资源局的派出

机构。沣东和秦汉国土部门仍沿用原西安市沣渭新区和咸阳市泾渭新区体制，分别是西安市国土资源局和咸阳市国土资源局的派出机构。为落实西咸新区土地储备职能，新区管委会和五个新城分别设立了土地储备中心。

3. 不断完善新区财税管理体制

2013年1月，省财政厅、省国税局、省地税局和人民银行西安分行联合下发《关于咸阳市与西咸新区财政管理体制意见的通知》（陕财办预〔2013〕12号），在各新城建立一级财政体制，设立国库，明确咸阳市与各新城的工商税收分配比例，并就土地出让金收缴等问题达成一致意见；按照"谁举债、谁偿还"和"保基数、分增量"的原则，理顺了咸阳市与西咸新区财政收入分配关系。2015年1月建立新区管委会一级财政管理体制，设立国家金库西咸新区中心支库，形成了西咸新区"1+5"完整的国库服务体系；明确了收入级次及征缴入库、税收征收管理、财政管理等事项，并以2014年实际入库数为基数，从2015年起省级收入超基数部分全部留给西咸新区管委会，该政策暂定5年不变。

4. 稳步推进行政管理体制改革

新区积极承担省商事制度改革试点工作，2013年11月率先实行登记注册制度改革，颁发全省第一张由注册资本实缴制改为认缴制的工商营业执照，开展工商营业执照、组织机构代码证和税务登记证"三证合一"的登记制度改革；2015年9月16日在全省率先实行"一照一码"，缩短了企业审核办理时间。

新区按照行业门类，推出针对外商投资准入的"负面清单"，明晰外资市场准入限制，营造透明、公开的投资环境。空港新城以物流枢纽、临空产业等为基准，涉及40大类，列出103条管理措施。沣东新城在商贸、金融、先进制造业、都市农业及环境治理、基础设施建设等方面，涉及11大类，列出83条管理措施。秦汉新城以文化旅游、医疗健康、都市农业三大产业为基础，涉及21大类，列出64条管理措施。沣西新城突出以信息产业为主的现代服务业，列出31条管理措施。泾河新城以新能源、新材料和高端装备制造业、都市农业、文化旅游为主导产业，涉及34大类，列出54条管理措施。

新区启动网络安全和信息化建设工作，建设电子政务智慧平台，建成西咸新区政务服务中心，实行工商、税务、质监联合办公，优化服务流程，提高办事效率，提供高效、便捷一站式的政务服务。在沣东新城统筹科技资源改革示范区成立西部首家"商务秘书服务公司"，为创业者提供"拎包入驻"式服务。

5. 健全金融支撑体系

初步形成由新区管委会和五个新城管委会主导的两级融资平台体系，先后组建成立各类融资平台34个，其中主体平台7个，包括西咸集团、各新城开发建设集团和西咸新区土地储备中心。在新区开发建设的不同时段，通过不同的融资平台，采用不同的融资方式，努力实现融资成本最小化。一是重视与政策性银行的合作。与国开行签订《开发性金融合作协议》，推动国开行出台《关于支持陕西西咸新区发展的意见》，承接国开行约50亿元棚户区改造贷款。与农发行陕西省分行签订《战略合作备忘录》，得到农发行300亿元的授信，并在水利、城镇基础设施及现代农业园区等方面开展相关合作。二是发行企业债券。沣东、沣西、泾河、秦汉等新城的开发建设集团分别发行企业债券，用于信息产业园、保障房等项目建设，实现了由银行间接融资向资本市场直接融资的转变。三是做大做强金融产业。通过入股新组建的秦农银行，参股陕西股权交易中心，助推新区金融产业发展。四是建立多元化融资渠道。鼓励企业采用PPP（政府与社会资本合作）等多样化投融资方式，吸引社会资本参与新区开发建设。

6. 建立外部协调机制

制定出台《西咸新区与西安市、咸阳市及省级有关部门沟通协调机制》，由西安市、咸阳市人民政府和省发改委、省财政厅、省国土厅、省住建厅、省交通厅等20多个厅局级单位组成联席会议，采取定时间、分层次的形式，定期通报工作进展，及时对接沟通、协调解决新区开发建设中的问题，逐步形成与西安、咸阳两市和省直部门沟通协调的良好机制。

（十）以社会建设引领城乡发展

西咸新区积极推进社会事业基础设施建设，在户籍制度、社会保障、拆迁安置等方面深化改革，创新社会治理体制机制，取得了一些成效。

1. 社会基础设施建设

一是建设秦汉清华附中、泾河崇文中学、沣东一校、沣西第一学校和社区配套幼儿园等一批重点教育项目并投入使用，初步形成幼儿园、小学、初中、高中阶梯化教育设施布局，基本满足各年龄段适龄生源的教育需求；二是建设各等级医院、社区卫生服务中心（站）、乡镇卫生院、村卫生所及众多民营医疗机构等医疗服务体系，如沣东国际医院、西安交大口腔医院沣东医院、陕中二附院、第四军医大学医教研综合园区等；三是建设文化公园、湿地公园、绿廊公园、遗址公园、慢行交通系统，体育场、社区和公园配套健身设施等，满足市民休闲文化生活需求；四是在建设安置小区的同时，配套建设学校、养老及医疗服务室、警务室等，如启航佳苑小区、同德佳苑小区等；五是建设消防站、加气加油站、公共厕所、公共停车位等，全方位满足群众需要。

2. 推进户籍和社保改革

新区逐步实施农民转市民户籍制度改革，并配套推进社会保障制度改革。泾河新城辖区内的虎杨村、崇文村、费家崖村、坡底村及花李村5个自然村、2527户、9269人完成户籍转变。同时，推行兼顾农民、被征地农民和城镇居民的新型社会养老保险制度，为年满16周岁及以上未参加各类养老保险的被征地农民每人每年缴费300元，连续缴纳15年，为其储备社保金；为60岁及以上的被征地农民每月发放养老金280元；对参加城镇职工基本养老保险的被征地农民每年按陕西省灵活就业人员最低缴费标准的1/3给予缴费补贴，累计完成21个村2万余人的养老保险办理。空港新城创新农民社保金打包递进支付模式，按照一定标准统一打包支付被征地农民养老金，由当地政府按照国家标准办理被征地农民保险并按时发放，同时与原有的新型农村养老保险制度合并使用，提高被征地农民的社保水平。

3. 开展阳光和谐拆迁，建立"五金"制度

西咸新区在征地拆迁过程中，充分尊重群众的主体地位、尊重群众感情、尊重群众发展权，确立"不让老实人吃亏"的政策导向、公开透明的工作程序、务实管用接地气的工作方法、与地方政府联合办公的合作模式，最大限度地保障群众合法利益，基本做到了零上访、零加盖，创造了"和谐拆迁"的新路径。同时，稳妥推进社会事务和民生保障，改善新区群众生活水平，新区创造性地推出"五金"（现金＋租金＋股金＋薪金＋保障金）新模式，全方位保障拆迁群众的未来生活。在房屋拆迁、土地征收及流转时，群众可以领到补偿的"现金"，回迁后可利用闲置的房屋收"租金"，在安置小区为回迁群众预留商业用房，由村集体统一经营，群众按商铺入股，可以赚"股金"，通过对回迁群众就业培训，推荐到入区企业工作，让群众拿到"薪金"，合理优化社保支付，确保群众晚年养老的"保障金"，最大化保障征迁群众利益。

4. 探索"两个资本"进城，多渠道解决农民就业

新区让农民带着劳动力和土地"两个资本"进城，农民进城打工的同时，将原有承包土地以租赁、入股、资本化运营等方式流转给农业企业等主体开展规模经营。泾河新城双赵村以农民集体土地入股的方式，成立双赵实业发展有限公司，与新城、当地政府共同开发建设茯茶小镇，让农民既获得土地股金收益，又获得工资收入。

引导城市资本和消费下乡，发展集一、二、三产业于一体的复合型农业。引进陕西秦汉都市农业科技开发有限公司投资5000万元建设秦汉新城西部芳香植物园项目，占地面积近2000亩，集芳香植物产业化种植、香料产品深加工、特色休闲旅游等于一体，年收入1000万元，为当地群众提供200多个长期就业岗位，采花期还可提供300多个采收岗位。

新区积极拓宽被征地农民就业渠道，一是与入区企业签订协议，劳动密集型企业必须预留20%～30%的就业岗位给本地群众；二是成立劳动力人才培训学校、就业创业服务中心和人才市场，开展专业技能、创业指导、职

业素养以及市民生活常识等多方面培训；三是鼓励村组发展集体经济，引导村民就地创业，成立合作社、股份公司等，发展旅游观光休闲农业。

5. 创新社会治理体制机制

一是积极推行"大部制"改革。沣东新城管委会目前共 18 个内设部门，5 个园区管理办公室，约 230 人，全面承担辖区经济社会管理职能。城乡统筹办整合行使民政、卫生计生、文化、体育、农业、林业、水务等职能，城市管理局整合行使"城管执法、市容环卫、四城联创"等职能，社会事务管理局整合行使"信访维稳、政法综治、司法体制、应急管理"等职能。二是推进管委会与托管街道两级管理体制融合。重新调整界定街道职责，各街道主要承担征地拆迁、民生保障和社会管理职能，不再承担经济发展任务；按照管委会机构设置对应调整街道科室，确保上下有序衔接；下放事权，将民生保障和公共服务关口前移，赋予街道更多的社会管理职能。现已下放民政、计生、市容保洁等数十项事权，并将物价所、畜牧兽医站等事业单位交给街道日常管理。三是购买公共服务。对农技推广、农产品和水产品质量检验检疫等专业性较强的公共服务，通过签订协议，委托辖区政府专业部门提供；计生服务、道路保洁等易于市场化的公共服务，直接向社会购买。四是运用科技手段提高工作效率。如安装 IC 卡智能监控系统，对渣土车、垃圾消纳场、建筑工地实行全方位监控，提高了社会治理工作的智能化水平。

四　西咸新区发展中存在的主要问题

新区开发建设 4 年来，经济社会发展成效显著，但也存在一些问题影响着新区发展，主要表现在以下几个方面。

（一）经济社会发展基础薄弱

新区位于西安、咸阳两市建成区之间，辖区内大多是农村，交通及生产生活设施落后，发展基础差，经济总量小，新区开发建设后变化较大，但总的来看，相对于经济社会发展成熟的城市和地区，新区发展基础弱的状况仍未从根本上得到改变，地区生产总值尚未形成一定规模，这些都在很大程度上制约着新区今后的快速健康发展。

（二）产业发展相对滞后

新区原有产业基础十分薄弱，规模以上企业数量很少，虽然这几年在产业引进和培育方面取得了一定成效，也规划建设了一些产业园区，但总体上看，产业项目少，具有产业引领示范带动作用的世界500强企业、国家和陕西省（以下简称中、省）重大项目更少。在建产业项目推进较慢，大多数还没有形成产能，产业园区处于基础配套建设阶段，入区企业少、规模小，集聚效应不明显。与新区快速推进的基础设施建设相比，产业发展滞后。2015年新区建设项目480个、总投资5524亿元，其中产业类项目149个、总投资2231亿元，产业类项目数量占项目总数的1/3，投资总额不到1/2。产业发展相对滞后是新区发展的阶段性表现，新区在今后的开发建设中必须实现由以基础设施建设为主向产业发展和基础设施并重转变。

（三）管理体制尚须进一步完善

跨行政区设立的西咸新区，部分行政审批和管理权限尚未得到授权或委托，规划、土地、建设、环保、财政以及社会管理等方面都存在权限不足、管理职能缺失的问题，加大了新区与原行政区的协调难度和成本。西安、咸阳和西咸新区三个板块之间协调机制还不完善，尚未形成大西安"一盘棋"的格局，新区与省直部门也需要建立经常性沟通协调机制，真正实现举全省之力建设西咸新区。

西咸新区管委会和新城管委会两级行政审批和管理的权责体系尚未进行明确的梳理和划分，新区管委会对五个新城在招商引资、土地出让、规划调整、产业布局、宣传推广等方面"统"得还不够，"统分结合"的两级管理体制有待进一步完善。

五　西咸新区发展面临的环境分析

当前，世界经济继续深度调整，受一系列不确定和趋势性因素影响，全球经济增长乏力，国际贸易低速徘徊，大宗商品价格回落，发展形势不容乐观。中国经济经过30多年的快速增长，深层次结构性矛盾逐步显现，进入减速换挡、结构优化、提质增效的新常态。综合分析世界经济长周期和我国发展阶段性特征及其相互作用，我国经济发展基本面是好的，潜力大、韧性强、回旋余地大，当然也面临很多困难，但仍处于大有作为的重要战略机遇期，这些都给西咸新区带来新的机遇与挑战。

（一）西咸新区发展面临挑战

受当前国内外经济形势的影响，西咸新区发展面临的最大问题是投资放缓、后续乏力。新区开发建设主要依靠投资拉动，处于开发建设初期的新区，更需要较大的投资并保持一定速度的增长。受经济增速下降和结构性减税的影响，政府财政收入增幅下降，支出压力加大，导致政府对新区的投资减少；在市场转型和结构调整中，企业发展困难，投资意愿下降，社会资本投资整体收缩，新区吸引社会资本更加困难；国际经济形势严峻，对西咸新区来说，原本量少的外商直接投资状况将"雪上加霜"。

经济下行对新区开发建设的直接影响是融资问题：房地产市场疲软，再加上新区远离主城区，土地增值溢出效应递减，土地地租级差较低，单纯依靠土地收益支撑新区发展的开发区模式已难以为继；清理整顿政府融资平台，"政府设立融资平台、以土地为抵押向银行借贷"的传统土地融资模式受到遏制；政府和社会资本合作（PPP）尚处于起步阶段，加之公共事业和基础设施项目投资周期长、利润不高，致使这一新的融资模式在实践中受到限制；传统的产能过剩产业逐步萎缩，新兴产业尚未兴起，民间资本投入实体经济的意愿下降，社会融资难度加大。

招商引资难度增大。一方面，在经济下行中，土地和人口红利减少，资本边际效应下降，影响投资者信心，降低企业投资意愿；另一方面，国家清理和规范招商引资优惠政策，原来支撑新区招商引资的税收减免、土地供应等优惠政策都必须做出相应的调整和规范，新区的政策红利式微。

作为承担国家重大发展和改革开放战略任务的国家级新区，国务院已批复设立16个，各新区在地理区位、资源和要素禀赋、产业发展基础、人文和生态环境方面各具优势，呈现竞相发展的态势。西咸新区是国务院批复的第七个国家级新区，与其他新区相比，既有优势也有不足，必须抢抓机遇，加快发展，力争在新区发展中处于前列。

（二）西咸新区发展面临难得机遇

机遇一：建设"丝绸之路经济带"。中央提出"一带一路"战略构想，出台《推动共建丝绸之路经济带和21世纪海上丝绸之路的愿景与行动》，西咸新区在"一带一路"战略中占据重要地位，作为"丝绸之路经济带"的重要支点，新区依托独特的地缘区位优势，与丝路经济带沿线国家具有良好的资源开发合作前景、较强的产业发展互补和科技教育文化交流的需求。随着国家航空城实验区、西咸空港保税物流中心、能源金融贸易中心、信息产业园、国际文教园的建设，新区在互联互通、经贸往来、金融投资以及科技教育合作等方面获得更多的机遇和条件。

机遇二：承接中东部产业转移。在全球新兴产业兴起和产业梯度转移的背景下，产业分工面临重要调整，西咸新区将在承接产业转移过程中有较大机遇。近几年来，国际发达经济体欧美各国相继实施"再工业化""德国制造4.0"等发展战略，其新的技术创新成果将逐渐溢出至我国，中国已经成为世界产业转移的重要承接地，东部沿海成为全球新兴、高端产业转移承接地，中西部地区加速承接东部产业转移。新区位于关中天水经济区腹地，具备连接中西部的区位条件和交通优势，拥有陕西丰富的科教资源和雄厚的新兴产业基础，是承接世界产业和东部沿海资本、技术密集型产业转移的最佳平台。值得注意的是，在承接产业转移过程中，需要甄别"低端锁定"产业，拒绝"高耗能、高污染和高排放"产业，避免"重投资，轻技术"和

"重招商,轻嫁接"。

机遇三:打造新型城镇化范例。西咸新区作为国家"创新城市发展方式"试验区,积极探索城市发展方式转型、统筹城乡发展、实现产城融合,以建设现代田园城市为核心理念,着力构建点状布局、组团发展的新型市镇体系,避免走"摊大饼"式传统城市发展道路,在城市建设中具有后发优势。新区获批国家新型城镇化综合试点地区[①],将大胆探索破解新型城镇化政策、体制和机制难点问题,为城镇化建设提供更为有利的体制政策支持和更为广阔的发展空间。

机遇四:培育陕西经济发展新增长极。2014 年,陕西省委、省政府出台《关于加快西咸新区发展若干意见》,要求举全省之力建设西咸新区,为新区快速发展创造了有利条件。随着全省上下思想认识的逐步统一、体制机制的逐步理顺、后发优势的逐步显现,在 4 年来开发建设的基础上,新区必将整体发力,进入发展快车道,成为陕西经济发展新的增长极。

六　西咸新区发展态势分析

历经 4 年的谋篇、布局、蓄势,西咸新区的城市骨架基本拉开,新兴产业集聚发展,现代田园城市初具雏形,基本具备加速发展的基础和条件。未来 5 年,西咸新区将进入快速发展时期,经济综合实力大幅提升,基础设施互联互通,城市功能不断完善,生态环境明显优化,人民生活水平和质量显著提高;"丝绸之路经济带"重要支点、向西开放的重要枢纽、西部大开发的新引擎和新型城镇化范例等国家赋予新区的重大战略任务初步实现。

未来 5 年,新区产业发展将借《中国制造 2025》、"一带一路"之机,加快发展高端装备制造、新材料新能源、信息技术、现代物流等,形成一

---

① 《关于公布第二批国家新型城镇化综合试点地区名单的通知》（发改规划〔2015〕2665 号）。

批产业集聚区，推进与"丝绸之路经济带"沿线国家之间的交通连接、互补性贸易、金融科教合作，成为全省经济最活跃、发展质量最高的区域。

未来5年，新区各核心板块将基本建成2~3平方公里核心区域，形成城市"核"。这些城市"核"将通过四通八达的路网、智能电网和网络通信将基础设施、产业优势、公共服务体系向周边农村地区延伸，实现新区与周边地区的良性互动，新区将成为一个独具特色、宜居宜业、充满活力的新城区。

未来5年，新区对接西安、咸阳主城的主干路网贯通，基本建成西安地铁1号线二期工程西咸新区段、西安北客站—机场轨道交通、西安地铁5号线，连接各新城的正阳大道、沣泾大道、秦汉大道等主干道通车运营，新城内部核心区域的市政路网初步形成；学校、医院、公园等市政配套设施逐步完善。

未来5年，新区将持续推进优美小镇建设，基本建成泾河景观带、五陵塬帝陵带、沣河两岸三大片区35个小镇，将优美小镇镶嵌于新区之内，有机连接城市和乡村，让居民"望得见山水，记得住乡愁"。

未来5年，新区继续发展都市农业，以国家农业科技园区为标杆，建成一批都市农业项目，都市农业规模效应和品牌效应得到凸显，促进农业现代化、信息化、新型城镇化的有机统一，为新区建设保留一抹绿色，形成现代田园城市的绿色基底。

七　加快发展的对策建议

（一）认真贯彻落实习近平总书记重要指示，实现西咸新区转型发展

经过4年来的开发建设，西咸新区发展进入新阶段，由以基础设施建设为主向产业发展和基础设施并重转变，由"面上拉开"向"重点突破"转

变，由追求发展速度向更加注重发展质量转变。适应经济新常态，实现新区转型发展，必须认真贯彻落实习近平总书记关于"发挥西咸新区作为国家创新城市发展方式试验区的综合功能"的重要指示、国务院批复精神、国家发改委《总体方案》和《省委、省政府关于加快西咸新区发展的若干意见》，聚焦国家战略定位，深化改革创新，推动新区持续健康快速发展。

随着新区基础设施建设基本成形，将开发建设重点逐步转向大力引进、培育和发展产业与基础设施配套建设并重，在资金投入、土地供应、政策制定、人力安排等方面向产业发展倾斜，营造良好的产业发展环境。从"面上拉开"向"重点突破"转变，按照"单位时间、单位面积、投资强度决定效益"的一般规律，着力推进和完善核心区功能，力争到"十三五"末在区域内形成新亮点。在经历新区开发建设初期大规模投资、扩张性发展、城市形象初显之后，今后在保持一定发展速度的前提下，必须更加注重发展质量的提升，提高投入产出率，增强新区核心竞争力。

（二）进一步完善新区管理体制

实行与西咸新区发展阶段相适应的行政管理体制，西咸新区管委会作为省人民政府派出机构，代表省人民政府行使部分省级管理权限，行使设区的市人民政府相应的管理权，依法履行相应职责。凡属省级下放西安市、咸阳市及其工作部门和县级政府行使的管理权限，直接由省政府及其工作部门委托西咸新区管委会行使。

健全西咸新区与西安市、咸阳市及省级有关部门沟通协调机制，定期通报工作进展，及时协商解决开发建设中的重大问题，形成"举全省之力建设西咸新区"的格局。

进一步梳理和划分新区管委会、新城管委会两级行政审批管理权责体系，形成统分结合、责权对等、高效运转的内部管理体制。新区管委会负责总体规划、分区规划及专项规划，各新城管委会负责本区域专项规划及详细规划；新区国土资源管理机构履行新区范围内的国土资源规划、管理、保护与合理利用等职责，加快完善理顺各新城国土资源管理体制和机制；完善新区管委会一级财政管理体制，构建新区"1＋5"完整的国库服务体系；按照统一宣传口径、统一标识的原则，加强对外宣传；明确新区两级管委会干部管理权限、职数和调整程序，完善干部管理和监督制度。

（三）加大招商引资力度，加快新区产业发展

积极引进中、省重大项目。进一步明确各新城产业定位和产业发展重点，依托和发挥自身优势，争取中、省在新区布局若干重大项目，引导世界500强企业在新区设立总部、研发中心、生产中心等。探索承接产业转移的新途径、新模式，积极承接我国中东部地区劳动密集型产业转移。落实国家"一带一路"战略，与丝路沿线国家共同建设若干国际合作园区，重点建设中俄丝绸之路创意产业园、国际文教园等合作项目。

加大招商引资工作力度。整合新区管委会与新城管委会的招商引资力量，强化新区招商引资和招商项目统筹能力，最大限度地发挥国家级新区品牌效应。健全工作制度，规范办事程序，明确部门职责，创造良好的招商环境。严格项目准入制度，招商项目必须符合国家的产业政策和环保要求，不选高污染、高耗能、危及安全的项目。更加注重吸引外商投资，全面推行负面清单管理制度，扩大外商投资领域，搭建新的外商投资平台。在建设用地、项目规划、环保审批、财政支持、金融服务和融资渠道等方面，强化招商引资优惠政策，并确保政策持续实施。

优化产业布局，推动产业集群发展。全力加快产业园区建设，重点推动"丝绸之路经济带"能源金融贸易中心、空港保税物流中心、沣东统筹科技资源改革示范基地、周陵新兴产业园、沣西信息产业园、华晨汽车产业园等产业园区建设，使各新城产业错位发展、特色鲜明。集中发展主导产业，发挥龙头骨干企业的示范带动效应，每个产业集群确定2~3家龙头骨干企业，并对其重点扶持。完善产业园区配套服务，统筹解决生活设施、住房、交通、教育医疗、文化娱乐设施等配套设施不足问题。落实国家、省相关产业扶持政策，分门别类研究制定新区产业发展政策，设立产业发展专项资金，创造良好的产业发展环境。

（四）转变投融资方式，建立多元化、可持续的投融资机制

创新投融资体制机制是新区开发建设资金得到持续保障的关键。主要措施包括发挥政策性金融的引导和促进作用，搭建投融资平台、拓宽融资渠道，扩大担保融资等。

加强与银行间的合作。一是继续与建行、中行、浙商银行、中信银行、北京银行、长安银行等商业银行保持长期合作，通过固定资产贷款等方式筹备短期建设资金。二是加强与政策性开发银行的合作，进一步落实《国家开发银行关于支持陕西西咸新区发展的意见》，在道路桥梁及轨道交通、生态治理、环境保护、公共服务配套等重点项目上，争取国开行信贷重点支持，同时与农发行陕西省分行在水利、城镇基础设施及现代农业园区等方面开展合作，形成来源稳定、融资成本较低的建设资金。

拓宽投融资渠道，吸引各类社会资本。一是明确社会资本进入标准，鼓励民营企业进入特许经营领域，参与市政基础设施建设。二是建立规范化、制度化、市场化的公私合作项目运行机制，引导市场主体采用 PPP 等投融资方式参与项目建设。三是鼓励企业面向社会直接发债，募集社会资金，争取陕西省的发债额度向新区倾斜。

组建西咸新区担保公司，负责区内企业发债、融资担保等，扩大担保融资额度和担保业务覆盖面，重点解决企业融资难、担保难的问题。

（五）建设绿色城市，保护传承历史文化

按照《省委、省政府关于加快西咸新区发展的若干意见》（陕发〔2014〕10 号）的规定，成立新区环境保护机构，由省政府赋予新区省级环境污染防治、生态建设保护、城市绿化建设等方面的审批、核准、备案和管理权，落实生态保护自主权。

积极争取国家水利建设专项资金支持和政策支持，继续推进渭河、沣河、泾河等区内河流综合治理和引汉济渭斗门调节水库建设。划定新区生态保护红线，严格执行国家下达的污染物排放总量控制红线，建立

资源环境承载能力监测预警机制，以及社会化环境、土地、资源等生态环境损害责任终身追究制。重点推进城市污水处理、环境监测、治污降尘减霾等环保基础设施建设，提升区域环境保护水平，建设全国生态文明示范区。

以雨水综合利用为重点，建立三级雨水利用系统，做好全国首批、西部唯一的海绵城市试点工作，逐步在全区扩大试点范围。继续在组团核心板块推广经济实用型和标准型相结合的综合管廊系统，推广实施干热岩、地源热等清洁能源技术，推广以墙体保温、多层玻璃、窗外遮阳、新风系统为主要内容的新区绿色建筑标准，降低城市供暖碳排放量。

按照新区文物保护总体规划，加强对文物本体的改造和周边环境的整治，试点开展文物勘探前置工作。在渭北帝陵带、丰镐二京等遗址遗存保护区强化植被覆盖率，建设帝陵遗址主题公园。依托帝陵遗址，发展文化旅游，推进西汉帝陵"一陵一馆"项目建设，以五陵塬国家公园、咸阳城国家遗址公园、秦汉新丝路数字文化创意产业基地等项目建设为抓手，打造历史文化传承保护示范区，让文化遗产活起来。

（六）加大对外开放力度

依托陕西唯一的国家一类对外开放口岸西安咸阳国际机场，建设空港综合保税区，积极申报丝绸之路自由贸易区，开通更多中亚、西亚、欧洲旅游航线及货运班列，建设丝绸之路空中枢纽。依托中俄丝绸之路创新园，按照"一园三地"的模式，与广州南沙新区协商开展合作共建。依托丝绸之路能源金融贸易园区建设，发挥能源资源、科技、金融优势，建设立足陕西、服务西北、辐射中亚西亚的"一带一路"大宗商品和能源交易中心。依托国际文教园区建设，聚集国际高端医疗、教育、文化资源，建设国际一流的医疗健康先行示范区。依托统筹科技资源改革示范基地、信息产业园、西部创新港、秦汉新丝路数字文化创新产业基地等平台园区建设，实现科技资源开放共享，打造对外开放的产业合作新引擎，扩大对外开放深度和广度。

（七）认真落实新型城镇化试点工作

按照国家新型城镇化试点方案要求，深化改革，创新体制机制，全面落实各项任务。成立国家新型城镇化综合试点工作领导小组，安排专项资金用于综合试点工作。逐步实行街镇行政托管，赋予托管地区社会事务管理权限。加快户籍制度改革，在新区范围内全面实施居住证制度，逐步统一城乡户口登记，制定具体落户标准。破除农业转移人口市民化政策障碍，实现城乡基本公共服务均等化。建立健全由政府、企业、个人共同参与的农业转移人口市民化成本分担机制。探索建立多元化、可持续的城镇化投融资机制。改革完善农村宅基地制度，创新行政管理和降低行政成本。

（八）加强人才队伍建设

牢固树立人才是第一资源的发展理念，加强干部队伍建设和人才储备，以项目引进人才，以产业聚集人才，以政策吸引人才，为新区开发建设提供强有力的人才支撑。

一是根据新区用人需求，编制西咸新区人才发展规划，制定出台一系列人才引进、培养、奖励政策，拓宽选人用人视野，完善新区就业、医疗、户籍、子女教育、住房保障等配套制度，让人才扎根新区、服务新区。

二是建设西咸新区人力资源服务产业园，重点支持大学生等特定人群就业创业和人才孵化。设立人才发展财政专项资金，在信用担保、项目开发、资金技术支持、科研经费等方面为人才创业提供服务。依托新区重点产业项目，引进一批高科技人才和技术研发团队，发挥西咸新区博士后创新基地平台作用，以"产业链"形成"人才链"。

三是深化干部人事制度改革，打破身份区别，实行全员聘用制，建立干部"能上能下"用人机制，把实绩突出、德才兼备、群众公认的优秀干部选拔到重要岗位，让优秀干部脱颖而出，让有能力的干部敢闯敢干，打造一支作风过硬、执行力强的干部队伍。

（九）争取国家进一步支持

按照国务院批复要求，建立部省际联席会议制度，定期向国家发改委等有关部门汇报工作，积极争取国家有关部委在城市建设、项目布局、专项资金、体制创新等方面给予更多支持，促进新区快速健康发展。

分 报 告

Subject Reports

B.2
空港新城发展报告（2011~2015）

摘　要：　2011~2015 年，空港新城积极推动产业发展和城市建设，逐步呈现发展速度加快、投资环境改善、特色产业明晰、综合实力增强的发展态势，开发建设取得了阶段性成果。2014 年 5 月，空港新城成功获批国家级航空城实验区。未来 5 年，空港新城要紧抓机遇、迎接挑战，以申报国家级临空经济示范区为抓手，加快打造开放平台，推动产业集聚，突破重点板块，完善基础设施，优化营商环境，加快实现从空港城市的初期形态向成熟形态转变。

关键词：　空港新城　建设成效　展望

一　基本情况

空港新城位于西咸新区北部，北至泾河，南至福银高速，东接秦汉新

046

城，西抵西咸新区边界。空港新城东西宽约 14 公里，南北长约 17 公里，规划面积 144.18 平方公里，建设用地 36 平方公里。

区内现有 3 个半镇（街办），包括泾阳县太平镇、渭城区北杜街办、底张街办和周陵街办福银高速以北区域，共 56 个自然村。户籍人口 8.5 万人，其中非农业人口 0.25 万人，农业人口 8.28 万人，农业人口占户籍人口的 97%。据不完全统计，机场现有各类就业人员 3 万余人。区内有唐顺陵（武则天母亲杨氏）、上官婉儿墓、萧何曹参陵墓、北杜明千佛铁塔及西周元圣周公墓等历史遗存。

空港新城作为西咸新区的重要城市组团之一，拥有在全国排名前十的西安咸阳国际机场、陕西省唯一的一类开放口岸和临空型海关特殊监管区，区位优势明显，发展潜力巨大。设立空港新城是西安国际化大都市发展建设的现实需要，是构建陕西省内陆型开发开放高地的重要支撑，是落实国家西部大开发战略和关中—天水经济区规划的重要抓手。

二 发展战略

（一）发展理念

以创新、协调、绿色、开放、共享的发展理念，瞄准建设"中国孟菲斯"，进一步挖掘战略、区位、产业、人才等优势，吸引人流、物流、资金流、信息流的聚集，着力做大空港新城产业规模。突出机场、口岸、开发新区的融合发展，加快空港城市产城一体化发展，不断增强现代城市综合服务功能，积极打造"优美、宜居"的魅力空港城市典范。

一是产业发展与城市建设的平衡。积极践行创新城市发展方式理念，在发展产业的同时，更加重视城市基础设施建设和公共服务的完善，促进产业聚集区向城市新区的快速转变。

二是功能布局与集中开发的平衡。在功能布局基本确定的前提下，与机场形成利益共同体，加大对空侧共管区和空港外围区的开发力度，在保税物流片区和商贸服务片区进行高强度开发，通过集中开发逐步完善城市功能。

三是临空产业与现代服务业的平衡。充分利用区位优势，大力发展航空物流、高端制造等产业，同时注重发展商业、会展、创意等现代服务业，形成多元化发展格局。

四是建设形象与发展效益的平衡。节约建设用地资源，科学引进产业，提高投入产出效益，不断增强空港新城核心竞争力。坚决防止受投资强度弱、建设密度低、带动效应差的项目随意摆布，防止宝贵的空侧、陆侧资源被过早挤占，杜绝短视行为发生。

（二）战略定位和目标

以打造"中国孟菲斯"为总体目标，坚持"规划引领、产业支撑、交通便捷、环境友好"的发展战略，以建设丝路商贸物流中心、丝路开放合作平台、西部高端制造业和新兴产业聚集区、关中城市群立体综合交通枢纽、西部科技创新引擎、新型城镇化示范区为总体定位，全力推进国家航空城实验区和国家临空经济示范区建设，力争到2020年，初步建成丝路商贸物流中心和国际航空服务业聚集中心，成为"一带一路"重要枢纽和陕西重要的经济增长极；到2025年，发展环境与国际全面接轨的西安国家航空城将全面建成。

（三）规划布局

按照西咸新区总体规划的整体空间结构，空港新城打造"一核两片三廊多组团"的空间结构。通过泾河、北辰谷两条大型生态长廊，以及福银高速交通廊道成为分隔组团间的生态廊道，形成"功能组团有机聚合、生态廊道穿插渗透"的田园城市总体空间形态，构筑生态化、组团化的空间布局体系。

一是打造"一核"，空港交通服务核心。以机场交通功能为核心，同时强化以高速公路和轨道交通为主体的地面综合交通体系，打造快捷交通核心枢纽，建立方便高效的国际化空铁联运核心体系，进而形成我国西部重要的资金、信息、技术和人才等要素的重要流通核心中枢。同时，以西安咸阳机场为载体，内部整合机场配套服务、后勤保障、物流等功能用地，结合空港新城周边地区建设生活中心和服务中心，为区域提供综合性服务，进一步完善和发展空港服务核心的能级，使其成为第四代国际空港城市。

二是发展"两片"，环空港片区和生态片区。以机场北面的冲沟为分界线，规划范围分为两个片区。南面为环空港片区，进行城市开发和产业培育，并辅以绿化廊道渗透，形成良好的生态城市环境；北部为生态片区，限制城市开发建设。

三是"三廊"穿插，通过泾河景观廊道、北辰谷生态廊道、福银高速交通廊道形成生态自然界线。由生态自然界线泾河、北辰谷和福银高速将空港新城分隔为两大片区，同时限制城市增长边界。生态廊道的穿插使空港新城北片区成为"大开"的北辰生态组团，由机场绿化基底、生态绿廊形成的绿色生态网络以及 5 个优美小镇组成；南片区成为"大合"的环空港片区，规划以组团式布局模式，组团之间各自独立，又相互联系，强调组团内功能的多元复合，共同打造一个互动的整体。

四是重点建设"多组团"。在环空港片区形成功能互补、紧密联系的多个城市功能组团，包括临空农业和优美小镇片区、西部飞机维修基地、国际航空物流枢纽、国际文化交流区。

三 建设成效

4 年来，空港新城按照陕西省、西咸新区的总体要求，努力开拓创新，积极推动产业发展和城市建设，逐步呈现发展速度加快、投资环境改善、特色产业明晰、综合实力增强的发展态势，开发建设取得了阶段性成果。2014年5月，空港新城成功获批国家级航空城实验区。

（一）规划体系基本完善

坚持规划先行，编制完成《空港新城分区规划》《控制性详细规划》《产业规划》《综合交通枢纽建设总体思路》《城乡统筹规划》《空港新城田园城市发展规划》《空港新城城市风貌与特色研究》以及道路、排水、管线、给水、电力、燃气、电信等专项规划。编制完成《底张重点镇概念总体规划》《空港新城优美小镇概念规划》《北辰谷生态片区概念规划》《太平湖周边修建性详细规划》等9个特色区域专项规划设计。首创《空港新城建设项目规划设计指引》，有效引导各类建设项目开展规划设计。

着眼于打造多个重点发展板块，推动临空经济快速发展壮大。出台《空港保税物流园区建设方案》、《西部飞机维修基地建设方案》、《安居置业建设方案》和《空港新城城市中心区规划》等多项规划方案。围绕重点产业发展，服务于中吉空港经济产业园、中意航空谷以及波音海外交付中心等重大项目的落地，编制多个专项承接方案，启动编制《国际航空物流枢纽区发展规划》《陕西省航空物流发展规划》等系列规划。从整体上看，已经形成较为完善的规划体系，为新城加快产业聚集，提供科学的规划指导。

（二）基础设施快速形成

1. 道路骨架基本建成

累计开工建设道路71条（86段），全长105.09公里，通车道路超过40公里。

（1）主干道路骨架全面拉开。由空港沣泾大道、自贸大道、天翼大道、周公大道、正平大街组成的"三横两纵"骨干路网实现主体通车，形成以机场为枢纽核心，东至飞机维修孵化器、南至绿地新城、西至空港物流园、北至临空中小企业园的环绕式结构路网。兴教大街、宣平大街、底张大街、渭城大道等9条主干道路完成主体施工，初步实现各功能片区快捷联通，航空城的主干路网和骨架已经成形。

（2）重点组团路网及重点立交工程等开始发挥作用。保障房、保税区、绿地新城、底张重点镇、城市中心区、飞机维修基地等重点组团路网的62条道路建设加快推进，延平大街、熙平大街、敦化路、敦义路、国清大街、延庆街、孝彭街、泽勇路基本建成，重点组团形成较为完善的内部循环交通体系，并建立起与主干道路的良好衔接，满足了在建项目的建设需要及建成项目的运营需求。周公大道—福银高速立交建成通车，沣泾大道—福银高速立交按计划加快施工，新城内部主干道路和新城对外道路的联通更加畅达。

（3）关中城市群立体综合交通枢纽加快打造。按照省政府统一部署，新城与相关单位积极推进空港综合交通枢纽的规划工作，整合关中城市群多样化的交通体系，引入高铁、城际铁路、轨道交通、公共交通等多种交通方式，改变航空与高铁、轨道交通分离的现状，形成一个良性运转、无缝换乘、高效快捷的综合交通体系，使关中城市群与国际、国内主要城市快捷联系。经过对接，空港新城至阎良、法门寺、北客站等城际铁路已确定，正在争取高铁线路进入新城。

2. 公共配套服务完善

给水、电力、通信、天然气、雨水、污水等配套设施快速跟进，空港花园、商务中心、普洛斯、圆通速递、航投大厦等重点项目市政管网已经建成投入使用，城市公共配套支撑服务能力得到明显改善。

给水：与咸阳市自来水公司签订合作协议，完成自贸大道、周公大道、正平大街、长平大街、天翼大道等 19 个项目、24.8 公里的给水管道铺设，区内群众喝上洁净的饮用水，满足商务中心、保障房等项目运营及其他项目施工建设的用水需求。

电力：完成周公大道、自贸大道、保障房组团路网等 11 条重点道路、18.5 公里的电力管沟建设，启动北杜一变、北杜 10kV 开闭所建设，配合已入区项目需求，提供可靠的电力配套保障。

通信：完成自贸大道、周公大道、天翼大道、正平大街、保税区组团、飞机维修基地组团等 46 条道路、19.2 公里的通信管道配套建设，满足保税物流园区、航投大厦、商务中心、空港花园等重点项目的通信需求。

天然气：随道路建设完成周公大道、宣平大街、保障房组团路网、飞机维修基地组团路网等道路天然气管道配套建设，积极对接气源，满足商务中心、空港花园、物联城等沿线项目建设和运营需求。

雨水、污水：随道路建设同步推进雨水、污水管道建设，完成雨水管道

67.89 公里，污水管道 53.85 公里。启动实施北区生态湿地污水处理厂及北区污水处理厂等项目。选取重要路段，积极开展建设海绵城市的探索。

公共交通：完成总长 41 公里的公交线路设计，规划设计 27 个公交站点，建立起环绕机场和贯穿各重点项目、产业功能区的公交体系。

管线迁改：强化对接，积极化解区域内原有管线复杂这一"卡脖子"难题，完成重点区域原油、成品油、天然气管线和 35kV、110kV、220kV 电力架空线等迁改，为其加快发展扫清障碍。

3. 区内环境质量得到提升

加快推进主干道路及重点板块的环境改造和绿化美化，完成保障房组团路网、自贸大道、周公大道等项目绿化，完成绿化工程 10 项，共计 53.82 万平方米。

大力推进苗木栽植、绿篱等道路绿化工程，精心营造林荫路网景观，随着自贸大道、周公大道、保障房组团路网、底张重点镇组团路网等道路的建成通车，同步形成纵横交错的绿色生态廊道。加快商务中心、航投大厦、空港花园、绿地新城等重点板块和重点项目周边花圃、草坪、乔木的种植，形成重点开发区域景观形象。完成萧何曹参园林景观、唐顺陵遗址生态园林、上官婉儿墓等一批公园、公共绿地等生态休闲场所建设，有效提升新城城市品质。

严把环评准入关，避免环保重审批与"三同时"验收，轻中间环节的"哑铃型"监管方式，对已通过环评批复的各类建设项目，依据环评文件内容及批复要求，开展环保"三同时"月度检查，确保污染防治设施与主体工程"同时设计、同时施工、同时投产使用"。严格落实"治污降霾"各项举措，完成空港新城环境空气质量自动监测站建设，对空气质量进行实时监控。

（三）招商引资成效显著

4 年来，累计实现招商引资内资到位资金 225.83 亿元，外资到位资金 6500 万美元。引进普洛斯、丰树、绿地等世界 500 强企业和东航、九龙仓等35个行业龙头项目，包括航空物流类项目11个、民航科技及高端制造业项目11个、商业文化配套类项目7个、其他项目6个。

十六届西洽会成功签约绿地新城等4个项目，十七届西洽会成功签约普洛斯国际物流园、国际美术博物馆暨美术城等5个项目，十八届西洽会成功签约申通快递、首信、新泰等9个项目，十九届西洽会成功签约中外运空港转运中心、航空叶片生产、天驹航空等7个项目。

围绕国家实施"一带一路"建设的发展战略，重点加强与丝路沿线国家的国际合作，积极引进外商投资重大项目，促进国际交流，进一步完善产业链配套。参加第八届中国临空经济论坛、2015中国互联网大会、2015杭州云栖大会等高级别专业峰会，在西安、香港两地举办航空物流企业沙龙，引进时代奥特莱斯、深航西安运营基地、邮政速递西北航空电商物流、巴夫洛电商冷链物流、海尔（西安）电商物流、航空叶片等7个龙头项目，总投资近40亿元。利用产业链"以商引商"，带动日本近铁、中外运、京东、韵达、大龙网、天驹航空等入区发展。同时，深化与新加坡的合作，有力促进核心产业集群发展。赴意大利瓦雷泽省、加拉拉泰市对接航空产业合作项目，被视为"丝绸之路经济带"建设的重要合作伙伴，既推介新城，宣传陕西，又获得境内外企业和媒体的积极评价。

（四）产业项目加快建设

依托区域枢纽机场与对外开放口岸结合的优势，按照临空产业发展的规律和要求，加快构建航空维修、航空物流、高端服务等核心产业，努力成为陕西产业转型升级、经济加快发展的门户和引擎。共开工建设重点项目81个，完成固定资产投资485.2亿元。东航飞机维修机库、航投大厦、普洛斯航港基地、圆通速递西北转运中心、东航新货运区、国际货站、空港综合交通枢纽、商务中心、空港国际酒店、西安咸阳机场国际指廊、空港花园、萧何曹参遗址公园等16个项目投入运营，西咸保税物流中心、阳光里公租房、阳光里棚户区改造、空港幸福里、西部飞机维修基地孵化器、临空中小企业园、空港绿地新城（一期）、普洛斯航空物流园、美术博物馆等13个项目完成主体工程。

一是航空物流产业快速聚集。落地项目11个，总投资约40.14亿元，其中外资类项目4个，包括由亚洲最大的工业及现代物流基础设施提供商和服务商、全球排名第一的物流地产运营商——新加坡普洛斯集团投资建设的普洛斯空港国际物流枢纽航港基地、普洛斯（西咸）空港国际航空物流园，新加坡丰树集团投资建设的丰树西咸空港新城物流园和巴夫洛电商冷链物流园。

航空物流方面，普洛斯、韵达、圆通、新地、中外运、京东等7个项目建成投运，日均货邮吞吐量约2061吨，初步形成西北最大的电商快递集散中心。飞机维修方面，东航新机库、航投大厦运营顺利，西部民航特种设备保障服务中心、康蓓液压部附件维修项目等7个项目即将开工。临空商贸服务业方面，空港大酒店、空港国际商务中心建成投运，枫叶国际学校、西安国际美术城、祥茵中央公园等项目正在加快建设。2015年11月24日，西安到杭州货运航线开通。西安到广州、香港等地的货运航线即将开通。

西咸空港保税物流中心完成工程建设，2015年10月初通过预验收，12月18日正式通过海关总署等四部门联合验收，成为陕西唯一的临空型海关监管场所，已与佳壹物流、宇恒通物流签约，与大龙网签订跨境电商产业园项目框架协议，完成企业注册7家，积极推进中航材保税航材、海德邦保税仓储、中外运展示交易、沃洋优品等保税物流仓储、跨境电商类项目。获得陕西省唯一的"2015年度全国优秀物流园区"称号，新城建设丝路商贸物流中心的核心功能配套项目开始发挥效用。

空港新城航空物流产业已经初具规模，在建及建成的高端仓储的面积达78万平方米，占全省总量的1/3，逐步成为陕西省高端仓储聚集地。

二是飞机维修产业加快发展。落地项目11个，总投资约34.9亿元，其中，东方航空公司投资建设的东航西安维修基地新机库，是西北地区功能最完善、全国第二大的维修机库，2014年10月正式投入运营，自2015年起，预计达产后的年平均产值为7.5亿元。

围绕东航新机库项目，陆续引进新泰公司飞机部件维修基地、陕西厚亿航空航天节能环保新材料、蓝太飞机碳/碳复合材料刹车盘生产线、康倍航空液压电机部附件维修、西部机场特种设备保障服务中心、航空叶片生产加工及相关配套项目等一系列与飞机维修密切相关的上中下游产业链项目，逐步形成了以飞机整机维修、部附件及特种设备制造和维修的民航科技产业链。

加快推进发展平台建设，进一步完善产业发展支撑配套环境。飞机维修基地创新服务中心项目建成投入使用，天驹航空、远东航空服务公司已入驻。飞机维修基地孵化器（一期）工程建设基本完成，上海沪港航材、咸阳裕华橡胶等航空维修企业及轻型加工型企业签约入驻，新航宇佳航空科技服务公司、陕西中航气弹簧公司即将入驻，空港飞机维修产业集群基本成形。

三是临空高端服务业不断聚集。累计引进商业文化配套类项目7个，总投资447.8亿元，包括由绿地集团投资建设的空港绿地新城项目，由香港九龙仓集团投资建设的时代奥特莱斯—西安项目，由陕西省美术家协会投资建设的西安国际美术博物馆和西安国际美术城项目，以及祥茵·中央公园、西咸空港泉商国际丝路物联城、西咸空港枫叶国际学校等，其中，祥茵·中央公园、西咸空港泉商国际丝路物联城、西安国际美术城、绿地新城等项目开工建设，部分已交付使用。文化产业不断发展，萧何曹参遗址公园、上官婉儿墓遗址保护、唐顺陵生态园林等项目建成投运，鲲鹏湖国际文化健康小镇项目加快推进。

四是丝路开放合作平台功能逐步完善。空港新城充分发挥地域和门户优势，与吉尔吉斯斯坦政府积极对接，谋划中吉空港经济产业园项目；依托中亚能源有限责任公司，推进冷鲜肉制品电商冷链物流园等项目合作。与意大利航空航天企业协会签订战略合作协议，2015年5月和11月分别在空港新城和意大利马尔彭萨机场成立中意航空谷，承办"陕西—意大利合作论坛"，双方将在民航EASA-147培训、模拟机等项目上开展合作。此外，正在与新加坡叶水福物流、香港机场一号货站、先达物流、嘉里物流等物流业龙头对接。

（五）优美小镇加快推进

按照《西咸新区优美小镇三大片区规划（2015~2020）》，空港新城加快建设空港花园小镇、空港阳光小镇等 3 个优美小镇，空港花园小镇基本建成，相关配套基本到位，空港阳光小镇和空港幸福小镇一、二期正在进行室内装修施工，居住型优美小镇形态已经显现；积极探索建立优美小镇公共服务和配套的标准化模式，将商业、学校、服务中心、公共绿地作为优美小镇建设的四大标配，促进形成城乡一体的公共配套和服务体系；深入落实"五金"（现金＋租金＋股金＋薪金＋保障金）保障体系，除政策性的补偿及时支付到位外，注重提升群众可持续收入，加快周边配套设施建设，营造良好的商业氛围，以此提高股金、租金收入，与相关部门协作配合，加大失地农民培训的范围和开设课程的多样性、实用性，扩大就业合作企业的范围，为群众提供更多的就业机会。

（六）融资工作创新开展

与浙商银行、长安银行、国开行等多家机构充分对接，通过银行贷款、中期票据、企业债、保险资金、信托资金等方式，落实建设资金。与西安市市政建设集团公司、西部机场集团建设工程公司达成 BT 融资协议，保障自贸大道、周公大道等自建项目建设进度。在融资大环境趋紧的背景下，通过创新方式、积极进取，在巩固银行流动贷款、信托贷款等传统融资渠道的基础上，创新土储贷款承贷模式，加快推动棚户区改造项目贷款和企业债的发行工作，不断开辟新的融资渠道，取得较好的效果。自成立以来，共筹措项目建设资金 182.38 亿元，有效支撑了项目建设资金需求。

（七）与机场和当地政府形成"利益共同体"

与机场达成"分工负责、协同发展、整体构建、圈层开发"的理念，全力支持机场规划修编，明确机场飞行区、空侧共管区和空港外围区的管理主体和机制。相互衔接"十三五"规划编制工作，就交叉性的产业和业务达成共识，成立合资公司，共同规划、共同招商、共同运营。双方合作受到中国民航局领导的高度评价，已经成为机场与空港经济区合作的典范。

进一步巩固与咸阳市、渭城区政府的合作关系，达成"四个一致"（认识一致、理念一致、行动一致、利益一致）的合作理念，形成"区港联动、共赢发展"的格局，双方在征地、拆迁、执法等方面形成全天候的伙伴关系。征迁工作进展顺利，小寨村拆迁安置试点工作圆满成功，无一户闹访缠访，基本完成邓村、卓邢村、杨家村、丁家村、窦家村整村及朱家寨部分的拆迁工作，瓦刘、王村完成部分协议签订，韩家村完成前期摸底工作，开创西咸新区和咸阳市拆迁进度之最，空港和谐征迁受到省委书记赵正永的批示肯定。联合举办46期农民就业培训班，与镇办共同拆除违法建筑7.98万平方米，控制乱搭乱建、违法圈占建设成效显著。与咸阳市、泾阳县分别签署供水合作框架协议、共建现代田园城市战略合作等框架协议，为区域加快发展提供了坚强保障。与咸阳市共同探索现行体制下土地供应的新路径，实现土地供应164宗，共计9874亩。空港新城土地储备中心正式获得省编办批复，走在了西咸新区前列。与延安市、榆林市签订6735亩耕地占补平衡异地补充协议，开创西咸新区耕地指标转让第一例。

（八）开发建设管理体制不断完善

不断优化管委会与集团公司管理模式，保投、置业、航投、文旅等子公司与管委会（集团公司）职权划分更加清晰，现代化企业管理制度基本建立。制定制度146项，管委会与集团公司运行管理步入规范化、制度化轨道。廉政风险防控试点工作成效显著，纪检、审计及工青妇工作全面推进，为大开发、大建设工作发挥保驾护航和凝心聚力的重要作用。空港团队的"战友情怀"和组织文化基本形成。

四　未来展望

经过4年的发展，空港新城正在由单一的空中交通枢纽加快向临空产业区过渡。未来5年，空港新城将实现从空港城市的初期形态向成熟形态转变。综合分析判断，"十三五"期间空港新城将进入战略机遇期、规划调整期、转型升级期和功能完善期"四期"叠加阶段。

一是战略机遇期。从世界范围看，经济全球化不断深化，国际产业分工演进不断加快，迫切需要物流的快速传输，时间价值越来越得到企业的重视。从全国范围看，航空物流、商贸服务、高端制造等临空产业日益成为新的增长点，"一带一路"战略、关中平原城市群战略将得到深入推进，陕西将更加重视发展临空经济，西安咸阳国际机场正处于快速发展阶段，必将带动产业链上下游快速聚集，加速发展的态势正在形成。

二是规划调整期。"十三五"期间，西安咸阳国际机场旅客吞吐量将从3000万人次向5500万人次迈进，区域航空枢纽加快向国际航空枢纽转型。与机场总体规划调整相适应，空港新城为进一步优化发展空间和产业布局，建设丝路商贸物流中心，迫切需要对原有规划进行修编，通过修编规划，进一步落实"做大机场、做强空港"的思路，统筹各方利益，实现"机场＋口岸＋产业＋城市""四位一体"融合发展。

三是转型升级期。在前几年发展的基础上，未来5年，空港新城将发挥区位优势，按照"买全球、卖全球"的理念，不断调整优化发展思路，聚集人流、商流、物流、资金流、信息流，做大产业规模，提升产业发展层级。同时，突破发展瓶颈，实现集中突破，通过项目集中建设，在区域内优先建成2~3个板块，形成富有特色的空港城市面貌。

四是功能完善期。当前，空港新城已完成最基本的基础设施建设任务，商务中心、航投大厦等项目陆续投入运营。未来5年，枫叶国际学校、时代奥特莱斯、航空企业总部等项目将建成投运，跨境结算、贸易往来、外事服务等商务功能将逐步增强，宜居型优美小镇、学校、医院等生活功能将不断健全，空港新城城市功能将进一步完善。由此将带来大量企业和外来人口的聚集，并进一步倒逼城市功能的持续完善。

未来5年，空港新城将紧抓机遇、迎接挑战，以申报国家级临空经济示范区为抓手，大力实施"四大战略"，着力做大空港新城产业规模，提升城市功能对空港发展的支撑作用，加快形成空港新城建设风貌和产业形象，全力打造"两个中心"，到2020年，初步建成丝路商贸物流中心和国际航空服务业聚集中心，成为"一带一路"重要枢纽和陕西重要的经济增长极。

（一）推进"一带一路"合作，加快打造开放平台

牢牢抓住"一带一路"建设机遇，综合利用陕西的区位优势，不断夯实与"一带一路"沿线国家和地区合作发展的基础。一是推进两个园区建设。加快中意航空谷建设，推进世界排名第三的意大利比克博公司在空港新城设立分支机构，开展国际医药冷链业务以及食品级冷链认证培训，填补国内产业空白。加快实施中吉产业园生鲜冷链物流项目，积极争取口岸和配额等政策支持。协调国家有关部门和省政府批准在空港新城设立国际商务代表区。二是完善航线网络。对接中兴通讯等重点企业，优化物流方案，积极推进西安至香港货运航线开通，推进西安至首尔货运航线加密。借助西安开通至阿拉木图航线，积极与哈萨克斯坦开展项目合作。

（二）推动产业聚集，增强发展后劲

紧扣空港新城产业定位，按照供给侧改革要求，聚焦"招大引强"，强化"产业服务"，注重优化升级，实现精准招商。一是做大航空物流产业。全力推进与顺丰速运在快件集散转运、航空货运公司运营等领域形成合力，争取顺丰区域性航空物流枢纽项目落户，吸引超级一号货站、国泰航空、安华维龙、中外运等现代物流行业的龙头企业入区。积极申报跨境电商综合试验区，完成跨境电子商务产业发展规划方案，培育、孵化一批与空港新城产业特色较为契合的中小型电商企业。二是促进航空维修制造业加快聚集。积极推进东航－赛峰起落架大修、东航飞行员培训中心、海航空港维修机库、PMA部件生产等重大项目取得突破性进展。积极对接中航发动机公司，策划合作项目，打破现有航空发动机全球垄断格局。与太古集团、海特集团等飞机维修龙头企业洽谈落户项目。三是扩大会议会展、商贸服务业发展规模。推动南航、川航、春秋等航空公司在空港新城设立区域总部，尽快形成总部经济发展氛围。加快引进恒大会议综合体、陕文投跨境艺术品展示交易中心、金地国际学校、金地国际网球中心等项目。四是积极推进"双创"工作。充分利用已建成的孵化器、中小企业园等项目，与高校、

科研院所、媒体、知名企业家等合作，吸引高科技企业入驻。依托航空物流聚集优势，培育、孵化一批与空港新城产业特色较为契合的中小型电商企业。

（三）突破重点板块，体现发展形象

围绕"一圈两翼"（一圈：环机场区；两翼：航空物流枢纽区、国际文化区）的开发建设，集中力量加快重点区域建设。一是保税物流片区快出形象，加快建设时代奥特莱斯项目，启动西咸保税物流中心二期建设；推进普洛斯航港基地项目完成二期4栋标准化仓库主体结构施工、普洛斯国际航空物流园项目实现竣工投产；开工建设申通快递、中国邮政速递等5个项目；启动建设深航西安基地、航空叶片、西部民航特种设备、康倍、新泰和厚亿等项目。二是商贸服务片区扩大建设，推进美术博物馆建设，承接第十一届中国艺术节全国优秀美术作品展；加快枫叶国际学校建设，完成初中校区设施建设，启动高中校区建设。三是北部片区实现突破，重点推进鲲鹏湖改造、临空高效农业示范园建设等项目。

（四）完善基础设施，提升城市功能

更加重视城市基础设施建设和公共服务的完善，不断提升城市网格化、智慧化、人性化管理水平，促进产业聚集区向城市新区快速转变。一是以打通大环路为目标，重点推进天翼大道、周公大道、正平大街等11条主干道路建设，"三横两纵"路网实现贯通，加快保障房、保税区等组团路网建设，沣泾大道－福银高速（周公大道）立交主体完工，实施自贸大道北延伸段项目，同步完善道路照明、交通指示及安监系统等设施，基本实现以机场为核心的环绕式结构路网。二是实施环境质量提升工程，加强治污降霾和环境监管网格化管理，做好市容保洁，确保环境空气优良。加快推进主干道路及重点区域的环境改造和绿化美化，实施自贸大道全段、周公大道、正平大街及其他重点路段的绿化种植施工。加快海绵城市的实施工作。三是完善基础设施配套，协调推进消防特勤站和北杜一变建设，加快污水处理厂、雨

污水管道建设，研究新城供热解决方案，修编供热规划。全力抓好北杜、自贸大道等片区的电力设施工程。完成庆咸原油管线、机场110kV及底空10kV杆线等管线迁改工作。加快实施临空大道、天翼大道、自贸大道、周公大道等综合管廊设计及建设。

（五）优化营商环境，高效服务企业发展

以筑巢引凤为理念，以为区内企业和项目配置好发展资源为导向，加快完善企业发展必备的各类要素和功能。一是强化规划牵引，结合机场规划调整，邀请国际知名规划研究机构参加国际规划方案竞赛，推动空港新城分区规划修编。抓好海绵城市、智慧城市等专项规划和方案编制工作。二是完善城市综合功能，积极引进高品质公立医院、学校，引入银行分支机构。尽快在花园小镇、绿地新城等周边形成商业氛围，研究城市公共交通解决方案。三是提升企业服务水平，出台更加规范务实的优惠政策，加快启用政务大厅，完善门户网站服务功能。定期举办航空物流企业沙龙，实施"云上空港、智慧城市"项目，谋划设立临空经济产业基金、民航科技产业基金、城镇化建设产业基金等产业投资基金，提高产业聚集能力。建立一对一服务跟踪保障机制，及时处理项目建设问题，确保项目建设顺利进行。四是优化口岸及保税服务功能，确保保税物流中心早日运营，加强与海关、检验检疫等口岸联检单位的对接，完善通关监管流程，积极复制上海自贸试验区海关监管创新制度，实现检、通关业务一体化。五是提升区域品牌价值，加大与中央、境外、地方及行业媒体的合作力度，实施宣传"走出去"战略，利用实施"一带一路"战略的契机扩大空港新城品牌影响力。继续用好空中丝路媒体中心等沟通合作平台，全面展示空中丝路新起点和国家航空城建设的新思路、新形象、新变化，让入区项目共享发展红利。

（六）提升支撑功能，增强发展保障

更加重视开发建设的资金效益、土地效益和产业效益，力争使有限的资源产生最大化效益，同时积极推动集团公司、城发公司和各子公司市场化发

展。一是加大土地供应和征迁工作力度，加强与省国土厅和西咸新区的沟通协调，解决土地报批工作中的占补平衡指标问题，做好土地报批工作。根据需要完成相关村庄整村拆迁工作，开展土地流转工作。加强土地批后管理，实现土地集约节约利用。二是推进城乡一体发展，确保幸福小镇、阳光小镇小学项目完成主体施工，花园小镇邻里中心竣工。深入实施"五金制度"，加强农民就业培训，实现空港幸福小镇一、二期竣工交付使用，完成相关村庄拆迁户的回迁安置工作，积极做好已建成租赁型保障房的房源分配工作。三是完善税收征管和资金筹措，做好税收收入组织工作，加快土地出让金、诚意金、城市配套费、专项资金等非税收收入入库。确保完成10亿元企业债的发行工作。进一步提升预算管理水平，控制费用支出和工程成本。四是提升集团公司和城发公司市场化运营能力，推进航投公司参股长安航空、天驹航空工作。抓好已建成项目的招商工作，加快推进商务中心、航投大厦、中小企业园等项目租售回款。城发公司积极探索流转土地多元化的经营方式，加快谋划和实施临空生态农业示范园等项目。

B.3

沣东新城发展报告（2011~2015）

摘　要：　2011~2015年，沣东新城按照"大项目带动、板块化推进、统筹式发展、包容性增长"的总体思路，攻坚克难，开拓创新，重点抓好"基础设施建设、招商引资、民生保障"三件大事，实施项目驱动，强化社会治理，统筹城乡发展，建设美丽沣东。未来5年，沣东新城要以提高发展质量和效益为中心，着力提升产业层次，加快结构优化升级，统筹开发区建设与行政区社会管理两大职能，依托体制机制创新，带动科技资源统筹转化，实现科学发展、率先发展、突破发展。

关键词：　沣东新城　建设成效　展望

4年来，在省委、省政府和西咸新区管委会的坚强领导下，沣东新城坚持"稳中求进、好中求快、改革创新"的工作总基调，按照"大项目带动、板块化推进、统筹式发展、包容性增长"的总体思路，积极抢抓"国务院批复西咸新区为国家级新区"和"建设丝绸之路经济带新起点"的历史机遇，攻坚克难，开拓创新，扎实工作，重点抓好"基础设施建设、招商引资、民生保障"三件大事，实施项目驱动，强化社会治理，统筹城乡发展，建设美丽沣东。经过4年的开发建设，沣东新城城市骨架基本拉开，生态环境明显改善，招商引资成效显著，新兴产业集聚发展，"核心板块支撑、快捷交通连接、优美小镇点缀、都市农业衬托"的现代田园城市格局初步形成。

一　区域概况

沣东新城规划面积159.36平方公里，东连西安市西三环，西接沣河东河岸，南临西汉高速，北至渭河南岸，"地处城乡结合部"，辖 109 个村、17 个社区，含西安市辖区六村堡、三桥、王寺、斗门街办，咸阳市辖区沣东街办（受行政区划影响实际托管于西安市高桥街道）。常住人口 28 万人，流动人口 23 万人，日常管理和服务的群众约 50 万人。经过 4 年的发展，沣东新城托管街道开创了陕西省开发区管理的先例，形成全省独一无二的"开发区 + 行政区"的体制机制。

二 主要经济指标完成情况

2011~2015 年累计完成固定资产投资 751.3 亿元，其中 2015 年完成全社会固定资产投资 304.4 亿元，较 2011 年（56.34 亿元）增长 440.29%。

2011~2015 年累计完成地方一般预算收入 14.21 亿元，其中 2015 年完成地方一般预算收入 5.7 亿元，较 2011 年（2.44 亿元）增长 133.61%。

2011~2015 年累计引进内资 124.36 亿元，引进外资 1.79 亿元，其中 2015 年实际利用内资 79 亿元，比 2011 年（10 亿元）增长 690%，实际引进外资 4233 万美元，比 2011 年（1500 万美元）增长 182.2%。

城镇居民和农民收入显著提高。2015 年城镇常住居民人均可支配收入 32000 元，是 2011 年（16000 元）的 2 倍；2015 年农村常住居民人均可支配收入 17000 元，比 2011 年（7100 元）增长 1.39 倍。

三 建设成效

（一）厘清定位，明确了发展形态

沣东新城明确三个层面的战略定位：面向全国，建设统筹科技资源改革示范基地，建设西部能源中心；立足陕西，建设西安国际化大都市的重要板块和引领区，树立现代田园城市新标杆；引领西咸，建设高新技术研发和现代服务业聚集区，打造区域经济增长新引擎、统筹发展新典范。

规划形成"两带、七板块"的空间布局："两带"即周秦汉历史文化展示带、沣河滨水景观带；"七板块"即科技统筹示范板块、沣河田园城市板块、三桥综合商贸板块、建章路现代产业板块、镐京优美小镇板块、沣东文化商务板块、斗门水库板块。

研究确定产业发展方向：以高新技术产业和现代服务业为主导，重点发展高新技术研发及创业孵化、商业贸易、文化旅游和都市农业等产业。

（二）基本形成了以总体规划为统领的规划体系

在《西咸新区总体规划》的统领下，沣东新城加强与省市层面对接沟通，全面编制修订各项规划。2011年11月，西咸新区管委会正式批复《沣东新城总体规划》，明确沣东新城的战略定位、产业定位、空间布局。依据总体规划，沣东新城调整和完善统筹科技资源示范区、六村堡现代产业组团、斗门现代产业组团、三桥现代商贸组团以及昆明池休闲组团五大片区控规，进一步修改城中村专项规划以及道路、雨水、污水、给水、再生水、电力、通信、燃气、热力、标识、照明等各类市政专项规划，为大规模科学有序开发提供有效保障。

（三）建立了加快开发建设的体制机制

一是按照《陕西省政府关于加快西咸新区发展若干政策》《陕西省委省政府关于加快西咸新区发展的若干意见》等文件要求，进一步明确战略定位和重要任务，理顺体制机制，为加快发展注入强劲动力。二是按照"创新机构设置、管理精简高效"和"大部制"的原则，设有内设机构21个，机关正式在编人员（含下属服务机构）230人，劳务派遣人员163人，承担行政区需2000余人的机关职能。不断深化干部人事制度改革，坚持全员合同制、干部聘任制，加大干部轮岗和交流力度，建立干部"能进能出、能上能下"的用人机制，不断完善选人用人格局。2015年新城管委会重新调整部分内设机构职能，初步形成结构合理、功能齐全、灵活高效的运转机制。三是按照"事权下放、做实街办、提高效能"的原则，将街道内设部门统一整合成7大科室，并在不断加强街道原有社会事务管理职能的前提下，先后将土地执法、市容环境、征地拆迁等多项事权下放街办，进一步厘清和完善街办的定位、职能，充分调动基层干部的工作积极性。

（四）基础设施、产业体系、社会事业和生态文明四位一体，同步推进

一是基础设施建设先行，配套设施稳步推进。沣东新城成立之前，由于地处城乡结合部、基础设施薄弱，道路问题成为制约区域经济社会快速发展的最大瓶颈。为此，新城成立伊始，就下大力气对现有道路进行拓宽改造，三桥新街、富裕路、沣泾大道、石化大道等重点项目建成或局部建成通车，建章路工业园区、科统区园区路网基本联通，初步解决了出行难、道路拥堵等问题。积极推进车城片区及斗门水库片区路网建设，富裕路沣河大桥重要交通枢纽项目完工，红光大道、红光路沣河大桥、后围寨立交桥等在建工程全面推进，新城核心骨干路网框架基本成形。探索区内公交运营新模式，免费电动公交大巴"沣东一号线"正式投入运行。

新建并投运110kV变电站1座，在建110kV变电站2座，增容110kV变电站3座。沿石化大道、三桥新街等城市主干路网新建10kV配网线路5公里，在建配网线路4公里，基本改变了电力供应薄弱、配电网线路老旧的状况。累计完成排水管道128873公里，供水管道56262公里，电力管沟50328公里，通信管沟42147公里，为经济社会的快速发展奠定坚实的基础。

二是招商引资成果明显，产业聚集发展，形成重点板块。先后引进保利集团、中国建筑材料集团有限公司、瑞典宜家、嘉里集团、华润集团等世界500强企业10家，中兴通讯股份有限公司、阿里巴巴、中国华能集团公司等中国500强企业10家，特尔佳、坚瑞消防、中海集团等国内外上市公司12家。

大力推进斗门水库、统筹科技资源改革示范区、文化商务区、国际车城、三桥商贸、建章路工业园重点板块建设，初步实现产业聚集以及现代产

业体系的构建。

（1）斗门水库板块。稳步推进斗门水库总规、控规编制及立项审批等工作，斗门水库试验段工程及试验段堤岸环境提升工程开工建设。

（2）统筹科技资源改革示范区板块。被省科技厅授予"陕西省统筹科技资源改革西咸新区沣东示范区"。协同创新港科技孵化加速器一期竣工并投入使用，部分科技型孵化和加速企业进驻。成立中俄丝路创新园，签订《关于合作开发建设中俄丝绸之路高科技产业园的合作备忘录》，引进中俄苏霍伊商用飞机项目、启动"USpace青年创业计划"。先后引入中国建材检测集团西北基地、康弘-富通新材料基地、沣东数码工坊、西安公路研究院、核工业203所等一批具有影响力的产业类项目，中兴深蓝环保科技产业园、北斗产业基地进驻科统示范区，与GE照明、中国兵器集团公司、中冶集团公司签署投资协议，与航天科工（深圳）集团公司达成合作意向，初步形成智能制造（机器人）产业集群、生物医药（大健康）产业集群和检验检测产业集群。

（3）文化商务区板块。2015年3月，阿房宫遗址周边环境整治项目获国家文物局批复同意，2015年4月，陕西省人民政府正式公布实施《阿房宫遗址保护规划》，同月，西咸新区管委会批复同意《西咸新区沣东新城文化商务区片区总体规划》。先后引进陕西文化艺术博物院、西安交通大学口腔医院新院区等项目。

（4）国际车城板块。完成总体规划，初步完成控制性详细规划。汽车4S店集群一期项目进口奥迪、进口大众、国产奥迪、东风标致和奇瑞开工建设，二手车市场项目、IAA汽车商务港项目、新丝路工程机械博览中心项目、车管所项目、汽车贸易及汽车极限运动公园项目等均已完成设计方案，即将开工建设。

（5）三桥商贸板块。瑞典宜家、华润万象城、施美兰商业综合体、"西城往事"步行街等10余个商业项目入驻三桥商圈。2015年8月瑞典宜家家居正式开业，2015年4月华润万象城项目住宅一期竣工交付。三桥商圈总商业体量超过450万平方米。

（6）建章路工业园板块。以坚瑞消防、飞轮高铁、鹏程机电、汇景电子等为代表的 25 个制造业项目先后落地并陆续开工建设，嘉里物流、新加坡丰树、美国都乐、普洛斯 4 个世界 500 强企业即将开工建设。

三是社会事业同步配套。实施新建和改扩建学校、农村薄弱学校改造等一系列基础设施建设和改造项目，改善新城整体办学条件。其中，投资 4.4 亿元新建九年一贯制学校 1 所，沣东第二小学等标准化小学 3 所，沣东第二幼儿园等幼儿园 3 所，增加义务教育阶段学位 3800 个，增加学前教育阶段学位 1080 个，投资 9000 万元改扩建中学 2 所、小学 2 所。成功创建省级示范幼儿园 1 所，西安市一级幼儿园 3 所、二级幼儿园 9 所、三级幼儿园 11 所。面向社会招聘中小学及幼儿园教师 315 名，培训中小学教师 1 万余人次，推动辖区教育教学质量迈上新台阶。

制定《沣东新城医疗机构设置规划（2014～2020 年）》《拆迁后村卫生室转型和新建小区设置社区卫生服务站规划》等相关规划，从制度上规范医疗机构设置审批管理事项，明确基层医疗和公共卫生服务水平和标准，优化医疗资源布局。探索创新托管体制，在陕西省率先实行三级医院直接托管二级医院的新模式，成立由西安医学院第一附属医院牵头，辖区内 3 所二级医院和 6 家直属基层医疗机构等 10 家医疗机构组成的三级医疗联合体，初步建立了统筹协调和业务帮扶合作机制，制定了《拆迁后村卫生室转型和新建小区设置社区卫生服务站规划》，确保基层医疗和公共卫生服务的连续性、公益性，缓解群众看病难问题。沣东国际医院建设顺利，西安交大口腔医院落户。大力推进新农合制度改革，推行按病种付费、门诊统筹诊次预付制和住院总额预付制等支付方式改革。积极争取省级资金支持，重点用于加强大病救助和临时救助。

新城累计承担保障房建设任务 32165 套，实际开工 33870 套。其中，2015 年各类新开工保障房 10693 套；完善货币化安置资料，补签协议 2359 户，棚改货币化安置率 56%。启航佳苑安置小区、芊域阳光等多个民生保障项目建成并交付使用，启航佳境、芊域溪源、六合家园（一期）、沣科花园等项目按计划稳步推进。西安沣东阳光热力有限公司六村堡调峰供热站点投入使用，辐射三桥区域 4 个小区（单位）、7000 户居民，新城正式步入集中供暖。

四是生态环境明显改善。作为"引汉济渭"节点工程和"八水润长安"重点项目，规划 10.4 平方公里的斗门水库项目启动建设，实现对沣河的分洪和滞洪，改善片区内生态环境，将解决西安近 200 万人生产生活用水问题。其中，斗门水库沣河综合治理 I 期工程建成，渭河右岸沣东新城段堤顶道路及堤防绿化工程完工，沣河综合治理项目 II 期景观、水面、道路等工程正在加快推进，水库一期 700 亩水面将于 2017 年 5 月 1 日建成。大力发展现代都市农业，建立西安沣东现代都市农业博览园，突出"生态、高效、现代、综合"的都市田园特色，年均接待游客 40 万人。坚持"拆旧与建新"并举，加大环境质量提升力度，累计拆改锅炉 181 台，关闭辖区 11 家造纸企业，减少 COD 排放 10358 吨，占西安市 COD 排放总量的 8%，为西安乃至全省减排任务做出了贡献；积极开展"两河一区"环境污染整治、违法排污企业及环境安全隐患排查等专项行动，累计关闭取缔小电镀、小化工、废旧塑料、食品加工黑作坊等"十五小""新六小"及违法排污企业 302 家；扎实开展"三夏""三秋"秸秆禁烧工作，全面实现"零火点"目标；加大治污减霾力度，调动新城群众参与蓝天保卫战，多项活动成为陕西省乃至全国的创新之举。

（五）建立财政管理体制，投融资模式多元化

一是逐步理顺财政体制关系。设立一级财政、一级预算和一级国库，拥有独立的财政体制和国地税征管机构，土地"招拍挂"所得出让金全部留新城用于发展。二是拓宽融资渠道，创新融资模式。树立融资"一盘棋"理念，形成"3＋4"的开发建设平台体系，即以沣东发展集团、沣东新城土地储备中心及沣东控股有限公司为投融资主体，以西安统筹科技发展有限公司、西安沣东国际车城发展有限公司、西安昆明池投资开发有限公司、西安沣东文化投资发展有限公司为板块支撑的多元化融资平台体系。精心包装策划项目，利用多种方式面向社会融资，形成多元化的投融资模式，累计实

现授信 629 亿元、提款 448 亿元，沣东发展集团有限公司获企业信用评级 AA 级。

（六）改革创新成效显著

推进新型城镇化建设。一是大力推进棚户区（城中村）改造。创新工作机制，积极协调省市相关部门，累计实施棚户区（城中村）改造项目 14 个，完成三桥街道三桥村与张万村、建章路街道西坡村 3 个村庄的回迁安置工作。二是扎实推进新农村建设。新城大部分农村实现村里有主导产业或特色产业，二、三产业发展协调，集体经济有稳定来源，50%~60% 的农户参与产业化经营，90% 以上的适龄劳动力就业，村庄院落富有特色，村容村貌整洁卫生。村庄道路基本水泥化或油路化，改厕、改水、改灶和改电到位，主要道路和村庄实现绿化，有一室多功能的政治、文化、教育阵地及卫生、文娱、体育、网络设施。为农村配备垃圾桶 1 万个、密闭式垃圾收集箱 50 个、保洁三轮车 170 辆及垃圾清运车 5 辆，建立生活垃圾"村收集、街运输、区处理"的运行机制，完成蔺高村、新军寨村 2 座垃圾压缩站的主体建设。积极开展"提升一类、扩大二类、消除三类"创建活动，完成 7 个一类村、99 个二类村的创建工作。三是坚持城乡统筹发展。新城将每年新增财力的 80% 以上用于解决和保障民生，累计投入民生资金超过 38 亿元，以"十项惠民实事"推进全区医疗、教育、养老等公共服务水平不断提升，民生状况持续改善。完成卫生监督、新合疗等职能的托管交接，建立新农合制度，参合群众 178830 人，参合率 98% 以上。保障失地农民利益，从最低生活保障、养老保险和医疗保险入手，做好衔接和纳入，实现"保基本""广覆盖""可持续"。建立城乡劳动者政策统一、服务共享、机会均等的就业创业体系，开展农村保洁员竞聘、推选活动，招募 541 名农村保洁员。鼓励农民自主创业、联合创业，鼓励用工单位开展岗位技能培训，引导企业优先吸纳辖区农民就业，提高农民工资性收入。改善办学条件，沣东第二、第三小学，第三、第六幼儿园全面投入使用，校车正式上线运行，解决辖区小学生上学交通问题。修建沣东仙乐苑、鹤西苑纪念堂，并交付使用，改变了农村乱立土坟的现象。2015 年，全年民生事务支出共计 11 亿元，占公共预算总支出的 89%；发放城乡低保各类资金 2147 万元、五保资金 30 万元、孤儿供养金 5.8 万元，教育资助 130 人、发放资助金 63 万元，确保辖区困难家庭的子女都能顺利就学。扎实开展"两联一包"扶贫工作，使 51 户村民摆脱绝对贫困。四是实施阳光和谐拆迁。拆迁工作程序公开透明、工作方法务实管用接地气，征地、拆迁及城改工作完成量位居西安市和西咸新区前列，累计征收土地约 39898 亩，完成三桥村、和平村、跃进村、庙店村等村的整村拆迁工作。

构建开放型经济新格局。探索建立"权力清单、负面清单"等制度，营造透明、公开的投资环境。搭建外向型产业平台，中新产业园区和中俄丝路创新产业园构成两大外向型产业平台。推进中俄产业园建设，与中俄投资基金合作建设"中俄丝绸之路高科技产业园项目"并正式签署合作备忘录，采取"一园两地"的方式在沣东新城和俄罗斯分别建设两个园区，实现互利互惠。

全面深化改革释放新动能。持续推进简政放权，取消行政审批事项 7 项，落实西安市下放行政审批事项 10 余项。推行行政审批事项"一站式受理、集中审批、限时办结"等制度，建立廉洁、高效、便民的行政运行机制。成立沣东新城政务服务中心，设置服务窗口 60 个，首批进驻部门 13 个，可为企业及群众办理审批和服务事项 279 项。加快商事登记制度改革，在全省率先实行"三证合一"登记制度，推进"营改增"扩围试点和工商登记制度改革，西部首家"商务秘书服务公司"在新城成立，为创业者提供"拎包入住"式服务，企业数持续增长，各类市场主体总数达到 1.9 万户。开创国税、地税联合办公模式，成立全国首个国税、地税联合办税服务厅，实现纳税人"进一家门，办两家事"。

不断完善体制机制，提高管理和服务效能。调整新城党委、管委会内设机构，为加大民生保障力度，升格民政局等 3 个部门为正处级建制；制定《关于进一步规范和加强各园区管办及管办公司管理的若干意见》，激发和释放园区管办的活力和效能；推动"事权下沉"，制定出台《进一步深化征地拆迁和棚户区（城中村）改造工作管理体制和运行机制的意见》；深化国土管理体制改革，将斗门国土所下放斗门街办全权管理，进一步明晰管理权和执法权，试点成功后将在新城范围内推广实施；深化农村"三资"（资金、资产和资源）管理工作，设立农村集体"三资"管理办公室，建立农村干部任期和离任经济责任审计工作社会中介机构资源库，制定并实施农村干部任期轮审方案，推动农村集体财务管理的规范化、制度化。

国家级品牌建设取得新进展。2014 年 10 月，中俄丝路创新园落户新城。2014 年 12 月，沣东现代都市农业示范基地被国家旅游局认定为陕西省四个"全国休闲农业与乡村旅游示范点"之一，2015 年 10 月，获批国家4A 级旅游景区。2015 年 11 月，沣河景区通过国家水利风景区评审，正式获批国家级水利风景区、国家 3A 级旅游风景区。

（七）社会治理和城市管理能力得到新提升

沣东新城坚持"建管并重"的城市建设管理理念，注重在"建设"与"管理"两端发力，缓解"城市病"，提升城市管理和社会治理能力。建立健全"网络信访系统"，预防和化解各类社会矛盾。开展食品安全"飓风行动"，2015 年违法案件查办率同比增长 3 倍。2015 年构建安全责任"五级五覆盖"，杜绝较大及以上安全生产事故发生，事故起数大幅下降。不断完善城市管理长效机制，严厉整治渣土车、毁田挖沙、小产权房、占道经营、野广告等城市管理顽疾，2015 年联合相关部门整治快速干道桥下违法建设，拆除面积 4 万余平方米。成立城管执法三桥地铁中队，地铁出入口环境得到明显改善。

经过 4 年的开发建设，沣东新城取得了一定的成绩，但也存在一些亟待解决的问题：一是开发建设任务重，资金依然短缺，新城教育、卫生、文化、体育等公共服务水平不高，公共基础设施建设任务仍然艰巨，新城建设须进一步加大投资；二是人才短板问题依然存在，新城正处于发展起步阶段，高素质、高水平、高技能人才以及具备专业知识的城市管理人才短缺，不能适应提高创新能力、产业转型升级的需要；三是"开发区＋行政区"的创新管理体制仍在探索之中，开发建设与行政管理、社会事务和民生保障同步推进、融合发展的工作在摸索中前行，在创新中推进，有待进一步加强；四是尚未形成具有高附加值的产业链，初步形成了现代服务业、科技研发领域产业格局，但尚未形成产业集群链，产业和企业之间尚未形成相互关联的产业链条，企业"集而不聚"，产业群体的整体竞争力不高，产业结构须进一步优化调整；五是群众生产生活水平须进一步提高，新城在改善民生状况方面取得显著成效，但公共基础设施仍不完善，生产生活环境须继续改善，城镇人均可支配收入与农民人均纯收入处于西安市中下游水平。

2011~2015年，是沣东新城全面打造发展环境、奠定各项发展基础的起步阶段，是托管农村、统筹城乡发展的探索时期，也是实现省市"三年出形象、五年大变样、十年大跨越"总体要求的重要时期。新城经济社会发展经受住了各种考验和挑战，经济持续增长，人民生活水平提高，生活环境得到改善，社会事业发展稳步推进，在开发建设的征程中迈出了坚实步伐。

"十三五"时期是全面建成小康社会的决战时期，全面深化改革的攻坚时期，全面推进依法治国的关键时期，我国经济发展进入新常态，经济社会面临新的机遇和挑战，但经济长期向好的基本面没有改变，就沣东新城而言，也是加快新城建设，打造现代田园城市，沣东经济社会各项事业迈上新台阶，开拓新境界的重要时期。

未来5年，沣东新城将全力推动经济社会继续发展、推动社会事业继续前进、推动人民生活水平继续提高。以提高发展质量和效益为中心，统筹开发区建设与行政区社会管理两大职能，着力提升产业层次，加快结构优化升级；着力理顺社会管理体制，增进管理实效；着力完善基础设施，补齐关键短板。依托体制机制创新，带动科技资源统筹转化；依托现代田园城市建设，创新城市发展方式；依托融入"一带一路"发展，构建全面开放格局；依托城乡公共服务均等化，全面保障社会民生；依托三河一库综合治理保护，推进生态文明建设；依托大遗址创新开发保护，传承历史文脉与兑现品牌价值，凝心聚力早日将沣东建设成为国家级现代田园城市、国际一流科技协同创新平台、"丝绸之路经济带"现代服务产业聚集高地，努力实现科学发展、率先发展、突破发展，为西咸新区经济社会发展做出新的贡献。

B.4

秦汉新城发展报告（2011～2015）

摘　要：　2011～2015 年，秦汉新城重点建设"民生之都、文化之城、
田园之城、健康之城"，主干路网与主城区、其他组团实现互
联互通，核心区域城市面貌初步显现，大开大合的现代田园
城市形态、点状布局的城镇体系基本形成。未来 5 年，是秦
汉新城从粗放型增长走向精细化发展，从大干快上到注重提
质增效的关键 5 年，新城要在"一都三城"总体框架下，以
追赶超越、转型发展为主线，大力发展文化健康医疗产业，
加强生态文明建设，促进城乡协同发展。

关键词：　秦汉新城　建设成效　展望

一　基本情况

（一）区位区情

秦汉新城依山傍水，地处西咸新区几何中心，西安市主城区以北、咸阳
市主城区东北方向，距西安（咸阳）国际机场 10 分钟车程，与西安高铁北
站隔渭河相望。新城规划范围包括渭城区正阳、窑店、渭城、周陵办福银高
速以南的区域，秦都区双照办，兴平市南位镇茂陵周边区域，泾阳县的高庄
镇（部分），涉及 4 县区，7 个镇办，143 个行政村，总人口 22.3 万人，农
业人口 19.6 万人，总规划面积 302.2 平方公里，其中建设用地 50 平方公
里，遗址保护区面积 104 平方公里，西汉帝陵 9 座。

（二）战略规划

秦汉新城立足深厚的历史文化底蕴、优美的自然生态环境和独特的区位优势，制定"一轴"（秦汉大道历史文化主轴）、"双核"（大遗址生态核心、渭河北岸休闲商务核心）、"三带"（渭河生态景观带、帝陵遗址风光带、泾河生态景观带）、"三区"（渭河北岸综合服务区、塬北医疗健康园区、周陵新兴产业园区）的战略布局。构建"民生之都"，坚持从实处谋事，以民生导向统领新城各项工作；建设"文化之城"，依托区域丰富的周秦汉文物旅游资源，打造国内乃至世界有影响力的文化品牌、新丝路经济带文化传播的重要支点；建设"田园之城"，依托渭河生态景观带和五陵塬文物保护区，增加绿量，提高新城环境品质，打造丝路经济带上的绿色明珠；建设"健康之城"，中西并举，形成"大健康"产业优势，实现建设"国际医疗旅游服务港、丝路健康文化输出地和中国健康科技引领区"的目标。

（三）城市形态

建立以城镇群为主体形态，点状布局的城镇体系；形成以五陵塬帝陵遗址风光带、渭河、泾河两条生态长廊为支撑，开敞疏朗的空间格局，大水大绿的生态环境；以现代农业铺垫田园化本底景观，保留一部分自然村打造特色优美小镇，以"城市组团＋优美小镇"的空间格局，建设居住、消费、休闲、生产、生活综合配套的立体化功能建筑群和综合化小城镇。

二 建设成效

4年来，秦汉新城在省委、省政府和西咸新区的正确领导下，在咸阳市的大力支持下，坚持创新城市发展方式的主题，认真落实国务院批复和省委、省政府《关于加快西咸新区发展的若干意见》精神，按照"核心板块支撑、快捷交通连接、优美小镇点缀、都市农业衬托"的开发建设理念，努力建设"民生之都、文化之城、田园之城、健康之城"，新城从幼小到壮大，从奠基到发展，主干路网与主城区、西咸新区其他组团新城实现互联互通，核心区域城市面貌初步显现，大开大合的现代田园城市形态、点状布局的城镇体系基本形成，为新城今后发展奠定了坚实的基础。

截至 2015 年底，新城共引入项目 82 个，实现招商引资约 1574 亿元，实际到位资金约 121 亿元；实现融资 205.7 亿元；共征收土地 4.458 万亩。

（一）传承历史文脉，建设文化之城

秦汉新城九座西汉帝陵横贯东西，历史文化遗迹 300 余处，文物遗存极为丰富。围绕"文化之城"的目标，规划以秦汉大道为主线带动的秦汉历史文化主轴，以五陵塬为依托的帝陵遗址风光带，重点发展历史文化旅游、生态休闲、创意文化等产业，建设具有世界影响力的秦汉历史文明集中彰显区和"丝绸之路经济带"国际文化旅游目的地。

（1）加强文物保护。在秦汉新城建设发展中，始终把文物保护作为所有工作的重中之重。成立文化文物旅游局，建立与省（区、市）有关部门对接合作机制，严格按照文物保护法律法规相关要求，健全大遗址保护立体管理机制，对辖区内国家级文物保护单位依法成立专门机构负责管理，整改和取缔文物保护区内砖厂、工矿等各类违法生产经营项目 19 个。结合地区城乡规划与文物保护规划，启动各级文物保护单位的规划编制工作。完成秦咸阳城遗址、秦咸阳城遗址—咸阳宫遗址、秦咸阳城遗址—制陶作坊遗址、五陵塬片区、长陵保护展示工程、安陵邑保护展示工程、渭陵保护展示工程等 8 个项目立项报告，争取国家专项补助资金近 2500 万元。在项目建设中高度重视文物保护工作，对新城范围内的招商项目和建设工程，坚持文勘前置、环评一体，规范项目审批程序，4 年来，通过预选址会商和履行文勘普探、文物保护区报批合法程序，协助开展服务投资建设项目 10 个。启动建设汉唐帝陵旅游设施项目及西汉帝陵博物馆项目。

（2）突出文化展示。位于秦汉新城历史文化主轴，占地 7628 亩的大秦文明园区是建设"文化之城"的核心项目，由秦咸阳宫遗址区、咸阳博物院区和秦文明广场区组成，总投资约 108 亿元。北部的秦咸阳宫遗址公园邀

请清华大学启动文物规划方案和秦文明创意发掘，完成大型视觉光影秀"万古秦风"项目整体与各具体板块创意设计；中部的咸阳博物院由建筑大师张锦秋主持设计，主体建设进入尾声，两侧配套项目已开始前期策划和规划设计；南部的秦文明广场区以"秦文化"为主题，周边集合文化、健康、休闲等相关产业，已开工建设。

（3）壮大文化产业。与惠普公司合作的新丝路·数字创意文化产业基地项目，总投资约 50 亿元，依托惠普公司全球领先的数字媒体技术和国际知名合作伙伴资源（梦工厂、派拉蒙等），重点建设以数字媒体渲染为核心技术的数字媒体制作云平台、数字媒体库和旅游文化在线传播平台、运营服务和招商平台等内容，促成传媒、娱乐、旅游等新文化产业的一体化支撑，打造以"产业孵化""服务传播""展示交易""旅游娱乐"为主要环节的文化创意全产业链。在周陵新兴产业园重点发展电子装备、现代物流、轨道交通设备、住宅产业化等核心产业，入区企业 27 家，计划总投资 191.88 亿元，累计完成投资 32 亿元。

（二）坚持山水为骨，建设田园之城

依托区域自然生态环境和地形条件，秦汉新城以渭河生态景观带、西汉帝陵遗址风光带和泾河生态景观带三条东西向景观带为基本骨架，以大面积的都市农业形成绿色基底，构建新城立体生态格局，推进田园之城建设。

（1）优化生态环境。启动渭河综合整治工程，西起上林大桥，东至西咸交界处，全长 18.65 公里，主要包括防洪工程及生态景观带工程两大部分，按百年一遇洪水设防，加高培厚河堤，加强河道疏浚，铺设堤顶沥青路面 18.65 公里，清理滩面 3.15 平方公里，新建、复建雁翅坝 138 座。在筑堤治水的同时，同步恢复生态系统，建成全长 15 公里的渭河生态景观带、高水准的景观绿化 4500 亩，修建运动休闲公园三座和湿地公园一座。其中，太伟运动公园滩面防护工程正式完工，秦韵山水广场投入使用，照明工程累计完成路灯栽设 3644 套。工程历时 3 年，总投资近 20 亿元。此外，大力实施西汉帝陵绿化工程，采取租赁土地的方式，绿化五陵塬文保区域，着力构建五陵塬西汉帝陵遗址风光带。完成汉高祖长陵、汉惠帝安陵以及赵王如意墓的绿化工作，栽植雪松、侧柏等各类乔木 25 万余株，栽植大胸径油松1.5 万棵，绿化面积 150 万平方米；开工建设义陵竹柳绿化项目和二十八星宿梅园绿化项目，绿化面积达 1700 亩。

（2）发展现代农业。五陵塬都市农业长廊三大重点建设项目进展顺利，初步建成张裕酒庄、西咸国际农庄、秦汉农庄、大秦农庄、喜乐华生态农业园、尚品风情园、西部芳香园、古渡风华、田园牧歌生态产业园、田园居、鑫诚农业园、晟泰农业园、侯驿农业园等，在建项目有秦汉鲜花港、绿洲生态园等 10 余个都市农业项目，建设总占地面积约 2 万亩，实际投资逾 7 亿元。由烟台张裕股份公司投资 15 亿元建设的张裕瑞那葡萄酒庄一期项目建成运营，集优质葡萄种植示范、高档葡萄酒生产销售、葡萄酒文化展示和旅游休闲"四位一体"，直接和间接带动上千人就业，辐射带动葡萄基地 3 万亩以上，年接待游客量约 10 万人次，旅游收入 2000 余万元。由北星花木公司投资 3.2 亿元的生态田园休闲观光项目，完成 2100 余亩苗木种植，其中，占地 750 亩的中国青少年国际基地，作为共青团中央在西北地区设立的第一个青少年活动交流示范基地，主要包括中国青少年国际营地、中国青少年足球营地、中国青少年军事拓展营地、丝绸之路文化园区四大部分。占地1260 亩、总投资 1.3 亿元的西部芳香植物园，重点发展以薰衣草、玫瑰种植为代表的特色农业，以都市农庄、风景林为代表的生态观光农业，成为周边群众周末休闲的新选择。

（三）突出产业特色，打造健康之城

围绕"国际医疗旅游服务港、丝路健康文化输出地、中国健康科技引领区"的战略定位，瞄准优质医疗资源，高起点、前瞻性地将医疗健康产业作为主导产业，大力引进国内外知名的医疗产业及相应的服务机构，实现健康医疗事业产业化、专业化、国际化，打造丝绸之路"大健康"产业高地。从大健康全产业链出发，以"龙头项目带动，全产业链联动发展"的基本原则打造"大健康"概念，先后引进第四军医大学医教研综合园区、

西安交通大学第二附属医院秦汉分院两大医疗服务龙头项目，积极引进生物技术/工程、转化医学、医疗器械等生物尖端科技项目，大力发展健康体检、康复保健、疗养养老、医疗旅游、医药物流、"互联网＋医疗"等现代医疗服务业，先后引进国家分子医学转化科学中心、国家组织工程干细胞西北分库及西北再生医学基地、中国秦岭生物医药产业园、普洛斯大健康物流园、普诺综合体医疗中心、秦汉新城康复医院、艾尔菲再生医学创新产业园、海尔斯健康城等一大批科技含量高、市场前景好、带动效应强、产业关联度高的优质医疗健康项目，涉及招商引资金额约135.2亿元，用地面积约3690亩。

占地2000亩、总投资50亿元的第四军医大学医教研综合园区项目于2014年7月破土动工，主要建设医疗保健中心（拥有3500张床位的三甲医院）、康复医疗中心、新药研发中心、科研中心、教学中心、体育中心、生态小区、万人大礼堂、大型图书馆及医用植物园等。本科生11栋宿舍楼已全面动工。项目将建成国际标准的现代化大型综合医院，西北地区规模最大的医药航母及科研中心，集教学、科研、军训、医疗、康复等功能于一体的综合园区，有效弥补大西安北部医疗资源严重不足的情况，推动新城医疗科技和生物工程技术产业化，奠定秦汉新城健康之城发展基础。

（四）加强要素保障，建设民生之都

坚持一切以民生为出发点和落脚点，从生存、生活、生命三个维度，突出以人为本的理念，提出建设"民生之都"的战略目标，从顶层规划设计到惠民政策出台，从环境综合治理到基础设施建设，从土地征迁到村民回迁安置，从招商引资到项目落地，全方位、多渠道探索惠民、助民、化民、乐民的途径。

重点区域骨架路网和配套基本形成。累计建设路网161.4公里，建成通车103.4公里。连接秦汉新城和西安经济技术开发区的横桥工程成为西咸新区骨干路网中第一个建成的重点工程；正阳大桥加快建设，秦汉大道一期、兰池大道建成，其中，兰池大道被誉为"大西安最美道路"。以沣泾大道、

秦汉大道、正阳大道为纵轴，以兰池大道、兰池二路、兰池三路、天汉大道为横轴的"三纵四横"组团路网框架初步形成，实现区域交通的快捷连接。

安置房建设和村民回迁安置顺利推进。率先启动渭柳、兰池、周礼佳苑和望贤小区建设，包括保障性住房和配套的幼儿园、学校、商铺等建设用房。公廉租房累计开工5387套，基本建成5387套，竣工2640套；安置房累计开工14607套，基本建成8639套，竣工1786套。协调各部门，完善工作机制，有序推进群众回迁安置工作。截至2015年12月，渭柳佳苑一期和望贤小区885套公租房和1030套安置房建成投入使用，首批群众回迁完毕，第二批正在回迁。周礼佳苑、兰池佳苑2311套公廉租房及安置房正在办理首批群众回迁准备工作。

教育教学环境质量得到明显改善。2014年9月，清华附中秦汉学校正式开学，这是清华大学附属中学在外埠首个全面承办的高级中学，学校按照省级示范高中标准建设，总投资5.2亿元，占地242亩，设计教学班60个，全部为寄宿制。西藏民族学院、陕西职业艺术学院等项目稳步推进。引入星河湾集团项目，在做好房地产开发的同时，与英国五大公学对接合作办学事宜，打造高端国际化教育平台。

市政基础设施配套工程得到稳步推进。电力基础设施方面，投资1640万元，建设完成周陵10kV开闭所；开工建设110kV兰池输变电工程；启动330kV秦汉变电工程及110kV韩湾变电工程前期工作。污水处理方面，新城与北京中天润博水务科技有限公司以BOT建设模式投资建设朝阳污水处理厂项目，完成综合楼装饰装修工程、组合池主体结构工程60%以上，2015年底主体结构基本完工，初步达到通水条件。天然气方面，敷设完成兰池大道、兰池二路、酒庄路等十余条新建道路天然气管道，投资约3000万元；敷设、连接完成周陵产业园区天然气管道，解决园区企业用气问题。集中供热方面，设计完成渭河北岸综合服务区及塬北区域集中供热管网项目；敷设完成兰池二路东段、秦宫二路等道路热力主管网，解决清华附中秦汉学校、有色光电等项目的用热问题，投资约3000万元；完成周陵园区两口地热井的钻探工作，投资约1000万元。通信方面，敷设完成兰池二路东中段、光伏三路、酒庄路等十余条新建道路通信管道，投资 5000 余万元。

在推进新城开发建设的同时，不断提高集团公司经营水平，扩大经营范围，增强业务能力，公司运行效率明显提升，各子公司业务开展顺利，为新城各项工作的推动提供了有力的补充。加强国土、规划、财政、招商等要素保障，确保新城土地供给、规划审批、财政安全、城市建设、招商引资等工作的顺利推进。提升建成区域网格化管理水平，坚决打击非法盗砂，整治违章建筑，营造良好的投资发展环境。加强干部队伍建设，坚持围绕中心、服务大局，树立正确选人用人导向，按照"制度管人"的核心理念，建立人力资源管理体系，完善绩效考核办法，加强干部员工培训，强化干部作风建设，不断提高队伍素质。

经过 4 年的发展，秦汉新城开创了开发建设的良好局面，积累了宝贵的经验。一是做好新城工作，必须树立战略眼光。深刻分析世情、国情、省情，立足优势，错位发展，既注重办好当前的事，又谋划好未来发展，是抓住战略机遇，实现新城跨越式发展的关键。二是做好新城工作，必须坚持创新发展。只有将创新作为新城的使命，通过体制机制的不断创新，形成"大众创业、万众创新"，人人共享机会的发展平台，才能更好地发挥西咸新区作为国家创新城市发展方式试验区的综合功能。三是做好新城工作，必须把握发展规律。遵循经济规律、自然规律、社会规律和城市发展的客观规律，既在实践中不断总结规律，又在规律的指导下积极探索实践，按规律办事、按程序办事、按法律办事，科学化决策，民主决策，才能在稳步提升中实现跨越。四是做好新城工作，必须有久久为功的历史耐心。在新城建设中要有时不我待的紧迫感，同时必须有历史的耐心、久久为功的韧劲、满腔热血的干劲和理性冷静的思考，这样才能不负时代机遇和历史重任，又好又快推进新城发展建设。

三　未来发展

未来 5 年，是秦汉新城从壮大走向强大，从粗放型增长走向精细化发展，从追求大干快上到注重提质增效的关键 5 年。总体建设思路是：在"一都三城"总体框架下，以追赶超越、转型发展为主线，坚持创新驱动，共享联动，绿色带动，协调推动，开放互动，加快形成适应新常态的体制机制和发展方式，统筹推进秦汉新城稳步、常态和精细发展，聚焦定位，严守规划，突出优势，加快建成核心板块支撑、快捷交通连接、优美小镇点缀、都市农业衬托的现代田园城市。力争到 2020 年，固定资产投资比 2015 年翻一番，招商引资达 160 亿元，城市建成区达到 35 平方公里。2020 年前，基本形成秦汉文明集中彰显区、都市农业中央绿带集中连片区、健康医疗资源协同发展区、普惠性民生资源共享示范区。秦汉新城将打破行政区域限制，从大西安融合发展的战略角度，抱团聚力，资源整合，加强与西咸新区其他四个新城、西安浐灞新区、西安曲江新区等合作交流，化零为整，融合发展，紧抓"一带一路"战略的历史机遇，发挥秦汉新城地处西咸新区"几何中心"的区位优势，确立形成"一个共同远景目标、四大发展愿景、五大功能定位、四大特色支撑、四大战略举措"的"14544"发展蓝图。

一个共同远景目标："丝绸之路经济带"的"会客厅"。

四大发展愿景："一都三城"（民生之都、文化之城、田园之城、健康之城）。

五大功能定位：为融入"一带一路"战略中，秦汉新城主要突出五大功能定位，通过产业间的融合，实现功能的互动。

突出文化创意功能，打造区域文化中心；

发展健康医药及其配套产业，打造地区休闲中心；

注重生态景观建设，打造新城生态绿核；

提高对外商务交流水平，打造大西安商务极核；

加强科技创新能力建设，打造西部科技之芯。

四大特色支撑：打造西咸中央公园区、西咸中央商务休闲区、西咸中央文化娱乐区、西咸科技创新示范区四大特色园区作为特色支撑。

四大战略举措：

双核驱动，融合发展。以生态文化和健康田园为双核驱动，融合商务休闲、国际交流、服务外包、绿色制造、生活居住等多种功能。通过深化产业融合、细分价值链，形成融合发展的新体系。

国际视野，高端突破。站在国际化视野审视新城的发展，通过政策引导，加快对领军人才的引进和培养，支持科技创新，加快对传统制造业的技术改造升级，积极培育战略型新兴产业，力推现代服务业发展和对自有自主品牌的培育运营，为发展高端产业找到突破点。

区域联动，引领西咸。依托现有的产业基础和资源禀赋，主导产业与周边地区适度错位发展，区域发展实现与其他四个新城联动，并注重与西安、咸阳产业的融合，彰显秦汉新城的特色，整合优势资源，引领西咸新区发展。

集群发展，科学布局。适应经济发展新常态的客观要求，积极推进产业集聚和集群发展，提升区域经济竞争力、促进发展方式转变，在统筹规划引领下科学布局，以园区建设为基础，完善集群发展的承载空间，以壮大龙头为核心，延伸集群发展的产业链条，以品牌建设为驱动，提升集群发展的竞争实力。

（一）坚持创新驱动，全面推进文化产业发展

把创新作为引领发展的第一动力，依托区内丰富的历史文化资源，以惠普新丝路·数字创意文化产业基地为平台，引进国际一流团队，抢抓"一带一路"发展机遇，遵循文化产业发展规律，按照"政府引导，市场运作，项目带动，创新引领"的思路，统筹兼顾文物保护与开发利用，创新文化遗产保护利用方式，形成文化产业发展高地。以文化产业发展，促进城市形态、发展方式的创新。紧紧围绕"秦""汉"两大文化元素，通过实施一大批文化产业项目，延续历史文脉，延伸文化产业链，树立秦汉文化品牌。积极申报国家级文化产业示范园区，努力将秦汉新城建设成为"具有世界影响力的秦汉历史文明集中彰显区"和"丝绸之路经济带国际文化旅游目的地"。全力打造"大秦文明园区"、"汉代帝陵一陵一馆"和"数字文物"等项目，确保文物保护、展示水平和文化产业发展走在全国前列。

（二）坚持共享联动，共建共享幸福美好生活

把共享作为推动发展的根本目的，以"民生之都"建设为新城发展的第一要义，全面推动保障和改善民生类项目建设进程。在建设道路交通、水电气暖等基础设施的同时，全面加快区域内健康医疗、教育教学、生活休闲、养老养生等民生事业发展，确保在区域内乃至周边地区生活的市民共享发展成果。在 2020 年前，建成全覆盖的综合医疗体系，加大全过程健康服务投入，通过智慧城市等手段，实现区域内逐级分诊；建成西咸新区高品质教育资源集中区，清华附中完全化中学，高新一中全系列学校及国际学校建成开学；建成不少于 1000 张床位的社会养老资源和大型高品质养老地产，满足各个层面的养老需求；提高保障性住房管理水平，建成保障性安居小区 10 个，235 栋 28544 套，建筑面积 350 万平方米；启动建设保障性安居小区 2 个，27 栋 3329 套，建筑面积 75 万平方米，为秦汉新城人民创建和谐宜居、富有活力的生活环境。

（三）坚持绿色带动，加快推进生态文明建设

把绿色作为持续发展的优先选项，突出生态引领，加快形成生态与生活相互融合，人与自然和谐共生的大生态景观城市。以渭河生态景观带、泾河生态景观带、帝陵遗址风光带三条生态廊道向新城全域渗透、辐射生态景观，不断提升区域生态环境和景观效果，为城市核心区域的高强度开发提供绿色缓冲，成为大西安建设的良好生态功能区。依托汉代帝陵五陵塬的天然地势条件，形成一条南北跨度达 2 公里，东西跨度达 48 公里，总面积为 96 平方公里的城市中央森林公园，并在区域内建设不少于 50 平方公里的都市农业观光项目。到 2020 年前，结合现有的张裕酒庄、西部芳香园、古渡风华、秦汉鲜花港、绿洲生态园都市农业项目和长陵油松、义陵竹柳、阳陵银杏、二十八星宿蜡梅等帝陵绿化项目，形成四季花香、四季常绿、四季有景的生态景观格局，形成大西安绿肺。

（四）坚持协调推动，不断深化城乡协同发展

把协调作为统筹发展的内在要求，在新型城镇化进程中，坚持一手抓城市核心板块，一手抓优美小镇建设，强化城乡协同发展，全面提升新城整体形象和城镇化发展质量。在城市核心板块，通过征地拆迁，整村上楼，就业服务，社会公共服务，让农民完成市民化的转变。在远离城市核心区域，加强基础设施配套，改善公共服务，将村庄打造成景点，挖掘关中民俗、饮食等非物质文化遗产，发展乡村旅游，让农村生活环境和生活方式进一步转变，达到城市与村庄的完美结合，形成现代城市核心区域和传统优美小镇和谐共生、协同发展的田园城市。在 2020 年前，形成以刘家沟民俗小镇、老咸阳记忆小镇等连接的五陵塬优美小镇片区。完成渭河一道塬区域传统村落改造，提升基础配套，按照省委、省政府"一陵带一村，一村护一陵"的发展思路，利用沟道、窑洞、自然条件，形成与帝陵旅游相结合的传统民俗旅游，实现"陵、塬、村"三位一体的有机融合，为帝陵遗址区保护利用探索新的模式和思路。不断挖掘文化资源，培育特色产业，倡导群众参与项目经营，实现农民就地城镇化 3 万人，原居住农民年收入达到 1.5 万元。

（五）坚持开放互动，不断壮大健康医疗产业

把开放作为繁荣发展的必由之路，发展高层次的开放型产业经济，积极融入全球医疗产业发展和公共产品供给，通过"一带一路"建设，构建丝绸之路医疗健康产业发展高地，深化与丝路沿线国家的医疗产业交流往来，推动互利合作。利用咸阳地区深厚的中医药文化积淀，和源远流长的养生文化，发展高端中医养生产业，推广中医文化，配合区内高端西医品牌医院，形成中西医相互补充、相互借鉴的良性发展格局，推动中医文化走出去，中医理疗健康产业再上台阶。规划建设以综合医院为主、专科医院结合的综合医疗模块，以生物技术研发应用、康复医疗养老养生为内容的生物医药科技模块和传统医疗与互联网技术相结合的新型医疗服务模块等。2020 年前，四医大、交大二附院等三甲医院投入运营，形成 5000 张以上的医疗床位资

源；国家组织工程种子细胞库西北基地投入使用，解决西部地区干细胞提取使用的零突破，形成与上海干细胞库东西呼应的态势；占地 2000 亩、投资 70 亿元的"秦汉新城生物医药科技产业园"动工建设，形成集"研发—孵化—培育—产业化"于一体的综合性生物医药产业示范区，基本实现建设"国际医疗旅游服务港、丝路健康文化输出地和中国健康科技引领区"的发展目标。

B.5
沣西新城发展报告（2011~2015）

摘　要： 2011~2015 年，沣西新城高举信息产业旗帜，以大数据、云计算、物联网、电子政务、电子商务等为着力点，打造新一代科技园区升级版，新城城市框架拉开，民生工程加快实施，探索创新深入推进，发展环境不断提升。未来 5 年，沣西新城要继续加大信息产业发展力度，着力壮大产业体系，完善城市功能，推进新城快速健康发展。

关键词： 沣西新城　建设成效　展望

一　基本情况

西咸新区沣西新城东至沣河，南至大王镇及马王街办南端，西至规划中的西咸环线，北至渭河南岸，涉及西咸两市、3 个区县（秦都区、长安区、户县）、5 个镇办（钓台街道、陈杨寨街道、高桥街道、马王街道、大王镇），91 个行政村，约 3.5 万户、14 万人；总面积 143 平方公里，其中西安市 93 平方公里，咸阳市 50 平方公里。建设用地 64 平方公里。计划到 2020 年，规划区人口约 53 万人，人均用地指标 115 平方米。

（一）发展思路

按照现代田园城市的总要求，践行大开大合的理念，遵循西安国际化大都市的综合服务副中心和战略性新兴产业基地的总体定位，积极践行"新四化"战略，以信息化引领工业化、推进城镇化、提升农业现代化，成为大西安建设模式创新的实践区和示范区，打造科技园区升级版。

（二）推进路径

坚持产城一体、板块推进、产业兴城，以"拉开骨架、对接主城、提升环境、产业起步、体现概念"为重点，以规划为引领，以产业为支撑，以项目为核心，以融资和土地为保障，以绿色生态为特质，以民生发展为归宿，积极探索可持续发展的新路子。

（三）产业定位

围绕"西安国际化大都市综合服务副中心和战略性新兴产业基地"的战略定位，以信息服务和信息技术产业为主导，以大数据、云计算、物联网、电子政务、电子商务等为着力点，推动三次产业协同发展，以信息化引领工业化、推动城镇化、提升农业现代化，形成创新驱动发展体系，打造现代田园城市和科技园区升级版。力争用10年左右时间，基本建成以技术研发、科技孵化为特色的现代信息服务产业基地。

规划实施"三区十园"产业发展园区，即信息产业园区、滨河现代服务区、田园实践区，以及西咸信息产业园、现代综合商务区、都市农业区、优美小镇改革试验园、丝绸之路国际展览中心、西咸新区国际文教园、中小企业园、科教示范园、活力生活服务园、丰京遗址园。

（四）规划结构

"一核两轴三区四园"的空间结构。

"一核"：西咸新区渭河南岸以综合行政、商贸中心为主的国际化综合服务区。

"两轴"：东西向的古城人文传承轴、南北向的新城特色发展轴。

"三区"：现代综合服务区、战略性新兴产业区、都市农业休闲区。

"四园"：渭河景观公园、沣河景观公园、沙河景观公园、中央绿廊公园。

二　建设成效

4年来，沣西新城经济连续保持高位运行，固定资产投资年均增速近40%。截至2015年底，累计完成固定资产投资566.7亿元。引进项目126个，引进资金893.3亿元，实际到位资金222.3亿元。土地获批32560.6亩，征迁22141.6亩，供应11890.3亩。融资到账245.7亿元。开工建设保障房小区9个14725套，总面积200多万平方米，基本建成1080套。建成市政道路50余公里。基本实现"拉开骨架、对接主城、提升环境、产业起步、体现概念"的阶段性目标。

（一）规划引领作用日益显现

先后投入近亿元，与世界一流设计单位合作，编制发展战略、产业定位、城市设计、综合交通、城乡统筹、建筑单体、生态景观等60余项规划，框定了科学发展格局。其中，由美国SOM公司规划设计的核心区城市，解决了开放空间、城市界面和街道景观等问题，营造了沣河渭河景观带、中心绿廊和中央公园、城市绿环以及组团公园、社区公园和街头绿地四级景观体系；由工信部直属的赛迪研究院编制信息产业园区发展规划、云计算产业基地规划，新加坡CPG设计集团、同济大学规划院、深圳规划院编制区域的控制性规划；委托华高莱斯开展发展战略研究，与北京土人景观规划设计研究院合作完成沣西新城核心区绿廊景观设计等。这些规划和设计比较妥善地处理了城市和人、城市和产业、城市和生态的关系，与现代田园城市建设理念和创新城市发展方式主题紧密相扣，新城功能分区、空间布局更加清晰。

（二）产业体系不断完善

投资1800亿元，谋划、包装5大类148个项目，构建"三区十园"的产业发展格局。

（1）高举信息产业旗帜。在核心区规划建设35平方公里的信息产业

园，以"数据沣西、智慧西咸、云储中国、物联世界"为目标，计划到
2020 年实现技工贸收入超过 2000 亿元，聚集 25 万名以上中高级人才，跻
身国家级信息产业基地行列。经过 4 年的建设，园区完成投资 100 多亿元，
获批"国家级云计算服务创新发展试点示范""国家级新型工业化（大数
据）产业示范基地""陕西省云计算高技术产业基地""陕西省新型工业化
（物联网）产业示范基地""陕西科技资源统筹沣西信息中心""陕西省创
业孵化省级示范基地"等，成为全国唯一一个以大数据为方向的新型工业
化基地。发起成立陕西省大数据产业联盟和陕西省大数据云计算技术创新联
盟，组建信息产业园投资发展有限公司、微软创新中心有限公司以及大数据
产业发展有限公司，推动信息产业组团竞争、抱团发展，成为全省信息产业
和经济发展调结构、转方式的领头羊。

（2）积极构建产业生态系统。新城深刻认识到当前的区域竞争，已从
政策竞争、服务竞争升级为生态系统竞争。成立伊始，即着眼于产业生态系
统的打造，吸引中国联通、中国电信、中国移动、陕西广电网络四大运营商
集中入驻，搭建起完善的网络环境和 IT 基础层；聚集全国人口、林业、统
计等 10 部委数据容灾备份中心，形成核心数据资源层；引进微软等行业龙
头企业，合作建设微软创新中心等 5 大项目，增强孵化创新能力，构建起运
营平台层；批量孵化科技型创新企业，依托微软项目提供创业孵化服务平
台，形成应用服务层；与省内近 21 所高校签署合作协议，引入淘宝等知名
培训机构 6 家，举办信息产业、创业等相关培训，计划未来 3～5 年为全省
输送超万名软件人才，形成创新创业层。这些项目，形成一个完整的产业闭
环，搭建完备的产业生态系统，为信息产业集聚集群集约发展奠定了基础。
同时，积极在城市核心区与产业聚集区建设集产、学、研、投、金为一体的
"5 分钟工作生活圈"，构建完整的产城一体发展体系，以城市建设推动产业
发展，以产业发展促进城市建设。

（3）大力推进招商引资和重点项目建设。累计引进重大项目 128 个，
其中，总投资 100 亿元及以上企业 3 家，10 亿元以上企业 27 家，1 亿元以
上企业 96 家；合同引进资金 895 亿元，实际到位资金 223.6 亿元，为新城

快速发展注入了强大活力。累计实施各类重点项目 161 个，完成固定资产投资 484.7 亿元。信息产业项目，中国联通西安数据中心、中国电信云计算服务（陕西）基地项目投入运营。自建项目——西部云谷一期 16 万平方米完成招商，二期工程全面启动。全国人口信息处理和备份（西安）中心、未来国际大数据产业基地等项目主体封顶，宇培电子、九州通医药电子产业基地等项目进展顺利。中小企业园项目，阿房宫药业、今正药业生产基地和海棠保健品研发生产基地正在施工。总部经济园项目，天兴大厦、中铁港航局大厦、橙天嘉禾文化商业中心、中仑商业综合体等项目加快建设。

2015 年以来，在省委、省政府的高度重视下，新城与西安交通大学共建中国西部科技创新港——智慧学镇。这是教育部和省委、省政府落实国家"一带一路"战略、着眼陕西大局、发挥交大优势、创造全国典范的重点项目。项目概念性规划、土地利用规划调整、平台公司组建完成，周边道路、地铁 5 号线、供水、绿色建筑等多项建设规划编制工作启动，渭河沣西境内东段、新河、沙河治理工作加快推进。项目一期所需 3000 多亩土地申报工作完成。项目周边 3 条与咸阳、西安连接的主干道征地工作快速推进。

新城与西工大合作共建的航空城项目洽谈取得实质性进展，将引进无人机、3D 打印等先进科技，形成创新港与航空城"比翼双飞"引领发展的新引擎。沙河现代农业园、地利现代农业、丝路风情城、西咸国际文教园等项目有序推进，产城融合发展的良好态势已经形成。

（三）城市框架逐步拉开

开工建设"十路两桥两泵站"市政基础设施工程。累计建设市政道路 90 多公里，投资约 38 亿元，建成秦皇大道、白马河路、天雄西路、沣景路和开元路 5 条城市主干道，康定路、同德路、兴咸路、永平路等城市次干道部分路段，和创业路、尚业路、数据八路、信息四路、信息九路、创业西路等多条城市支路；建成秦皇立交、白马河立交，打通了与咸阳市主城区的连接线；建成统一大道商贸学院人行天桥和世纪大道启迪人行天桥，新城核心区路网通车里程近百公里。累计投资近50亿元，建成中心绿廊一期、环形公园一期等项目；渭河综合治理建设堤防工程16.3公里；沣河治理项目全面开工；绿化总面积200多万平方米，栽植苗木10余万株，城市多层次生态框架基本搭建，城市雏形显现。

（四）民生工程加快实施

累计开工建设各类保障性住房近200万平方米，封顶11599套，其中1080套配备品牌家电、家具的公租房于2014年底实现"拎包入住"。所有保障房项目均位于新城核心区域，并采用先进建设工艺和建筑材料，提升房屋品质。保障房建设综合排名位居西咸第一。所有工地均为省级文明工地，2013年，承办全省第十七届文明工地现场会，被省政府评为全省保障房建设"十佳县"，2014年，沣润和园被确定为全省第十八届文明工地现场会观摩点。申报投资1亿元的建筑垃圾回收项目为省财政PPP项目。投资4.5亿元的渭河一号雨水泵站和污水处理厂合建项目前期手续已经获批，土地预审立项工作有序推进；设计日出水量4.2万吨的应急给水厂即将开工；建筑垃圾回收、加油站、加气站等基础配套设施项目加快实施；沣西第一学校建成开学，陕中二附院主体封顶。区内群众幸福感不断提升。

（五）探索创新深入推进

新城秉持"家国天下"情怀和"品质沣西"标准，对历史负责，做世界一流，超前谋划未来20年乃至更长时间的发展，积极践行低影响开发、高品质建设先进理念和技术，全力推进海绵城市和综合管廊建设。

（1）海绵城市建设。以"建设自然积存、自然渗透、自然净化的海绵城市"为目标，积极构建地块、道路、雨洪系统三级雨水收集利用系统。发起成立"中国海绵城市建设（LID）技术联盟"，举办首届"海绵城市"建设国际研讨会。低影响技术实施与道路施工同步推进，完成和在建道路14条，实施保障房建筑小区低影响项目1个，正在进行3个项目方案设计，景观绿化低影响实施的中心绿廊、环形公园一期基本完成。成功获批全国首批海绵城市建设试点城市，编制出台《西咸新区海绵城市建设试点三年实施计划》，共建设 58 个项目，总投资 27.06 亿元。建设经验被新华社《国内动态清样》、《人民日报》、央视《新闻直播间》等推广报道。

（2）综合管廊建设。按照"规划设计全覆盖、建设标准接地气、管理运营市场化、融资模式求创新"的思路，在规划的 22 条主干道双侧布设综合管沟84 公里、31 条次干道单侧布设综合管沟124 公里，总计200 多公里。2012～2015 年，在核心区 6 条主干道、13 条次干道均同步分层次建设大、中、小、缆线四级管廊体系，基本满足了核心区域重点产业园区对电力、通信等管线入沟的需要。坚持"管营分离"，成立运营管理专门公司，以"有偿使用、保本微利"为原则，向管线使用企业买断性销售管沟空间使用权，保证综合管廊项目收支平衡。与人民银行西安分行、四大运营商等 20 余家单位签订管廊租售协议，实现运营收入约 1800 万元。同时，积极探索"PPP＋资产证券化"模式，转变政府包建为全民共建，形成以社会投入为主的多元化投融资机制，综合管廊入选国家发改委首批 PPP 推介项目；国开行注入 1 亿元专项基金支持综合管廊（二期）建设；综合管沟（一期）5亿元、10 年项目收益专项债券获国家发改委批复，这是我国首笔城市地下综合管廊建设专项债券和首笔私募企业债券、私募项目收益债券。基于沣西新城的探索和实践，陕西省人大颁布我国第一部城市地下管线管理的省级地方性法规《陕西省城市地下管线管理条例》（以下简称《条例》），在《条例》宣传贯彻会上新城做了经验介绍。全省地下综合管廊和海绵城市建设工作推进会在西咸新区召开，沣西新城作为会议观摩点，受到了省级领导和各地同行的高度评价。

（六）发展环境不断提升

完成 6 个村庄1580 户的整村搬迁和10000 余座坟茔的迁移工作，未发生一起上访事件。启动实施 4 个村庄1500 余户征迁工作，进展顺利。

累计融资近 250 亿元。2014 年以来，率先创建西咸新区在农发行的城镇化贷款模式，获批 17 亿元城镇化项目贷款，为农发行全省最大单笔贷款。成功发行总金额 12 亿元的西咸新区首只企业债券。获批国开行棚户区改造项目贷款 8.92 亿元。厘清了沣西新城与咸阳市财政体制，"造血"能力稳步增强。

组建规划、国土、综合执法等专门队伍，推行网格化行政执法；公安协调办公室升级为咸阳市公安局派出机构，职能进一步健全；地税、国税及工商等部门入驻并全面开展工作。扎实开展优化发展环境工作，严格干部选拔任用程序，坚持凡进必考原则引进人才，强化领导班子和干部队伍建设，加强部门配合协作，落实党风廉政建设党委主体责任和纪委监督责任，加大案件查处力度，切实改进工作作风，为新城开发建设创造了优良环境。

三 存在问题

（一）思想解放不够、创新意识不足

引进的项目都是国有大中型企业，运用市场规律、引进社会资本、整合要素资源的能力还需进一步提升。自己的项目自己干，下属公司股权结构单一，市场化程度比较低，吸纳社会资本共同参与建设的能力比较弱。招商引资时总担心客商实力，存在挤占后续发展空间、造成国有资产流失的顾虑，工作上不够大胆。

（二）开发建设速度还不够快

由于土地指标 2013 年才调整到位，加之体制机制限制，历史遗留问题比较多、行政区划最复杂等现实情况，沣西新城的形象在五个新城中发展相对较慢，项目体量还不够大、数量还不够多，产业聚集效益还未形成规模。

（三）核心概念项目体现还不够充分

海绵城市建设、信息产业园区、产城融合模式、新的融资模式、创新创业体系、全产业链生态系统等核心概念，虽然打响了品牌，但影响力、美誉度还需进一步提升，在新型城镇化、现代田园城市方面还需要进一步加快进度，形成更多范例，产生更多收益，打造更多特色亮点。

四 未来展望

未来5年，沣西新城将继续加大信息产业发展力度，完善城市基础配套设施，提升生态环境质量，加快现代田园城市建设。

（一）着力壮大产业体系

紧抓西咸新区信息产业发展势头，主动出击，争取国家大数据产业资源向沣西新城集中。深化大数据产业研究，对接国内一级智库、研究机构，整合发展战略方案，搭建大数据产业发展战略框架，形成独具特色的大数据产业应用推广战略。加快推进中国西部创新港项目建设，确保西工大航空城项目顺利开工。充分发挥微软创新中心、三秦沣云、三秦企业云、陕西工业云、大数据交易所、乐创空间、西部云谷、两个联盟和产业基金平台作用，推动以发展"智慧城市、电子政务、电商平台、互联网金融"为主要方向的大数据应用，谋划布局大数据产业研究院，联合设立大数据产业发展基金，构建以西咸新区信息产业为平台的"产、学、研、投"联合体，为推动西咸新区信息产业发展，提高陕西信息产业综合实力奠定坚实基础。不断挖掘微软项目合作潜力，着力提高科技引领水平。积极开展招商引资活动，力争再引进一批体量大、带动强、就业好的优质企业，为大数据产业发展注入更多活力。同时，推进医药产业园、总部经济园、丝绸之路风情城等核心项目，积极配合推进西咸文教园项目建设，形成一、二、三产业协调发展新的建设形象和发展亮点。

（二）加快完善城市功能

按照创新城市发展方式的要求，认真落实"规划立城"理念，重点做好沣西新城分区规划、水系统综合规划续编，编制地下空间开发利用、综合能源、城市停车设施、中心绿廊周边地块城市设计等专项规划，推进总部经济园二期综合供能项目和110kV光明变电站及110kV白马河变电站选址及前期工作和新渭沙湿地公园前期工作。加快"十路二桥二泵站"项目建设进度，完善基础配套设施，做好绿化、亮化、美化工作。认真落实海绵城市建设三年实施方案任务，推进海绵城市和地下综合管廊建设，积极推进加油（气）站、充电桩能源综合利用设施建设，努力建设尊重自然、充满智慧、舒适便捷的现代新城。加强与新闻媒体的沟通交流，加大对外宣传力度，全面展示建设亮点，塑造城市形象。

（三）大力提升发展环境

加快保障房续建项目进度，货币化安置2000套，力争完成省级相关部门及西咸新区下达的城市棚户区改造及安置任务。做好渭河治理二期、沣河、新河防洪治理项目前期规划、设计、招标工作，做好钓鱼台湿地、咸阳湖南槽2#坝审批工作，建成2#坝工程主体；做好沣河统一路至西咸大道段防洪治理工程可行性研究、初步设计编制工作，完成堤防填筑工程。建成沣西自来水厂，验收并供水。加大协调力度，加快秦皇大道西安段、天雄西路、沣景路工程实施进度，加大园区内网道路建设力度。加快实施已建成道路两侧绿化及中心绿廊、中央公园等生态建设，提升区域内生态质量。

（四）不断巩固支撑要素

充分发挥投资发展公司、信息产业园公司和置业公司的市场融资作用，探索创新基金设立、债券发行等模式，强化融资能力，争取多渠道筹融资金。积极推广PPP融资模式在综合管沟、新能源综合利用、房地产、投资准盈利项目等方面的运作。强化税费监管，加强市场监管。按照"保重点、保急需、保开工"的思路，有计划、有重点地做好土地报批、征用工作，落实"占补平衡"指标，确保项目用地需求。加强城市管理综合执法和社会稳定管控工作，加大对影响和破坏发展环境的打击力度。做好信访案件处理工作。加强失地农民就业培训工作。认真做好智力引进工作。积极推进理顺行政管理体制机制改革。

（五）全面加强队伍建设

建立健全党建工作制度，严格执行民主集中制原则，重大事项集体决策。落实定期召开各级组织生活会制度。积极探索"两新"组织党建新模式。继续开办"沣西大讲堂""我来讲一讲"等学习活动，不断提升全员以科学理论武装头脑、指导实践、推进工作的能力。健全完善各项工作制度，严格按照程序办事，提升整体工作效能。认真学习《党章》和新《条例》、新《准则》要求，深入落实党风廉政建设党委主体责任和纪委监督责任，严格落实中央八项规定精神等作风建设要求，积极探索建立健全监督监察新城各项工作体制机制，实现纪检监察审计与新城项目建设无缝对接。始终保持对违纪违规现象"零容忍"高压态势，打造风清气正心齐的干事创业氛围。

B.6

泾河新城发展报告（2011～2015）

摘　要：　2011～2015 年，泾河新城以建设现代田园城市为主线，按照"产业主导、社会投资、市场运作"的发展模式，坚持一、二、三产业联动，坚持基础设施先行、大项目带动，科学推动区域经济社会可持续发展。未来 5 年，泾河新城要积极培育战略性新兴产业，发展现代制造业、现代农业、现代服务业，将新城建设成为现代田园城市样本、城乡融合发展典范、低碳创意产业新城和生态宜居智慧新城。

关键词：　泾河新城　建设成效　展望

一　基本情况

泾河新城位于咸阳市泾阳县境内，规划面积 146 平方公里，其中建设用地 47 平方公里，辖区内有中国第一高砖塔——崇文塔，是中华人民共和国大地原点所在地。具体范围西至泾阳县泾干镇边界，东至包茂高速，南至聂冯，北至西咸环线，包括泾阳县 4 个（乡）镇，分别是泾干街道办、永乐镇、崇文镇和高庄镇（部分）。现有 61 个行政村，14 万人口，区内有包茂高速、包茂高速复线、西铜铁路等主要交通干道，泾河从区内贯穿而过。

4 年来，在省委、省政府和西咸新区党工委、管委会的正确领导下，在咸阳市、泾阳县各级政府的大力支持下，泾河新城严格按照赵正永书记提出的"核心板块支撑、快捷交通连接、优美小镇点缀、都市农业衬托"的现代田园城市建设理念，扎实推进各项工作，新城面貌发生翻天覆地的变化。

截至 2015 年底，泾河新城新建、续建项目 105 个，总投资近 2000 亿元，累计完成固定资产投资 689.64 亿元，引进项目 114 个，合同金额 2492 亿元，实际利用内资 216.17 亿元；累计 27773 亩土地取得省政府批复文件，完成土地供应 10541 亩；累计完成拆迁 3005 户；完成户籍转换 9269 人，就业培训 11500 人次，近万人在区域内实现就业；2015 年新城旅游项目接待游客近 700 万人次，成功创建国家级现代农业示范区和国家现代农业科技园区，呈现出"产业兴、人气旺"的良好发展态势。

（一）发展理念

泾河新城自成立以来，以打造大西安北部中心，建设现代服务业示范区、新能源新材料和高端装备制造业基地、国家级现代农业示范区和全国城乡统筹发展示范区为定位，以建设现代田园城市为主线，以"大开大合"为发展形态，紧紧围绕"基础设施先行、大项目带动"发展战略，严格遵循"规模、成本、营销、效益、形象"十字方针，坚持秉承"沟通、理解、支持、补台、融合"工作原则，按照"工业园区化、农业现代化、土地集约化、农村城镇化、城乡一体化、城市田园化"发展思路，将新城建设成为公共服务均等、基础设施完备、现代城市与美丽乡村和谐共生的中国特色新型城镇化范例。

（二）建设条件

区位优势便捷。南距西安市行政中心 17 公里，西南距咸阳市中心 27 公里，区域内交通便利，高速公路及西铜铁路贯穿区内，车程 20 分钟内可达西安咸阳国际机场、西安火车北站、西安市政府。区内西铜铁路泾阳站和永乐站，为物资流转提供良好的货运环境。同时，正在修建的正阳大道、茶马大道将分别连接西安主城区的未央路和朱宏路，未来泾河新城将形成覆盖全区、连接西咸两市、辐射大西安都市圈的综合交通体系。

基础设施完善。按照"基础设施先行"战略，先后启动"三横三纵"城市主干道及支路建设，通车主次干道路网近 300 公里，辖区交通闭环路网基本形成，并高标准配套建设给排水、供气、供暖、通信、电力、绿化等基础配套设施，迅速拉开了城市骨架，具备承接企业生产发展的能力。

产业基础雄厚。坚持大项目带动战略和产城融合理念，先后引进华晨汽车产业园、温商高端装备制造业园区、乐华城、美国科技产业园和中国锂产业园等一批带动作用大、效益好的项目，基本形成了以战略性新兴产业为带动，以现代农业为亮点，以文化旅游业为驱动，一、二、三产业联动，高度融合，集聚发展的新型产业发展格局。

环境生态宜居。以建设现代田园城市为目标，以"大开大合"为形态，并在实践中初步探索出田、园、城三者之间4∶2∶4的用地比例，实现现代化城市服务与优美田园风光的有机结合，创新城市发展方式，形成了田、园、城和谐共融的建设布局。在这里工作生活的人，既能享受到现代城市完善的公共服务和配套设施，又能体验到良好的生态环境和优美的田园风光。

政务环境优越。严格遵循"支持、服务、帮助"的服务理念，按照"一厅式办理、一站式服务"原则，建立政务服务大厅，工商、税务等所有政务审批及咨询类项目全部进驻，使入区企业享受优质、便捷、高效的政务服务。建立重点项目联络人等制度，对入区企业各环节手续提供全程引导、代办和协调服务，在项目立项、土地使用、工商登记等方面实行全方位服务。

体制机制灵活。国务院赋予西咸新区"制度创新、先行先试"的权限，国家、陕西省、西咸新区将在政策、项目、财税、金融等方面给予泾河新城入区企业大力支持，同时还享受西部大开发和西咸新区独有的优惠政策。随着区域政策、体制活力的加速释放，各类生产要素将加快向新城聚集，催生新的发展机遇，拓展更大的发展空间，泾河新城将进入一个前所未有的黄金发展期。

二　建设成效

在开发建设中，泾河新城始终按照"产业主导、社会投资、市场运作"的发展模式，坚持一、二、三产业联动，注重把群众作为区域开发建设主体，科学推动区域经济社会可持续发展。2011 年，按照"精心策划、打好基础、快速启动"的工作思路，高起点、高标准完成了项目的策划和规划，顺利完成了谋篇布局工作；2012 年，围绕"全面启动、高速推进、好中求快、跨越发展"的工作思路，45 个项目全面动工，固定资产投资、实际利用内资、土地征收、基础设施建设、融资工作实现了"五大跨越"；2013 年，按照"建好基础设施、推进重点项目，打造核心区域"的工作思路，城市主、次干道路网基本形成，核心板块支撑局面初步显现；2014 年，按照"完善基础设施、形成核心区域、建设优美小镇"的工作思路，交通骨架基本成形，市政配套日益完善，四大核心区域初具规模，产城融合发展格局初步形成，优美小镇建设全面铺开，城乡统筹协调发展迈出新步伐；2015 年，围绕"核心板块基本成形、优美小镇形成示范、都市农业初具规模"的工作思路，四大核心板块基本成形，重大项目陆续建成，产业园区集聚效应显著，现代农业发展提质增效，优美小镇示范成效初显，新城全面进入转型发展、常态发展、精细发展新阶段。

（一）坚持基础设施先行，不断完善提升城市功能，新城面貌和形象明显改善

按照"快捷交通连接"的要求，坚持把基础设施建设作为改善城市环境、建设现代田园城市抓手，全力抓好道路建设、公共配套设施建设以及生态环境建设，不断提升城市功能，极大改善了城市形象和面貌。

城市骨架全面拉开。以高泾大道、泾河大道、沣泾大道为"三横"，以茶马大道、华晨大道、正阳大道为"三纵"，全力推进城市主次干道以及支路网建设，为区域内人流、物流、车流聚集打开通道。截至 2015 年底，道路建设累计完成投资 142.66 亿元，通车里程近 300 公里，区域内交通闭环实现有效连接，快捷交通基本实现。对外交通连接工程建设步伐不断加快，沣泾大道向西连接工程、正阳大道向南连接工程以及茶马大道跨泾河大桥、泾河湾立交等工程加快推进，逐步实现与西安、咸阳以及西咸新区其他新城的互联互通。

市政设施配套日益完善。以人为本，科学规划，在主干道路两侧规划公交港湾、卫生间、生态停车场等公共服务场所，最大限度地方便群众出行，累计建设各类停车场 109 个，总面积达 50 万平方米，可提供停车位 10000 个以上。同时，加快市政配套设施建设，市政主干道完成热力、电力、雨污水等各类管网铺设，安装路灯 6500 杆，项目指示牌、交通指示牌、交通小标志牌 530 块。

生态环境不断改善。按照"文化为魂、水系为韵、花木为媒、观光立区"的要求，高标准推进区域开发建设，打造环境优美、功能完备、生态良好、文化彰显、宜居宜业的现代田园城市。大力挖掘大地原点、崇文塔、茯茶等特色文化资源，着力实施崇文塔景区、茯茶镇等一批文化旅游项目，彰显"文化为魂"；以泾河综合治理为重点，坚持把城市水系作为改善城市环境、提升城市品位的重要抓手，高起点规划区域水系，高标准实施泾河综合治理等工程，凸显"水系为韵"；以建设国家级现代农业示范区为契机，按照建设农业公园的思路，加快推进天心庄园、长乐庄园、油用牡丹种植基地、海棠花种植基地等现代农业及苗木园林项目建设，实现"花木为媒"；坚持把区域作为大景区进行规划建设，扎实推进绿化美化提升工程，累计绿化面积近 3500 亩，建设各类生态绿色便民广场 133 个，总面积达 2.4 万平方米，切实把"观光立区"要求落到实处。

城市管理水平不断提升。推动市政管养、园林绿化、环卫保洁等市场化运作，加大市容保洁工作覆盖面，总保洁面积达 250 多万平方米。加大综合执法力度，以区域主要路段、重点部位为突破口，初步建立定人、定岗、定责的"三定"网格化管理模式，确保工作不留死角。依法打击和整治违法使用土地等行为，大力遏制违法建设，其中 2015 年依法查处土地违法案件 122 起，拆除违法建筑近万平方米，拆除 7 家大型非法采石场，面积 200 余亩。

（二）坚持以人为本理念，加快优美小镇建设步伐，新型城镇化建设亮点纷呈

优美小镇建设全面铺开。坚持"以人为本，打造绿色生态宜居新城"

理念，按照"政府主导、市场运作"方式，综合考虑区域整体规划、产业特点、群众意愿等因素，因地制宜形成了"重点示范镇、风情小镇、产业小镇、新型农庄、田园宜居小镇、丝路田园小镇、文化旅游小镇、新农村新社区"八种形式的优美小镇，为推动城乡统筹发展，建设新型城镇化范例提供了新的思路。其中，茯茶镇（一期）正式对外开放，成为践行"龙头企业带动、农民广泛参与、提高村集体组织化程度"发展理念的样本，开园 4 个月累计接待游客超 400 万人次。省委书记赵正永调研泾河新城时，对茯茶镇建设与经营给予高度评价，指出要让这样的优美小镇在关中越来越多。崇文重点镇快速推进，首批群众将于 2016 年 6 月实现回迁，西咸崇文庄园小镇（一期）建成开放，项目二期将于 2016 年 8 月建成。卢卡小镇、香榭庄园、翠缇庄园等项目进展顺利，寿平民宿小镇启动建设，区域优美小镇点缀格局初步实现。

优美小镇示范成效初显。坚持优美小镇建设与产业培育相互促进、协同发展，进一步加强优美小镇产业支撑。创新优美小镇运营模式，通过引入社会资本发展混合所有制建设茯茶镇，由村集体自主改造花李田园文化新镇，为建设新型城镇化提供了新的样本。拓宽优美小镇建设融资渠道，积极争取中、省专项配套资金，通过金融贷款等多种渠道，鼓励各类企业、村集体和村民参与优美小镇建设，形成"政府引导、龙头企业带动、村集体组织和广泛农户参与、市场化运作"的多元化投融资模式，为优美小镇建设提供持续的资金保障。

城乡一体化建设步伐加快。教育配套设施不断完善，崇文中学建成并投入使用，崇文幼儿园、泾干幼儿园，崇文小学、翠堤庄园幼儿园加快建设。公共交通事业稳步发展，泾阳县至崇文塔景区公交线路投入运营，西安至乐华城 315、316、360 路三条公交线路顺利开通，结束了泾阳与西安没有公共交通的历史，群众出行更加便捷。崇文重点镇临时供水工程建设完成，垃圾压缩中转站达到交付标准，科技文化产业园临时污水处理站、市民运动广场等设施投入使用，区域群众生活便利度和现代化程度不断提升。

（三）坚持大项目带动，核心板块建设步伐不断加快，一、二、三产业联动发展格局基本实现

FC1 现代田园城市示范区。作为西咸新区现代田园城市建设的第一个示范区，以建设国家级现代服务业示范区为目标，以乐华城项目为龙头，带动中国西部五金机电城、龙安居等 30 多个项目集群发展，着力打造全国现代田园城市建设新标杆。截至 2015 年底，整个板块累计完成固定资产投资 174.48 亿元。其中，乐华城项目作为建设大西安北部中心的战略性项目，总投资超过 500 亿元，是陕西省乃至中西部地区国际化程度最高、投资额最大的文化产业园项目，包括乐华欢乐世界、乐华环球大马戏等 20 余个子项目，将打造成为文化旅游、动漫设计、电子商务、影视拍摄、精品商业、非遗保护等多种产业的综合性现代服务业示范区。

目前，乐华欢乐世界、乐华环球大马戏、乐华国际美食城建成，乐华影视文化基地项目成功签约，成功举办了西安怪兽音乐节等一系列大型文化活动，乐华城景区 2015 年不到半年时间接待游客超过 200 万人次，乐华城被授予"省级文化产业示范基地"称号。在乐华城的带动辐射下，板块内的龙安居、西部五金机电城等项目初具规模形象，乐华国际商业街提速建设，义乌名品折扣城成功落地，整个板块初步形成了以生活性服务业为主导，涵盖文化旅游、酒店住宿、休闲娱乐、商贸服务的现代服务业产业带。

新能源新材料高端装备制造业园区。作为省级重点工业园区，以建设新能源、新材料、高端装备制造业等战略性新兴产业为主导，着力构建大西安产业新高地。截至 2015 年底，整个板块累计完成固定资产投资 128.58 亿元。其中，总投资超百亿元的华晨汽车产业园（一期）封顶，将于 2016 年4 月试生产，全年预计实现工业产值 30 亿元，将填补陕西省特种汽车制造产业空白。地理信息产业园顺利奠基，标志着国内第二个国家级地理信息科技产业园启动建设。美国科技产业园、温商制造业产业园区建设加快推进，各类入园企业累计达 50 余家。鸿博百川、力拓重工、鼎龙木业等项目投产运营。在华晨汽车产业园等一批龙头项目带动下，雷达精确制导全天候巡检仪、秦星新能源汽车、高速工具钢钻头生产基地、西部核心物流基地等项目先后入区，实现了产业集聚发展。

现代农业示范区。以引领现代农业发展、带动农民增收致富为根本，成功创建省级现代农业示范区、国家级现代农业示范区、国家级现代农业科技园区，区域标准农田项目成功纳入国家高标准农田建设计划。围绕做大做强现代农业产业链，先后引进杨凌太白绿洲有机食品有限公司、陕西太白绿农蔬菜有限责任公司、基泰园林有限公司等 10 多家有实力、有品牌的涉农企业，区域现代农业开发面积达 3 万亩。截至 2015 年底，该板块累计完成固定资产投资 83.22 亿元。科技生态园、天心庄园等一批高水平的农业产业园区建成运营，智慧农业公园、海棠植物园、宏海长乐庄园、智慧采摘园等一批现代都市农业项目加快建设，泾河新城互联网农业平台启动建设，现代农业发展逐步向"互联网＋"时代迈进，茯茶、冰草、油用牡丹等特色农产品知名度不断提升，种植的冰草远销韩国，成为陕西省第一个出口国外的鲜活农产品。泾河新城第一届花博会将于 2016 年 3 月 18 日正式开园。

崇文文化旅游景区。作为泾河新城特色文化旅游核心区，以崇文塔景区、丝路国际商贸城为龙头，重点发展文化旅游、商务商贸等产业，着力打造大西安北部文化新名片。截至 2015 年底，该板块累计完成固定资产投资 160.69 亿元，崇文塔景区（一、二期）、陕商博览馆、国艺秦腔馆、产业孵化中心等项目先后建成，崇文塔景区（三期）提升改造工程全面启动，2014 年崇文塔景区被评为国家 AAA 级旅游景区，累计接待游客超过 200 万人次，先后被省社科院、省戏剧家协会授予"陕西丝路商旅文化发展研究基地"和"秦腔文化教育基地"称号。加快与区域其他文化旅游项目联动发展，形成"乐华欢乐世界—崇文塔景区—茯茶镇—科技生态园—天心庄园—智慧农业公园"历史文化与现代文明相融合的特色旅游线路。

（四）坚持造福于民理念，深入推进城乡统筹，区域群众生活幸福指数不断提升

坚持造福于民、施惠于民的发展理念，深入研究并积极落实"让农民带着劳动力和土地两个资本进城"的相关问题，形成"土地收益 + 社会保障 + 就业培训 + 拆迁补偿 + 创业扶持"的农民增收模式，切实保障被征地农民利益。

社会保障水平显著提升。创新推行兼顾农民、失地农民和城镇居民的新型社会养老保险制度，将 16 周岁及以上未参加养老保险的人员全部纳入保险范围，对符合领取待遇条件的被征地农民，每人每月发放 280 元养老补贴，累计办理 21 个村、74 个小组、20736 人的养老保险，3343 名 60 周岁及以上群众全部按月领取养老保险金，实现了应保尽保。扎实推进保障性住房建设，区域内安置房、保障房开工 11718 套，总建筑面积 108.09 万平方米，基本建成 10751 套。棚户区改造顺利推进，焦村、费家崖村棚户区改造工程启动建设。

就业培训工作不断强化。全面实施农民增收计划，依托茯茶镇、乐华欢乐世界等项目，深入开展农家乐经营管理、餐饮烹饪、物业管理、家政服务等专业技能培训，累计举办各类劳动力培训班 124 期，培训人员 11500 人次，培训合格人员全部在区域工程建设、绿化养护、保安保洁、特色观光农业等方面实现就业。大力引导农民创业，通过小额贷款、土地房屋产权抵押贷款、联户担保贷款等形式，为农民创业提供资金支持。茯茶镇已完成改造的农户，通过开办农家乐、销售特色旅游纪念品，月均纯收入过万元，村民在家门口就业创业、安居乐业，实现了就地城镇化。

农民市民化进程有力推进。有序推进户籍改革，顺利实施双赵村、花李村无形改造试点，累计完成 2527 户、9269 名农民的户籍转换，有力推进了农民市民化进程。坚持"引导与自愿相结合、展示与考察相结合、科学规划和严格实施相结合"原则，以"产业主导、社会投资、市场运作"模式，积极引导和鼓励村集体发展股份制经济，调动广大群众参与新城开发建设的积极性。花李村成立锦绣花李开发建设公司、花李文化旅游公司、花李置业有限公司等 12 家股份制公司，崇文村、虎杨村以及双赵村也相继注册成立多家村集体经济股份制公司，使农民既有工作收入，又有股权分红，确保持续增收。

（五）坚持实施城市品牌战略，强化资金、土地要素管理，新城跨越发展活力全面激发

着力实施城市品牌战略。积极开展文化项目申报，崇文塔景区主题展馆项目被列为年度文化部重点项目名录。持续加大宣传力度，仅 2015 年在《人民日报》《光明日报》《经济日报》等中、省主流媒体发布宣传报道 259 篇，发布视频报道 29 次，在新华网、新浪网、西部网等网络媒体上发布新闻报道 800 余篇，转载上万次。创建泾河新城官方微信平台，点击率达 38 万人次。"乐活田园"网站上线运营，成为西咸新区首个生活类、功能性门户网站。抓紧文化旅游品牌建设，乐华欢乐世界、茯茶镇、崇文文化旅游景区等热门景点成为省内休闲旅游知名品牌，掀起了西安市民假期游"一路向北"的新热潮，使泾河新城成为陕西文化旅游产业发展新高地，新城品牌影响力不断壮大。积极培育特色农产品品牌，茯茶、冰草、油用牡丹等特色农产品成为泾河新城特有的农产品品牌，远销国内外，深受客户好评，进一步提升了泾河新城知名度。

强化土地集约利用管理。坚持"土地集约化"原则，紧紧围绕重点项目，严格制订项目用地计划，积极探索土地利用效率的有效途径，全力做好区域土地保障工作。积极开展土地流转试点工作，制定完成泾河新城土地流转方案，支持鼓励土地适度集中。累计 27773 亩土地取得省政府批复文件，完成土地供应 10541 亩。

合理控制债务规模和结构。不断优化区域债务结构和规模，合理控制资金成本，区域债务规模适度，结构优化、成本降低。累计负债 120 亿元，资金大部分用于区域基础设施以及民生等工程建设。积极开展债务置换等相关工作，深化与国开行、农发行等政策性银行的联系，积极落实建设专项基金，进一步拓宽融资渠道。不断创新融资模式，破解融资瓶颈，成功发行 7 年期 10 亿元企业债券，成为陕西省 2015 年发行的第一支企业债。取得西咸新区首支 20 亿元私募债批复，开西咸新区私募债融资先河，新城资金来源逐步实现了由以短期融资为主向中长期融资为主转变、由以间接融资为主向

直接融资为主转变。探索设立产业基金，为区域产业发展繁荣注入新动力。大力推广 PPP 模式，近 1.5 亿元社会资本将进入新城供水等公建项目。在坚持适度融资、充分保障建设资金需求的同时，对每个项目均严格按照"规模、成本、营销、效益、形象"的十字方针进行规划和建设，确保资金科学合理的使用，保证区域开发建设资金链的健康安全。

不断提高招商引资质量。强化以产业链招商，以载体吸引投资，以合作促进投资理念，整合招商资源，组团参加西洽会等省内外大型招商推介活动，华晨汽车产业园、乐华城、地理信息产业园、秦星新能源汽车等一批涵盖新能源、新材料、高端装备制造、现代农业、文化旅游多个产业领域的重大项目成功落户泾河新城，为区域发展注入新的活力。制定出台《西咸新区泾河新城促进海绵城市发展优惠政策》等政策，区域招商引资的针对性和精准度进一步提高。累计引进项目 114 个，合同额达 2492 亿元。

坚持共建双赢发展。坚持"建设新城、服务泾阳"的理念，加强沟通，主动融入，在当地党委、政府的大力支持下，各项工作进展顺利。坚持"互利互惠、共建双赢"理念，建立联席会议机制，与泾阳县政府共同成立重大项目推进专项领导小组等议事机构，协调解决开发建设过程中出现的各种问题，快速推进项目建设。同时，在招商、产业布局上相互配合，各取所长，合力打造经济发展引擎，在双方共同努力下，雷达精确制导全天候巡检仪、秦星新能源汽车等一批项目落户泾河新城。

（六）坚持加强干部队伍建设，新城发展保障不断强化

按照"忠诚、干净、担当"的用人标准，严格执行中央新修订的《党政领导干部选拔任用工作条例》，进一步完善干部民主推荐、竞争上岗、聘任、任前公示、民主测评、组织考察等程序，真正把政治上靠得住、工作上有本事、道德品质过硬的优秀人才选拔到领导岗位上来，不断提高选人用人的公信度。加强干部培训，重点提升领导干部处理复杂矛盾和驾驭全局的能力，及时化解工作中出现的各类矛盾和问题。严格干部考核，按照部门目标任务与个人绩效考核相结合的原则，每年从德、能、勤、绩、廉五个方面对

全体干部员工进行全面考核，并实行年度考评"优秀"和"末位"等次公示制度，严格进行奖罚。

三　未来展望

围绕现代田园城市建设，牢固树立并贯彻落实"创新、协调、绿色、开放、共享"发展概念，以产业集群发展和生态环境保护为重要着力点，以保障和改善民生为根本出发点和落脚点，不断推进体制改革和制度创新，以现代田园城市建设，打造大西安北部中心为目标，抓住国家新型城镇化建设和"一带一路"战略两大机遇，通过发展设施农业、先进制造业和新兴服务业，将泾河新城建设成为现代田园城市样本，城乡融合发展典范，低碳创意产业新城和生态宜居智慧新城。

（一）积极培育战略性新兴产业

围绕新材料、新能源、地理信息、3D 打印产业开展组团建设和招商引资工作，几大产业形成一定规模，产业集群水平较高，综合竞争力较强，成为西安大都市重要的战略性新兴产业集聚地。按照产业集聚、高效集约、特色鲜明的发展思路，到 2020 年新能源、新材料、地理信息、3D 打印几大主导产业体系基本形成，对工业的贡献率达到 50% 以上。科技创新体系基本建立，产业技术支撑体系基本完善，综合科技研发实力显著增强，拥有一批有自主知识产权、知名品牌和研发能力强的优势企业。战略性新兴产业类跨国公司、世界 500 强企业和国际研发实体数量大幅增加，开放型经济发展取得较大突破。

（二）大力发展现代制造业

围绕特种车制造，做大做强汽车制造业，积极培育高端装备制造业。首先，做好华晨特种车项目（二、三期）落地的各项工作，加快园区基础配套设施建设，形成 80 亿元特种车年产值，同时积极引进陕汽等骨干企业，拓展特种汽车产品线。其次，大力引进汽车零部件配套制造企业在区内落地，引进重点企业 10 家，汽车制造产业链初步形成。最后，积极培育以智能装备制造、能源化工装备制造为主的高端装备制造业，引进重点企业 10 家，高端装备制造业集群初具规模。

（三）积极发展现代农业

依托现有资源和项目优势逐步建成以生态绿色农业、观光休闲农业、科技智慧农业为标志的现代农业示范区。一是整合现有的农业项目，发挥项目优势，利用先进的农业技术，扩大农业生产规模，改变农业传统生产方式，实现精细化生产，提高农业产值；二是以市场为导向，大力推行专业化、标准化生产，发展绿色、生态、有机、安全的新型优质高效品牌农产品；三是转变农业生产经营模式，运用信息化技术，利用互联网及电子商务平台整合分散的农产品市场，实现统一的规模化生产经营，提升农业产业化水平；四是利用辖区内丰富的自然资源和人文景观，结合服务业相关配套设施，实现"一、二、三产业深度融合发展"。

（四）聚焦发展现代服务业

以现代科学技术，特别是网络和信息技术为主要支撑，通过突出重点产业，融入重点区域、带动重点项目，构建以旅游业、休闲商贸为主体，以现代物流业为配套，以科技服务业、文化创意产业为先导的高端服务业产业体系。

充分利用泾河新城的区位优势及交通优势，结合智能信息技术，由传统物流转向现代物流，实现周边地区及整个西北地区物流产业的迅速发展，成为西北地区物流中心。充分利用泾河新城的旅游资源，整合农业、人文自然资源等，创新旅游模式，形成独具个性的，集历史、民俗文化、休闲观光、互动体验、高端商贸服务、自然风光等于一体的立体式旅游产品体系。充分利用泾河新城丰富的地热资源和中医资源，引入高端保健服务项目，综合形成区域性康体养生产业，满足人们对健康服务的需求。利用电子信息技术建立互联网平台，实现客户需求与服务业的结合，能够快捷获取旅游、物流、商贸等信息，扩大消费市场。

B.7
西咸集团发展报告（2011～2015）

摘　要：　西咸集团是西咸新区管委会组建的大型国有企业。2011～
　　　　　2015年，西咸集团坚持从大局出发策划推进项目，全力推进
　　　　　"丝绸之路经济带"能源金融贸易区、西咸国际文化教育园
　　　　　区两个核心板块建设，积极参与新区基础设施建设，努力搭
　　　　　建新区服务平台，依托"互联网＋"引导产业集聚，拓宽融
　　　　　资渠道，支持新区发展。未来5年，西咸集团要打造新区统
　　　　　一的资本运作平台，积极推动项目建设，加强经营管理，提
　　　　　升公司治理水平，推动公司做大做强。

关键词：　西咸集团　项目建设　展望

一　集团概况

陕西西咸新区发展集团有限公司（简称西咸集团）成立于2011年9月，是由陕西省人民政府批准，陕西省西咸新区开发建设管理管委会组建的大型国有企业，注册资本100亿元人民币，是西咸新区管委会行使开发建设职能的重要抓手。

集团下设西咸城投、西咸文旅、西咸金控3个二级集团，参股或独资设立了西咸新区信息产业园投资发展有限公司、陕西丝绸之路收藏品交易中心股份有限公司、西咸新区物联科技有限公司、西咸新区一带一路商务咨询有限公司、陕西西咸物业管理有限公司、陕西西咸研究院有限公司6个公司。3个二级集团共参股或控股19家三级子公司。目前集团共有二、三级子公司28家。

西咸城投与丝路经济带能源金融贸易区管理办公室合署办公，西咸文旅

与西咸国际文化教育园区管理办公室合署办公，承担着建设西咸新区核心功能片区的重点任务。

截至 2015 年底，西咸集团资产规模达到 88.17 亿元，累计投资额达到 95 亿元，其中固定资产投资额约为 88.8 亿元，股权及金融投资额约为 6.2 亿元。

经过 4 年多的发展，西咸集团的基本业务范围覆盖土地开发和整理、园区开发、基础设施建设、生态及水利工程建设、文化传媒、现代农业、医疗、房地产，以及金融投资、资本运营等。

二　主要发展情况

（一）不断研究和完善集团发展战略和管理模式

2012 年，集团初步确定了"政府主导、市场化运作、专业化经营"的指导思想，着手布局金融、文化旅游、房地产和城乡一体化建设等业务板块。2013 年，明确集团是管理决策中心，子公司是专业化经营主体，积极探索"专业化分工、集约化管理"的两级管理体制，对集团项目进行全面梳理，分别移交至各子公司，支持子公司做实、做专、做精。2014 年以后，进一步完善集团—子公司两级管理体制，推行预算管理，强化计划约束，突出对子公司的战略管控，在日常经营活动中则充分放权，激发并释放子公司的潜力与活力。

随着集团规模不断扩大，确立系统的发展战略及更加行之有效的管控模式势在必行。目前，集团启动了"十三五"战略规划的编制工作，以期在战略定位、发展理念、布局、管控等方面进一步厘清思路，为集团快速健康可持续发展提供纲领性指导。

（二）坚持从大局出发，策划推进项目

1.以民生为先，支持新城发展

为秦汉新城、空港新城代建两个保障房项目。秦汉新城的周礼佳苑项目位于周陵综合产业园内，共计 20 栋，1872 户，总建筑面积为 19.59 万平方

米。空港新城的空港花园项目位于周陵镇窦家村，临近福银高速和第五大道，共计 66 栋，2932 户，总建筑面积约为 24 万平方米。经过集团项目管理团队的不懈努力，两个项目全面竣工，住户已回迁入住。两个保障房项目的 5 个标段全部获得"西咸新区文明工地"称号，其中 3 个标段还获得"省级文明工地"称号。

2. 全力推进两大核心板块建设

丝路经济带能源金融贸易区管理办公室于 2014 年 1 月 22 日设立，与西咸城投合署办公。截至 2015 年底，有 30 个项目陆续开工建设，项目总投资额超过 130 亿元，累计完成投资额 50 亿元。西咸大厦将于 2016 年 10 月完工投用。园区引进招商项目 30 多个，签约金额达 230 亿元。海航集团第二总部、陕西第二电视塔、陕西科技馆新馆等一批项目纷纷签约或已达成初步合作意向。省级层面已经召开专家论证会，初定第十四届全运会落户丝路经济带能源金融贸易区。

西咸国际文化教育园区管理办公室于 2014 年 1 月 22 日设立，与西咸文旅合署办公。截至 2015 年底，累计完成固定资产投资额 14.13 亿元。西咸国际医学城、国际教育学校、陕西圣经学校、国际学院、丝绸之路阿拉伯风情小镇、计家村改造等一批重要项目蓄势待发。国际文教园先后被评为"陕西省文化产业示范基地"和"陕西省国际合作产业文教园"，正在积极申请设立陕西西咸国际医疗教育先行区。

3. 积极参与新区基础设施建设

主要内容包括片区区域路网和桥梁建设，以及河道生态治理等。能源金融贸易区建成道路 5 条，在建道路 1 条，计划开工道路 3 条，实施西安绕城高速西咸出入口立交工程。国际文教园开工道路 4 条，2016 年内计划开工道路 8 条，计划通车道路 3 条。沣河能源金融贸易区段治理工程正在进行堤防和砌护工程，2016 年底沣渭金湾将实现蓄水。渭河滩区 3500 亩生态治理项目完成方案设计，计划 2016 年 5 月开工，年底完成工程量80% 以上。沣河入渭口跨沣河桥建成，具备通车条件。西咸新区第一净化水厂 17 个单体建筑中有 13 个主体完工，计划 2016 年 7 月建成试运行。沣河东岸国际文教园段生态环境提升改造工程正在进行方案策划。沙河湿地生态修复项目，计划 2016 年试验段开工建设。沙河水质净化厂正在进行前期工作，计划 2016 年 12 月开工建设。

4. 努力搭建服务新区三大平台

自 2014 年 6 月 3 日正式运行以来，西咸金控承担了西咸新区承接陕西省棚户区改造项目贷款"统借统还"平台职能，严格规范借款行为，最大限度地控制贷款风险，为西咸新区 17 个棚改项目签订贷款合同，金额达 87.79 亿元，总计提取 37.165 亿元。

从 2016 年起，西咸金控积极打造国家专项建设基金西咸新区"统投统购"平台，承接国家开发银行、中国农业发展银行用于西咸新区范围内项目的专项建设基金投资。目前已承接 4.9 亿元专项建设基金，秦汉新城新丝路·数字文化双创示范基地项目 3 亿元，沣东新城沣科花园棚户区改造项目 1.9 亿元。

积极推进西咸新区公共资源交易平台建设，将西咸新区双都招投标服务有限公司更名为陕西西咸新区公共资源交易中心有限公司，逐步将交易项目由目前的建设工程交易扩展至土地使用权、国有产权交易和政府采购等领域。2016 年 3 月，西咸新区公共资源交易电子信息系统正式上线运营。

5. 依托"互联网＋"引导产业聚集

大胆探索新型金融业态，以支持西咸新区丝路经济带能源金融贸易区建设为出发点，组建三大交易中心，引导产业聚集发展。

一是由西咸集团联合上海丝绸之路邮币卡交易中心、西咸文旅等单位共同组建陕西丝绸之路收藏品交易中心，注册资本为 1 亿元，以混合所有制股份有限公司模式进行运营，是一个通过互联网工具实现文化艺术收藏品线上现货交易的创新型服务管理平台，未来将形成"互联网＋金融＋文化"的产业形态。预计 2016 年 6 月上线运营。

二是由西咸金控联合陕西华商传媒集团等单位共同设立陕西"一带一路"大宗商品交易中心，注册资本为 3000 万元，依托"互联网＋"优势，提供大宗商品实物交易与网上交易相结合的综合性服务平台。中心致力于发展成为立足陕西、辐射周边省份、服务全国的商品交易平台、物流服务平台、信息咨询和交流平台。预计 2016 年 6 月上线运营。

三是由西咸金控联合关天资本、安心控股及上海恒基浦业共同出资设立互联网金融资产（西咸新区）交易中心，注册资本为 2500 万元。中心以信贷金融市场和离岸金融市场为主要目标市场，全力打造立足陕西、服务于全国的金融资产交易平台。预计 2016 年 5 月上线运营。

与此同时，以西咸金控为主体，大力发展传统金融业务，发起设立陕西秦农农村商业银行、陕西省股权交易中心、陕西微软创新中心、台州稳晟基金等项目。

6. 抢抓机遇布局"物联网＋"

紧抓"物联网＋"和创新创业的政策机遇，集团于 2015 年 6 月成立西咸新区物联科技有限公司，注册资本为 2000 万元，抢占物联网应用市场发展先机，整合大西安地区物联网行业的人才、技术和产业资源，助推新区产业结构调整和战略性新兴产业发展。先后策划了以物联网产业为主题的物联智慧小镇项目和以空中机器人科研、生产、测试和认证等业务为核心的空中机器人产业园区。与超过 20 家国内知名物联网企业保持密切联系，并与三星（中国）、中科院上海微研所等单位达成初步合作意向，业务模块单元正逐步成型。

7. 多点出击体现核心概念

西咸崇文庄园小镇。项目位于泾河新城，南依泾河，北望崇文塔，规划用地约 1541 亩，其中农业用地约 751 亩，建设用地约 790 亩。目前生态景观区外景提升及婚纱摄影基地外景建造正在进行中，预计 2016 年 5 月开业。东侧地块商业街预计 2016 年底实现开街运营。

西咸健康城。项目位于秦汉新城秦汉大道以东，汉景一路以南，汉韵大道以北，秦韵大道以西，距离第四军医大科教研地块直线距离不到 400 米，规划用地约 1500 亩，将建设成为休闲养老功能齐备、生态环境和谐共生的新型城市示范小镇。目前 330 亩土地正在走招拍挂手续。项目预计 2016 年底开工。

轨道交通规划建设。2013 年 11 月，西咸轨道公司成立，由 5 个新城管委会和西咸城投集团共同出资，注册资本为 4.25 亿元，承担新区轨道交通规划、建设、运营和管理的重任。2015 年 9 月，地铁 1 号线二期（西咸新区段）全面开工建设；2016 年 2 月 3 日，地铁 5 号线二期工程获得国家发改委批复。现代有轨电车 1 号线完成项目可研报告及环评、稳评、节能等专项报告的编制工作，协调有关单位在重要交通枢纽预留实施空间，并组织现场踏勘。

8. 不断提升服务保障能力

自成立以来，集团就承担了西咸新区管委会的部分后勤保障职能，在班车、餐饮、物业管理等方面努力提供优质服务。2014 年 3 月，成立陕西西咸物业管理有限公司，以市场化运作形式承接管委会与集团的后勤保障工作。经过两年多的运行，各项工作已步入正轨。2014 年 9 月，集团出资收购位于咸阳市秦都区渭河二号桥南的沣京商务酒店，对该楼盘进行了系统改造和装修，使其成为西咸政务中心办公大楼。2015 年 11 月 30 日，新区工商、国税、地税、质监、消防等 10 个职能部门正式入驻政务中心，目前运转规范有序。

（三）创新思路举措，拓宽融资渠道

自成立以来，集团不断克服不利因素影响，千方百计拓宽融资渠道，创新融资方式，融资工作质量有较大提高，形成了传统信贷、信托、国开行棚改专项资金、国开行发展基金、债券发行、政府债券置换等多种方式并存的融资格局。整体而言，经过几年努力，集团融资工作呈现由商业银行贷款向国家政策性银行贷款和地方债券转变、由短期融资向中长期融资转变、由高成本向低成本转变的可喜变化。2012 年授信 40 亿元，融资到账 19 亿元；2013 年授信 25 亿元，融资到账 20 亿元；2014 年授信 89.77 亿元，融资到账 59.57 亿元；2015 年授信 64.06 亿元，融资到账 30.80 亿元。开源的同时也要节流。集团不断加强对资金存量的控制，从 2014 年的全年月末平均 7 亿元下降为 2015 年的 5 亿元，最大限度减少闲置，并以低成本融资置换高成本融资，降低资金成本。集团发债工作继续推进，已上报交易商协会审批。西咸城投设立了新区首支城市基础设施建设基金，总规模为 50 亿元，已获审批，30 亿元已到账，为融资创新积累了宝贵经验。

三　集团下一阶段工作思路

西咸集团将在"国家创新城市发展方式综合试验区"的总框架下，立足服务新区发展重要抓手的功能定位，以"紧抓发展第一要务"为指导思想，在城市建设、城市功能完善、产业引导、金融风险防范、资源承接、资本统筹、队伍建设等方面认真谋划，扎实推进项目，在新区常态发展、转型发展、精细发展过程中努力发挥引领示范作用，实现追赶超越，推动集团做大做强。

（一）围绕干事方向，策划推动一批项目

从推动新区开发建设的大局出发，深入调查研究，掌握动态，了解需求，围绕城市建设、城市功能完善、产业引导等方面，策划实施一批重点项目，创新合作模式，体现示范引领，重点在新能源利用、服务贸易试点、优美小镇、智慧城市、综合管廊、海绵城市以及水务、公交、医院、学校等领域进行谋划，统筹短、中、长期目标，力争建成一批、开工一批、储备一批，形成健康可持续的良好发展态势。全力支持丝路经济带能源金融贸易区和西咸国际文教园区两大核心功能片区建设。加强项目管理，突出结果导向，做好任务分解和责任落实，对照时限倒排工期，强化问题排查和跨部门协作，切实加快集团重点项目进度，真正做到战略导向明确，任务落实迅速，示范引领作用突出。

（二）打造新区统一的资本运作平台

继续加强企业融资工作，以银行传统信贷为主，通过信托、债券、基金等方式拓宽融资渠道，为投资建设提供基本资金保障。以资本为纽带，加强集团与五个新城、两个园办的合作关系，构建新区统一的资本运作平台，打

破资金紧缺、融资平台小、融资渠道单一的发展瓶颈。积极承接省级资源，盘活新区存量资源，吸引社会资本，实现资本的良性循环，支持新区基础设施建设和产业发展。以"互联网＋"大数据为基础，建设政府债务风险预警系统，探索以流动性调节基金的形式构建金融风险防范体系，维护大局稳定，促进新区经济社会健康发展。

（三）加强经营管理，提升公司治理水平

进一步厘清集团的功能定位和发展方向，以此为基础科学设置部门和子公司，以释放潜能、激发活力为原则，统分结合，张弛有度，重点从投融资、战略、财务、人力资源、审计等几个方面着手，探索符合集团实际的二、三级子公司管控模式。全面推进预算管理，探索经营业绩考核管理，逐步建立预算执行和经营业绩考核的约束激励机制。实施精细化管理，提升制度建设、办文办会、财务管理、投融资管理、安全生产等基础工作水平，严格控制成本，节支降耗，杜绝跑冒滴漏和铺张浪费。

（四）全方位着力，锻造能干事的队伍

继续加强学习教育，强化制度建设，以节假日为重点突出日常监察，全面加强党风廉政建设，着力解决党员干部在思想、组织、作风、纪律等方面存在的问题。坚持精简高效原则，开展定岗定编，严把进人关，做到有的放矢，杜绝盲目扩张。综合考评要突出业绩维度的考量，努力实现"人员能进能出，干部能上能下，待遇能高能低"，发挥导向作用，激发工作热情。加强企业文化建设，增强集团的凝聚力和向心力，激发干部员工的战斗力和创造力，形成事业留人、待遇留人、感情留人的积极氛围。加大人才培训与开发力度，以管委会和集团学堂为基础，结合时代特点积极推进网络学院的应用，不断提升广大员工的综合素质和业务技能。

附录1

丝路经济带能源金融贸易区发展报告

一 丝路经济带能源金融贸易区基本情况

2014年1月6日,国务院批复西咸新区为国家级新区。为贯彻落实国务院批复中"着力建设丝绸之路经济带重要支点"和国家发改委《陕西西咸新区总体方案》中"建设大西北重要的能源金融中心"的要求,发挥陕西省能源资源富集和科技实力雄厚的优势,创新金融产品,搭建能源、科技和金融"金三角"平台,西咸新区管委会于2014年1月22日设立丝路经济带能源金融贸易区,成立园区管理办公室,作为西咸新区管委会派出机构,履行园区开发、建设和管理职能,与西咸新区城建投资集团合署办公,实行"一套机构、两块牌子"。

丝路经济带能源金融贸易区位于西咸新区的核心位置,地处沣河、渭河交汇处,北临渭河,西傍沣河,东至太平河,南至科源东路,总规划面积约为27平方公里。

园区发展方向:打造丝路经济带的支撑板块、大西北能源金融中心、关中城市群核心区的中心、创新城市发展方式的示范区、国际合作的新平台。

园区产业功能定位:打造"五个中心",即能源投融资中心、能源定价中心、能源金融产品中心、能源风险管理中心和能源人民币贸易结算中心;打造"金融需求产品化、产品需求交易化、交易需求平台化"的大西北能源金融贸易中心,集中发展能源金融、现代商贸和现代服务业。

二 丝路经济带能源金融贸易区发展优势

(一)区位优势

该园区是"三心合一"的中心。根据刘太格先生编制园区总体规划提出的大西安"西咸轴"概念，该园区既是地理几何中心，也是未来大西安星座城市的新主轴线，是继周、秦汉、隋唐、明清轴线之后的第五条历史文化轴线穿过的轴心。

（二）交通优势

能源金融贸易区是连接西安、咸阳主城区和西咸新区5个新城的核心区和交通枢纽，紧邻西安咸阳国际机场，2小时航程可覆盖全国70%的区域和85%的经济资源，横贯中国大陆东、中、西部的交通大动脉，连霍高速、包茂高速、福银高速等11条高速公路环绕周边，延伸至园区的西安地铁1号线与西安北客站形成无缝对接，同时西安绕城高速将在园区设立出入口，建成后将实现园区路网与园区外部交通的快速转换，加速融入大西安交通体系，园区可谓座中四联、承东启西、贯通南北。

（三）产业支撑优势

陕西本身是资源大省，且连通新疆、宁夏、甘肃、山西等资源大省，具有得天独厚的优势。园区依托西安，银行业、证券信托业、保险业发达，金融机构众多，具有比较健全的货币金融监管体系、丰富的文化教育资源和强大的人才储备，有较好的金融业生态环境，具备加速突破、转型升级的坚实基础。同时，能源金融贸易区周边大型产业园区密布，毗邻国家统筹科技资源示范区、国家大数据产业园、国家航空城实验区，能够实现配套发展、错位发展。

（四）政策叠加优势

在国家层面，有国务院《关于同意设立陕西西咸新区的批复》、国家发改委印发的《陕西西咸新区总体方案》、国家开发银行总行出台的《关于支持陕西西咸新区发展的意见》。在省级层面，有省委、省政府出台的《关于加快西咸新区发展的若干意见》《关于加快西咸新区发展的若干政策》，以及正在制定中的《陕西省西咸新区条例》。在新区层面，有《西咸新区投资优惠政策》

等。这些政策的强力支撑，为能源金融贸易区入园企业创造了宽松、优惠的政策环境。

（五）战略机遇

2014 年 6 月，习近平主持召开中央财经领导小组会议，提出"能源革命"的决定。8 月，国务院发布《关于加快发展生产性服务业　促进产业结构调整的指导性意见》，拉开了能源体制改革的大幕，国家在能源管理方面将进一步放宽准入条件，取消价格管制，逐步放开进出口，能源金融业发展春潮涌动，进入了跨越发展的战略"青春期"。

（六）国际合作基础

该园区是大西安的新中心，古丝绸之路的起点，新丝路经济带的新起点，沟通东部省份与中亚地区的交通枢纽，古今商路和东西南北大交通的必经之地，也是传播文明的十字路口。我国倡导的"新丝绸之路"正好经过西安，通达中亚五国，辐射里海和俄罗斯南部地区，几乎占全世界人口的一半，是世界上最长、最具发展潜力的经济大走廊的中心，处于国家战略规划的中心节点。

三　丝路经济带能源金融贸易区开发建设进展情况

（一）高标准编制园区发展战略和总体规划

园区成立伊始，委托原中国人民银行货币政策委员会委员、中国社会科学院副院长李扬教授编制了园区发展战略。该发展战略站在国家战略高度，看陕西、看西咸在能源金融产业发展方面有什么、能做什么、能做成什么，深入分析了园区发展的背景和机遇，明确了园区发展的定位、思路、路径和配套政策，成为指导能源金融贸易区发展的纲领性文件。

委托世界华人创新创意领袖、国际著名城市规划大师、新加坡"规划之父"刘太格先生编制了园区总体规划。规划借鉴新加坡城市发展模式，提出了大西安"西咸轴"和"星座城市"概念，以及城市设计要做到"高低错落有致、横竖排列有法、布局疏密有间""抬头能见天、低头能见地"等体现创新城市发展的新理念。该规划成果得到了国内外专家和有关领导的充分肯定和高度评价。专家认为，该规划若能执行50%左右，园区就会成为中国城市规划实施的典范。园区已被西咸新区管委会确定为西咸新区创新城市发展方式规划示范区。

（二）全方位开展宣传推介活动，招商引资成果丰硕

2014年2月，委托西安交通大学金融研究所所长冯涛教授主持"园区投资优惠政策课题研究"。2014年5月，《西咸新区丝路经济带能源金融贸易区优惠政策》在第十八届西洽会上发布。该优惠政策是国内首个针对"丝绸之路经济带"建设和能源金融投资合作出台的系列优惠政策。

一年多来，围绕园区产业布局，先后策划组织了能源金融贸易区金融企业座谈会、专题推介会、上海丝绸之路能源金融贸易合作圆桌会议、西咸新区青年创业园推介会、"青年创造未来"大型公益报告会等活动，参加了第四届陕港粤经济合作活动周和"丝绸之路经济带"新起点中国陕西商贸推介会，分赴中国香港和新加坡，对能源金融贸易区进行了专题推介，通过一系列的宣传推介，大大提升了能源金融贸易区在国内外的知名度。

目前，园区已引进招商项目30多个，签约金额达230亿元。农发行西咸分行、长安银行西咸分行、招商银行西咸支行、秦农银行西咸分行、永安保险资产管理公司等金融机构，陕西有色金属交易中心、中铁油料西北分公司、陕西永恒钒业国际贸易公司、中外钱币交易中心、天安互联网金融资产交易中心、西咸新区丝绸之路国际能源交易中心等能源交易机构已先后落户园区。中国北方国际能源化工交易中心、西咸文化产权交易中心、省人力资源服务产业园、国家电网西咸分公司等一批与园区产业关联度高的轻资产、平台化企业纷纷签约，即将入驻园区。

（三）全面铺开项目建设，园区建设拉开骨架

园区成立一年多来，已有 28 个项目陆续开工建设，项目总投资额超过 100 亿元，其中基础设施、生态环境类项目 17 个，投资额为 40 亿元；产业配套类项目 8 个，投资额为 51.5 亿元；社会配套类项目 3 个，投资额为 8.5 亿元。

基础设施、生态环境类项目。沣河桥整体贯通，已经具备通车条件。西安绕城高速西咸出入口、石化大道下穿绕城高速立交项目年内开建，2018 年底建成通车。沣泾大道提升改造工程，2016 年底全面完工。园区起步区 5 条道路已完成机动车道施工，2016 年底全部竣工投用。园区内 110kV 高压线迁改项目新线路已通电运行，330kV 高压线迁改项目新线铺设、旧线拆除工作已完成。西咸新区第一污水处理厂项目已开工建设，2017 年底一期投产运营。沣河生态治理项目 2015 年 6 月开建，2016 年底建成开放。沣河金湾工程、沣渭半岛生态绿洲项目，计划 2016 年开工，2018 年开放。渭河滩涂综合整治项目，计划 2016 年初开工，2017 年 10 月开放。

产业配套类项目。西咸大厦正在加紧建设，2015 年底实现主体封顶，2016 年 10 月投入使用。西咸创新大厦项目 2015 年 9 月开工，2018 年 6 月建成投入使用。丝路大厦、西咸能源大厦、西咸国际大厦计划 2016 年初开工建设，2018 年底陆续投入使用。为"双创"构建项目孵化平台的西咸新区青年创业园计划 2016 年初开工建设，2017 年底建成运营。为入区企业员工提供生活和商务配套的西咸尚景项目计划 2016 年初开工，2018 年底建成投入使用。

社会配套类项目。与高新一中合作共建的西咸第一小学主体已封顶，计划 2016 年 9 月份开始招生。与西工大合作共建的西咸第一幼儿园和西咸第二小学，2016 年下半年开工建设，2018 年 9 月份开始招生。同时，医院、图书馆、体育场馆等配套设施项目正在进行前期准备工作。

四 丝路经济带能源金融贸易区"三年出形象"建设目标

从 2016 年开始，用 3 年时间，投资 220 亿元，集中建成 2.5 平方公里城

市新区，200 万平方米建筑群，完成对全长 15 公里的沣河、渭河的综合治理，形成 4000 亩水面和 6500 亩生态湿地，完成陇海线以北、渭河以南共 10 平方公里土地的整理。形成规模、初具功能、展示形象、体现概念，产生聚焦效应。

（一）城建工程

投资 155 亿元，建成 2.5 平方公里的核心街区，开发建设 200 万平方米。完成 15 公里道路建设，4 公里综合管廊建设，15 公里高压线迁改，建成桥梁 6 座。

其中，在基础设施方面，完成西咸大道、沣泾大道两条东西、南北干道的提升改造，西安绕城高速西咸出入口、石化大道下穿绕城高速立交等建成通行，西安地铁 1 号线延伸段建成运营，由地铁 1 号线国润城站向北到陕西省人力资源服务产业园的现代有轨电车新长安专线建成运营。园区建成 8 条道路，形成路网体系，实现园区通达各方的快捷交通连接系统，无缝接入大西安半小时交通圈。园区地下管网系统建成综合管廊，接入西安黑河水供水系统，实现集中供热、污水集中处理，高标准达到"七通一平"的配套。

在核心街区方面，一是在沣河东岸约 1.5 平方公里范围内，建设 180 万平方米的建筑群，形成城市新街区，展现 21 世纪陕西新形象。主要建设国际采购中心、中央商务圈，建成西咸商务中心、西咸大厦、西咸创新大厦、丝路大厦、能源大厦、金融大厦等，为丝路沿线国家商务处、代表处、采办机构提供驻地，为国内外能源金融企业总部和分支机构、招商企业提供营业场所，集中体现海绵城市、绿色建筑和智慧建筑的概念。集中引进陕西省人力资源服务产业园、陕西电视塔、国家电网西咸分公司、西咸新区青年创业园、中国北方国际能源化工交易中心、西咸文化产权交易中心等 100 多家与园区产业关联度高的轻资产、平台化企业和项目入驻园区。聚集园区人气，做实产业。同时，健全完善社会功能配套，与国内外知名机构合作，建设科教文卫等场馆设施。二是在沣河西岸建设沣渭半岛生态绿洲。规划用地

1000 亩，开发建设总建筑面积 20 万平方米。造湖叠山，形成西咸轴线上的景观节点。争取陕西电视塔落户沣渭半岛，成为园区的地标建筑。建设陕西省人才中心，聚集人气。形成与东岸核心区隔河相望、协调呼应的双子城格局和"城—田—野"的空间秩序。

（二）生态工程

投资 15 亿元，建成 6500 亩的生态绿洲、4000 亩的生态水面。打造沣河生态文化长廊，建成沣河"金湾"。融入丝路文化风情，建成渭河生态湿地公园。再造"落霞与孤鹜齐飞，秋水共长天一色"的胜景，展现大水大绿、天人合一、和谐共生的现代田园都市风光。

（三）征地拆迁

投入 50 亿元，完成土地整理、回购共 10 平方公里。完成征地 6000 亩，完成土地流转 3000 亩，完成 4 个村、2000 余户的拆迁安置。收购区域内已建成的建筑物约 8 万平方米，为园区发展腾出 3 平方公里建设用地。整理的土地实现城市规划、土地利用规划调整到位。

附录 2

国际文化教育园发展报告

一 西咸国际文化教育园基本情况

西咸国际文化教育园位于西咸新区沣西新城，东临沣河，西至沣渭大道，北至西宝高速新线，南至科技六路，占地面积约 14 平方公里。2014 年 1 月 22 日，西咸新区管委会设立西咸国际文化教育园园区管理办公室，作为管委会派出机构，与西咸文旅集团合署办公，实行"一套机构、两块牌子"，负责园区规划区域内的开发建设工作。园区内土地收益封闭运作，全额用于园区开发建设，各项指标计划单列。

（一）园区规划理念

聘请国际著名城市设计公司美国 SOM 公司编制文教园城市设计方案，总体规划围绕"与自然共生"的规划理念，将河流公园、绿色建筑、海绵城市等概念融入整个规划，融合现代都市农业和城市绿色空间，配以人性化的公交系统，与西咸新区"核心板块支撑，快捷交通连接，优美小镇点缀，都市农业衬托"的规划理念不谋而合。

（二）园区发展定位

园区通过创新城市发展方式，传承优秀历史文化，以大健康产业为核心，按照校园与社区共生、休闲与医养结合、农业与城市融合的理念，以"四院一中心"（国际医学院、国际医院、疗养院、养老院和检测中心）为主线，以国际文化教育和现代都市农业为两翼，以沣河、沙河生态湿地景区为衬托，建设集文化教育、医疗养老、休闲度假、观光农业为一体的创新、协调、绿色、开放、共享的国际田园新市镇。

（三）园区发展重点

关于文化教育，引入开放型、国际化的世界一流大学的发展经验，与国际知名院校联合办学，建设研创中心，创造国际化的创新、研发环境，打造国际教育示范区，丰富高层次教育资源，打造高水准的文化教育学镇。关于医疗养老，以"医养结合""产城一体"为理念，通过引进国际先进的技术设备和管理服务理念，填补西安要成为国际化大都市在涉外医疗领域的技术欠缺及资源不足，提供优质高端的医疗服务，打造西咸国际医学城。关于都市农业，保留园区内的农田自然风貌，发展生态农业经济及农业旅游经济，模糊城市与乡村的边界，创造园区的经济新增长点。

二 西咸国际文化教育园发展优势

（一）自然地理环境优越

园区位于西咸新区南端中心区域，地处关中平原腹地，东临沣河，西至沣渭大道，北至西宝高速新线，南至科技六路，地势平坦，水土资源丰富，生态环境良好，交通便利，距西安市中心19公里，距咸阳市区8公里，距咸阳国际机场17公里，临近西安北客站、西安火车站、咸阳火车站等6处大型铁路枢纽以及西宝等11条高速公路，规划建设的西安地铁5号线和西咸新区现代有轨电车8号线将贯穿园区，形成航空、铁路、高速公路、地铁、有轨电车相互交融的立体交通网络格局。区内历史文化底蕴深厚，紧邻丰京、镐京两大周朝遗址，是古丝绸之路的起点。

（二）医疗教育资源富集

园区依托西安、咸阳两市，拥有丰富的医疗教育资源。西安现有高校116所，居全国第4位、西部第1位；拥有科研院所1076个，两院院士56人，各类专业技术人员147万人，均居全国前列。第四军医大学、西安交大医学部两所部级医学院校以及陕西中医药大学、西安医学院两所省属院校，聚集了各具特色的三甲医院26所，其中综合医院15所，专科医院11所，各类卫生人员7.6万人，执业医师（含助理）2.48万人。医学学科齐全，医学教育、科研、诊疗资源集中，建有多个国家重点学科、重点项目、重点实验室和研究基地，在相关领域的研究和诊治方面形成优势和特色，在西北乃至全国医学界具有重要地位。

（三）西咸新区发展支撑

西咸新区作为国家级新区，通过几年的发展，城市骨架基本拉开，新兴产业集聚发展，招商引资成果显著，组团式发展的现代田园城市格局初步形成，为园区发展奠定了坚实的基础。园区周边布有沣西信息产业园、西部云谷、西部科技创新港等，一批产、学、研深度融合的产业园区正在形成。

园区处于古"丝绸之路经济带"的起点、关天经济区的核心、大西安的主城功能新区，发挥我国现有的医疗教育资源优势，与丝路经济带沿线国家在医疗教育方面展开合作，可以推动医、学、产、研资源共享，为沿线国家服务，增强国际辐射能力，提升我国西部区域的国际医学教育和国际医疗服务水平。同时，充分利用国际、国内两个市场、两种资源，更好地开展与"丝绸之路经济带"沿线国家在医生执业、国际医疗合作等领域的合作，建设世界一流的国际医疗服务中心、国际健康服务聚集区和国际医学教育基地，有利于促进国际高端医疗教育资源落户中国，助推国家"一带一路"战略实施。

三 西咸国际文化教育园开发建设进展情况

截至 2015 年底，园区累计完成固定资产投资额 14.13 亿元，先后被评为"陕西省文化产业示范基地"和"陕西省国际合作产业园区"。

（一）高起点规划

园区委托美国 SOM 公司，按照"与自然共生"的设计理念，以打造国际田园开放学镇为目标完成了城市设计。"窄马路、密路网"和无围墙的小尺度街区，配合绿色慢行交通系统和地下综合管廊等的设计，与国家最新提出的城市规划建设管理要求高度契合。完成了总规、控规编制，并取得西咸新区管委会的批复，获得"2015 年度陕西省优秀城乡规划设计奖"。编制完成了排水防涝、生态景观、交通道路、地下综合管廊、启动区城市设计 5 项专项规划。

（二）高标准建设

完成了 330kV 高压线迁改，科技路已实现与西安主城区的快捷连接功能，沣柳路、中央大街、文教八路等多条主干道正在加快建设。占地 133

亩、总建筑面积 40 万平方米、总投资额 14.5 亿元的棚户区改造（一期）项目北区已施工至 14 层。地下综合管廊工程项目获国家专项建设基金支持 9500 万元，2016 年开工建设。总投资额约 8 亿元的沙河湿地生态修复项目入选陕西省首批 PPP 示范项目库（西咸新区 2 个），争取前期补助资金约 100 万元，目前已编制 PPP 实施方案，完成了方案设计。沙河水质净化厂项目，设计日处理量 2 万吨，总投资额为 1.6 亿元，获国家专项建设基金支持 2000 万元，目前已完成规划设计。休闲观光农业园项目主要包含展示馆、活动馆等功能建筑，总建筑面积约为 1.24 万平方米，目前已完成展示馆、活动馆主体结构建设。九年制教育学校，占地 46 亩，总建筑面积为 1.8 万平方米，含小学、初中九年制义务教育，总投资额为 1.3 亿元，目前已完成规划设计。

（三）高定位招商

园区紧紧围绕"文化艺术、医疗养老、都市农业"3 条产业链，招引优质合作伙伴。西咸国际医学城项目，一期占地约 1500 亩，总投资额约为 100 亿元，规划建设"四院一中心"，即国际医学院、国际医院、疗养院、养老院和检测中心，旨在打造集教育、医疗、疗养、养老、检测为一体的国际田园医养小镇。目前已与美国圣迭哥分校（UCSD）就共建国际医院、国际医学院、转化医学研究中心签订合作备忘录，国际医院项目即将启动；与美国梅奥诊所（MAYO）就共建国际医学检测中心达成合作意向；与浙江绿城就合作建设养老院和养老社区达成共识；与沙特伊斯兰事务最高委员会达成在园区建设丝绸之路阿拉伯文化博览中心的初步意向；法国巴黎高等艺术学院、西安培华学院有望在园区建设"西安巴黎高等艺术学院"和"巴黎秋季艺术沙龙"；与陕西省基督教两会签订在园区建设陕西圣经学校的协议，项目占地 22 亩，总建筑面积约为 2 万平方米，总投资额约为 1 亿元，将建设西北唯一的基督教宗教院校和最大的教堂，项目已经国家、省宗教事务管理部门批准。

（四）高效率征迁

在土地供应机制尚未理顺的情况下，园区不等不靠，创新工作方法，与西咸土储、沣东土储签订相关协议，建立工作机制，报批土地5批次，获得建设用地指标2552亩。采用主要领导亲自抓、分管领导具体抓、部门领导蹲点抓的征地拆迁工作措施，完成土地收储1653亩。

（五）多渠道融资

园区成立以来，累计筹措资金25.41亿元。其中，争取中、省预算内资金及专项建设基金、一般债券等1.41亿元，向金融机构融资24亿元，实际到账14亿元。以沙河湿地生态修复列入全省首批PPP示范项目库为契机，引入社会资本参与园区建设。

四 西咸国际文化教育园2016年建设目标

2016年，园区将继续按照"谋发展、抓项目、出形象"的总体思路，以文化教育、医疗养老、都市农业"三位一体"产业链为纽带，以项目为抓手，砥砺创新，扎实推进各项工作。

（一）基础设施类项目

2016年基本建成园区启动区两纵一横的H型主次干道路，科技路（一期）项目富裕桥至计家村段1.2公里完工通车，沣柳路（一期）项目西宝高速新线至科技路1.64公里、中央大街项目1.2公里均达到通车条件。同时，2016年内计划建设文教一路、文教三路、文教六路、文教八路、学苑二路、学苑五路、学苑八路、沣景三路、文韵三路共计9条支线道路的部分管道及路基工程。地下综合管廊工程于2016年3月开工建设。

（二）民生工程类项目

棚户区（一期）项目，2016年完成北区六栋楼主体封顶，南区七栋楼完成基础施工；休闲观光农业园，2016年上半年交付使用；九年制教育学校，2016年完成项目立项前期手续，6月开工建设。

（三）环境提升类项目

沙河湿地生态修复项目，2016 年完成 PPP 项目程序，选定投资方、规划设计等前期工作，试验段开工建设；沙河水质净化厂，2016 年完成项目前期工作，12 月开工建设。

（四）招商引资类项目

西咸国际医学城项目，2016 年就西咸国际医院和转化医学研究中心与美国加州大学圣迭哥分校签订第一阶段正式合同，年内开展可研等前期工作；就西咸国际医学检测中心项目，与美国梅奥诊所确定合作意向，启动前期工作；对接有关部门，探索建立西咸国际医疗教育先行区，推动西咸国际医学院项目早日落地。国际教育学校，占地面积约为 220 亩，总投资额约为 5 亿元，2016 年将引入一家国际教育学校，以国际化、优质化、专业化和网络化的丰富教育资源和优势，为园区提供国际教育及其生活支持服务。陕西圣经学校项目，2016 年完成方案设计和立项等工作，确保项目年内开工。计家村改造项目，占地约为 500 亩，总投资额约为 8 亿元，将以计家村改造为核心，依托周边千亩农田，集都市农业、休闲度假、观光旅游、科普体验为一体，打造观光农业与城市公园相结合的典范，2016 年完成可研、立项、改造方案等前期工作。2016 年积极对接丝绸之路阿拉伯文化博览中心等国际合作项目，力争项目尽快落户园区。

专题报告

Special Reports

B.8

西咸新区基础设施建设报告
（2011~2015）

摘　要：　西咸新区开发建设伊始，围绕交通路网、市政管网、水利设施、电力能源、城市轨道、环保设施、保障性住房和社会基础设施配套等启动了一系列重大基础设施项目，取得了显著成效。结合新区实际，提出"十三五"期间新区基础设施建设重点、建设方针和投资模式。

关键词：　西咸新区　基础设施　建设成就

基础设施是经济社会发展的基础，是衡量一个城市投资环境的重要方面。西咸新区成立以来高度重视基础设施建设，4年来，新区基础设施累计完成投资额1250亿元，启动了一批事关新区长远发展的重大基础设施项目，实施了对接西安、咸阳主城的"五纵五横"骨干路网工程，开工建设了西安地铁1

号线（西咸新区段）、斗门水库等项目，高标准完成了区内渭河、沣河综合整治，加大市政道路、市政管网、水利设施、电力能源、污水垃圾、保障性住房、社会基础设施配套等基础设施建设力度，新区城市骨架迅速拉开，城市面貌初步显现，生态环境明显改善，为新区跨越式发展奠定了良好的基础。

一　西咸新区基础设施建设成就

（一）道路路网初步成型

截至 2015 年，新区已建成 25 条城市主干道，557 公里的道路建成通车。规划实施的"五纵五横"骨干路网全面展开，其中秦汉大道一期、沣泾大道、正阳大道泾河段、红光大道、富裕路、富裕路沣河大桥、跨渭河横桥等一批骨干路网建成通车，正阳大道跨泾河大桥、跨渭河大桥正在加紧建设。各新城内部核心区域的主要路网框架基本成形，迎宾大道、自贸大道、三桥新街、石化大道、白马河路等一批市政道路建成通车。西咸北环线通车，周公立交、白马河立交、后围寨城市立交初步建成。

（二）市政管网基础设施明显改善

一是加强新区供水、燃气、供热、通信等各类地下管网建设和改造，新建供水管网 583 公里，新建燃气管网 392 公里，新建供热管网 252 公里。

二是加强新区排水防涝设施建设，解决新区积水内涝问题。新建排水管网 763 公里，改建排水管网 156 公里，重点解决了原有道路污水、雨水并流和管网系统陈旧不完善的问题。

三是推进城市地下综合管廊建设。新区引入社会资本，构建 PPP 融资模式，形成以社会投资为主的多元管廊投资机制。其中，沣西新城投资 12 亿元，规划建设综合管廊 175 公里，已建成 35 公里并投入使用。沣西新城综合管廊建设创新融资方式，发行了我国第一笔城市地下综合管廊建设专项债券 5 亿元，为创新政府融资方式、防范政府债务风险提供有益尝试。

（三）水利基础设施建设成效明显

4 年来，累计投入 40 亿元，高标准、高质量完成区内 38 公里的渭河堤防堆筑、堤顶道路及绿化工程。渭河秦汉新城段成为陕西省渭河综合治理工程的示范性节点工程，建成沣河、新河入渭口两座交通桥，完成 13 公里沣河综合治理，沣河生态景区建成开园。泾河、新河综合治理工程相继启动建设，完成沙河廊道规划设计，稳步推进斗门水库总规、控规、立项审批等工作，并将斗门水库增补列入国家发改委、水利部"全国中型水库建设规划"。斗门水库试验段工程建设进展顺利，完成投资额 3000 万元，开挖土方 34 万立方米，填筑 20 万立方米。

（四）电力能源基础设施建设步伐加快

按照《西咸新区现代田园城市专项规划》，新区和新城两级管委会在电网的落地迁改上投入 92.16 亿元，将项目年度用电需求与国网陕西省电力公司对新区的电网建设投资计划衔接起来，成立了国家电网西咸新区供电公司。目前已建成 1 个 110 千伏变电站，在建 5 个，2016 年开工建设 2 个 110 千伏变电站、沣西 330 千伏变电站，开展 330 千伏沣东、秦汉变电站前期准备工作。"十三五"期间国网陕西省电力公司将投入 44 亿元，用于优化完善西咸电网规划，提高供电服务能力和水平，新扩建 110 千伏及以上输变电项目 31 个，满足新区重点园区、重点项目用电需求，建设陕西智能电网应用的先行区，为新区经济社会发展提供安全可靠的电力保障。

（五）城市轨道交通建设稳步推进

除西安市轨道交通线网规划在西咸新区范围内延伸的 7 条线路外，西咸新区轨道交通线网初步规划线路规模约为 200 公里。同时，按照《关中城市群城际铁路规划》、《西安市城市轨道交通线网规划（修编）》和《西安市城市综合交通体系规划（2014～2030）》，机场—法门寺城际铁路、阎良—机场城际铁路将在"十三五"期间开工建设。

地铁 1 号线二期工程起点为后卫寨，终点为森林公园，全长 6.3 公里，总投资额约为 36 亿元。工程于 2015 年 11 月开工建设，计划 2019 年建成通车试运营。

地铁 5 号线二期工程东起沣东新城和平村，西至交大科技创新港，全长约为 21 公里，设 13 座车站，总投资额约为 95 亿元，计划 2016 年下半年开工建设，2020 年建成通车试运营。目前，建设规划和建设规划配套专题环境影响报告均已通过国家发改委和环保部的专家组评审。

西安北客站至乐华城现代有轨电车项目全长约为 15 公里，总投资额约为 22.5 亿元。目前正在进行项目的可行性研究。

西安北客站至机场城际铁路已启动建设，线路全长 27 公里。目前，机场段 T3 站点已开工建设。

（六）城市环保设施开工建设

新区规划建设污水处理厂 7 座，垃圾处理厂 1 座，包括新区第一污水处理厂、北杜污水处理厂、秦汉朝阳污水处理厂、沣东污水处理厂、泾河污水处理一厂、泾河污水处理二厂、泾河污水处理三厂、秦汉垃圾处理厂。在污水垃圾处理设施建设和运营过程中，新区通过产业、财税优惠政策和财政资金的激励，引导社会资本投向污水垃圾处理设施产业，带动新区环保产业技术研发、装备制造、技术服务的发展。目前秦汉朝阳污水处理厂和沣东污水处理厂已开工建设。

（七）保障性住房建设全面完成

经过 4 年建设，新区保障房建设成效明显。2012～2015 年新区累计承担各类保障房建设任务 81237 套，实际建设 83510 套，共 76 个项目，总建筑面积为 840 多万平方米，建设包括廉租房、限价房、经适房、公共租赁住房及棚户区改造 5 种类型保障房，已建成 19000 套，累计完成投资额 240 亿元，新区中低收入家庭的住房条件得到改善。

（八）社会基础设施配套

教育设施配套。规划建设教育设施项目 68 个，总投资额约为 17.3 亿元，形成了从幼儿园、小学、初中、高中阶梯化发展的教育设施布局。建成了秦汉清华附中、泾河崇文中学、沣东第一学校、沣西第一学校等一批学校。其中，秦汉清华附中招生规模超过 3000 人；沣西第一学校设置 24 个教学班，在校学生达 1080 人。

卫生体育设施配套。规划建设卫生设施 7 座，体育设施 5 座，文化设施 4 座。其中，秦汉新城第四军医大学、西安交通大学医学院第二附属医院秦汉分院、沣西国际医学园区等项目已开工建设。渭河景观带配套体育设施形成了全民健身的活动场所，并多次举办"西咸新区渭河绿廊自行车比赛""全民跑渭河"等体育活动。

城市绿廊和公园。建成渭河、沣河综合治理项目河岸景观工程（湿地公园）绿地面积 70 万平方米，总投资额约为 17.7 亿元。完成市政道路绿化面积 220 万平方米，总投资额为 7.8 亿元。建成西三环绿化廊道 14 万平方米，秦汉帝陵绿化面积 5000 亩，建成城市公园 7 个，共计 2000 亩。

二 西咸新区基础设施建设经验

（一）科学规划、适度超前

按照《西咸新区总体规划（2010～2020 年）》，新区坚持统一布局、适度超前的原则，编制完成了市政道路、电力、综合交通、供水排水、燃气热力、综合管廊和海绵城市等十几个基础设施专项规划。

（二）统筹布局、有序建设

新区按照总体规划和项目建设时序，每年编制基础设施建设年度计划，近期建设和远期建设相结合，按照"需求未到，基础设施先行"和"先规划后建设，先地下后地上”的开发建设原则，适度超前建设基础设施和民生工程。

（三）创新机制、多元投入

一是牢固树立"招商引资是第一要务"的理念，抓好项目策划、包装和推介，积极有效搭建招商引资平台，加大招商引资力度，吸纳更多的企业和资本，投入重大基础设施项目建设。二是大力落实国家对民间投资的一系列优惠政策，积极支持民间资本参与符合国家产业政策、市场潜力大、投资回报好的项目，充分运用市场化手段引导民间资本合理流动。及时出台撬动市场资源、激活市场的政策，发挥政策的放大效应和杠杆作用，鼓励、支持和引导民间投资健康发展，把激活民间资本作为筹措资金、加快发展的一个重要举措。

三 存在问题

（一）融资渠道较为单一

基础设施项目投资的准入门槛较高，大多以政府资金投入为主。2015年新区基础设施投资中国有及国有控股投资占90.3%，非国有投资占比仅为9.7%。随着新区基础设施投资规模的日益扩大，政府主导的投资模式融资难度不断加大，新区的基础设施投资特别是重大基础设施建设遇到的资金困难将日益显现。

（二）基础设施领域发展不均衡

在新区基础设施投资中，市政道路、水利建设、环境保护、电力燃气及保障房建设等行业投资占全部基础设施投资的比重达89%，其他文化设施、体育设施、卫生设施行业投资所占比重仅为11%，加快文化等基础设施建设将成为新区发展下一步的重点。

（三）基础设施民间投资比重偏低

新区虽然部分基础设施投资项目开展了 BT、BOT 等形式的实践，但比例仍较低，对基础设施投资增长的贡献率低。在新区基础设施投资中，民间投资平均占比仅为 10%。

四　对策与建议

（一）加快实施新区"十三五"基础设施建设

推动基础设施建设重心向组团、新城、核心板块转移，尽快完成地铁 1 号线、5 号线二期工程和有轨电车等城际重大交通基础设施建设，加快建成"五纵五横"的城市快速路网。以渭河、沣河、泾河等水系生态建设为重点，加快实施斗门水库、渭河治理、海绵城市等生态水利工程。继续加强水、电、气、医疗、教育等城市生活生产配套基础设施建设，增强经济发展后劲。

（二）大力鼓励民间资本参与基础设施投资

鼓励民间资本进入新区轨道交通、市政公共设施、土地整治开发、经营性社会事业设施、生态设施建设等重点领域。按照风险共担、收益共享、交易公平、诚信守约的原则，大力推广 PPP 模式，及时向社会公开推出 PPP 项目库，尽快启动一批具有引领示范作用的试点项目，进一步简化项目审核流程，保障项目用地，完善财税支持政策和金融服务，逐步规范推进政府和社会资本合作项目实施，构建 PPP 模式持续健康发展的制度体系。此外，丰富民间投资参与方式，如 PFI 模式（民间主动融资模式）、ST 模式（影子收费模式）等。

（三）坚持政府主导、市场运作的方针

进一步明确政府介入基础设施领域的职责和范围。凡有一定回报的基础

设施项目均应推向市场，政府投资均应进行市场化运作，打破地区封锁、部门分割和所有制歧视，鼓励社会各类投资主体参与投资、建设和经营，加大市场化融资比重。要创新财政资金的使用方式，通过财政资金带动社会投资，促进基础设施投资的快速增长。完善基础设施投融资机制，拓宽融资渠道。对于可直接产生经济效益的经营性项目，应普遍采取市场化的投融资体制和机制，政府应进一步研究市场准入、政策扶持以及特许权经营等方面的举措。

B.9
西咸新区招商引资报告（2011~2015）

摘 要： 2011年以来，西咸新区在招商引资工作中多措并举，高新技
术、临空经济、信息服务等产业集聚、集群发展，中俄丝绸
之路高科技产业园、新加坡普洛斯空港国际航空物流枢纽航
港基地、张裕瑞那城堡酒庄、中国西部科技创新港、泾河乐
华城等重大项目落地，增强了新区发展的活力和动力，新区
产业体系逐步形成并不断壮大。

关键词： 西咸新区 招商引资 产业项目

2011年以来，西咸新区在省委、省政府的正确领导下，紧紧围绕创新
城市发展方式这一主题，重点推进高新技术、临空经济、信息服务、现代服
务、文化旅游、商贸物流、高端装备制造、现代农业等产业的招商引资工
作，内资、外资同步重点推进，4年来累计引入内资743亿元人民币，外资
24040万美元。

一 主要做法与成效

西咸新区的招商工作以引入高新技术、临空经济、信息服务、现代服
务、文化旅游、商贸物流、高端装备制造、现代农业等产业为重点，以高标
准的社会公共事业建设为配套，为拥有先进理念、先进技术并勇于开拓的创
业者培育肥沃的土壤，严格防止落后产能向西咸新区转移，创造和维护优越
的投资环境，努力为陕西省乃至西北地区的经济发展和经济转型服务。

（一）围绕"一带一路"战略主动作为

西咸新区是"丝绸之路经济带"的重要节点，也是"一带一路"战略的重点区域。围绕这一战略，西咸新区与丝路沿线国家在经贸、文化和投资领域进行深层次的合作项目规划和包装，注意吸引外资，提高经济外向度和开放程度，注重打造国家间合作平台，尤其是与丝绸之路沿线国家间金融、贸易和产业合作平台，加强相互投资。既帮助区内企业走出国门，也帮助国外企业带着优势技术和特色产品走进国门。

（二）硬件建设和软件建设两手抓

西咸新区在招商过程中坚持基础设施建设和生态环境保护并重，加速改善新区硬件条件，与此同时关注学校、医院等人文环境建设，先后落地了沣东中心小学、秦汉博物馆、第四军医大学（西京医院）、中国西部创新港（西安交大镇）、清华附中秦汉学校、耀华国际中学等科教文卫项目，助力招商引资和吸引人才。

（三）统分结合，发挥各新城及园办的主导作用

西咸新区招商工作采用"集约集群集成"的指导思想，由新区管委会统筹全区之力督导推进大型项目，打攻坚战，然后依托5个新城的招商队伍丰富同行业和同产业链条的项目，从而实现"五龙舞西咸"的局面，多点开花，新城之间竞相发展，条件好的先走起来，条件暂时不具备的可以积聚力量发挥后发优势，最大限度地发挥新区的主导统筹作用和各新城的积极性。

（四）积极宣传推介，全民招商

西咸新区注重品牌建设和推广，积极参加第15届至第19届西洽会和丝博会，以及连续5年的陕粤港澳活动周，协助省政府联合国家发改委等有关部门组织举办多次主题推介宣传活动，主动向西开放，向东学习，吸引先进的理念和技术。新区要求每个员工牢固树立"人人都是投资环境、处处事

关招商形象、个个都有招商责任"的理念，做到招商无小事，关键在我，关键在行动。

（五）产业科学规划，招商因地制宜

西咸新区严格按照建设现代田园城市和低碳、环保、经济的理念进行规划建设。新区的招商工作紧紧围绕上述理念进行，不贪图引资数字，不好大喜功，而是扎扎实实地梳理项目，科学分析，用心把关，与新区定位不相适应的坚决剔除，在承接东部产业转移和促进陕西经济结构转型方面起到了良好的示范作用。

（六）营造积极健康的投资环境

一方面，加大政策创新力度，完善入区优惠政策，在认真落实省政府赋予西咸新区最具吸引力的十大支持政策和西咸新区出台的 33 条投资优惠政策的基础上，不断创新经济管理方式，先后挂牌成立西咸新区工商局、质监局、地税局、国税局，专门成立西咸政务大厅，西咸网上并联审批一站式服务程序即将投入使用，用更加便捷的投资服务提高招商引资的效率。

另一方面，以《西咸新区招商引资项目退出机制（试行）》为依据，对引进项目严把质量关，积极稳步推进"负面清单"管理模式，完善招商引资风险防控机制，努力增强市场的透明度、开放度和自由度，让外来投资优则优惠，劣则退出，整体提高引资效率。

自 2011 年 6 月成立西咸新区管委会以来，新区招商引资工作年年创出新的成绩。自有数据统计的 2012 年开始，内资到位资金依次为 2012 年 127 亿元，2013 年 153 亿元，2014 年 224 亿元和 2015 年 239 亿元；外资到位资金依次为 2012 年 2150 万美元，2013 年 3980 万美元，2014 年 8020 万美元和 2015 年 9890 万美元。累计引入内资 743 亿元人民币，外资 24040 万美元，其中内资以 2014 年的同比增长幅度最大，达到 46.41%，而外资在 2013 年和 2014 年的同比增长幅度分别达到 85.12% 和 101.51%。

二 特色项目

空港新城国际航空实验区、陕西西咸保税物流中心、国家新型城镇化综合试点、西北首个"国家海绵城市建设试点"等国家级试点（实验）花落西咸，为西咸新区的发展注入全新的动力。以中俄丝绸之路高科技产业园、中国西部科技创新港、西工大科技城为代表的科技创新园区精彩纷呈；以电信、移动、联通、陕西广电四大运营商为主的信息服务产业汇聚大数据、云计算、物联网，引领西部信息产业潮流；以四医大产学研、分子医学、干细胞为代表的健康医疗势必缔造国内医学新奇迹；以华晨特种车辆为代表的高端装备制造业将带动和完善西咸高端制造业产业链；以美国微软、瑞典宜家、新加坡普洛斯和丰树集团为代表的世界500强跨国企业将提升西咸外向度；以澳门广场、香港耀华国际中学、加拿大枫叶学校为代表的国际品牌齐聚将带来国际先进理念。

（一）中俄丝绸之路高科技产业园

2014年10月，在李克强总理和俄罗斯总理梅德韦杰夫的见证下，中俄丝绸之路高科技产业园正式落户西咸新区。丝路高科技产业园规划占地247亩，投资3.2亿美元，建筑以俄罗斯风情为主，采取一园两地、两地并重的方式开发，必将成为拉近中俄两国科技和文化联系的重要桥梁，促进中俄两国经贸往来的快车道。园区现处于一期施工阶段，已经引起中俄两国的金融机构、航空航天企业、石油钻探企业和汽车制造企业的极大兴趣。

（二）中国西部科技创新港

该项目于2015年正式落地西咸新区，经教育部与陕西省协定，西咸新区与西安交通大学共同推动建设，是集科学研究、高端人才培养、高新技术成果转化、企业孵化等为一体的理念超前、模式创新的开放式智慧学镇，总面积约为4000亩，已经吸引美国3M公司进驻并设立3M中国西北研发中心。

（三）沣西新城信息产业园

该产业园占地30平方公里，为陕西省战略性项目，定位为陕西省的云计算和大数据产业中心。自园区建设以来，西部云谷（陕西省微软创新中心），中国移动、中国电信和中国联通三大运营商的西北数据中心与呼叫中心，全国人口信息处理与备份中心等一大批IT行业的领头企业已经入驻。

（四）第四军医大学医教研综合园区项目

该项目位于秦汉新城，计划用地2012亩，总投资额为50亿元，包括医疗保健中心、康复疗养中心、新药研发中心、药用植物园、科教设施和生活设施等，目标是建成西部地区规模最大的医药航母和国际上具有影响力的医教研示范基地。

（五）新加坡普洛斯空港国际航空物流枢纽航港基地

新加坡普洛斯集团是亚洲最大的工业及现代物流基础设施提供商和服务商。该项目投巨资打造国际高标准航空物流枢纽设施和国际物流园，其中航空港基地建筑面积为18.5万平方米，投资5.5亿元人民币，国际物流园项目建筑面积为9万平方米，投资3亿元人民币。

（六）宜家家居

由瑞典宜家集团投资1.08亿美元建成的西北首个宜家家居项目，于2015年开业，占地90亩，预计年销售额为15亿元人民币，利税2亿元人民币，在带动和辐射周边省市消费市场方面具有重要意义。

（七）张裕瑞那城堡酒庄

该酒庄于2014年6月开业，是陕西省首座国际化专业葡萄酒酒庄，位于秦汉新城五陵塬帝陵遗址保护区，占地1100亩，集葡萄品种示范、高端葡萄酒生产、葡萄酒文化展示、产品销售和观光旅游休闲五大功能于一体。

（八）泾河乐华城

该项目占地约为 2300 亩，总投资额为 300 亿元，由科技文化产业园区、特拉福德商业中心和乐华"大湖美剧"组成，是集文化旅游、精品商业、高端住宅、动漫设计、影视基地、创意产业和非遗保护为一体的综合型现代服务业示范区，是陕西省投资最大的文化产业园项目。

三　存在问题

（一）投资环境仍待改善

5 个新城基础条件不同，沣东新城由于距离西安最近，基础设施建设和工商业配套较好，科教文卫资源适度聚集，更受投资企业青睐，而其他新城的投资环境有待完善，连接西安的快捷公共交通、轨道交通和市政设施配套仍显不足，还有较大的推动空间。

（二）软实力建设亟待提高

西咸新区分布着"人"字形周秦汉文化遗址带、大西咸文化轴线以及南部的带状科学城，有着得天独厚的发展科教研文化事业的条件。但新区对文化资源的发掘还没有跟上新区整体建设的步伐，相关精神财富仍在沉睡，对高端人才和依赖高端人才的战略性新兴产业的吸附效应尚未显现，同时也需要吸引更多产业技术工人以提升人气。

（三）投资来源过于集中

西咸新区引入投资较多来自省内企业和港澳地区，所属行业也较多集中在仓储物流业和房地产业，抗金融风险的能力尚显不足，应对经济放缓的回旋余地有限。

（四）招商引资项目储备仍显不足

受宏观经济形势影响，近两年西咸新区大项目引进相对滞后，大型龙头企业较少，名牌产品较少，科技竞争力不够强，引资谈判艰苦，后续在谈的较大型项目储备略显不足。

（五）招商队伍建设仍是长期工作

一方面，西咸新区现有的招商队伍规模与不断增长的经济体量不相适应；另一方面，随着引入的细分行业越来越多，对有专业化知识的招商人才的需求也越来越大。

四 今后招商工作

未来5年，西咸新区招商工作肩负着牵引新区建设由点及面、全面铺开，汇聚人气、做强产业的重要任务。新区招商工作将从变革招商体制、创新招商举措入手，把握国际、国内经济新形势，加强招商队伍建设，坚持不懈地冲锋在西咸新区建设的最前线。

（一）深化招商体制改革

五龙舞西咸的发展方针极好地激发了各新城和园办的主动精神，让大家因地制宜地进行招商引资工作，但也暴露了招商各自为战、引资分散、难以互相促进的缺点。今后招商工作将根据新的发展形势和新的挑战，理顺招商体制，加强垂直领导和信息共享，探索建立新城间分工协作、互为补充、形成合力的招商引资新模式。

（二）创新招商举措

重点围绕"一带一路""互联网＋"以及融资租赁等战略机遇和重点产业，全力以赴推动高新技术、临空经济、信息服务、现代服务、文化旅游、商贸物流、高端装备制造、现代农业等产业集聚发展。创新招商方法，主动出击，有针对性地对特定行业进行拉网式招商，对特定行业优势地区驻点招商，扩展招商引资的服务面积，到企业去，换位思考，想企业之所需，面对面地宣传西咸新区的发展理念，让企业看到西咸新区的优势投资环境，感受西咸新区在引领大西北、扩大向西开放中的重要地位和作用。

（三）扩大宣传阵地

在参加丝博会、西洽会、陕粤港澳合作周的基础上，寻找和建立更多的宣传平台，更加积极地参加东部发达地区举办的展览会和商洽会，积极参加新区重点发展行业的行业内展会和研讨会，主动走出国门，让全世界认识西咸新区，同时用好网络工具，通过专门的招商网站和微信招商公众号等，对西咸新区优越的投资环境和发展潜力进行定向宣传推荐。

（四）落实国际合作，建设丝绸之路重要支点

紧扣"一带一路"战略，加强与丝绸之路沿线国家的经贸往来和互相投资，坚决落实中俄、中吉、中韩、中意等产业园区招商引资工作，力争引进更多的国家间交投平台，发挥一园两地、互相投资模式的优势，助推"丝绸之路经济带"的繁荣发展。

（五）紧跟中、省指向，借力使力

坚持梳理国家和陕西省在各个领域的发展促进政策，比对西咸新区自身条件和规划指向，寻找共鸣，借力使力，使西咸新区的发展借上国家和陕西省的东风。要深刻理解中、省的发展愿景，挖掘其中有助于西咸新区的政策和规划作为招商工作的指引。2021年全运会已落地陕西，西咸新区的交通、旅游、商贸和体育都会迎来新的机遇，这都有待新区招商工作的深入挖掘。

（六）构建引资平台，支持大众创新、万众创业

随着国家经济转型的持续进行，支持大众创新、万众创业，化解就业危机，为经济增添活力变得越来越紧迫，这就要求西咸新区在开展招商工作的同时构建更便利的融资引资平台，开创性地引进各种金融机构，引入融资租

赁、小额贷款、众筹等金融工具，为西咸新区凝聚人气，持续注入新鲜资本，盘活市场，搞活经济。

（七）建设专业的招商队伍

组建一支具有产业发展分析能力、商业活动评估能力，拥有丰富的投融资知识，明白投资者所望，理解创业者所忧，懂得服务客商，能够发挥西咸新区平台优势的高素质、能力全面的招商队伍，使西咸新区成为投资者愿意来、创业者敢于来的中国梦圆梦之地。

（八）加强与国家级新区、开发区的经验交流

要更多地到其他国家级新区、开发区去调研学习，博采众长。认真总结分析各个新区、开发区发展的经验教训，结合自身实际情况，择其善者而从之，全面完善自身的招商工作，加速引资落地，服务西咸新区快速发展。

B.10
西咸新区土地管理利用报告
（2011～2015）

摘　要：　西咸新区坚持依法依规，把土地节约集约利用作为建设现代
田园城市的着力点，通过创新土地统一规划管理、建设用地
统一报批体制、阳光和谐征地模式、储备土地融资机制、土
地统一供应和登记办证管理，提高了土地利用效率，为新区
开发建设提供了有力保障。

关键词：　西咸新区　土地管理　制度创新

西咸新区自成立以来，围绕经济社会发展大局，坚持依法依规与新区实际相结合，按照统一管理的原则，探索建立新区国土资源管理运行机制，严格落实土地资源保护制度，创建节约集约用地长效机制，不断整合土地资源，提高土地利用效率，为新区发展做出贡献。

一　国土资源概况

根据土地变更调查，2010年西咸新区土地利用状况为：农用地62107.3公顷（93.16万亩），占土地总面积的70.41%；建设用地22563.3公顷（33.84万亩），占土地总面积的25.58%；其他土地3542.4公顷（5.31万亩），占土地总面积的4.01%。

在农用地中，耕地 49028.3 公顷（73.54 万亩）、园地 9415.7 公顷（14.12 万亩）、林地 675.3 公顷（1.01 万亩）、牧草地 17.5 公顷（0.03 万亩）、其他农用地 2970.5 公顷（4.46 万亩）。其中耕地占农用地的比重为 78.94%，占土地总面积的比重为 55.58%。

在建设用地中，城乡建设用地面积 18323 公顷（27.48 万亩）、交通水利及其他建设用地面积 4240.3 公顷（6.36 万亩）。其中，城乡建设用地占建设用地的比重为 81.21%，占土地总面积的比重为 20.77%（见表1）。

表1 西咸新区 2010 年土地利用状况

单位：公顷

名称			空港新城	沣东新城	秦汉新城	沣西新城	泾河新城	总计
土地总面积			14391.5	15729.9	30315.8	14480.8	13295	88213
农用地		耕地	7867.4	7290	16142.6	9277.8	8450.5	49028.3
		园地	2582	592.3	5602.5	343	295.9	9415.7
		林地	58.6	226.7	199.2	37.4	153.4	675.3
		牧草地	3.2	0	0	0	14.3	17.5
		其他农用地	590.8	275.9	1178	324.4	601.4	2970.5
		合计	11102	8384.9	23122.3	9982.6	9515.5	62107.3
建设用地	城乡建设用地	城镇用地	172.1	2329.5	1292.5	1356.2	1344.4	6494.7
		农村居民地	1154.1	3558.6	2873.8	1665.5	1275.4	10527.4
		采矿用地	158.5	222	493.9	199.9	213	1287.3
		其他独立建设用地	0	0	0	13.6	0	13.6
		小计	1484.7	6110.1	4660.2	3235.2	2832.8	18323
	交通水利及其他建设用地	交通运输用地	1249.6	644.3	956.7	166.7	318.5	3335.8
		水利设施用地	16.9	35.7	10.5	74.4	7.3	144.8
		其他建设用地	76.3	133.8	383.1	76.5	90	759.7
		小计	1342.8	813.9	1350.3	317.6	415.8	4240.3
	合计		2827.5	6923.9	6010.5	3552.8	3248.6	22563.3
其他土地		水域	211.4	419.6	1004.6	941.3	469.3	3046.2
		自然保留地	250.6	1.5	178.4	4.1	61.6	496.2
		合计	462	421.1	1183	945.4	530.9	3542.4

二　体制建设情况

西咸新区涉及西安、咸阳两市 7 个县（区、市）的 23 个乡、镇和街道办，国土资源管理职能分属西安、咸阳、兴平、户县、泾阳县人民政府所有。由于涉及行政区域多，区域分割管理关系错综复杂，特别是土地利用规划编制、调整和管理，必须依托西安、咸阳两市和 7 个县（区、市）人民政府及国土资源管理部门，土地供应、土地登记发证等业务开展，必须依托 5 个市、县的土地供应平台和 5 个土地登记发证机关，造成土地管理协调工作量大，不利于新区土地利用规划管理与实施、耕地和基本农田保护以及节约集约利用土地，也难以做到对土地供应总量、供应结构、供应进度及地价水平等的宏观把控和有效管理。

西咸新区管委会成立以来，根据中、省土地管理法律法规和省政府办公厅《关于规范西咸新区规划范围内建设项目管理的通知》（陕政办发明电〔2011〕41 号），省政府《关于加快西咸新区发展的若干政策》（陕政发〔2011〕46 号），以及省委、省政府《关于加快西咸新区发展的若干意见》（陕发〔2014〕10 号）等有关精神，设立了西咸新区国土资源局（与西咸新区土地储备中心一套班子、两块牌子）。在空港、沣西和泾河 3 个新城分别设立了国土分局，为西咸新区国土资源局的派出机构。沣东和秦汉国土部门仍沿用原西安市沣渭新区和咸阳市泾渭新区体制，分别是西安市国土资源局和咸阳市国土资源局的派出机构，也受西咸新区的统一管理。同时，为落实西咸新区土地储备职能，争取编制部门批复，西咸新区管委会和 5 个新城分别设立了土地储备中心。

按照 2015 年省政府专题会议纪要（第 69 次）和省编办《关于西咸新区国土资源管理机构设置的通知》（陕编办发〔2015〕231 号）精神，设立西咸新区国土资源局，为省国土资源厅派出机构，由省国土资源厅和西咸新区管委会双重管理。西咸新区新的国土资源体制从 2016 年起运行。

三　国土资源工作开展情况

（一）创新土地统一规划管理，破解用地瓶颈

一是率先完成西咸新区土地利用规划调整修编工作。按照省委、省政府关于西咸新区要坚守规划的要求，实行土地规划统一管理。采取"省内自求平衡"的途径，在全国同类城市新区中率先完成跨多个行政区域的土地利用规划调整修编工作，落实了15万亩规划新增建设用地指标。规划调整后，西咸新区"272"范围内规划建设用地超过80％，打破了制约新区发展的用地瓶颈。二是强化土地利用规划的权威性和严肃性。各新城、各部门编制的各类专项规划，在土地利用上必须与西咸新区土地利用规划相衔接，凡不符合土地利用规划的，将核减用地规模，调整用地布局。三是严格土地利用规划调整管理。未经西咸新区管委会同意，任何单位和个人不得擅自改变土地利用规划确定的土地用途，确需调整土地利用规划的，须经西咸新区管委会批准同意后，启动相应的调整程序，调整结果报省国土资源厅备案。按照"同一区域自求平衡"的原则，西咸新区组织各新城对土地利用规划进行了优化空间布局调整，共调整规划解决建设用地指标近1万亩，有效保障了斗门水库、中国西部科技创新港、能源金贸中心、国际文教园区和"五路四桥"等项目的用地需求。

（二）落实共同责任，强化耕地保护

一是建立健全耕地保护目标责任制。严格贯彻实行最严格的耕地保护制度，积极探索建立耕地保护目标共同责任机制，严守耕地红线，确保西咸新区耕地保护面积稳定，耕地质量不断提高。按照西咸新区土地利用规划确定的耕地保有量和基本农田保护面积，西咸新区国土资源局分别与各新城国土分局签订了耕地保护目标责任书。按照土地利用规划，西咸新区耕地保护面积要始终坚持不低于52.20万亩，基本农田保护面积不低于26.52

万亩。截至 2015 年，西咸新区实际耕地保有量为 64.52 万亩，基本农田保护面积为 26.52 万亩，符合西咸新区土地利用规划确定的耕地和基本农田保护要求。二是通过多种途径完成耕地占补平衡指标 9.20 万亩，缴纳耕地占补平衡费用 18.40 亿元，缴纳新增建设用地土地有偿使用费 22.43 亿元。三是加强对农村土地流转工作的组织领导。明确各新城管委会是实施各自辖区内农村土地流转工作的管理主体和责任主体，协同地方政府做好土地流转相关工作，已累计流转土地 10.49 万亩，用于发展现代都市农业、生态农业和休闲观光农业。

（三）坚持节约优先战略，构建节约集约用地长效机制

西咸新区深入贯彻中、省关于节约集约用地的新精神、新要求，坚持节约优先战略，积极构建节约集约用地长效机制。一是牢固树立节约集约用地意识，将节约集约用地理念贯穿于规划编制、项目引进、项目立项、项目选址、建设方案设计、项目建设等各个阶段，坚决杜绝低效利用和浪费土地的行为。二是建立节约集约用地调控机制。充分发挥西咸新区土地利用规划的整体管控作用，土地利用年度计划实行统一调配，按照 5 个新城及两个园办经济社会发展情况、年度经济发展计划和土地利用情况进行动态调节，优先保障重点工程、重点区域、新兴战略产业和民生项目用地。三是建立节约集约用地激励机制。推动区域内存量土地的二次开发，优先开发利用废弃、闲置和低效利用的土地。鼓励开发利用地下空间，沣西新城地下综合管廊建设经验在全省范围内推广。四是建立节约集约用地约束机制。按照中、省关于节约集约用地的标准和要求，推行项目用地准入评估制度，严格项目准入门槛，各类建设项目亩均投资强度、亩均税收不能低于中、省规定水平。对于单个工业项目，引导进入标准化厂房，解决生产场所问题。加强建设用地批后监管，采取全面检查和随机抽查的办法对供地行为和土地出让合同履行情况进行监督检查，减少土地的荒芜、闲置和浪费。五是建立节约集约用地市场机制。严格实施工业用地和经营性用地招拍挂出让制度，限定划拨用地范围，除军事、社会保障住房和特殊用地外，对政府机关办公和交通、能源、

水利等基础设施以及各类社会事业用地探索实行有偿使用。

5年来，西咸新区的人均建设用地面积明显下降，地均固定资产投资增长了250%以上，单位固定资产投资消耗新增建设用地量下降了60%以上，建设用地地均GDP增长了28%以上。盘活村庄、乡镇企业等低效利用土地4.25万亩，其中拆迁村庄74个，面积2.57万亩，拆迁村庄约25%的土地用于安置被征地农民，约75%的土地用于新区开发建设，切实提高了土地利用效率，土地节约集约利用水平得到明显提高。

（四）创新建设用地统一报批体制，提供坚实用地保障

一是积极争取省国土资源厅的支持，创新理顺了建设用地报批体制，明确了用地报批单位，规范了报批程序和方法，建立了西咸新区建设用地报批电子政务平台，实行建设用地统一报批。在没有单独行政区划的情况下，西咸新区成为全省第12个土地利用年度计划指标单列的建设用地报批单位。二是积极争取省国土资源厅支持，将西咸新区纳入全省耕地异地补充区，耕地占补平衡问题由省国土资源厅在全省范围内统筹解决。三是强化建设项目用地规划审查，凡不符合西咸新区总体规划和土地利用规划的建设项目，不得通过用地预审，不得进行用地报批。

2011~2015年，西咸新区累计上报建设用地825个批次，土地面积为24.62万亩，占西咸新区规划建设用地"272"（40.8万亩）的60.34%。分新城来看，空港新城上报建设用地3.37万亩，沣东新城5.65万亩，秦汉新城7.21万亩，沣西新城3.76万亩，泾河新城4.16万亩，能源中心0.21万亩，文教园区0.26万亩，所占比重分别为13.69%、22.95%、29.29%、15.27%、16.90%、0.85%、1.06%。

2011~2015年，西咸新区累计获得土地批复520个，土地总面积为15.26万亩（包含地方政府解决遗留问题1.54万亩）。其中，获批新增建设用地10.96万亩，占西咸新区"272"规划新增建设用地19.39万亩的56.52%；获批集体建设用地4.30万亩，占西咸新区"272"现状农村居民点用地6.36万亩的67.61%。分新城来看，空港新城获得批复2.02万亩，

沣东新城 4.65 万亩，秦汉新城 3.53 万亩，沣西新城 2.27 万亩，泾河新城 2.34 万亩，能源中心 0.19 万亩，文教园区 0.26 万亩，所占比重分别为 13.24%、30.47%、23.13%、14.88%、15.33%、1.25%、1.70%。

（五）创新践行群众路线，构建阳光和谐征地新模式

坚持站在群众立场，尊重群众的开发主体地位，带着群众感情和责任，紧紧依托地方政府实施征地拆迁，切实维护被征迁群众的切身利益，做好安置补偿、就业培训和社会保障等工作，让群众无后顾之忧。5 年来，西咸新区已支付征地拆迁费 240 多亿元，实施征地拆迁 12 万多亩，涉及 330 多个村庄，占西咸新区规划范围内 470 个村庄的 70.21%。基本实现了无重大恶性上访事件，其中空港新城、秦汉新城做到了零上访、零加盖。空港新城探索形成的"阳光和谐征迁新模式"和"现金＋租金＋股金＋薪金＋保障金"的"五金"制度，先后两次得到了省委有关领导的批示肯定。

在征地补偿方面，西咸新区严格执行省政府办公厅《关于印发全省征地统一年产值及区片综合地价平均标准的通知》（陕政办发〔2010〕36号）和地方政府关于征地拆迁的相关规定，对被征地农民进行合理补偿。在被征地农民安置方面，西咸新区严格按照中、省关于被征地农民补偿安置和社会保障有关政策规定，充分尊重当地农民的生活居住习惯，最大限度地让利于民，积极探索货币安置、住房安置、社会保障安置等多元化安置模式。同时，严格按照中、省和市社会保障相关政策规定，缴纳被征地农民社会保障费用，西安区域按照 3 万～3.5 万元/亩的标准缴纳，咸阳区域按照 3 万元/亩的标准缴纳，确保被征地群众能及时办理养老保险、参加各类就业技能培训。5 年来，西咸新区共缴纳被征地农民社会保障费用近 38 亿元。

（六）创新储备土地融资新机制，保障新区开发建设

一是积极落实西咸新区土地储备职能，争取国土资源部和省国土资源厅支持，使西咸新区土地储备中心进入全国土地储备机构名录，名录代码为

TC611100，有效解决了西咸新区土地储备、土地融资难的问题，开创了土地储备工作新局面。二是积极开展土地储备工作。西咸新区累计储备土地12.45万亩，其中空港新城1.65万亩、沣东新城3.73万亩、秦汉新城2.98万亩、沣西新城1.72万亩、泾河新城2.00万亩、能源中心0.17万亩、文教园区0.20万亩。三是充分发挥西咸新区土地储备中心融资平台作用，创新建立储备土地融资办证机制，获得10多家银行的认可。积极开展储备土地融资工作，为西咸新区开发建设提供资金支撑。5年来，西咸新区累计用于融资贷款的储备土地面积为2.79万亩，融资贷款274.9亿元，已成为西咸新区开发建设的主要融资手段。

（七）创新土地统一供应和登记办证管理，规范新区土地市场健康有序发展

西咸新区管委会统一负责管理新区土地供应及土地批后监管工作。涉及土地供应的，由各新城国土分局拟定土地供应方案，经新城管委会审查，报西咸新区国土资源局审核，经西咸新区管委会批准后，才能借助当地土地交易平台进行土地供应，土地成交后，土地出让金缴入西咸新区金库。目前，西咸新区土地供应后，土地使用权人在当地政府国土资源部门办理土地登记手续。

5年来，西咸新区累计土地供应8.37万亩。其中，划拨土地3.33万亩，所占比重为39.78%，主要为道路基础设施用地、保障房用地、军事用地和公共服务用地等；出让土地5.04万亩，所占比重为60.22%，全部采用挂牌方式出让，主要为住宅用地1.97万亩、商业用地1.49万亩、工业用地1.28万亩、其他用地0.30万亩，所占比重分别为39.09%、29.56%、25.40%、5.95%。

分新城来看，空港新城土地供应1.01万亩，土地供应率为49.82%；沣东新城土地供应2.53万亩，土地供应率为54.35%；秦汉新城土地供应2.49万亩，土地供应率为70.44%；沣西新城土地供应0.78万亩，土地供应率为34.50%；泾河新城土地供应1.36万亩，土地供应率为58.38%；能

源中心土地供应为 0.12 万亩，土地供应率为 64.14%；文教园区土地供应 0.08 万亩，土地供应率为 30.68%（见图 1）。西咸新区平均土地供应率为 54.87%。按照《陕西省节约集约用地实施细则（试行）》关于土地供应率 的规定，当年获得的土地批复不纳入土地供应率计算范围，西咸新区前 3 年 土地供应率为 70.99%，符合《陕西省节约集约用地实施细则（试行）》关 于供地率 60% 的要求。

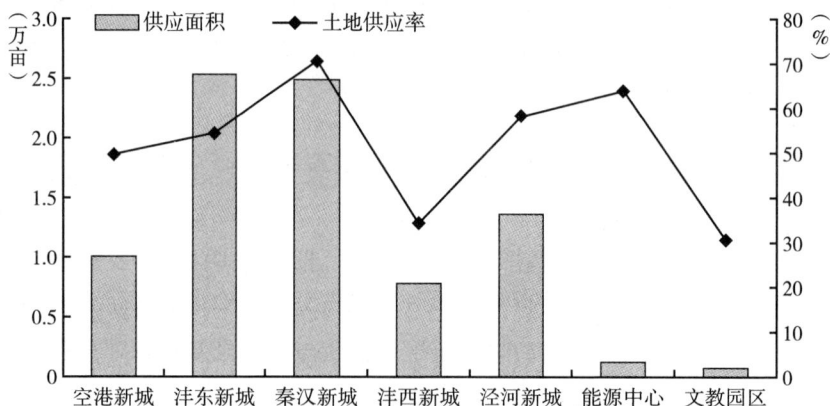

图 1　2011～2015 年西咸新区土地供应情况

（八）创新国土资源执法监察体制，营造良好用地环境

一是建立健全国土资源执法监察体制机制。印发了《关于加强国土 资源执法监察工作的通知》（陕西咸国土发〔2013〕7 号），明确各新城 管委会是各新城范围内耕地和基本农田保护的责任主体，各新城国土分 局具体负责国土资源执法监察工作，积极争取地方政府和相关部门的支 持，建立国土资源执法监察共同责任制，落实共同监管责任。二是西咸 新区管委会和 5 个新城分别组建了国土资源执法监察队。在省国土资源 执法局的支持下，对西咸新区国土资源执法监察人员进行上岗培训，并 颁发了国土资源部统一监制的《国土资源执法监察证》。三是西咸新区强 化与地方政府的合作，采取多种形式开展国土资源执法活动，对土地违

法行为做到"防范在先、发现及时、制止有效、查处到位"，为西咸新区开发建设营造了良好的用地环境。四是对土地卫片执法检查工作，超前谋划、扎实部署，对违法问题认真自查自纠、主动整改，积极化解存在的问题，确保违法用地比例在10%以下。5年来，西咸新区涉及的5个市、县政府未因违法用地超过15%受到国土资源部的问责。2015年6月，省国土资源厅对西咸新区2014年度土地卫片执法进行了验收，西咸新区2014年违法用地比例平均为5.7%，远低于西咸新区10%的规定，更低于国家15%的问责规定。

（九）做好土地信访和行政复议工作，尽心尽力维护群众权益

一是高度重视土地信访工作。印发了《关于进一步加强和改进土地信访工作的通知》（陕西咸办发〔2014〕25号），明确各新城管委会为办理各自新城范围内土地信访工作的主体。二是加强对各新城土地信访和行政复议工作的组织领导，建立健全土地信访工作分级负责的责任制，构建统一领导、部门协调、统筹兼顾、各负其责的信访工作新格局。三是不断畅通群众诉求表达渠道，切实维护群众合法权益，有效化解矛盾，对一些带有倾向性、苗头性、普遍性的问题，提前做好疏导化解工作，维护社会和谐稳定。2014～2015年，西咸新区受理土地信访事项240件，受理行政复议11件，已全部办结。

（十）狠抓土地审计整改工作

2014年，国家审计署对西咸新区2010～2013年的土地出让收支、耕地保护、土地报批、土地供应和储备土地融资等土地管理工作开展了全面审计。按照省政府土地审计问题整改部署会议精神，西咸新区管委会专门成立了工作领导小组，加强对审计问题整改落实工作的组织领导。对审计确定的问题，严格按照审计问题整改要求，西咸新区多次召开专题会议，研究部署整改落实工作，落实责任主体，明确整改时限，组织有关新城进行了整改落实。目前，审计署确定的4个问题全部整改到位，已通过国家验收。同时，

按照省委第二巡视组对西咸新区巡视的反馈意见，做好土地相关问题的整改落实工作，现已整改到位。

（十一）狠抓土地督察整改落实工作

2015 年 3 月，国家土地督察西安局对西咸新区 2011～2014 年建设用地进行了集中审核督察。西咸新区组织各新城和园办积极配合督察局做好审核督察工作，对督察局反馈的有关问题进行认真调查和核实，并详细地进行了解释和说明。按照 7 月 20 日西咸新区重大涉地问题情况通报会会议精神和省国土资源厅《关于切实做好土地督察整改工作的通知》（陕国土资执发〔2015〕35 号）、国家土地督察西安局《例行督察意见书》（西〔2015〕1号总 214 号）的要求，西咸新区管委会加强组织领导，夯实责任主体，明确整改时限，组织各新城和园办对土地督察发现的 8 个方面共 200 个问题（西咸新区 99 个，地方政府 101 个）进行了整改落实，已通过省级验收和国家级核查验收。

（十二）掌握地情，做好建章立制工作

一是结合西咸新区总体规划和各新城分区规划，按照开发建设的要求，组织各新城国土部门从土地利用现状、土地利用总体规划等方面，摸清辖区土地利用现状及规划情况，掌握实际用地情况。二是在掌握地情的基础上，根据国家和省市有关制度和文件精神，拟定了西咸新区土地管理部门的主要职能、岗位设置和职责以及各项规章制度共 19 项，并拟定了西咸新区土地管理、工作程序和流程规范管理办法共 11 项，收集整理并拟编了西咸新区管委会土地管理法律法规政策汇编，初步奠定了西咸新区土地管理的政策支撑框架。

（十三）强化组织学习，加强作风建设

一是组织全体干部员工学习党的十八大、十八届三中全会、十八届四中

全会会议精神，以及习近平总书记一系列重要讲话精神，确保在思想上、行动上与党中央保持高度一致。二是紧紧围绕工作需要组织学习，强化对土地管理法律法规和《国务院关于同意设立陕西西咸新区的批复》，以及省委、省政府《关于加快西咸新区发展的若干意见》，省政府《关于加快西咸新区发展的若干政策》等文件的学习，增强对法律法规和相关政策的认识理解。三是按照党工委、管委会的要求，狠抓工作制度建设，建立健全创先争优的工作机制，实行首问负责制、责任追究制、来件即办制、限时办结制，强化工作规范化、科学化、制度化。四是高度重视干部队伍建设，强化责任意识和使命意识，不断改进工作作风，打造一支能吃苦、能战斗、能奉献、作风过硬的国土队伍。五是加强廉政风险防控制度建设，打造廉洁高效的国土资源队伍。

B.11
西咸新区优美小镇建设报告

摘　要：　建设优美小镇是西咸新区创新城市发展方式、建设现代田园
城市的重要载体。2011 年以来，新区按照总体规划和建设思
路，以特色产业为支撑，发挥历史文化、生态资源、科教资
源等优势，创新建设模式和经营模式，加快推进优美小镇建
设，部分优美小镇形象初显。

关键词：　西咸新区　优美小镇　建设经营

以创新城市发展方式为主题的西咸新区从成立伊始就把优美小镇建设纳
入发展规划，推进构建"核心板块—田园城区—优美小镇"三级市镇体系。
优美小镇建设，作为现代田园市镇体系的重要组成部分——"核心板块"
的有机对应，"快捷交通"的支撑节点，"都市农业"的发展依托，是西咸
新区点状布局市镇体系的关键环节，是"产城一体、城乡一体"的重要载
体，是解决农民就近、就地城镇化，建设以人为核心的中国特色新型城镇化
范例的重要平台。

一　总体规划与建设思路

2015 年 6 月，西咸新区在《西咸新区总体规划（2010～2020 年）》的
基础上，以推进落实现代田园城市理念为导向，以统筹安排、规划先行，产
业支撑、特色发展，设施完善、功能齐备，凸显文化、提升品质，环境优
美、生态宜居等为原则，组织编制并出台了《西咸新区优美小镇三大片区

规划（2015～2020）》。规划充分依托西咸新区的山水自然格局，形成了优美小镇重点发展的三大片区——在泾河优美小镇片区打造临空农业、生态居住等特色的田园宜居小镇，在五陵塬帝陵带优美小镇片区打造都市农业、观光体验等特色的生态绿色小镇，在沣河两岸优美小镇片区打造旅游度假、产业培育等特色的风情小镇。规划提出了优美小镇的建设模式及实现路径，提出了5年内西咸新区将建设35个优美小镇，包括安置型宜居小镇6个、智慧学镇2个、特色风情小镇16个、民俗风情小镇11个。规划的出台为西咸新区优美小镇的建设与发展指明了方向，对加快推进优美小镇建设工作具有重要意义。优美小镇三大片区如图1所示。

图1 优美小镇三大片区

（一）泾河优美小镇片区

片区位于西咸北环线以东，包茂高速以西，包括泾河、泾河古河道流域两岸、北辰谷区域，约130平方公里。片区内优美小镇以临空农业、生态居住为主。依托泾河两岸生态腹地及北辰谷的地理优势，规划布局优美小镇11个，分别为空港新城太平小镇、竹范小镇、庙店小镇、太平湖健康小镇、阳光小镇，泾河新城卢卡小镇、陕商小镇、枫丹白露小镇、荣华优美小镇、香榭庄园小镇、翠堤庄园小镇。

（二）五陵塬帝陵带优美小镇片区

片区位于西咸北环线以东，包茂高速以西、渭河以北的五陵塬帝陵遗址带及其农业长廊区域，约180平方公里。片区内优美小镇以现代都市农业、旅游度假为主。依托五陵塬地区现代农业长廊及地势起伏，规划布局优美小镇8个，分别为空港新城幸福小镇、美术小镇、大石头民俗文化村、花园小镇，秦汉新城刘家沟民俗小镇、周礼小镇、酒庄小镇、艺术小镇。

（三）沣河两岸优美小镇片区

片区位于沣渭三角洲以南、丰京南路以北的沣河两岸区域，约71平方公里。片区内优美小镇以旅游度假、产业培育为主。依托沣河湿地公园、丰镐遗址景观，规划布局优美小镇5个，分别为沣东新城沣滨小镇、昆明池小镇、西周小镇，沣西新城丝路风情小镇、文教园小镇。

建设思路一：以优美小镇为抓手，推动城乡一体化发展。西咸新区人口以农业人口为主，新区在城镇化过程中必须解决"农民转化为市民、农业转化为城市产业"的问题，让农民带着劳动力和土地两个资本进城，将城市资本、消费引入农村，使广大农民既能共享土地增值的红利，又能分享城市产业发展的红利。优美小镇建设是实现城乡一体化的重要支撑和平台，在建设过程中应紧紧围绕农村集体建设用地有序流转制度和农村人口有序转移制度两个方面进行探索改革，建立城乡融合的体制机制，促进城乡要素流动，助推城乡一体和产城互动。

建设思路二：平衡"民生"和"土地"两本账。西咸新区在优美小镇建设过程中始终以平衡"民生"及"土地"两本账为原则。一方面，积极探索农民带着劳动力和土地两个资本进城的模式，完善保障农民集体土地财产权和收益权的制度，强调群众受益，引导农户参与，致力于提高农民收入，大力推进城乡社会保障和劳动就业一体化。建设优美小镇以群众需求为第一前提，在先规划、先建设、后拆迁的基础上，探索建立保障后续生活的"五金"制度，让群众"征迁补偿得现金、闲置房屋收租金、商业面积分股金、附近上班挣薪金、失地领取养老金"，并保障农民得到与城市居民均等化的医疗、教育等公共配套服务。积极引导和帮扶村集体成立集体经济组织，让农民共同参与村集体经济组织的运营和管理，做到持续增收，实现"农民到市民、村组到社区、集体经济到股份经营"的转变。另一方面，将节约用地（节地率）作为优美小镇建设的一个重要标准，规范集体建设用地流转，促进土地要素合理配置。通过对部分优美小镇的土地利用情况进行空间优化布局调整及农民的集中安置，有效整合闲散土地，提高土地利用效率，提升单位面积人口承载力。西咸新区布局 35 个优美小镇，总占地约为28000 亩，总体可节约土地 40000 亩，节地率为 60%。

建设思路三：明确优美小镇建设的 4 种类型。根据建设模式和资金来源，西咸新区将优美小镇划分为以下四种建设类型。第一，政府主导的安置型宜居小镇。由管委会作为出资方对原有行政村进行拆迁改造、集中安置，配套建设社区、公寓、商业邻里中心、文化公园、学校、医疗中心等公共服务设施，建成农民就地城镇化的安置型宜居小镇。用地规模为 750～1500亩，规划布局空港花园小镇等 6 个优美小镇。第二，校企共建型智慧学镇。以科教文化资源为基础，以校地共建、校企合作为手段，建设集科研教育、产业孵化、综合服务配套为一体的智慧学镇。用地规模约为 4500 亩，规划布局沣西智慧学镇等 2 个优美小镇。第三，以城市工商资本为主的特色风情小镇。引导城市工商业资本、消费流向农村和农业，通过龙头企业带动，应用先进技术和现代经营管理方式，发展葡萄酒庄、观光农业、生态农庄等都市农业，带动周边区域发展，形成具备复合休闲旅游、生态餐饮等功能的特色风情小镇。用地规模为500~1000亩，规划布局秦汉酒庄小镇等16个优美小镇。第四，农民自主改造的民俗产业小镇。采取政府引导、村民自愿、市场运作的方式，以村委会或村民小组为单位对原有集体经济进行股份制改造，将集体财产、农民资产资本化，对原始村落进行整体改造，发展"一村一品、一户一业"的民俗产业小镇。用地规模为100~500亩，规划布局空港大石头民俗文化村等11个优美小镇。

建设思路四：制定优美小镇建设的西咸标准。为避免在优美小镇建设过程中出现脱离实际、贪大求洋、大拆大建甚至损害农民利益等问题，西咸新区确立了优美小镇建设的4项标准：①是否有利于农民获益；②是否有利于节约用地；③是否有利于综合体现现代田园城市核心理念；④是否能够形成可复制、可推广的建设模式。在4项标准中，农民获益是首要条件。优美小镇建设，首先要保证当地农民得实惠，凡是损害农民利益的小镇项目一律废止或停建。其次，严格控制建设用地，实行优美小镇建设用地指标单列，规定小镇"非农化"建设面积与自然空间的比例低于1∶10。再次，体现核心概念，土洋结合、见山望水，建设具有关中特色的民居聚落，规定镇域范围绿化率大于90%。最后，从实际出发，通过改革创新投资建设与经营形式，形成稳定成熟的开发、运营、管理模式，带动连片发展。

西咸新区在优美小镇建设过程中既充分发挥市场在资源配置中的决定性作用，又凸显了政府引导和政策保障激励作用。首先，通过出台政策明确要求新区和新城两级管委会建设资金要向优美小镇建设倾斜，积极策划包装优美小镇项目。其次，提出创新融资模式，引导信贷资本投向优美小镇建设。再次，鼓励各类企业、村集体和村民等参与优美小镇建设，形成"政府引导、龙头企业带动、村集体组织和广泛农户参与、市场化运作"的多元化投融资模式，为优美小镇建设提供持续的资金保障。最后，出台《西咸新区优美小镇考核办法（试行）》和《西咸新区管委会关于加快推进优美小镇建设的意见》等优美小镇建设的推进性政策，明确了推进优美小镇建设的工作要求，为优美小镇建设目标的顺利落实提供了政策保障。

二　建设情况

4 年多来，西咸新区不断推进优美小镇建设，目前部分优美小镇已具雏形，部分优美小镇已完成规划设计。

（一）形象初现的优美小镇

1. 泾河新城崇文小镇

崇文小镇位于崇文镇虎杨村，为 2014 年省政府确定建设的省级跟踪市级重点示范镇。小镇建设依托崇文塔景区旅游产业，构建公共服务设施齐全、配套功能完善的宜居小镇。按照居民就地安置的原则，规划总建筑面积为 270 万余平方米，可安置 7100 户，2.25 万人。计划 4 年内分三期建设，已完成投资额 23 亿元。其中，保障房、安置房、崇文中学和崇文医院等项目基本建成。

2. 泾河新城茯茶小镇

茯茶小镇是以茯茶生产加工、关中民俗文化为特色的旅游小镇。位于泾河以东 3 公里现代都市农业示范区内，规划用地约 85.6 公顷。通过与龙头企业混合所有制运作经营，建成集"茯茶文化推广、商品商业展示、城市环境提升和社会保障完善"等功能于一体，体现茯茶文化、关中民俗文化、关中生活文化的风情小镇。计划总投资 30 亿元。项目将于 2018 年全面建成，一期于 2015 年 8 月建成对外开放。

3. 空港新城花园小镇

花园小镇是以完善的公共服务配套、均等化的市民服务、信息化的管理网络为特色的生态花园小镇。位于空港新城自贸大道西侧，渭城大道北侧，占地面积约 700 余亩。秉承"生态花园、活力城镇"的规划理念，规划建设空港花园社区、产业公寓、商业邻里中心以及文化公园，并同步配套空港小学、幼儿园、社区服务中心、社区医疗中心等公共服务设施。总投资约 14.9 亿元。建成空港花园社区、幼儿园、产业公寓，部分居民已入住。商业邻里中心、空港小学、社区服务中心、社区医疗中心和文化公园正在建设中，预计2017年底全部建成。

4. 空港新城大石头民俗文化村

大石头民俗文化村是以统筹城乡为指导，以"历史文化"和"民俗文化"保护展示为切入点，以保持乡土文化的原生性、鲜活性为特色，集休闲餐饮、观光体验等为一体的关中民俗文化仿古村落。项目位于空港新城南部片区，建设用地约40公顷。小镇建设旨在延续中国传统的居住模式，以保护为主、开发为辅，突出"前街后院"的空间形态，以方正的布局方式营造小尺度的街巷空间。全村现有耕地1482亩，新农村建设用地约250亩，新村建设工作已全面完成。2012年被省旅游局评为"省级乡村旅游示范村"。

5. 秦汉新城酒庄小镇

酒庄小镇是集葡萄种植、葡萄酒生产品鉴、艺术创作、文艺展览为一体的优美小镇。位于秦汉新城福银高速以东、天汉大道以南、兰池四路以北区域，占地约1400亩，建设用地500亩，葡萄种植区900亩，集葡萄种植、景观绿化、高档葡萄酒生产、葡萄酒文化展示、旅游接待、产品展示及特色餐饮于一体，目前已建成营业。

6. 秦汉新城刘家沟民俗小镇

刘家沟民俗小镇是集观光农业、农事民俗体验、现代游乐设施和风情文化演艺为一体的关中文化仿古村落。项目位于窑店街道办以东1公里处，咸红路以北，秦汉大道以东，地处沿塬地带，由4个自然村、8个村民小组组成，项目总占地约1500亩，其中，农用地700亩，集体建设用地面积800亩。充分发挥该村地形条件、历史遗存等方面的优势，因地制宜，累计投资200余万元，已建成180亩的兰池生态观光园、10余户窑洞农家乐、20余家特色小吃店，于2015年10月完成街道整治及村容村貌提升工作，12月完成项目重点区域绿化、景观小品建设及示范户改造提升工作。

（二）规划设计中的优美小镇

1. 泾河新城花李小镇

花李小镇是以农耕文化、丝路文化、自然田园为主要特色的优美小镇，位于泾河新城以东 3 公里现代都市农业示范区内，占地 85.56 公顷。花李小镇计划总投资 60 亿元，通过村民自发组建股份公司，致力于建成"泾河新城花园特色的田园小镇、大西安小城镇城乡统筹示范区、西北农耕文化休闲体验目的地"。规划设计工作已基本完成，现处于开发建设的筹备阶段。

2. 沣西新城智慧学镇

智慧学镇是集教育科研产业、信息产业、创业孵化服务产业为一体的智慧学镇，位于沣西新城范围内的渭河南岸，建设用地规模约 4376 亩。该镇将现代田园城市理念与国际著名高校"学镇"校园规划理念相结合，以西安交通大学科教资源为基础，以先进制造、科技教育、文化旅游等领域合作为重点，以云技术及大数据分析为依托，建设国际化一流学镇。计划总投资额约 150 亿元。规划设计工作已全面开展，土地的征收报批工作已经启动，一期建设项目已经开始设计，沣西新城和西安交通大学的战略合作意向已经达成，小镇建设稳步推进。

3. 秦汉新城周礼小镇

周礼小镇是集周文化发掘展示、优美社区点缀、高端商业配套、休闲旅游为一体的复合型小镇，位于秦汉新城周陵街道办，西临迎宾大道，南至天汉大道，北到福银高速，东至周武路，占地约 1200 亩。小镇由南至北依次分为五大组团板块：奥特莱斯商业区、高端住宅区、群众安居区、周礼文化古镇、休闲公园配套区。奥特莱斯板块近期开工建设；高端住宅区完成投资额 2 亿元，23 栋开工，封顶 8 栋；群众安居区完成投资额 6 亿元，建成 20 万平方米，2016 年 7 月交付使用；周礼文化古镇区占地 300 亩，由荣华集团引入北京王府井集团共同开发建设，拆迁完成 80%，2016 年动工建设；休闲公园配套区占地 180 亩，正在制定针对目前存在的部分历史建筑的提升改造保护方案。

4. 沣西新城丝路风情小镇

丝路风情小镇是以浓郁丝路风情、丝路文化为特色的低密度、田园化、生态型、科技型现代城市小镇。位于沣西新城秦皇大道以西，红光大道以北，占地800亩，是全省重大文化项目——丝绸之路风情城项目的主要组成部分，由沣西新城和陕旅集团合资组建的项目公司负责开发建设与运营管理工作。项目规划设计工作基本完成，正在稳步推进开工建设。

5. 空港新城太平小镇

太平小镇是以高品质绿色食品加工产业为依托，以田园宜居为特色的田园小镇。位于空港新城西北部，泾河以南，西咸北环线高速以北，规划用地约1.5平方公里。通过食品加工产业区、田园居住区、公共服务区三大功能集聚区，发展多元复合的生产性服务中心，使其成为空港乃至西安国际化大都市的鲜活农副产品供应基地、航空食品供应基地、外向型农产品加工基地。

6. 空港新城画家小镇

画家小镇是以庄园文化、艺术会所、美术创业为特色的风情小镇。位于空港新城北部临空农业区，占地约470亩，以"创意文化城、智慧新田园"为理念，打造庄园式低密度艺术城，提供艺术家户外写生的优美视觉意境，主要建设国际美术教育学苑、原创大师工坊、国际美术人才创业园、艺术商务会馆、艺术休闲中心及生活商业配套，总投资额约为25亿元。

7. 沣东新城沣滨小镇

沣滨小镇是以餐饮住宿、娱乐休闲为主的商业小镇，位于沣河以东、沣河东路以西、科技路以南、西余铁路以北的沣东新城沣河生态景观公园内，处于西安、咸阳、高新交汇中心地带。规划占地121亩，总建筑面积2.9万平方米。沣滨小镇结合原有村落（沣滨村）的村落格局，以沣河生态景观公园为景观配套，以"滨水资源+休闲主题"为建设特色，建设酒店、客栈、商铺、酒吧街等项目，致力打造成为集住、闲、美食为一体的大西安休闲消费目的地。沣滨小镇总投资额约为10亿元，规划设计工作已基本完成，处于开发建设的筹备阶段。

8. 沣东新城西周小镇

西周小镇是集西周文化、诗经文化为一体的旅游休闲小镇。项目选址于沣东新城镐京遗址东侧，昆明池北出水口河道两侧，规划用地约300亩，总建筑面积10万平方米。西周小镇项目将依托丰镐二京的历史文化资源，以"中华文明第一镇"为总体定位，以西周文化为内核，以旅游开发为引导，以城镇化为目标，致力打造集文化传承功能与休闲娱乐功能于一身的西周文化旅游功能片区。规划设计工作已基本完成，处于开发建设的筹备阶段。

三　建设与经营模式创新

（一）建设模式创新

西咸新区在优美小镇建设中，结合各新城的地域特点、资源禀赋、产业定位和发展现状，因地制宜地探索了多种优美小镇建设及经营模式，努力推动优美小镇建设，促进城乡经济社会的发展与融合，大力改善生态环境，提高人民群众生活水平。

1. 以特色产业为支撑，引领优美小镇建设

西咸新区高度重视产业在优美小镇建设中的作用。在建设过程中，以产业发展为抓手，充分将优美小镇建设与产业定位有机融合，结合地域优势，科学布局特色产业，集约节约有效利用土地，并按照市场运行原则，撬动社会资本，进行市场化运作，改善原有城镇容貌，提高人民生活水平，提升新区在城镇化发展中的质量。空港新城太平小镇结合航空物流特色产业，依托区位优势，发展以高品质绿色食品加工产业为主的生态宜居的特色优美小镇，使其成为大西安国际化都市圈的鲜活农副产品供应基地、航空食品供应基地和外向型农产品加工基地。泾河新城茯茶小镇结合当地历史悠久的茯茶产业，在建设过程中，通过与大企业合作，按照"龙头企业带动、广泛农户参与、提高组织化程度"原则，由西咸新区泾河新城开发建设（集团）有限公司、泾阳县茯砖茶发展服务中心、陕西蔚嘉实业有限公司、西咸新区泾泰商贸有限公司共同出资，成立西咸新区泾新茯茶文化产业发展有限公司，并联合双赵村集体股份制公司

（泾河新城双赵实业发展有限公司），以农民集体土地入股的方式，共同开发建设泾河新城茯茶小镇，探索国有资本、集体资本、非公有资本等交叉持股、相互融合的混合所有制经济形态，共享发展成果。泾河新城花李小镇，采用"产业主导、社会投资、市场运作"模式，打造集商业、现代农业、文化教育和居住为一体的优美小镇。同时，对原有集体经济进行了股份制改造，将集体资产折股量化到人，使村民"老有所依、少有基金、残有保障、劳有岗位"。

2. 以历史文化助推优美小镇建设

西咸新区横跨西安、咸阳两座古都，周、秦、汉、唐均在此留下了历史痕迹。新区坚持"尊重历史、挖掘文化、绿色低碳、循环发展"原则，充分挖掘历史潜在价值，通过对历史文化的整合提升，打造一批文化内涵丰富、生态环境优美、经济效益明显的特色优美小镇。空港新城画家小镇以国际美术博物馆群为核心，建设陕西画家村、国际画家公寓、文化街区等，是陕西省首个集文化旅游、艺术欣赏、艺术品交易、国内外艺术交流等为一体的综合性文化艺术平台。沣东新城西周小镇是集西周文化、诗经文化为一体的旅游休闲小镇，努力打造将西周历史文化与现代城市发展有机融合的环境优美、文化鲜明、功能完备的特色优美小镇。秦汉新城周礼小镇在建设过程中，致力于打造集遗址保护、文化旅游、特色餐饮、民俗商业为一体的优美小镇。

3. 以休闲旅游发展催生优美小镇建设

西咸新区在城镇化发展中，遵循现代都市人群的生活消费需求，努力提高新区城镇化发展水平和发展质量，打造一批公共设施完善、环境优美、交通便捷的集住、闲、美食功能为一体，以消费为目的的优美小镇。沣东新城沣滨小镇充分依托生态公园的旅游资源，建设集酒店、客栈、商铺、酒吧街等为一体的优美商业小镇，致力于成为大西安休闲消费目的地。泾河新城崇文小镇以中国最高砖塔崇文塔为核心，建设一个集文化、历史、展览、游乐、商贸、绿化等于一体的城市公园。秦汉新城酒庄小镇是集葡萄种植及园林绿化、高档葡萄酒生产、葡萄酒文化展示品鉴、旅游接待、艺术创作、文艺展览、特色餐饮为一体的优美小镇。秦汉新城还在酒庄东侧专门规划设计占地150亩的秦汉新城艺术公社小镇，着力打造艺术创作、文艺作品展览等多功能、高层次文化艺术家居住和交流中心。

4. 以科教资源优势带动优美小镇建设

西咸新区在优美小镇建设中,充分利用先进科学技术和雄厚教育资源,打造以科技创新应用为特色,低碳环保、科教领先、环境宜居的优美小镇。

5. 以城镇化发展提升优美小镇建设

在西咸新区优美小镇规划建设过程中,坚持"以人为本"原则。空港花园小镇秉承"生态花园、活力城镇"的规划理念,规划建设空港花园社区、产业公寓、商业邻里中心以及文化公园,并同步配套空港小学、幼儿园、社区服务中心、社区医疗中心等公共服务设施。同时,充分挖掘当地文化内涵,打造以周文化为主题的绿地广场"和园",丰富了居民的精神文化生活。泾河新城崇文小镇通过对景区的建设,使城镇面貌焕然一新,人民生活水平和生活质量明显提高,催生当地居民围绕景区旅游产业,发展个体经济,实现就地再就业,可支配收入明显增加。

(二)经营模式创新

都市农业型。主要发展现代农业示范、加工、特色种植、农业休闲等,如泾河秦龙小镇、崇文小镇等。

商业贸易型。主要依托地理位置靠近机场、高速公路等的交通便利条件,重点发展商业贸易、物流服务、高新技术服务等,如空港花园小镇、幸福里小镇、阳光里小镇等。

工业旅游型。主要发展生产、研发、体验、文化展示及旅游等一体化产业链条,带动周边村镇经济及旅游业发展,如秦汉酒庄小镇、泾河茯茶小镇等。

文化旅游型。主要依托当地历史文化资源,打造集观光旅游、农事民俗体验和文化演艺为一体的文化旅游小镇,如秦汉周礼文化小镇、泾河陕商小镇等。

文化教育型。依托本地教育资源优势,打造文化教育资源集聚的学镇,如国际文教园区以职业教育和高端培训为核心,发展集国际文化、教育、医养、科研产业为一体的文化教育新市镇。

房地产经营型。依托便利的交通、良好的生态环境及产业集聚的优势，打造现代化的宜居小镇，如泾河新城香榭庄园、枫丹白露小镇、荣华优美小镇和卢卡小镇等。

B.12
西咸新区农村土地流转报告

摘　要：　做好农村土地流转工作是西咸新区发展都市农业、建设现代
田园城市、实现城乡一体的现实要求。在对西咸新区土地流
转情况进行深入调研的基础上，针对土地流转过程中存在的
问题，在完善土地流转政策和流转程序、健全土地流转市场、
选择土地流转形式、建立土地流转基金，以及发展农业项目、
加强农民培训等方面提出对策建议。

关键词：　西咸新区　土地流转　对策建议

农村土地流转是我国城镇化进程中的一个重大问题，既关系到调整
农业结构、实现规模经营、促进农民增收，也关系到节约集约利用土
地、维护农民利益、统筹城乡发展。西咸新区承担着建设现代田园城市
的重任，做好农村土地流转工作更为重要。本报告在全面系统分析新区
农村土地流转情况的基础上，针对土地流转过程中存在的问题提出对策
建议。

一　当前西咸新区农村土地流转的基本情况

西咸新区共辖 7 个县（区）、23 个乡镇（街办）、445 个行政村，现有
农村人口 75.85 万人，土地总面积 132.3 万亩，现有耕地面积 72.58 万亩，
规划耕地面积 52.20 万亩。截至 2014 年 6 月，新区共流转土地 97738 亩，
其中，各新城主导的流转土地共 67738 亩（泾河新城 29759 亩，秦汉新城

16609 亩，沣东新城 11000 亩，沣西新城 5870 亩，空港新城 4500 亩），农户自发流转约 30000 亩。

（一）主要形式

1. 出租

出租是指农户将部分或全部土地承包经营权以一定期限租赁给承租方从事农业生产经营。出租后原土地承包关系不变，承租方按出租时约定的条件对农户负责。各新城通过出租形式流转土地总面积 43962 亩，农民以出租形式自发流转约 30000 亩，合计 73962 亩，占流转总量的 75.67%。这种形式是当前新区农村土地流转中面积最大、比例最高的一种土地流转形式，也为各方普遍接受。

2. 转包

转包是农户将部分或全部土地承包经营权以一定期限转给同一集体经济组织的其他农户从事农业生产经营。转包后原土地承包关系不变，接包方按转包时约定的条件对转包方负责。新区转包流转土地总面积仅为 820 亩，占流转总量的 0.84%。

3. 转让

转让是经有稳定的非农职业或者有稳定的收入来源的承包方申请和发包方同意，将土地承包经营权让渡给第三方，由第三方与发包方确立新的承包关系，原承包关系终止。新区转让流转土地总面积 4776 亩，占流转总量的 4.89%。

4. 入股

入股是实行家庭承包方式的承包方将土地承包经营权作为股权，自愿联合从事农业合作生产经营；其他承包方式的承包方将土地承包经营权量化为股权，入股组成股份公司或者合作社等，从事农业生产经营。这种形式在新区尚处于探索和起步阶段。

5. 资本化运营

资本化运营是由村集体组织统一将整村土地以资本形式投入市场，农户一次性获得土地补偿，同时，每亩地增加社会保障费用，用于给农户办理养老保险。新区资本化运营流转的土地主要集中在泾河新城，目前共流转土地总面积 18180 亩，占流转总量的 18.6%。

（二）主要做法

土地确权，即对土地所有权、使用权的隶属关系和他项权利的确认，是农村土地流转的一项基础性工作。各新城土地确权工作基本按照土地登记申请、地籍调查、核属审核、登记注册、颁发土地证书等程序进行。截至 2015 年，泾河新城农村集体土地"两权"登记发证工作已全部完成；沣西、秦汉、空港、沣东新城大部分行政村地籍测量、外业调查等工作已基本完成，正在进行内业整理、筹备登记发证等工作。

新区土地流转主要分为两大类，一类是由各新城主导流转，另一类是农户自发流转。

由各新城主导的土地流转工作主要按以下 3 个步骤进行。一是引进企业。各新城通过引进农业龙头企业、专业大户入区投资，发展都市农业项目。目前，新区已洽谈引进秦龙现代生态智能创意农业园区、中国暖温带森林文化博览园等农业项目 22 个，预计流转土地面积近 9 万亩。二是制定政策。针对入区农业项目，研究制定政策，出台《土地流转管理办法》等相关措施，并将这些政策措施进村入户进行广泛宣传。三是签订合同。按照土地流转相关政策法规，与原土地承包方签订书面合同，进行流转合同备案、登记等工作，目前各新城主导的土地流转合同签订率均为 100%。同时，与入区企业项目单位达成协议，预留 20% 左右的用工岗位给流转土地农户，组织开展用工技能订单培训。

农户自发流转主要是农业企业、专业合作社及种养大户与农户之间进行土地流转，分散且多不规范。其中，一部分较大农业项目借助村委会与农户谈判，签订流转合同，并在村委会、乡镇备案；也有一部分直接与农户谈判进行流转，未签合同、未备案，手续简单，易引发纠纷。

从全新区情况看，流转后的土地多用于发展设施蔬菜瓜果种植、花卉苗木培育、生态休闲农庄等附加值高、经济效益好的都市农业项目，形成了连片专业化规模经营，促进了农业产业化发展，提高了土地的收益。同时，大量农村富余劳动力从传统农业中分离和解放出来，及时满足了入区农业企业的用工需求，土地流转农户的收益也有了较大提高。据测算，泾河新城农民原来种植小麦、玉米等主要粮食作物的年均收入为900～1000元/亩，经秦龙现代生态智能创意农业园项目流转土地后，每年租金收入为1500元/亩，3年递增一次，上浮5%。此外，土地流转农民在项目地务工，男性为100元/天，女性为80元/天，人均年收入为2万～2.5万元。

二 西咸新区农村土地流转存在的主要问题

总体上看，目前新区土地流转面积较小，占家庭承包耕地总面积比重约为11%，低于东部沿海发达地区的流转比例40%，也低于全国农村土地流转的平均水平21.7%。主要问题表现在以下几个方面。

（一）流转程序不规范

1. 口头协议多，书面合同少

除各新城主导的农业项目土地流转程序较为规范外，其余土地流转以自发流转居多，集体组织功能弱化，职能部门管理缺位。由于农民普遍缺乏法律意识，一些农户甚至认为将土地承包经营权短期流转给他人签合同太麻烦，很多都是采用口头协议，为以后引发纠纷埋下隐患。

2. 流转合同不完善

很多农户即便签订了合同，也存在主体、格式、内容不规范的问题。一是合同主体不规范。部分农村集体组织代替农户签订土地流转合同，造成合同主体错位，影响合同法律效力；二是没有统一格式的规范合同文本，流转双方责任不明确；三是内容不规范，主要表现在关于土地用途管制、违约责任、流转期限等方面。

（二）流转市场不健全

1. 流转市场机制不完善

缺乏流转市场规则，监督机构不健全，流转备案和变更登记处于监管缺位状态，农民私下自发进行土地流转。土地流转缺乏透明度、公平性，交易成本高、矛盾纠纷多。

2. 土地流转服务平台尚未建立

一是新区土地流转没有规范的交易场所和服务设施，以及相应的纠纷调解机构。二是缺乏土地流转市场中介服务组织，流转信息不畅通、不对称，流转双方的市场搜寻成本较高。在新区，土地流转实际上大部分由村集体组织充当流转中介的角色，既当"裁判员"又当"运动员"，很容易产生错位，发生克扣农民流转租金或者强迫农民流转的现象，损害农民的合法权益。

3. 缺乏土地流转价格评估机制

新区农地分等定级和价格评估管理工作处于空白状态，缺乏合理的农地价格体系和农地评估标准，以致在农村土地流转中难以协商流转价格。

（三）有些农业企业投资动机不纯

1. 超标要求配置建设用地作为投资的附加条件

农业具有投入高、周期长等特点，个别农业企业为了弥补前期投入，超标要求增配建设用地。

2. 借投资农业项目之名圈地

有的农业项目圈地后没有真正从事农业生产，土地大面积撂荒，目的是待土地增值后转手获利。有的农业企业圈地是为了日后改变土地用途，以获取较大收益。

（四）农民对土地流转有后顾之忧，且认为租金低

在农村社会保障机制尚未完善以及农民在城市就业处于劣势的情况下，土地依然是农民最后的生活依靠，农民担心土地流转后生活没有保障。

部分农民认为流转租金低。土地流转租金是依据每年小麦等主要粮食作物的高产定价。从已流转土地的实际情况看，从事传统粮食作物种植的，大部分农民都愿意进行土地流转；从事大棚蔬菜、瓜果等经济作物种植以及进行渔业、畜牧养殖等农副产品生产的地区，其土地收益远远高于种粮收入，农民流转积极性不高。再者，农民对土地增值的心理预期日益增加，也是不愿意流转的一个重要原因。

（五）各级重视不够，农业项目少

这是当前新区农村土地流转中的根本问题。近年来，各新城的主要精力集中在基础设施建设和产业项目上，对农村土地流转工作和都市农业发展重视不够，投入力量较少，各新城农业发展规划仅处于概念性设计规划阶段，农业项目招商引资缺乏吸引力，现有的农业项目大多处于建设初期，未能形成规模化生产经营，对土地流转需求量不大。新区对农村土地流转工作研究和指导不够，尚未出台规范农村土地流转的政策措施，各新城也缺乏具体可操作的实施办法，有的甚至对区内土地流转、农业项目等情况都不掌握，土地流转监管工作更是薄弱。

三 加强西咸新区农村土地流转工作的建议

（一）制定并完善流转政策，同时做好宣传工作

根据《土地管理法》《农村土地承包经营权流转管理办法》等法律政策规定，尽快出台《西咸新区农村土地承包经营权流转指导意见》，从土地流转的原则、形式、程序、市场及纠纷解决等方面进行规范。各新城结合实际，制定并完善土地流转实施办法和相关政策措施。

要做好土地流转政策宣传工作，向农民说明土地流转的意义和作用，阐释土地流转租金制定依据和地面附着物补偿标准等，使其了解土地流转对提高土地产值、增加收入和促进农村发展的实际好处，还要宣传新区土地流转

后农民培训、就业引导、创业扶持等方面的具体政策，消除农民对土地流转的后顾之忧。

（二）大力引进农业项目

发展农业项目是实现农村土地流转的重要支撑。各新城要采取相应措施，加大农业项目引进力度，加快农业项目建设。要根据耕地条件和原有种植现状，积极引进有实力、有技术、有创新能力的国内外知名企业，在新区建立标准化生产基地，发展特色种养业等都市农业项目。新区应制定信贷支持、税收减免、奖励补贴等一系列优惠政策，做好项目计划落地区域的农田水利、道路等基础设施建设，提供农产品营销、技术推广等一系列配套服务。

（三）完善流转程序

一是进行土地确权。各新城应加快土地确权工作，加强与当地政府的合作，界定国有、集体土地，以及个人承包地之间的权属关系，将权属证书落实到户，明晰用益物权。

二是规范土地流转合同。乡（镇）人民政府农村土地承包管理部门应提供全省统一印制的《农村土地承包及流转合同示范文本》，明确流转方式、价格、期限、面积、用途及支付方式等事项，规范土地流转合同。

三是加强合同鉴证备案。新区建立农村土地流转管理系统，当事人签订合同后，报乡（镇）人民政府农村土地承包管理部门备案，并在新区土地流转管理系统登记。

四是畅通纠纷解决渠道。依据《农村土地承包经营权流转管理办法》，对土地流转过程中出现的纠纷，通过当事人协商解决、有关部门调解、行政处理、土地承包仲裁机构仲裁和诉讼等途径解决，做好农地流转纠纷处理工作。

（四）健全流转市场

一是尊重土地流转主体地位。各新城、所在地政府和村级组织依据土地承包经营权自愿有偿的原则，充分尊重农户意愿，引导农户依法进行土地流转，不能采取下指标、代签合同等方式强行推动。

二是建立土地流转中介机构。各新城组建土地流转的公益性服务机构或中介机构（如土地银行、土地流转交易中心等），配备咨询、价格评估、经纪等专业人员，帮助农民进行农地评估、合约签订；建立农村流转信息网络，广泛收集信息，提供信息咨询服务，逐步实现土地流转信息的网络化管理。

三是完善土地流转价格机制。各新城应做好土地分等定级工作，根据土地等级制定土地流转租金指导价，具体交易价格在指导价的基础上根据实际情况进行浮动。同时，根据当地经济社会发展水平适时调整地面附着物的赔偿标准。

四是加强土地流转市场的监管。一是加强对土地流转主体的监督。在土地流转合同签订之前，新城审查土地流转合同双方当事人的主体资质。二是加强对合同的监督。合同应在形式要件上满足法律规定，在实质内容上满足"不得改变土地集体所有性质、不得改变土地用途、不得损害农民土地承包权益"的要求。三是对签订土地流转合同的履约情况和履约进度，新城应及时通过逐户回访进行监督。四是通过媒体等加大对利用土地流转谋取非法利益行为的监督力度，维护正常的流转市场秩序。

（五）因地制宜选择流转形式

根据新区已有的出租、转包、转让、入股、资本化运营等流转形式，各新城应因地制宜，确定土地流转形式。

一是针对有一定经济实力的村集体经济组织，可选择入股的方式进行土地流转，将土地承包经营权量化为股权，组成股份公司或合作社。

二是对于城郊村、有一定城镇化基础的地区，可选择资本化运营的方式，由村集体组织统一以资本形式投入市场，农户一次性获得土地补偿，并为农户办理养老保险。

三是对于离城市较远、适合规模化种植的地区，可选择出租的方式，通过大项目带动或者农业合作社的方式从事农业生产经营。

（六）建立土地流转基金

土地流转基金是指不以营利为目的，以政府财政补贴为主，同时吸收一定比例土地出让金、社会投资和民间投资，主要用于土地流转、支持农业企业和耕地保护的专项资金。资金实行政府监管、市场化运作，它是确保土地规模流转的有力举措。

在基金的筹措上，以省政府财政专项支出、各新城一定比例的土地出让金为主要来源，同时在法律规定的范围内，吸收各类社会、民间资本。在管理上，由各新城组建土地流转基金管理部门，基金账户独立，专款专用，并由财政、审计和监察部门联合进行监督。在使用上，主要用于支持现代都市农业建设和建立农业投资基金两个方面。支持现代都市农业建设包含土地流转、建立土地银行、入股、补贴和发放耕地保护金等工作；农业投资基金委托专业机构管理，主要投资现代都市农业项目，入股龙头企业等。

（七）重视农民培训和就业

农民培训是土地流转工作中的重要问题，是农民再就业的关键。一是各新城要安排专项经费，用于农民就业培训。二是培训内容要具有针对性，不同群体应有所侧重：针对农副产品的市场要求，要加强现代种养技术的培训；根据当地企业的用工情况，要对农民进行"订单培训"；针对外出打工者，要加强职业技能、家政等培训，拓宽就业门路。三是要选择专业培训机构进行培训。四是灵活安排培训时间，可根据培训内容和农民的生活习惯采取短、中、长期班或夜校的方式开展培训。五是在培训方式上，可采取实训、讲授和参观相结合的方式，增强农民培训的效果。

各新城应积极拓展农民就业渠道。一是对有创业愿望和具备创业条件的农民提供创业指导、项目开发、小额贷款、技术扶持等"一条龙"服务，并在市场准入、工商登记、信贷支持、税费减免、提供用地等方面，加大支持力度。二是鼓励和支持符合产业政策的乡镇企业、专业合作社，拓宽农村富余劳动力转移就业的途径。三是在劳务输出和公益岗位招聘、入园企业和项目用工等方面，优先安排土地流转的农民。

B.13
西咸新区大数据产业发展报告

摘　要：　沣西新城依靠自身优势，在全国率先高举大数据旗帜，在园区建设、招商引资、招才引智、创新发展等方面快速推进，引进了四大运营商、12 个部委的容灾备份中心、微软等重大项目和骨干企业，形成集存、研、转、创、用为一体的大数据产业发展模式，努力打造成为全国大数据产业的领航者和示范区。

关键词：　沣西新城　大数据　产业发展

大数据产业是新一代信息技术与产业发展的重点领域，将引发信息技术产业形态的巨大变革。发展大数据产业，对于把握新一代信息技术产业发展的主动权，提高信息资源的利用效率，支撑经济社会发展转型和提高人民生活水平具有重要的战略意义。2012 年西咸新区沣西新城率先举旗，抢位发展大数据产业，以"数据沣西、智慧西咸、云储中国、物联世界"为目标，以信息服务和信息技术产业为主导，以大数据、物联网、电子政务、电子商务等为着力点，以大数据的存储、分析、应用为突破口，聚焦信息产业，聚集龙头企业，致力于把沣西新城打造成国家级大数据产业基地。经过不断努力，取得了显著成就。

一　国内外大数据产业发展动态

美、英、日、澳等国家政府高度重视大数据产业，自 2012 年以来密集出台多项支持政策，从数据、技术和应用 3 个方面加快推进大数据发展。从各国举措来看，政策着力点主要在于 3 个方面：一是开放数据，给予产业界高质量的数据资源；二是在前沿及共性基础技术上增加研发投入；三是积极推动政府和公共部门应用大数据技术。

我国大数据发展的宏观政策环境不断完善。自 2012 年以来，科技部、国家发改委、工信部等部委陆续出台了与大数据产业相关的一系列科技和产业化专项政策，在推进技术研发方面取得了积极效果。2013 年 6 月，根据《全国人民代表大会常务委员会关于加强网络信息保护的决定》，工信部发布了《电信和互联网用户个人信息保护规定》，进一步界定了个人信息的范围，提出了个人信息的收集和使用规则、安全保障等要求，为大数据应用中的个人信息保护设立了法律法规屏障。2014 年的政府工作报告明确提出，以创新支撑和引领经济结构优化升级，设立新兴产业创业创新平台，在新一代移动通信、集成电路、大数据等方面赶超先进，引领未来产业发展。

陕西省大数据产业的发展以西咸新区沣西新城为载体。在省委、省政府和有关部门的大力支持下，在西咸新区信息产业园内建设了国内首个专业大数据产业园区。园区规划面积 5 平方公里，分为基础数据聚集区、数据应用研发区和数据叠加拓展区三大板块。园区以应用为导向，着力解决数据存储、分析、应用、增值等关键环节的问题，大力发展数据存储、呼叫中心、IDC 中心、灾备中心、数据交换共享平台等业态。成立了陕西省大数据与云计算产业技术创新战略联盟和陕西省大数据产业联盟，通过协同创新、开放合作，建立公共技术平台，形成产业核心技术标准，支撑和引领产业技术突破。形成以骨干直连点为基础、以 10T 高速网络为支撑、以云计算和大数据为手段、以创新孵化体系为核心，立体式、全领域的信息产业集群系统。四大运营商联袂落户，国家卫计委等 9 个部委容灾备份中心集中入驻，微软创新中心等龙头项目引领，构建集"IT 基础层、数据资源层、运营平台层、应用服务层"为一体的全链条产业生态系统，最终打造国家政务信息资源聚集地、社会商务资源集散地和西部超算中心。

二 沣西新城发展大数据产业的基础条件

（一）战略地位突出

关中—天水经济区是国家深入实施西部大开发战略的重点区域，西安国际化大都市是关中—天水经济区发展的核心，西咸新区建设是西咸一体化的关键。西咸新区作为古丝绸之路的起点之一，发展潜力巨大，按照国务院对西咸新区的批复，未来将建设成为"丝绸之路经济带"的重要支点。根据国务院发布的《全国主体功能区规划》，关中—天水地区是国家16个重点开发区域之一，国家明确要求推进"西安、咸阳一体化进程和西咸新区建设"。在国家区域发展战略层面，关中—天水经济区和西安、咸阳一体化被赋予了打造西安国际化大都市和"建设大西安、带动大关中、引领大西北"的历史使命。在上述大背景下，西咸新区已经成为我国经济社会发展战略的重要支点，其产业发展和城市建设对于陕西乃至全国都具有举足轻重的战略价值。

沣西新城是我国网络核心枢纽和数据汇集中心。陕西省是国家通信网的八大枢纽之一，是西南和西北光缆干线网、长途传输网、数据通信网、固定电话网最重要的骨干节点，是中国公用计算机网络和中国多媒体信息网络在西北五省的网络核心，已建成集光缆、数字微波、卫星通信、程控交换、数据与多媒体等数字化、广覆盖的高速信息通信网络。沣西新城紧邻西安城区，兼备西安在网络路由方面的强大优势。

（二）产业基础良好

信息化基础坚实，具备良好的发展机制和模式。近年来陕西信息化建设成效显著，信息化水平大幅提高，位居全国前十，达到了西部领先水平。陕西省在信息化推进过程中，在组织领导、统筹规划、管理机制、建设模式、保障措施、支撑环境、人才队伍和服务体系等方面积累了丰富的经验。按照云模式架构部署的政务信息化公共平台体系为政务信息的汇聚、共享、交换提供了最优方式，为西咸新区大数据产业的发展在园区建设、项目实施、系统运维、数据安全和应用开发等方面提供经验借鉴。

信息产业发展态势好，已成为沣西新城的主导产业。信息产业是国家重点支持的战略性新兴产业之一，西咸新区沣西新城全力推进信息产业发展，取得了丰硕成果。西咸新区信息产业园已获批国家级云计算服务创新发展试点示范以及陕西省物联网产业基地、陕西省新型工业化产业示范基地、陕西省云计算高技术产业基地和陕西省科技资源统筹沣西信息中心。同时，以西咸新区信息产业园为载体，正式成立了陕西省大数据产业联盟和陕西省大数据与云计算产业技术创新战略联盟，推动西咸新区大数据与云计算产业迈入了新的发展阶段。目前园区各项工作进展顺利，沣西新城信息产业集聚、集群、集约发展的态势十分明显，发展势头愈加强劲，对抢占新一轮信息产业先机，加快陕西省信息产业发展具有重要意义。

（三）科技人才充沛

高校、科研院所众多，科技资源丰富。陕西省的教育资源优势明显，是全国高等教育的重要基地，西安是中国重点高等院校最为集中的城市之一，大学数量仅次于北京和上海，居全国第3位。目前，陕西省共有普通高等院校76所，军事院校9所，成人高校18所，民办高等教育机构30个，并有8所"211工程"建设院校。高校云集、科研院所集中，为西咸新区大数据产业的发展提供了科学和技术支撑。沣西新城区域内教育资源丰富，仅辖区内就有5所高等学校，在校生5万多人。

人才资源富集，人才流动率低。陕西省西安市拥有大专以上学历的人口有82万，占全市总人口的比例为10.92%，居全国第1位。拥有15万名以上与云计算、大数据相关的科技人才，覆盖了软件开发、网络通信、微电子设计、信息安全和系统集成等领域。西安每年有28万名高素质大学生毕业，为企业提供最有力的人力资源保障。同时，西安地处内陆，人才资源稳定，人才的流动率仅为8%左右。沣西新城区域周边拥有科研机构1076所，科研人员 110 万人；高校 98 所，在校大学生近 120 万人。高端、稳定、低成本的人力资源优势将为现代服务业发展提供强大的智力支撑。

（四）优惠政策强劲

中、省支持政策的叠加效应持续释放。沣西新城作为西咸新区的重要组成部分，在土地、财税、产业、金融、人才、配套等方面享受专项扶持，区域政策优势显著。2012 年 11 月 1 日，陕西省人民政府召开专题会议，明确所有入驻园区的受电变压器容量在 315 千伏安以上信息企业享受大工业电价优惠，企业成本将降低 40% 左右，大幅度提高数据类企业的盈利空间，在陕西乃至全国都极具竞争力。2014 年 9 月，省委、省政府出台《关于加快西咸新区发展的若干意见》，强调要赋予新区部分行政管理权限，调整和完善新区内统一管理体制，建立健全财政体制，加大土地支持力度，健全金融支撑体系，此外专门强调，重点发展大数据服务产业，支持国家云计算服务创新发展试点示范建设，发展新一代信息技术产业。

西咸新区于 2014 年 1 月 6 日正式成为国家级新区，省政府在产业导向、资金配套、轨道交通、税收等方面，相继出台了一系列有竞争力的扶持政策。另外，国家级高技术产业基地、国家级新型工业化示范基地申报稳步推进，叠加优势明显，政策洼地已经形成。

西咸新区沣西新城管理委员会制定了西咸新区信息产业园投资优惠政策。陕西省委、省政府全力支持西咸新区信息产业园建设，明确要求将其建成国际知名、国内领先的国家级信息产业基地和大数据处理中心。为进一步鼓励投资者在西咸新区信息产业园投资兴业，吸引企业项目资源聚集，加速形成一批产出规模大、带动能力强、示范效应好的项目，根据国务院西部开发办《关于西部大开发若干政策措施实施意见的通知》、陕西省人民政府《关于加快西咸新区发展的若干政策》和《西咸新区投资优惠政策》等有关文件精神，沣西新城管委会拟定了《陕西省西咸新区信息产业园投资优惠政策》，在财税扶持、金融扶持、技术创新促进、知识产权保障、人才支撑、基础配套等方面提出扶持措施，为推动沣西新城信息产业发展提供政策支撑。

西咸新区沣西新城作为陕西省发展信息产业的重要基地，充分发挥其在发展大数据产业方面的政策优势，已经具备大数据产业高端化、创新发展、可持续发展的基本条件。未来，通过与各企事业单位、科研和管理机构全力合作，充分挖掘巨大的信息流中潜藏的无限发展机遇，积极拥抱大数据全面应用时代的到来，沣西新城必将再一次率先跨入大数据产业发展的新阶段。

三　沣西新城大数据产业发展实践

自 2012 年首届西咸新区大数据产业高峰论坛召开之后，西咸新区在全国率先举起大数据产业旗帜，在政策出台、园区建设、招商引资、招才引智、创新发展等方面快速推进，大力发展云计算、大数据、移动互联网、物联网、智慧城市、电子商务等产业，在全国大数据产业发展中抢占了先机，稳步走进驱动创新的全面发展阶段，未来将打造成为国家政务信息资源聚集地、社会商务资源集散地和西部超算中心。

（一）沣西新城大数据产业发展进程

1. 国内率先举旗

抢抓战略机遇，推动陕西经济结构调整。在以科技创新为经济可持续发展主要驱动力的信息时代，大数据产业和云计算产业的蓬勃发展，为陕西省改变多年来经济发展以要素驱动为主、企业发展以低附加值的产量扩张为主的发展模式带来了难得的机遇。为抢抓历史机遇、推动结构调整、实现经济跨越式发展，西咸新区沣西新城率先主动拥抱大数据时代，发挥自身优势，坚持错位发展，立足国家政务信息资源处理与服务，聚焦政务信息、公共事业和商业领域数据资源，带动陕西省信息服务业高速发展，致力于成为全国大数据产业发展的领跑者和陕西省信息产业发展的推动者。

率先举旗，在全国打响大数据产业品牌。2012 年底，在北京举办的 2012 年西咸新区大数据高峰论坛上，沣西新城发布了《沣西大数据产业园发展规划》，提出了实现数据"规模化集中吞吐、深层次整合分析、多领域社会应用、高效益持续增值"的发展方向。会议有 2 位院士及工信部、国家计生委、国家林业局、国家测绘局等部委领导出席，中国工程院、中国电子信息产业发展研究院、中国计算机行业协会、中国互联网行业协会、信息化推进联盟等机构、各大运营商、多家基金公司及 IBM、惠普、英特尔、百度、联想、腾讯等 200 多家数据运营企业参加，《人民日报》《经济日报》《光明日报》和中央电视台等进行深度报道。

沣西新城通过率先举旗，在全国打响了以"数据沣西、智慧西咸、云储中国、物联世界"为发展目标的大数据产业品牌，并进一步提高后续入园项目质量，同时，其发布的战略和规划以及提出的商业模式，都走在了世界前列，引领了国内潮流。

2. 集聚数据资源

构筑全国领先数据优势。西咸新区信息产业园在构建 IT 基础层和数据资源层方面已取得巨大进展，四大运营商和人口、卫生、统计、林业、测绘、财政、社保、工商等政务数据中心集中落户，以云计算为基础技术架构的国家电子政务公共平台试点——陕西省信息化基础资源综合服务中心已经建成投运。未来，将在沣西新城建成 10 万个机架、100 万台服务器、10T 的带宽，集聚至少 300PB 的权威数据，带动 20 多个行业发展，产生 600 亿元的综合效益。这些数据相互关联补充，为数据资源的整合分析与商业应用提供广阔空间，为各类企业延伸产业链、提升价值链创造无限可能，使西咸新区信息产业园成为目前国内品牌运营商最多、数据存储量最大的专业园区。

全国人口信息处理与备份（西安）中心落户。中心作为国家人口健康信息资源数据容灾备份中心、数据交换共享中心、数据安全保障中心、数据资源处理中心、数据质量管理中心、信息服务中心、信息化培训中心，是国家"全民健康保障信息化工程""金人工程"的核心基础设施。该中心按照国际最高等级（T4）机房标准建设，采用新一代信息技术，功能设计完备，服务能力强大，将对人口健康信息的动态统计分析、监测、预测、评估和统筹管理提供必要的权威数据支撑。

各大运营商及未来国际等重点项目入驻。位于西咸新区信息产业园的中国联通陕西西安数据中心，作为"央企进陕"第一个落户西咸新区的信息产业项目和数字丝绸之路重点项目，其一期工程于2014年9月顺利通过国际Uptime Institute组织的T3（Tier Ⅲ）设计等级认证，成为国内第一家顺利通过国际T3设计等级认证的通信运营商。中国电信陕西公司智慧云服务基地作为中国电信最大的数据中心之一，将通过多路由、多方向直联北京、上海等ChinaNet骨干节点。由未来国际公司投资建设的未来大数据产业园，也将通过挖掘数据托管、智能分析、行业预测、商业咨询、数据贸易等领域的信息服务，致力于打造日处理能力达10PB的国家级战略数据灾备及数据处理服务首选地。

3. 微软战略合作

招商引资快速推进。西咸新区信息产业园按照"三步走"的发展路径，在全力推进大数据产业园建设，打好"第一步"信息服务牌的同时，积极谋划"第二步"软件研发牌，构建以软件研发为核心的陕西信息研发总部基地，聚焦软件研发领军企业，集中签约了西影集团、宇龙酷派、太极计算机等龙头企业，并规划了新型电子商贸园，积极推动与国内著名电商的合作。同时，瞄准EMC2、IBM、惠普、华为、浪潮、中兴等知名企业，进行针对性战略招商。

开启与微软的战略合作时代。在省委、省政府的大力支持下，沣西新城与微软公司签订战略合作协议，合作内容包括陕西微软创新中心、微软区域加速器、西咸新区智慧城市、微软软件服务外包人才培训基地、微软IT学院、微软技术实践中心、网上教育公有云平台，成为微软公司目前国内合作层次较高、内容涵盖较全、资源投放最多、产业孵化带动能力最强的案例，也是微软在全球范围的"灯塔项目"。目前，经过双方积极推进和高效执行，陕西微软创新中心项目、ITA/ITOA项目、中小企业云平台项目、智慧城市项目和大数据平台项目取得了初步进展，举办的微软"创新杯"大赛参赛人数创历届之最。

　　微软合作项目标志着陕西信息产业发展迈入新阶段。沣西微软合作项目是落实省政府"引进国际知名品牌、推进信息产业结构调整和改造升级"战略部署的重要举措，是形成西咸新区未来产业发展新形态、实现产城一体的重要载体，也是沣西新城培育市场、带动产业升级的强大动力。沣西微软合作项目的落户，标志着其为陕西经济结构转型升级注入了新的强劲动力，全省信息产业发展迈入了崭新阶段，西咸新区开发建设站在了新的更高起点。沣西新城作为项目主体和具体实施者，将以此为契机，加速企业孵化、产业培育、人才培养与市场拓展的有机结合，共同迎接新一轮发展机遇，把双方合作项目建设成"国际一流、国内标杆"项目。

　　4.联盟创新驱动

　　围绕创新驱动，全面提升可持续发展能力。沣西新城牢牢把握创新驱动这一新兴信息产业的核心优势，在获批国家级云计算服务创新发展试点示范、省级云计算高技术产业基地、省级物联网产业基地的同时，一方面积极申请国家级高技术产业基地、国家级新型工业化示范基地，另一方面不断深化与西安交通大学、西安电子科技大学、西安邮电大学、陕西师范大学的合作，持续增强沣西新城大数据产业发展的驱动能力。

　　迈入联盟创新时代。陕西省大数据产业联盟、陕西省大数据与云计算产业技术创新战略联盟先后成立，致力于打造陕西省大数据与云计算技术产业链、创新链和服务链，探索建立长效稳定的产学研合作机制，掌握产业发展的核心技术，形成产业技术标准，搭建有效的合作交流平台。两个联盟的成立标志着陕西省在大数据与云计算领域率先突破、抢占新一轮产业发展高地的战略部署进入了新的发展阶段。其中，大数据与云计算产业技术创新战略联盟由13所高校、53家企业、9家科研机构、8家服务机构、11家管理机构共同发起，在产业创新研究与应用开发、技术标准制定、产业自律职能发挥、技术协作、信息交流、科研合作等方面发挥关键性引导作用，促成"政、产、学、研、金"协同合作，形成产业高端化发展的强大外脑。创新联盟的成立，将加速陕西省大数据产业发展，统筹协调省内大数据与云计算技术和产业相关资源，以技术创新需求为纽带，有效整合产、学、研、用各方资源，充分发挥自身优势，通过对大数据与云计算核心技术的研究及自主创新，提升陕西省在大数据与云计算技术相关领域的研究、开发、服务水平，促进大数据与云计算技术标准的推广和应用，降低风险和成本，保护知识产权，促进联盟成员的共同进步。

西安交大智慧学镇项目加快推进。中国西部科技创新港—智慧学镇项目以西安交大为核心，并全面做好周边道路交通、商住文娱等配套设施建设，是落实国家创新驱动发展战略，推动创新型省份建设的重要举措。项目以引领西部、辐射全国、影响世界为目标，包括科研、教育、转孵化以及综合服务配套四大板块，将包括西安交大两院院士、"千人计划"学者、国家"杰出青年"和长江学者等国家级专家队伍及团队 2000 余人，博士研究生及博士后 4000 人，硕士研究生 11000 人，国家级重点实验室和工程研究中心 13个，省部级重点实验室及研究中心 58 个，力争成为创新能力突出、科教特色明显、国际交流广泛、公共服务完善的创新高地。这一项目的建成，将为陕西省真正抓住这一轮产业变革的历史机遇，率先突围、领跑全国提供核心驱动力。

（二）沣西新城大数据产业发展成效

一是高标准完成产业园区规划建设。在陕西省委、省政府的大力支持下，专门规划了 30 平方公里的西咸新区信息产业园。园区聘请美国 SOM 公司、新加坡 CPG 公司、华高莱斯等一流设计单位对空间布局、产业发展规划进行了一系列设计和研究。园区划分为信息总部区、信息服务产业区、信息研发区、信息技术产业区、高端 IT 产业区及生活服务配套区 6 个功能板块，目前各项基础配套设施逐步完善。

二是多家部委和行业大数据中心成功落户。全国人口信息处理与备份（西安）中心、国家林业数据备份中心、西部政务信息交换中心、陕西省高性能计算中心、四大运营商数据中心、国家广电数据中心等一大批大数据分析处理中心集中落户，园区聚集了 200 余家大数据相关企业。

三是正在成为中国大数据创新的策源地。园区以实现数据的"规模化集中吞吐、深层次整合分析、多领域社会应用、高效益持续增值"为方向，以陕西省大数据与云计算产业技术创新战略联盟、陕西省大数据产业联盟为载体，整合企业、大学、科研院所等各类创新资源，搭建全国领先的集产、学、研、居、投为一体的全产业生态系统，正在成为引领中国大数据创新的策源地。

四是创建大数据商业运营模式。西咸新区信息产业园围绕大数据产业，创新提出以存为基础、以用为核心、以实为目标，从 IT 基础层、数据资源层、运营平台层、应用服务层 4 个层面入手，与校企合作共建产业发展研究院，引进社会资本参与加快发展产业基金，以市场导向促进创业，与各类机构合作推动成果应用，全面构筑大数据产业发展的生态环境，形成集存、研、转、创、用为一体的大数据产业发展模式，为我国加快探索发展新一代信息技术产业提供了新样本，探索出新路径。

四 沣西新城大数据产业发展方向

西咸新区沣西新城大数据产业发展将以应用为导向，以实现数据的规模化集中吞吐、深层次整合分析、多领域社会应用、高效益持续增值为重点，大力发展数据存储、呼叫中心、IDC 中心、灾备中心、数据交换共享平台等业态，未来将构建 4 个层面的大数据全产业链生态环境。

一是依托中国联通、中国电信、中国移动和陕西广电网络四大运营商的数据中心和基础网络的建设，搭建 IT 基础层；二是通过全国人口数据与备份中心和国家林业局、国家测绘局 3 个容灾备份中心，构建数据资源层；三是搭建政务服务、电子商务、公共服务等平台，以互联网平台运营商、电子商务巨头、社交门户网站、搜索引擎等平台运营企业为主，打造运营平台层；四是在政务数据和互联网数据平台基础上，吸引众多数据应用、研发类企业推动大数据产业链向高端攀升，实现数据价值，完善应用服务层。

（一）重点发展领域

在数据综合服务领域，整合信息服务业资源，促进现有的电信运营商、软件提供商、信息服务提供商、内容提供商的转型。大力推进数据资源的集中与整合，以大数据为节点，对数据的统一性、综合性进行处理、分析与优化，将结果反馈或交叉反馈到物联网、移动互联网、数字家庭、社会化网络等应用中，进一步改善使用体验，提升数据服务的商业价值和社会价值。加快制定技术标准，重点突破数据安全风险困局，促进大数据商业模式创新，培育具有竞争力和影响力的数据服务企业。

在软件与信息技术领域，利用大数据中蕴含的巨大价值，快速推动数据分析和处理技术创新，加强与国内外领先企业合作，加快发展数据萃取、数据处理、数据分析、数据应用，开发满足行业和企业需求的软件产品，为大数据的发展提供产业基础，形成一批掌握大数据核心技术的骨干企业群体。

在硬件与集成设备领域，围绕大数据的高效存储、快速读写、实时分析等需求，快速推进芯片、存储、一体化数据存储与数据处理服务器、内存计算等产业的发展。

（二）重点行业应用

1. 智慧城市应用

大数据在智慧交通、平安城市、智慧医疗等领域中应用前景广阔。将大数据应用于智慧城市的精细化定位管理、综合化安全监控、高效化应急处置、智能化规划分析、全面化信息共享等方面，利用大数据处理和预测能力，将为智慧城市的智慧交通、平安城市、智慧医疗、智慧养老等细分领域提供更高的预测精度、更短的响应时间、更多的并行用户和更大的数据处理量。

在智慧交通领域，利用大数据在信息集成和组合效率方面的优势，通过数据的同步采集和分析处理，改变我国城市交通管理的条块分割现象，解决交通管理碎片化问题。通过分布式文件系统和数据库实现数据的永久存储、实时检索、随时扩容，对智慧交通传感器引入的海量交通领域的图像和视频数据进行实时处理分析和准确提炼，构建合适的交通预测模型，有效模拟交通运行状态，给出合理的应对方案，有效缓解交通拥堵，快速响应突发状况，为城市交通的良性运转提供科学的决策依据。

在平安城市领域，由于平安城市数据具有行业特殊性，即流量巨大且对高清有很高要求，因此一方面要保证 IT 基础架构的计算能力、存储能力和数据交换传输能力与平安城市大数据的增长速度相匹配，另一方面要选择合适的开放架构平台，合理利用大数据对海量视频数据进行精准分析。通过IT 基础架构的可扩展性建设，将大数据用于城市治安管理、城市管理、交通管理、应急指挥，以及灾难事故预警、安全生产监控等方面。

在智慧医疗领域，利用大数据技术对日益复杂化、规模化的医院数据进行搜集、整理与加工处理，将医疗数据转变为宝贵的财富。随着医院数字化、网络化、信息化发展的稳步推进，中国一个中等城市 50 年所积累的医疗数据量就达到 10PB 级，而随着健康医疗的不断发展，非结构化数据增速将持续加快。通过大数据技术，可以对这些数据进行有效的存储、处理、查询和分析，从而辅助临床医生做出更科学和准确的诊断，帮助医院根据患者的潜在需求开发个性化服务，甚至有助于研究机构突破医疗方法和药物革新，支持医疗资源及服务的优化与配置。

2. 电子政务应用

大数据为政府创新社会管理和服务，全面释放信息资源的社会和商业价值提供了有力支持。通过大数据的高度共享、关联预测等特性，推动政务信息从资源集聚向资源高效利用过渡，围绕数据生成、存储、处理、分析、应用等关键环节，在公共信息及舆情监测分析、社会和经济指标快速反应、政务决策支撑、企业信用平台建设及管理等方面将数据资源转变为战略资源和商业资产，推动社会管理从经验决策向科学治理转型，从而大幅提高政府效能，提升社会公众服务满意度。

在民生服务领域，通过多渠道采集食品药品安全、医疗卫生、社会保障、教育文化、旅游休闲、就业等方面的数据，推动数据的整合、共享和开放。逐步开放政务数据和数据库接口，积极推动民生领域的大数据研究，优化民生服务的解决方案，开发个性化便民服务应用，提升民生服务质量，建立基于大数据应用架构的市民融合信息服务平台，搭载市民个人网页、便民移动应用等，提供全方位的一站式便民信息服务，推进均等化和人性化的民生服务。

在城市综合管理领域，以城市综合管理为对象，构建科学的预警监控体系，整合城市规划、交通、治安、城管、环境、气象等方面的数据资源，建立可视化和智能化的大数据应用分析模型，通过对海量数据的智能分类、整理和分析，使城市管理者能够更准确地预测可能出现的情况，及时调度资源，从而有效防范城市管理领域的风险并处理出现的问题，打造智慧、平安、和谐城市的典范。

在行业应用领域，面向电子商务、工业制造、交通物流、商贸零售、金融、电信、能源、传媒等数据量大的行业领域，积极引导具有行业影响力的企业，大力开展数据采集和监测，提供数据挖掘和分析、商业智能及横向扩展存储等软硬件一体化行业应用解决方案，积极支持具有较强存储技术和资源的企业提供数据银行服务，寻找全新商业增长点。

3. 电商平台应用

大数据为电子商务提供了强大的数据检索、快速响应和海量数据精准分析能力。通过在消费者分析、精准营销等方面的应用，结合电子商务数据中用户的消费习惯、购物组合的变化等，分析深层次的经济运行规律，为商业决策提供支撑，并通过建设完整、高效的电子商务服务产业链带动订单生产及集成智能物流产业链等配套服务产业的发展。同时，通过国际经济和商业数据的分析预测，抓住"丝绸之路经济带"发展机遇，积极发展面向中亚地区基于大数据的国际化电子商务应用和跨境电子商务平台，并拉动实体经济快速发展。

在个性化营销领域，通过对顾客的结构、流量、点击率、购买周期以及兴趣等海量数据的收集、整合和分析，可以对消费者的品位和消费意愿进行准确识别，挖掘用户的潜在需求，从而主动为其提供个性化和精准的产品和服务。通过智能导购，提高电商销售额和利润率，并最终提供个性化的跨平台的营销解决方案，大幅提升用户的消费体验。

在消费者信息安全领域，利用大数据处理技术全面、及时、精确地监测并获取各类网络异常行为或网络攻击行业的结构化和非结构化数据，实时进行安全分析和预防性分析，从而度量企业安全级别和安全风险，更有针对性地设计、实施信息安全方案，应对安全风险，寻找攻击源，识别钓鱼攻击，从而实现大数据时代的用户隐私安全，提供更可靠、更稳定、更安全的电商环境，保障电子商务行业的规模发展。

4. 互联网金融应用

大数据为互联网金融行业推动金融智能决策和金融服务创新提供了有效途径。应用金融大数据，一方面，推动数据采集、数据挖掘、数据分析等金融数据工具的开发，通过对用户存款、理财取向、风险偏好的全面分析，提供 360 度客户视图、个性化自助理财、中小企业贷款信用评估等金融服务，推动第三方支付、P2P 平台等互联网金融行业发展，提高融资效率，提升金融市场流动性；另一方面，推动金融数据安全和风险预警数据工具开发，通过数据日志分析、资金流向跟踪等手段，进行互联网金融管控，提高风险抵抗力，推动互联网金融健康有序发展。

在高频金融交易、小额信贷领域，一方面，将大数据应用于金融工程，利用大数据技术对高频金融交易的实时、大规模数据深入挖掘，创造和改进数量化交易模型，并应用在基于计算机模型的实时证券交易过程中；另一方面，将大数据应用于小额信贷，通过对大量用户信息、企业交易数据及其详细信用记录的分析，对企业贷款进行智能判定，从而增加放贷额度并大幅降低坏账率。

在精准营销领域，通过大数据技术分析识别高价值客户及其线下常驻场所，实现与线下店面的积分合作，从而吸引更多优质客户。通过构建客户流失预警模型，对流失率等级靠前的客户实施发售高收益理财产品等有针对性的措施予以挽留，有效降低客户流失率。通过对客户交易记录进行分析，有效识别潜在的小微企业客户，并利用远程银行和云转介平台实施交叉销售。

在精细化管理领域，大数据能够加强风险的可审性，支持业务的精细化管理。一方面，更好地适应中国银行业利率市场化改革带动的精细化管理需求；另一方面，通过大数据进行服务创新，更好地实现以客户为中心的理念，通过对客户消费行为模式进行分析，提高客户转化率，开发不同的产品以满足不同客户的市场需求，实现差异化竞争。

（三）重点建设任务

一是加大重大项目建设与资源整合力度，推进国家基础数据资源聚集。将引进重大项目与盘活本地资源相结合，扎实推进沣西大数据产业园建设，全力推进四大通信运营商云计算中心、数据中心、呼叫中心、灾备中心、通信运营中心等入区项目建设。重点加快国家计生委全国人口信息处理与备份（西安）中心项目建设，积极引导和推动各领域进行数据资源整合，实现以人口信息为基准，与公安、医疗、社保、金融、测绘等领域的数据资源聚集、共享、叠加、融合和关联，逐渐完善大数据产业链上游基础数据层的基本架构，形成大数据产业的制高点。

二是构建大数据产业创新体系，推动产业技术进步和规模化发展。谋划以企业为主的大数据产业创新体系，加快构建大数据产业研究院、互联网金融研究院等创新型研究机构，涵盖工程研发、标准体系、软件研发、技术集成、应用开发、互联网金融等业务职能，为产业发展搭建良好的技术平台，提供面向全国的大数据产业信息、咨询和技术等服务，支撑大数据产业实现创新发展。同时，依托西安交通大学、西安电子科技大学、西北工业大学、西安邮电大学、西安未来国际股份有限公司等国内知名高校、企业以及综合业务网理论及关键技术国家重点实验室、无线网络安全技术国家工程实验室、陕西省信息化工程研究院、陕西省高性能计算研究中心、大数据研究中心等科研院所和机构，积极开展大数据产业相关学科和技术的研究，为产业提供原创技术和人才支持。争取省级主管部门的大力支持，共同推动陕西西咸新区大数据产业发展，共同参与市场开拓，推动数据资源挖掘，促进产业技术进步和规模化发展。

三是合理利用政务信息资源，深入探索大数据商业模式。以实现数据资源的商业价值为核心，在合理利用政务信息资源的基础上，继续创新大数据应用的商业模式和服务机制，运用市场手段，引导相关企业整合数据资源，组建运营公司，为各个行业提供数据租售服务、分析预测服务、决策支持服务、数据分析平台以及数据共享平台，让数据资源变成商业资产，实现数据中心由成本中心向利润中心转型。企业战略从业务驱动向数据驱动转型，社会管理从经验决策向科学治理转型。通过云数据服务，与物联网实现融合，构建具有巨大辐射和服务功能的全社会云服务产业集群。

四是继续加大对龙头企业的招商力度，全面提升大数据服务技术能力。跟踪世界知名企业，引进一批高端数据挖掘、分析和应用研发企业，不断向价值链高端攀升。通过关键技术研发提升质量保障能力、数据更新能力、先进大数据挖掘处理能力等大数据技术服务能力，针对各领域基础数据资源，运用数据叠加、数据融合服务，提供面向国家部委的数据增值服务。数据技术服务能力的提升将有效带动市场需求，助推大数据在各行业、各领域得到广泛应用。

五是应用示范工程与市场合理运作相结合，提升产业竞争力。积极运用行政力量，整合各种优势资源，通过推动信息产业成熟技术的示范应用带动信息产业加速发展。一方面，抓住国家级试验区的发展机遇，在"十二五"信息化与工业化深度融合战略主导下，积极发挥工业软件等信息技术对传统工业转型升级的促进作用，以信息化促进工业化，以工业化带动信息化，从而为信息产业的发展提供广阔发展空间；另一方面，结合沣西新城智慧城市建设的契机，基于大数据，在智慧交通、智慧政务、智慧物流、智慧医疗和智能环境监测、电子商务等领域开展应用示范工程，鼓励园区骨干企业积极承接产业应用示范工程，为企业产品和解决方案提供应用示范的市场空间。

六是运用互联网思维推动商业模式创新，构建创新创业培育机制。以创新研发促发展，联合相关领域的院士和知名企业，成立大数据研究院，引进陕西信息化工程研究院和丝绸之路互联网金融研究院，通过数据算法与软件研发等关键技术攻关，参与制定大数据产业标准，孵化大数据典型应用，以技术领先驱动产业创新。加大资金支持力度，积极争取有关部门支持，注重调动市场资金力量，设立大数据研发基金、大数据产业发展基金、大数据企业孵化基金，引进一批国际资本和战略投资者，构建多元化资金支撑体系，促进资本、科研、产业良性互动。创新商业模式，谋划成立数据挖掘、大数据运营、数据交易、金融服务等专业公司，运用市场化的手段和方式，以数据增值服务、知识产权及技术交易、数据交易与置换、大数据产业推广为主要业务方向，实现数据的商业价值，推动大数据产业链向高端攀升。

大数据产业的快速发展和成熟以及大数据全面应用时代的到来，使全球信息产业迎来了新的发展机遇。未来，西咸新区沣西新城将继续举旗大数据，尊重市场规律，运用市场化的手段和方式，以数据增值服务、知识产权及技术交易、数据交易与置换、大数据产业推广为主要业务方向，加快部署智慧政务、智慧商务、智慧城市和互联网金融应用，挖掘大数据的商业价值，推动大数据产业链向高端攀升，持续促进大数据资源的市场应用，全面释放大数据的商业价值，为陕西省经济社会发展注入新的活力，推动西咸新区成为全国大数据产业的领航者和示范区。

B.14
西咸新区海绵城市建设报告

摘　要：　西咸新区获批全国首批、西部唯一的海绵城市试点。积极推
进低影响开发、高品质建设，通过实现"建筑与小区对雨水
应收尽收、市政道路确保绿地集水功能、景观绿地依托地形
自然收集"的三级雨水综合利用系统，将调蓄设施与城市既
有绿地、园林、景观相结合，实现区域性雨水汇集、净化、
调蓄、溢流功能，让城市回归自然。

关键词：　西咸新区　海绵城市　试点

西咸新区自成立以来，以沣西新城为试验区，积极推进低影响开发、高
品质建设，在生态文明建设与新型城镇化道路深度融合上进行了有益探索，
取得了阶段性成果，成为引领西北地区海绵城市建设的标杆。

一　规划引领，积极融入低影响开发建设理念

西咸新区地处半干旱地区，夏季炎热多雨，冬季寒冷干燥，四季干、
湿、冷、暖分明。多年平均降水量600毫米，属于严重资源型缺水地区。夏
季降雨量占全年降雨量的55.3%以上，冬季仅占全年降雨量的5%～8%，
且夏季降水多以暴雨形式出现，易造成洪涝和水土流失等自然灾害，对排水
防涝基础设施建设、雨洪调蓄和应急管理能力需求强烈。

从2012年初开始，西咸新区在沣西新城开展海绵城市建设局域性试点，
先后与西安理工大学、西安市政设计研究院联合启动了"沣西新城雨水净

化利用技术研究与应用示范项目"。通过实验，明确了雨水花园、生态滤沟等 LID 设施在沣西新城应用推广的可行性。2014 年，结合建筑小区雨水花园与生态滤沟建设实践，制定出台了《西咸新区生态滤沟系统设计指南（试行）》和《西咸新区雨水花园系统设计指南（试行）》，提出了规划控制目标及技术框架，明确了雨水花园、生态滤沟等低影响开发设施在规划、设计、施工及维护管理过程中的内容、要求和方法，为开展雨水收集利用工程设计提供了指导。在道路方面，同步开展了植生滞留槽、砾石蓄水沟、装配式砾石沟等 LID 方案试验，结合项目建设运行情况获取基础数据，初步形成了技术标准。

2015 年 1 月，西咸新区和住建部中国城市科学研究会共同举办"海绵城市建设国际研讨会暨中国海绵城市建设（LID）技术创新联盟成立大会"，仇保兴、佘年、俞孔坚等专家学者齐聚西咸新区，共商海绵城市建设大计。这是全国第一个专业的海绵城市建设技术联盟。

二 大胆探索，初步构建海绵城市雨水收集利用系统

从 2013 年开始，沣西新城结合重点工程建设，以住建部《海绵城市建设技术指南（试行）》为指导，在新城内开展了多项低影响开发雨水收集利用试点工程，通过攻坚克难、创新设计，初步构建包括建筑小区、道路绿地、中央雨洪系统（中心绿廊）在内的三级雨水收集利用系统。

（一）建筑小区

建筑地块是雨水分流与回用的重点，要确保应收尽收。屋面及地面雨水经落水管或地形收集后，汇流至下凹式绿地、雨水花园、生态滤沟、植草沟等低影响设施处，经土壤、植被等吸收后，逐层下渗并滞蓄。雨量较大时，汇集雨水在雨水花园、生态滤沟中形成微型水景，一方面经土壤－植被系统净化后的雨水可下渗补充地下水（不做防渗），另一方面也可经底部穿孔管收集后汇入雨水收集池回用于小区绿化或消防用水（做防渗）。在极端情况

下，来不及下渗的过量雨水通过溢流雨水口进入小区管网，而后转输汇入市政管网。

（二）道路绿地

道路是雨水径流重要来源与排泄渠道，在保证其结构安全前提下，通过控制排水坡度将红线范围内雨水导流至道路两侧下凹式绿化隔离带处进行收集、过滤、渗透和净化。雨水沿道路豁口流入下凹式绿化带，在收水口处设置碎石过滤带或滤网对初期雨水进行过滤，去除大的漂浮物及泥沙，同时进行消能。而后径流雨水沿绿化带纵坡流动，逐步被植被、土壤吸收并下渗。根据各路段原状土渗透性能及沙层埋深等实际情况，有针对性地采用植生滞留槽、砾石蓄水沟、装配式砾石沟等 3 种 LID 断面设计方案，对道路雨水进行收集、净化、滞蓄。吸收饱和后的富余雨水，通过高于下凹式绿化带的雨水篦子，首先溢流至附近绿地就近下渗。遭遇强降雨时，则通过雨水井内雨水溢流堰排至城市雨水主管网。在绿地中通过优化竖向设计，依托自然地形收集来自屋面、地面及绿地的雨水，并根据不同土壤的地质条件，分别设置下凹式绿地、植草沟、速渗井等低影响设施来吸收、滞蓄、下渗、净化雨水及补充地下水。在极端天气下，雨水则通过地表溢排至附近市政管网。

（三）中央雨洪系统（中心绿廊）

中央雨洪系统是连接沣河、渭河的一条东西向绿廊，布置有湖泊、湿地、森林等，既是生态廊道，又是城市通风带，更重要的是承担着城市雨洪调蓄枢纽的重任。目前，中心绿廊一期工程已建成，项目占地 23 公顷，绿化面积 19.8 万平方米，湿地面积 4.2 万平方米，总长 1 公里。建设中通过塑造整体下沉式空间模式，形成区域低点，可使周边雨水方便汇入绿廊。依据区域排水规划，中心绿廊将对两侧 2~3 个大街区范围内的建筑小区、道路、广场、绿地等地块下垫面的地表径流（消纳不了的富余雨水），通过道路雨水边沟、雨水浅管、市政管网等设施实现直接或间接全面收集，形成区域雨水汇集、净化、调蓄中心。

三 创新实践，积极推进海绵城市试点建设

2015 年 3 月，经国家住建部、财政部、水利部层层筛选，西咸新区从 300 多个申报城市中脱颖而出，成为西北地区唯一入选全国首批 16 个海绵城市建设试点城市，获得连续 3 年每年 4 亿元共计 12 亿元的海绵城市建设专项资金支持。为落实试点任务，西咸新区成立了以管委会主要负责人为组长的西咸新区海绵城市试点建设工作领导小组及其办公室，明确将沣西新城作为西咸新区海绵城市试点建设区域。5 月，根据 3 个部委要求，编制完成了《陕西省西咸新区海绵城市建设试点三年实施计划》，进一步明确了 22.5 平方公里试点区域及工作目标。3 年计划建设项目 58 个，总投资 27.06 亿元。为圆满实现海绵城市示范建设目标，完成 3 个部委 3 年验收任务，形成亮点，在西北推广应用，沣西新城紧密围绕 3 年实施计划，结合住建部《海绵城市建设绩效评价与考核办法》，对试点工作任务进行了详细安排与分解，全力加快海绵城市建设步伐。

（一）规划编制

开展《西咸新区城市总体规划》《西咸新区沣西新城分区规划》《西咸新区沣西新城控制性详细规划》《西咸新区海绵城市建设总体规划》《西咸新区排水（雨水）防涝综合规划》《西咸新区沣西新城水系综合规划》编制工作，从 2015 年底到 2016 年初基本完成。编制完成《沣西新城低影响开发（LID）专项规划》并通过专家咨询。这些规划将为海绵城市试点建设提供理论和标准支撑。

（二）制度建设

与《西咸新区海绵城市建设总体规划》同步编制《西咸新区海绵城市建设管理办法》《西咸新区蓝线管理规定》等，构建完善的海绵城市建设管理机制。编制完成《西咸新区政府与社会资本合作项目财政补贴管理暂行

办法》《西咸新区中长期财政规划管理办法》，正在组织编制《西咸新区海绵城市专项资金管理办法》《陕西省西咸新区政府与社会资本合作项目财政承受能力论证实施细则》等，成立了60亿元规模的城镇化发展基金，建立稳健的海绵城市财政保障制度。

（三）工程建设方面

1.建筑小区

完成了同德佳苑小区、西部云谷一期、总部经济园室外一期等项目，累计完成投资额5602万元。完成了康定和园室外景观及LID方案设计，完成了西部云谷3、4号楼，总部经济园8、9号楼屋顶绿化项目概念性方案设计。正在开展康定和园室外景观及LID施工图设计、屋顶绿化方案设计等工作。其中同德佳苑绿化率约为55%，总体地势北高南低、两边高中间低。该小区海绵城市设施主要有雨水花园、下凹式绿地、传输型植草沟、透水铺装等。雨水花园底部分为覆盖层、换填层和碎石层3个部分，主要作用是净化、滞蓄雨水。下凹式绿地，通过局部换填，促进雨水汇流和入渗。传输型植草沟，将屋面和道路雨水导流至雨水花园集中处理。透水铺装，通过在蓄水层中设置抗冻型透水管，收集富余雨水汇入雨水管道。改造后，小区下沉式绿地率达到35%，可渗透面积比例达到8%，年径流总量控制率为85%，削减总悬浮物60%以上。经过一年多的实地监测，多次强降雨都没有出现雨水外排现象。天福和园、康定和园、沣润和园等安居工程也正在加紧海绵体建设，替代了传统的雨水管网。

2.道路绿地

对试点区域内的尚业路、创业路、沣景路、天雄西路、秦皇大道、兴咸路等11条30多公里道路均开展低影响开发专项设计和施工，通过采用植生滞留槽、下凹式绿带、集料蓄水沟等LID设施工艺对道路红线范围内的雨水进行收集、过滤、滞留和渗蓄。将兴咸路两侧原来的雨水口改造成沉泥井，路牙进行了侧向开口，并设置拦污槽，在两侧的绿化带中布设低于路面30厘米的生态草沟，呈S形绕开树木，将85%的路面雨水收集到两侧绿化带进行过滤、滞留和渗蓄。下大雨时，则会通过生态草沟中的溢流井排入市政管网，即使出现 50 年一遇的暴雨，也能靠道路红线外的调蓄塘进行调蓄错峰，保证路面无积水。环形公园是围绕沣西新城核心区的城市带状公园，全长 12.5 公里，该项目依托与城市多条道路相接壤的优势，利用公园中的下沉式绿地、生态植草沟、雨水花园等多种低影响设施，对过量雨水进行消纳，缓解了道路的减排压力，降低了海绵城市建设成本。

3. 中央雨洪系统（中心绿廊）

中心绿廊项目是雨水调蓄中心，也是沣西新城三级雨水收集利用系统的核心和最大特色。建筑小区、市政道路及景观绿地内的雨水经原场地消纳后产生的富余水量通过雨水溢流装置进入市政排水管网，之后输送至沣西新城雨水收集利用系统的末端——中心绿廊进行集中调蓄。

中心绿廊项目在建设中通过塑造整体下沉式空间模式，形成区域低点，可使周边雨水汇入绿廊。依据区域排水规划，中心绿廊将对两侧 2～3 个大街区范围内的建筑小区、道路、广场、绿地等地块下垫面的地表径流（消纳不了的富余雨水），通过道路雨水边沟、雨水浅管、市政管网等设施实现直接或间接收集，形成区域雨水汇集、净化、调蓄中心。目前，中心绿廊一期工程已建成，占地 23 公顷，总长 1.8 公里，据测算，最高可承载雨水量 30 万立方米，基本上能够将周边 2～3 个街区内的道路和建筑地块中外排雨水完全消纳，大大降低城市内涝的风险，也把有限的雨水资源留在城市中。

4. 水利及生态修复

西咸新区一方面在城市规划中划定河湖水系蓝线，最大限度地保护原有河流；另一方面坚持"顺应河道自然演变与生态平衡"的原则，融入"生态驳岸"的理念，对已渠化或受污染河道进行生态修复，全面推进水系保育工作。目前，西咸新区沣西新城境内渭河防洪工程已全部完工，防洪标准提高至百年一遇的水平。223 公顷渭河滩面治理及 137 公顷沣河防洪治理工程已全面开工，165 公顷新河入渭口治理、75 公顷沣河滩面治理及水生态修复工程已完成设计，211 公顷新渭沙湿地项目正在加快推进。与此同时，正在开展的渭河、沣河污水处理厂及配套管网、泵站项目，对新城范围内的城市污水进行集中处理，出水水质优于城镇污水处理厂污染物排放一级 A 标准，部分指标达到地表水环境 V 类标准。

（四）技术储备及研究

制定《西咸新区生态滤沟系统设计指南（试行）》和《西咸新区雨水花园系统设计指南（试行）》，结合海绵城市示范项目，开展 LID 单项设施技术指南及工程设计标准图集编制工作，为出台本地综合规范奠定基础。积极联合新加坡 CPG 公司、中国城市规划研究院、清华大学景观学院、深圳市规划设计研究院等咨询机构、科研院所，统筹科技资源及专业优势，开展规划设计、技术研究和实验监测。启动西北地区自然积存的雨水水质净化及雨水回用景观水水质保持技术集成研究、半干湿地区海绵城市近自然植物群落种植设计研究、适用于西咸新区 LID 设施混合土配置研究、新型透水铺装材料研究以及沣西新城市政道路 LID 试验等科研课题研究，推动海绵城市建设理论和技术进步，形成具有西咸特色的创新研究成果，引领西北地区海绵城市建设。

四 问题与建议

（一）问题

《西咸新区海绵城市建设试点三年实施计划》中 58 个重点建设项目，仅"海绵"部分就投资 27.06 亿元，总投资额预计超过 144 亿元。目前除中央财政专项资金补助外，还存在较大资金缺口。

海绵城市建设项目多为基础设施建设，大部分为公益性质，项目收益率低，社会资本虽有积极参与，但对收益保障认可度不高。按照 2015 年 10 月 10 日住建部海绵城市试点工作座谈会精神，各试点城市要于 2015 年末形成可复制推广的海绵 PPP 创新模式，目前虽积极组织编制相关制度，但还缺少中、省层面的指导与帮助。

与中、省等层面有关部门的沟通协调机制尚不完善，影响海绵城市建设效率。

宣传力度有待提升，思想认识不够统一，部门协调尚需加强。

（二）建议

1. 加大政府投入

积极向中、省争取资金支持，成立新区层面的海绵建设专项基金并统筹安排，加大对海绵城市建设的倾斜力度，在中期财政规划和年度建设计划中优先安排海绵城市建设项目，并将符合条件的项目列入专项基金支持范围，积极引导海绵城市建设。出台政策，完善城市排水及雨水回用收费机制，形成良性循环。

2. 完善融资支持

出台政策，依托中央财政支持资金，鼓励银行业金融机构在风险可控的前提下，对海绵城市建设提供中长期信贷支持，积极开展担保创新类贷款业务，加大对海绵城市建设项目的资金支持力度。支持通过发行企业债券、公司债券、资产支持证券和项目收益票据等募集资金，用于海绵城市建设项目。通过降低贷款门槛、延长还利时限，吸引更多社会资本参与海绵城市建设。进一步加强对沣西PPP融资的工作指导，加大对沣西新城60亿元城镇化发展基金的支持与推介力度。

3. 深化组织协调

加强组织领导，完善工作机制，强化新区与新城各部门间的配合协同；积极拓宽与中央及省级财政、住建、水利等部门的沟通渠道，打破交流桎梏，并建立及时反馈协调机制。

4. 加强宣传培训

建议在全新区范围内加大对海绵城市理念及成果落成的展示力度，通过多渠道宣传，让广大百姓切实感受到海绵城市建设给生活带来的诸多益处，形成全社会关心、老百姓支持的良好氛围，共同推动西咸新区海绵城市建设工作。同时加大对各级领导干部的培训力度，使其深入了解海绵城市建设理念及与新区发展的密切关联，从思想上形成支持海绵城市建设工作的广泛共识。

5. 加快全区推广

建立新区联席会议制度，统筹各新城规划建设，做到"规划一幅图、建设一盘棋、管理一张网"，切实提升海绵城市建设的系统性，实现连片效应，最大限度地发挥海绵城市的建设功效。充分考虑各新城开发建设实际，本着"因地制宜，合理差异"的原则，在科学论证的基础上分批次、分步骤启动试点建设工作。

B.15

空港新城"丝绸之路经济带"国际
航空物流枢纽发展报告

摘　要：　空港新城依托区位优势，以打造"丝绸之路经济带"国际航空物流枢纽为目标，通过规划建设"三园两区"、加强航空物流基础设施建设、与"一带一路"沿线国家合作，物流项目不断增多、物流规模持续扩大、物流企业持续增长、航空物流产业聚集。下一步将积极对接落实国家战略，加快货运航线网络化布局，多管齐下推进多式联运体系建设，营造安商、亲商、富商环境，确保国际航空物流枢纽顺利建设。

关键词：　空港新城　"丝绸之路经济带"　国际航空物流枢纽

作为"丝绸之路经济带"的新起点，陕西省推出《陕西省"一带一路"建设2015年行动计划》，将空港新城"丝绸之路经济带"国际航空物流枢纽建设作为陕西落实"一带一路"战略的重要抓手。空港新城依托西安咸阳国际机场的区位优势，紧抓"一带一路"和临空经济发展等战略机遇，围绕"3个连通、2个发展、5个支撑"的发展思路①，高标准规划建设陕西西咸保税物流中心、机场航空货站和陕西国际快件监管中心等国际物流平台，积极引进国内外航空物流龙头企业，逐步实现航空物流产业集群发展，稳步推进"丝绸之路经济带"国际航空物流枢纽建设。

---

① "3个连通"指实现国际连通、全国连通与区域连通；"2个发展"指提升物流产业与物流创新服务发展；"5个支撑"指完善保税物流产业园、丝路电商产业园、航空物流仓储园、国际货物分拨区和商贸配套服务区5个功能板块。

一 建设国际航空物流枢纽的主要做法

（一）高标准规划建设"三园两区"

为打造"丝绸之路经济带"国际航空物流枢纽，空港新城按照"5个支撑"布局国际航空物流枢纽区，形成保税物流产业园、航空物流仓储园、丝路电商产业园、国际货物分拨区和商贸配套服务区五大功能板块，各板块功能互补、相互融合、协同发展，实现航空物流产业集聚。

保税物流产业园总规划面积为2平方公里，重点打造空港型高效通关及保税物流服务平台，发展保税物流、跨境电商产业并提供一体化通关服务。重点建设陕西西咸保税物流中心（B型）核心功能支撑项目，规划建设面积约为0.36平方公里，包括仓储分拨配送区、跨境电子商务区、保税展示区和国际贸易及金融服务区，涵盖电子商务、保税物流、保税仓储、转口贸易、全球采购及国际分拨配送、流通性简单加工及增值服务等九大功能。该项目已于2015年12月通过国家四部委正式验收，预计2016年3月实现封关运营。

航空物流仓储园通过打造航空物流仓储及运营平台，重点发展医药、电子、快递、冷链等特色产品物流。重点建设申通西北转运中心、圆通西北转运中心、普洛斯航空物流园、新地西咸空港物流园、丰树西咸空港物流园以及巴夫洛空港冷链仓储设施等仓储项目。

丝路电商产业园通过打造全省电子商务平台及电商物流设施，主要发展面向丝绸之路沿线城市打造跨境电商服务平台。重点建设云上空港跨境电商园、首信西北特产分销及电子商务产业园等电商物流设施。依托陕西西咸保税物流中心政策与功能平台，与大龙网合作在空港新城保税商贸中心设立大龙网网贸会，借助大龙网的Osell出口平台，开展跨境电商出口业务，让国内产品直销海外，并邀请国外采购商在保税商贸中心长期设展，形成O2O线下体验馆。同时考虑在海外设立互联网贸易馆，邀请国内商家进行商品展览展示，推动跨境电商出口业务。

国际货物分拨区通过提升机场新货站（含东航货站）的货运功能和规划建设国际快件监管中心，打造国际、国内中转及航空快递分拨集散平台。重点建设机场新货站、国际快件监管中心、普洛斯航港基地、顺丰速运、邮政速递等快递企业及货代公司的西北运营中心，尤其是陕西国际快件监管中心是陕西省唯一的一站式快件快速监管通关平台。该项目计划投资1.5亿元，建设面积1.5万平方米，用于建设仓库、分拣查验场地、办公楼等设施。

商贸配套服务区主要发展商贸、酒店、办公等配套服务。

重点建设的临空物流商务中心为入区企业提供集办公、会议、酒店、健身、休闲于一体的综合办公楼，空港大酒店、祥茵中央公园、时代奥特莱斯和泉商国际丝路物联城为入区企业员工提供酒店、公园等场所。

（二）着力加强航空物流基础设施建设

一是大力支持机场三期规划修编，与机场按照"分工负责、协调发展、整体构建、圈层开发"的原则，充分发挥空港新城政府资源优势与机场行业资源优势，共同建设、共同招商，与机场形成利益共同体，推动机场货站由区域枢纽向国际枢纽转型。二是在货运航线拓展方面，开通了面向"一带一路"方向的全货运航线，由圆通货运航空有限公司执飞的西安至杭州全货运航线于2015年11月进行首航，由奥凯航空货运服务有限公司执飞的西安至广州全货运航线已于2015年12月首航。三是共建立体综合交通枢纽，为了吸引周边省份的货源，空港新城在加强区域内部物流运输道路建设的同时，还与机场共同参与到立体综合交通枢纽项目建设中来，引入高铁、地铁、公路、铁路地面运输系统，并积极推进专门货运通道（S105）的修建，形成以空港为中心，覆盖关中—天水经济区的地面1小时辐射圈。

（三）与"一带一路"沿线国家展开合作，加快对外开放步伐

一方面，向西积极与吉尔吉斯斯坦政府各方就"开通西安至比什凯克

航线，建设中吉产业园"进行多轮商务洽谈；与意大利航空航天企业协会建立战略框架合作关系，共同建设中意航空谷，拜访了龙头物流企业比克博公司，达成合作意向。另一方面，向东与新加坡、中国香港等海上丝绸之路重要区域积极合作，先后拜访新加坡新科宇航、樟宜机场、叶水福物流和中国香港先达国际货运、超级一号货站、嘉里物流、国泰航空、顺丰速递等企业，主动推介项目合作方案，寻求合作空间。目前，新加坡龙头物流企业普洛斯集团与丰树集团等已入区投资项目，中吉产业园"一园两区、两地并重"的建设模式已经确定，吉尔吉斯斯坦驻陕西商务代表处和意大利中国签证中心已初步达成落户意向。

二 发展成效

截至 2015 年 12 月，空港新城建设临空特色的重大项目 40 多个，累计完成固定资产投资额 435 亿元。其中物流类项目 16 个，完成投资额 30.56 亿元，仓储面积 80.19 万平方米，完成 44.54 万平方米，成为全省高端仓储设施聚集区和西北地区最大的电商快递集散中心。2015 年 7 月，空港新城从全国 1210 家电商物流园区中脱颖而出，获得"2015 年度全国优秀物流园区"荣誉称号。目前，空港新城正在积极申报第一批国家示范物流园区。

第一，物流项目不断增多。"十二五"期间，空港新城共规划建设物流类项目 16 个，已基本建成 5 个物流项目，累计完成固定资产投资额 25.67 亿元，分别是普洛斯航港基地项目（一期）、保税物流中心项目、咸阳机场新货站项目、圆通速递西北转运中心项目和新地西咸空港物流园项目。已开工建设陕西国际快件监管中心、普洛斯空港国际航空物流园、普洛斯航港基地（二期）、申通快递西北地区转运中心、丰树西咸空港新城物流园区等项目。巴夫洛电商冷链物流园、海尔（西安）虚实网服务园等项目正在办理入区手续。

第二，物流规模持续扩大。随着圆通速递西北转运中心、韵达西北转运中心等项目的运营（2014 底开始运营），空港新城货邮吞吐量由 2012 年的 17.48 万吨猛增到 2015 年的 60 万吨，预计 2016 年将突破 80 万吨。目前韵达每天快件处理量约为 30 万单，进出货物 400 吨，圆通每天快件处理量约为 60 万单，进出货物 600 吨。

第三，物流企业持续增长。空港新城吸引了普洛斯集团（新加坡）、丰树集团（新加坡）、日本近铁（日本）、中外运空运发展、中外运香港物流、中国邮政、圆通速递、申通快递、韵达快递、顺丰速运等国内外大型物流快递企业入驻，14 家年营业收入超过 2 亿元的物流企业入区设立分支机构，8 家世界 500 强物流企业入区设立分支机构，7 家中国 5A 级物流企业入区设立分支机构开展业务。

第四，航空物流产业聚集，体系日渐完善。目前，空港新城聚集了国内外大型物流公司、运输企业、货代公司、快递企业、商贸企业、电子商务企业、生产企业、信息服务企业、报关报检等 150 余家企业，已形成物流地产及仓储、（跨境）电子商务、快件转运与分拨、货物代理和运输等业态，覆盖了航空物流产业的核心产业、关联产业和配套服务，构建了链条较为完整、功能较为完善的航空物流产业体系。

一是航空物流核心产业链基本形成。在货物运输业方面，目前已引进 6 家航空货运公司，占航空货运公司总数的 54.5%，基本满足现有航空货运需求。在快递服务业方面，引进申通、圆通、韵达、中国邮政、中外运等航空快递物流企业设立区域分拨中心，航空物流区域性枢纽已经形成。在电子商务业方面，与阿里巴巴、京东、大龙网等电子商务巨头开展合作，实现快件 24 小时国内送达服务，形成了有效的航空货运货源。在货运代理业方面，陆续引进 FedEx、UPS、DHL（敦豪）、日本近铁、嘉里大通、海程邦达、德国辛克等 40 余家国内外专业化货代公司入驻。

二是航空物流关联产业日渐聚集。航空制造业迅速发展，中俄苏霍伊项目已落户西咸新区，波音飞机全球第二个交付中心即将落户港区。飞机维修业开始起步，引进了东航新机库、新泰飞机附件维修基地和西部民航特种设备保障服务中心。高新技术产品制造业快速发展，已引进民航科技企业孵化器、中小企业孵化器、蓝太刹车盘生产制造、航空叶片生产加工及相关配套设施等产业项目。

三是航空物流配套服务逐渐完善。航空物流持续发展所需的报关检验服务业、金融服务业、信息服务业、高端商贸休闲业、会展业陆续开始布局，引进华龙、安捷等报关报检企业 30 余家，保障了航空物流高效运作。国开行、浦发银行、农发行、平安保险、西部信托等一批金融服务机构入区开展业务。临空物流商务中心集成了政务、商务、办公服务功能，已投入使用。空港大酒店建成营业。高效便捷的政务服务为航空物流发展提供良好的营商环境，为入区企业登记注册提供工商、税务、质检"一站式"服务，为进出口企业提供海关、国检联检报关大厅，并实行海关国检"一站式"作业，打造便利高效的通关环境。

三　存在问题

第一，货运航线较少。西安咸阳国际机场国内、国际全货运航线较少，成都有 27 条，郑州 32 条，西安仅 4 条，航班匮乏。目前航空货运方式主要以腹舱带货为主，腹舱带货不适合大批量产品运输且不稳定，严重影响运输质量和速度，导致西安整体航空运力不足。受制于货运航线较少，覆盖不足，一些对航空货运依存度高的企业（如美光、三星等）不得不选择在西安以外的地区转运或通关。另外，受第五航权影响，西安咸阳国际机场航空货运国际量偏少，只有 1.7 万吨，仅占总货量的 9%，同比，郑州国际地区货邮量占货邮总量的 55.64%，超过国内货邮量。航权资源严重制约了陕西航空货运的发展。

第二，产业支撑不足。空港新城腹地缺乏大型带动性加工制造企业，西安航空货运以国内货邮为主（占总货量的 91%），且物流货源单一，高附加值产品少，在货运产品中，电子类占 50%，服装纺织品占 30%，机械类占 10%，其他占 10%，与航空货运相关的通信、医药、纺织和食品等新兴产业份额仅占 40%。受外向型经济不发达的影响，有效货源供给不足，国际航空运输客运大于货运。

第三，多式联运及集疏运体系不完善。目前，西安咸阳国际机场对外连接方式有福银高速、机场专用线、绕城高速 3 条高速公路，以及 208 省道、105 省道 2 条省道，空陆联运体系不健全，与西安陆港国际港务区之间缺乏直接的空陆连接通道。空铁、空轨联运体系缺乏，空港立体综合交通枢纽项目还处于前期规划中，多式联运体系不完善也是导致空港新城物流发展缓慢的主要因素。

第四，政府扶持力度有限。陕西省尚未出台航空货运相关优惠政策，仅以"一事一议"和"一线一议"的方式对新开辟的国际航线给予适当补贴，每年补贴总量只有 2000 万元。西安海关体制改革启动较晚，航空物流成本较之周边的成都双流和郑州新郑机场仍然偏高。

四 加快国际航空物流枢纽建设的对策

（一）积极对接落实国家战略

落实中、省和西咸新区"十三五"规划和物流专项规划，对接机场三期规划修编工作，加快西安国家航空城实验区规划修编进度，申报国家临空经济示范区。编制《陕西省航空物流产业发展中长期规划》，为航空物流发展奠定基础。

（二）加快货运航线网络化布局

完善"丝绸之路经济带"沿线城市航线网络，进一步开拓欧洲、美洲、澳洲、中亚主要城市的直航航线，特别是向西开通西安至比什凯克、西安至阿拉木图、西安至乌鲁木齐的货运航线，向东开通西安至中国香港再至北美洲、西安至新加坡的货运航线。以空港新城为核心，与全球领先货代企业的亚太中心实现无缝对接，打通陆上丝绸之路与海上丝绸之路的空中通道，形成网络化航线布局。

（三）多管齐下推进多式联运体系建设

借鉴上海虹桥立体交通网络建设经验，统筹布局陕西航空、铁路、公路、轨道等交通网络与物流设施，以机场为核心打造集空、铁、公、轨于一体的立体化交通枢纽。加快机场三期和东联络道（连接一、二跑道）建设，提升机场货运承载能力。围绕机场货运区建设2个卡车航班中心，开通至周边20余个城市班列，吸引周边城市货运量。实现航空港与全国重要铁路港、集装箱中心站的无缝对接，弥补机场空铁联运的空缺。

（四）营造安商亲商富商环境

一是推动省委、省政府尽快出台规范化、系统化的航空物流产业发展政策，就地面集货、航线开辟、航班补助、地面操作费减免补助等做出明确规定。二是大力推动机场口岸通关便利化，简化通关流程，改善口岸通关环境，尽快推行关检"三个一"（一次申报、一次查验、一次放行）的单一窗口作业模式。三是与机场协调，降低地面操作费和机场使用费。四是推行政务商事制度改革，简化企业入区流程。

B.16

泾河新城国家现代农业
示范区发展报告

摘　要：　泾河新城以获批国家级现代农业示范区为契机，立足区域资
　　　　　源优势和产业特色，科学合理规划现代农业园区，创新开发
　　　　　多种运营模式，吸引多元化资金投入，以龙头企业带动产业
　　　　　发展，促进了农业品牌化，推动了一、二、三产业融合发展，
　　　　　拓宽了农民增收渠道。

关键词：　泾河新城　国家现代农业示范区　融合发展

　　泾河新城立足区域资源优势和产业特色，将现代都市农业作为重要的产业发展支柱和发展亮点，努力打造国家级现代农业示范区，在现代农业建设、城乡统筹、农业园区化建设等方面取得了显著成效。

　　2014 年，泾河新城被陕西省科技厅认定为"省级农业科技园区"；2015年 1 月 22 日，泾河新城被农业部授予"陕西省西咸新区泾河新城国家现代农业示范区"称号，成为第三批国家级现代农业示范区。

　　泾河新城国家现代农业示范区以泾河新城为核心区，辐射带动周边泾阳县其余 9 个乡镇，以泾阳整县申请创建，规划总面积为 780 平方公里，其中西咸新区泾河新城占地 146 平方公里。示范区共计 13 个乡镇，231 个行政村，耕地面积 65.64 万亩，总人口 53.69 万人，其中乡村人口 42.9 万人。该区是全国主要商品粮基地之一，蔬菜和时令水果种植规模大、品牌强、质量好，是国家级蔬菜标准化示范区和全国优质时令水果基地；奶牛养殖和牛奶生产能力强，位居陕西省前列；以葡萄酒和茯茶为代表的新兴特色农产品

加工业迅猛发展，潜力巨大，是全国唯一的茯砖茶加工基地。

为确保示范区建设工作健康发展，泾河新城与泾阳县成立建设领导小组和示范区管理委员会，编制了建设规划。按照立足优势、突出特色、集约发展、功能融合、形成品牌、体制创新的要求，坚持以传统优势粮食产业为基础，以蔬果、畜牧和特色农产品加工等多个产业为支撑，建立核心区引导、城乡和农社对接、龙头企业和园区带动、基础设施保障和全社会资金投入推动的现代农业发展模式和"一核、四产、三区、两带、多点"即一个核心区、四个产业、三个功能区、两个加工带、多个农业园区和龙头企业的空间结构。规划实施五大类60余个项目，总投资156.44亿元。规划到2016年，基本实现全区农业现代化，到2020年，农业产业得到快速发展，农产品自给能力明显增强，农业产业结构明显优化，农业科技水平显著提高，农民收入显著增加，成为全国一流、全省领先、特色明显的国家级现代农业示范区。

作为核心区，泾河新城主要发展高效农业、都市农业、观光农业、休闲农业等现代化农业模式，形成区域农业的典范，从而带动区域农业发展。规划引进农业高技术孵化、育种、农业科技示范及现代农业观光企业25家，建设现代农业园区20个，到规划期末年实现总产值20亿元，打造现代农业和城乡统筹示范区，力争成为全国现代农业的样板和农业科技成果转化与现代农业装备应用的展示区。

一 科学合理规划现代农业园区

打造优美田园风光和现代城市形态相结合的现代田园城市，关键是田园建设，重中之重是建设现代农业。通过在城市核心板块之间布局若干都市农业板块，以多种模式、多元产业、多个功能的现代农业园区发展支撑都市农业板块建设，形成集农业科技展示、技术示范推广、高效种植生产、农产品深加工、物流配送、科技研发创新、国际交流、休闲体验于一体的现代农业园区集群。

二 创新开发多种运营模式

采取"龙头企业＋合作社""龙头企业＋专家＋农户"等多种形式，推进现代农业园区建设。加快推进以产权多元化为核心的混合所有制农业经济发展，成功组建泾新茯茶有限公司，推动茯砖茶加工和茶文化传承。与韩国企业开展合作，引进韩国冰草品种和种植技术，共同投资建设冰草种植示范基地项目，第一批冰草已成熟并实现出口，冰草成为陕西省首个鲜活农产品出口项目。

三 吸引多元化资金投入

根据国家农业产业发展政策，积极组织项目申报，争取国家有关部委以及省级相关部门的资金扶持。坚持以建设单位为主，由农业企业投资进行生产经营性建设，国家适当扶持基础设施建设和服务性建设。政府资金引导和撬动信贷和社会资金投入农业发展领域，充分放大政策性支农资金的投资效应。探索土地信托模式，与中信信托合作，开展土地信托流转试点工作。积极发展小额贷款公司等新型金融机构，通过小额贷款、土地房屋产权抵押贷款、联户担保贷款等形式，为农民创业提供资金支持。

四 以龙头企业带动产业发展

坚持以大项目带动、以龙头企业引领现代农业发展，引进建设以秦龙现代生态智能创意农业园区为龙头的一批都市高效农业项目。秦龙现代生态智能创意农业园区对54个国家的蔬菜、花卉、果品的种植技术和设备进行展示，实现蔬菜无限生长，产量较传统生产方式提高10～20倍，2014年被陕西省农业厅评定为"省级现代农业园区"。

五 促进农业品牌化

实施农业品牌建设战略，鼓励和促进农业新技术、新品种、新机械引进、研发、展示、试验、示范和推广，产学研结合，实现农业科技创新，为农业品牌化发展提供强大的科技支撑。通过引进国家"千人计划"海外人才和"百人计划"人才、支持留学归国人员创业、优先落户等政策引进高层次人才，为农业品牌化发展提供优秀的人才。通过土地流转新模式，实现农业规模化、集约化发展，控制农产品生产质量。鼓励进行"绿色产品"、"无公害产品"和"有机产品"认证。

六 推动第一、第二和第三产业融合发展

在农业产业承担传统农产品保障供给任务的同时，赋予农业生态保护、文化传承、休闲观光等多种具有社会公共性质的新兴时代功能。在发展特色种养业的基础上，推动农产品加工、农村服务业发展，扶持一村一品、休闲农业示范点建设。积极开发农业多种功能，挖掘农业潜在价值，建设一批具有历史、地域、民族特色的景观旅游小镇。构建集体经济与农民增收利益联结机制，指导花李村、崇文村等村组先后成立股份公司及新型合作社，发展现代农业、休闲农业、农产品加工业、农业文化旅游业等产业。

七 拓宽农民增收渠道

农民可以通过出租土地或以土地入股获得财产性收入，也可以成为从事第二、第三产业的产业工人，获得工资性收入。新城实施积极的就业培训政策，依托泾河新城劳动力人才培训学校和就业服务中心，与咸阳职业教育集团、泾阳县齐力职业培训学校分别签订战略合作协议，以泾河新城科技生态园作为教学实训基地，制定年度培训计划，增强农民就业能力，劳动力培训

就业工作逐步实现规范化、常规化。2014 年全年共举办各类劳动力人才培训 20 期，培训农民 3000 余人次，培训合格人员全部实现就业。

通过以上工作措施，目前，示范区以粮食、畜牧、蔬果及特色农产品加工四大产业为主导的产业格局初具规模，产业体系基本完善，形成了低碳发展、资源节约、环境友好的现代都市农业。通过高科技、智能化、产业化等手段发展高科技现代农业、市场创汇农业，促进区域农业结构调整和产业化升级，加快农业产业结构调整，实现农业快速发展。创新实施"核心引导、园区带动、多产业平衡发展"的运行机制，探索以"龙头企业 + 基地 + 农户"为主的多元化经营模式。结合泾阳县良好的农业产业基础，泾河新城建设了秦龙现代生态智能创意农业园、泾河新城科技生态园、天心庄园、中韩合资冰草种植基地、西咸农庄、丝路牡丹园产业中心、泾河新城锦泰有机农庄、茯茶文化产业小镇、花李田园文化小镇、宏海长乐庄园、绿源农业生态旅游观光园等 20 余个现代农业园区，促进传统农业向现代农业转变，农业生产方式由粗放型向集约型转变。作为先进适用农业科技成果的密集应用区和辐射源，现代农业园区通过示范、推广、应用，为周边地区高效农业发展提供成熟可靠的高新技术，实现产品优质化、品牌化、规模化，辐射带动周边地区农业产业升级和农村经济发展，并通过"农业园区 + 专业合作社 + 农户"等农业产业化互动模式，把特色果品、蔬菜、花卉等特色产业做大做强。现代农业园区初步成型，快速发展，已吸收 4000 名农民就业，辐射带动区域 30000 亩。

国家级现代农业示范区的农业发展还存在政府支持服务水平有待提高、农业信息化程度不高、农产品市场流通体系有待完善等一些问题。下一步将重点做好以下几个方面工作。

坚持将企业和项目作为促进农业经济发展的重要手段，为农业企业在资金扶持、科技创新、市场融资等方面提供全方位咨询和支持服务。积极探索中小微企业的金融服务新模式，推动农业企业健康持续发展。

建设农业信息平台，把农业信息与图文、动画、视频有机结合，使农民一看就懂，一学就会，做到"适用、实际、适效"，实现网络、应用、技术和市场的良性互动，实现资源优化配置和信息共享。

通过政策引导、企业自主建设，培育一批面向国内外的大型农产品批发市场和流通企业，以生鲜超市等其他流通方式为补充，以现代物流服务体系为依托，以现代交易、结算、信息、检测、储藏、物流等技术为支撑，建立完善的现代化农产品市场流通体系，提高农产品的流通速度。

B.17
沣东新城统筹科技资源改革
示范基地发展报告

摘　要：　沣东新城发挥资源禀赋优势，采用"政府主导、市场运作"
　　　　　的建设模式，建设统筹科技资源载体，建立协同共享合作
　　　　　机制，积极引入各类重点项目，探索促进科技成果转化、
　　　　　技术转移的政策机制，特别是以中俄丝路创新园为核心，
　　　　　开启统筹国际科技资源新模式。下一步，将围绕企业、市
　　　　　场、体制等方面加大创新力度，加快科技创新驱动产业发
　　　　　展，力争把统筹科技资源改革示范基地建成国家级示范基
　　　　　地。

关键词：　沣东新城　统筹科技资源　示范基地

一　建设背景

陕西省科技资源丰富，聚集了众多的高校和科研院所，具有大量的科技
人才和科研设备等科技资源，科技成果丰硕。但由于体制机制和条块分割等
因素，高校、科研院所与企业之间科技资源分散、分离、分隔的状况普遍存
在，产学研合作的技术创新体系尚未形成，科技资源优势没有充分转化为经
济发展优势。如何有效地将全省科技资源优势转化为经济发展动力，既是破
解陕西科技与经济发展不对称难题的客观需要，更是加快转变经济发展方
式、推动科学发展的根本途径。

2009 年国务院批准实施《关中—天水经济区发展规划》，首次提出了统筹

科技资源的概念，赋予关天经济区"一高地、四基地"① 的战略定位，并重点提出要建设以西安为中心的统筹科技资源改革示范基地。2011 年 4 月陕西省委、省政府出台《关于加快关中统筹科技资源改革率先构建创新型区域的决定》提出，要加快建设统筹科技资源改革示范基地，构建具有核心竞争力的创新型区域。2011 年 8 月陕西省人民政府印发《关于加快西咸新区发展若干政策的通知》，进一步明确要在西咸新区建设国家级统筹科技资源改革示范基地。由此，沣东新城统筹科技资源改革示范基地（以下简称"科统基地"）应运而生。2011 年 9 月，西咸新区沣东新城管委会与西安高新区，按照"优势互补、互利共赢、共同发展"的原则，共同设立西安统筹科技资源改革示范基地管理办公室，并联合出资成立西安统筹科技发展有限公司，负责整个基地内的开发建设、市政配套、招商引资、产业发展等。沣东新城统筹科技资源改革示范基地作为陕西省统筹科技资源改革"一中心、一基地"中的重要组成部分，2013 年 9 月获批"陕西省统筹科技资源改革西咸新区沣东示范区"。

建设科统基地具有重要意义。一是有利于充分发挥陕西省科技资源禀赋优势，进一步推动科技资源优化配置和整合、引导和促进国家重大科技成果就地转化和产业化。二是有利于落实"一带一路"发展战略，中俄丝路创新园中方园区已落户沣东新城，建设科统基地可以有效利用中俄双方科技人才优势，总结提升并对外输出我国开发区的管理运营经验，实现中俄企业资源共享、互利互惠。三是有利于大力推进"大众创业、万众创新"，通过整合陕西科教人才资源，利用"孵化＋投融资"的创新型孵化新模式，营造良好的创业氛围，激发科技人员创新活力，释放科技资源潜力。

二 基地概况

1. 规划范围

科统基地位于西咸新区沣东新城核心区域，规划面积 10 平方公里，南

---

① 一高地、四基地：全国内陆型经济开发开放战略高地、统筹科技资源改革示范基地、全国先进制造业重要基地、全国现代农业高技术产业基地、彰显华夏文明的历史文化基地。

至西宝南线辅道，北至长安区王寺街道与咸阳交界，东至太平河、西至沣河景观带，距西安主城 15 公里、咸阳主城 10 公里，紧邻国家自主创新示范区——西安高新技术产业开发区，具有独特的区位优势和科技要素吸纳聚集优势，周边沣河环绕，周秦汉历史遗迹遍布其中，是目前国内面积最大的科技资源统筹区。

2. 发展定位

科统基地以"全国一流的科技创新中心"为战略定位，以"深化改革先行区、科技要素聚合区、创新创业引领区、科技成果辐射区、高新产业聚集区"为基本功能定位，力争用 10 年时间建成国内领先、世界一流、产值超千亿元的科技新城，成为陕西省统筹科技资源的核心承载区和西咸新区科技创新的引领区。

3. 发展目标

力争到 2020 年建立科技资源统筹的模式和机制，聚集一批核心科技企业、吸引一批高层次创新创业人才、拥有一批自主创新科技成果、形成几大主导产业集群，实现科技创新驱动产业发展。

三 发展成效

科统基地从规划伊始就以"产城融合"为主线，并结合西咸新区沣东新城"行政区＋开发区"的体制机制优势，在开发模式上采用"政府主导、市场运作"的开发建设模式，注重土地的集约高效利用，通过自建、引入等多种方式，围绕"衣、食、住、行、工"构建基地发展的各个城市功能板块。

1. 统筹科技资源载体建设

一是联通内外的路网基本成型。科统基地从建设伊始就规划了"七横八纵"路网与 BRT 等构成交通复合廊道，西成高铁规划在阿房站实现与公交、地铁 12 号线立体换乘，地铁 5 号线、7 号线、13 号线将穿插或环绕示范基地，通过完善周边和内部路网，将具有高速、高铁、地铁、BRT 等多种对外交通方式。目前，科统基地骨干路网已初具规模，红光大道、科源东路、科源南路等路段部分投入使用，富裕路全线贯通，富裕路沣河大桥建成通车，"四横五纵"小环线正在加紧建设，地铁 5 号线已经全面开工建设，"沣东快线"免费通勤巴士正式通车，群众出行更加便利。二是市政配套设施起步建设。沣东城市广场（沣东新城市民暨企业服务中心）、沣东第一学校已建成投入使用，沣东国际医院和沣东幼儿园、芊域溪源等住宅项目、沣东南污水处理厂等城市功能配套启动建设，区域生态环境和投资环境进一步优化，科统基地面貌初步显现。

2. 积极引入重点项目，推进科技创新驱动产业发展

统筹科技资源，项目是抓手。科统基地在建设过程中确立了"项目带动发展"的核心理念，加强与中、省、市相关部门沟通，对接科研院所、企业院校，吸引了一批重大项目入区落户。目前已引进 20 余个重大项目，引资额累计达 15 亿元。以中国建材检测检验认证项目为重点，国家微检测系统工程技术研究中心、西北大学基因检测、中冶赛迪新材料中试基地、华大骄阳、国联质检、绿源检测等项目为代表的检验检测产业集群初步形成。中国首个俄罗斯商用飞机项目"中俄苏霍伊商用飞机项目"运营亚太区域总部落户"中俄丝绸之路创新园"。协同创新港项目一期建成投入使用，首批科技企业、创新创业团队和科研机构已经入驻。天海星沣东数码工坊一期主体结构封顶，中兴深蓝科技园、现代制造服务产业创新示范基地、西安公路研究院、核工业 203 研究所、北斗产业园等项目正在加速建设。世界 500 强 GE 智慧照明项目落户园区，生物医药大健康产业、智能制造产业集群等项目正在积极推进。

3. 开启统筹国际科技资源新模式

2014 年 10 月，中俄双方签订合作备忘录，投资 84 亿元建设中俄丝绸之路创新园。作为中俄两国政府战略层面合作项目，落实国家"一带一路"战略的重要举措，目前已完成《中俄丝绸之路创新园项目战略研究报告》和相关规划，搭建了海外资本平台，预计 2016 年开始一期项目建设。

中俄丝路创新园将在以下方面进行探索。一是项目创造性地采取了

"一园两地多点"的建设方式在中俄两国各建一个园区,同时,通过"USpace 青年创业计划"在两国多个城市布设多点子园区,积极推动中俄企业资源共享和中俄青年创新创业交流,实现互利互惠。二是中俄双方共同设立园区单一管理机构,统筹协调中俄两地园区的总体规划、运营管理、政策支持、项目引进、环境打造、产业培育以及资金扶持等,促进生产要素跨区域、跨国界有效互联互通。三是中俄双方共同致力于营造国际化、市场化、法治化营商环境,两地园区以"一个窗口、一个机构、一套政策"的方式,实现人员、机制、设施的互联互通。四是项目将采取"1 + N"的发展模式,将中俄项目合作模式和中国开发区的管理经验,复制到金砖国家和"丝绸之路经济带"沿线国家,通过标准化的园区服务环境,构建科技园区的连锁网络经营模式,最终实现国内北上广深、国外"一带一路"沿线和欧美主要国家均有园区布局的目标。

4. 建立协同共享合作机制,探索促进科技成果转化、技术转移的政策和新机制

科统基地与相关部门建立协同共享合作机制,统筹多方面科技资源。科统基地与省科技资源统筹中心开展紧密合作,建立了"一中心、一基地"会商机制,发挥科技资源统筹中心科技资源聚集和科统基地物理承载两方面优势,在促进科技成果转化、技术转移、科技金融、众创空间建设、信息资源共享和检验检测聚集区建设等领域开展务实合作。2015 年 8 月,双方联合举办了第二届"西咸沣东杯"陕西省科技创新创业大赛,科统基地通过房租减免、研发资助等科技创新政策扶持等举措,积极吸引大赛选拔出的电子信息、先进制造、新能源、新材料等 7 个产业领域的创新创业项目入区发展。依托中关村开放实验室和中关村科技园区聚集的高科技创新资源、科统基地与北京中关村开放实验室、省科技资源统筹中心签订三方合作协议,并与省教育厅、西安交大、西工大等确立国家技术转移西北中心合作共建关系,基地通过不断对外建立合作,从科技资源共享、技术转移、科技成果专业化评估体系、科技成果转化平台搭建等方面推进科技资源统筹和创新示范。

科统基地先后与西安交大、西工大、西安光机所、西安电炉所等高校院所开展科技成果就地转移转化、科研人员创业示范基地建设，吸引了西北大学基因检测重点实验室、西安电炉所中冶赛迪新材料中试基地等项目入区发展。同时基地与陕西省分析测试协会、孵化器协会等行业协会和机器人产业技术创新联盟等开展深入合作，整合省内产业研发、人才、设备等资源优势，结合入区企业实际需求，探索产学研合作机制，促进产业链上下游企业间的协同与合作。

科统基地联合省科技资源统筹中心、西安交通大学、西安理工大学赴北京、武汉等先进区域开展促进全省科技成果转化专项调研，并召开促进科技成果转化专项研讨会，探索通过政策引导和激励，明确科技成果持有人利益主体地位，改革评价激励机制、构建以市场为导向的成果转化和技术转移机制，形成《促进陕西省科技成果转化专项调研报告》，上报省委省政府，争取在基地开展促进科技成果转化、技术转移的政策措施试点。

四 存在问题

四年来，虽然科统基地在统筹科技资源方面做了一些探索和突破，但仍存在一些问题。

一是缺乏统筹科技资源改革专项政策支持。在国家深入实施创新驱动发展战略和经济新常态的背景下，科统基地作为全省统筹科技资源改革的重要载体，迫切需要省委、省政府给予基地科技资源改革专项政策支持，并以促进科技成果转化、技术转移的政策和措施为切入点，逐步构建起科技资源统筹政策机制措施灵活的政策体系，实现建立科技资源统筹的新模式。

二是缺乏中、省重大科技专项支持。目前，科统基地在承接重大科技创新专项、国家（省级）工程中心、国家（省级）重点新产品计划、科技兴贸行动等专项行动还缺乏中、省的有力支持，难以发挥重大专项的引领作用。

三是科技集成创新有待加强。科统基地尚处于建设初期阶段，缺乏有竞争力的产品和产业，跨领域、跨学科的重大科技创新还有待加强，科技创新模式从单向创新向集成创新转变的路径还不明晰。

五 对策建议

统筹科技资源示范基地作为全国科技体制改革的一个重要组成部分和我省统筹科技资源改革工作的核心载体，将围绕企业、市场、体制等方面继续加大创新力度，重点发挥企业在创新中的主体作用，力争把沣东新城统筹科技资源改革示范基地建成国家级示范基地。

一是争取国家有关部委特别是科技部的支持，将国家技术转移西北中心建设纳入科技部、陕西省部省会商重大议题，争取科技部和省科技厅支持西北中心的技术转移机构、国际（内）技术转移项目及公共服务平台落户基地；优先布局重大科技专项和重点成果转化项目，吸引在陕科研院所落户基地；继续加强与省统筹科技资源"一中心一基地"的互动和联合，在科技成果转化、技术转移、资源共享等方面开展有效合作。

二是结合国家中长期科技发展规划、省"十三五"规划和省科学技术发展规划，协调有关部门出台有针对性的政策和措施，集聚创新资源，争取政策先行先试，探索设立国家、省、市支持示范基金，探索评价激励机制，不断增强区域科技创新能力，提高核心竞争力。

三是落实国家有关部委出台的《关于促进国家级新区健康发展的指导意见》和《国家技术转移西部中心（丝绸之路经济带技术转移中心）建设规划》，继续申报国家重点（工程）实验室、工程（技术）研究中心等各类科技创新平台。同时，加大体制机制创新力度，通过政策引导、平台孵化，构建产学研协同创新体系，建设科技成果转化和科技服务示范区。

B.18
秦汉新城历史文化保护发展报告

摘　要：　西咸新区位于西安、咸阳两大古都结合部，分布着丰富的周、秦、汉、唐文物资源和历史遗存。秦汉新城统筹兼顾文物保护与开发利用，通过编制文化保护展示专项规划、启动"一陵一馆"工程、实施帝陵绿化工程、建设重大文化产业项目，探索大遗址保护、历史文化旅游和文化产业融合的文化遗产传承方式，打造具有世界影响力的秦汉历史文明集中彰显区和"丝绸之路经济带"国际文化旅游目的地。

关键词：　秦汉新城　历史文化　保护发展

秦汉新城自成立以来，将历史文化保护与合理开发建设并举，探索出大遗址保护、历史文化旅游和文化产业融合发展的文化遗产传承方式，在历史文化保护方面取得实效。

一　历史文化遗存基本概况

秦汉新城所在地是古丝绸之路起点的重要组成部分，分布了大量秦、汉时期的重要历史遗存，遗址保护区面积达104平方公里，国家级文物保护单位达11处，包括秦咸阳城遗址，长陵、安陵、阳陵、茂陵、平陵、渭陵、延陵、义陵、康陵9座西汉帝陵以及霍去病墓。丰富的文化资源，深厚的历史积淀，为秦汉新城发展文化旅游业提供了坚实的基础。

（一）秦代主要历史遗存情况

1. 秦咸阳城遗址

秦咸阳都城的范围位于今渭城区渭城街道办冶家台东，包括窑店、正阳两个街道办及底张街办的一部分，面积约 100 平方公里。主要建筑是冀阙宫廷，在今窑店街道办姬家道、牛羊村北部塬上。从 20 世纪 50 年代末到 80 年代后期的 30 年间，考古工作者通过勘查和发掘，共发现各类遗址遗迹 230 余处，其中 6 处经过试掘和重点发掘，揭露面积 15000 余平方米，清理战国秦墓 128 座，出土和采集文物 5000 余件。发现了大小不等的夯土建筑遗址 27 处，包括宫墙遗址和重点发掘的第一、二、三号宫殿遗址，以及多处手工业作坊遗址和长达 4 公里的墓葬区。1988 年 1 月，秦咸阳城遗址已被列为全国重点文物保护单位。

2. 秦咸阳宫遗址

秦咸阳宫遗址位于咸阳市渭城区窑店街道办牛羊村北约 100 米，咸阳头道原南缘，西距十三号公路约 200 米。咸阳宫遗址共有宫殿遗址 3 处。1 号建筑遗址位于牛羊沟西侧，与东侧的 2 号建筑遗址东西对称。1974～1975 年发掘，基址东西长约 60 米，南北宽 45 米，台基高出地面 6 米。分为上下两层建筑。上层正中为主体殿堂，下层平面呈曲尺形，内含若干室。3 号遗址位于 1 号建筑遗址西南方，其间以夯土连接。基址平面呈长方形，东西长 123 米，南北宽约 60 米。

（二）汉代主要历史遗存情况

西汉 11 位皇帝中，汉高祖刘邦、汉景帝刘启、汉武帝刘彻等 9 位皇帝的陵墓，在五陵塬上绵延百里，蔚为壮观，被誉为"东方金字塔群"。

汉长陵。汉长陵位于咸阳市渭城区正阳街道办后排村北约 1320 米，怡魏村南约 1190 米，咸阳二道原南缘。长陵是汉高祖刘邦与吕后的合葬陵。陵墓附近曾经出土过属于西汉时代的"长陵东当"、"长陵西当"和"长陵西神"文字瓦当，证实这里的陵墓确为长陵。1988 年 1 月，汉长陵被列为全国重点文物保护单位。

汉安陵。汉安陵位于咸阳市渭城区正阳街道办白庙南村东南约 670 米。安陵为汉惠帝刘盈与孝惠张皇后的合葬陵。2001 年 6 月，汉安陵被列为全国重点文物保护单位。

汉阳陵。汉阳陵位于咸阳市渭城区正阳街道办张家湾村北约 870 米处。阳陵为汉景帝刘启与孝景王皇后合葬陵。2001 年 6 月，汉阳陵被列为全国重点文物保护单位。

汉茂陵。汉茂陵位于咸阳市兴平市南位镇策村南 400 米，茂陵博物馆以西约 930 米。包含帝王陵以及陵区附属的建筑遗址、陪葬墓等。茂陵系汉武帝刘彻与李夫人的合葬陵。1961 年 3 月，汉茂陵被列为全国重点文物保护单位。

汉平陵。汉平陵位于咸阳市秦都区双照街道办大王村南约 300 米。平陵为汉昭帝刘弗陵与孝昭上官皇后的合葬陵。2001 年 6 月，汉平陵被列为全国重点文物保护单位。

汉渭陵。汉渭陵位于咸阳市渭城区周陵街道办新庄村南部偏西约 200 米。渭陵为汉元帝刘奭与王皇后合葬陵。2001 年 6 月，汉渭陵被列为全国重点文物保护单位。

汉延陵。汉延陵位于咸阳市渭城区周陵街道办严家沟村东北约 200 米。延陵为汉成帝刘骜的陵墓。2001 年 6 月，汉延陵被列为全国重点文物保护单位。

汉义陵。汉义陵位于咸阳市渭城区周陵街道办南贺村东南约 570 米，北距旅游公路约 280 米。义陵为汉哀帝刘欣与傅皇后合葬陵。2001 年 6 月，汉义陵被列为全国重点文物保护单位。

汉康陵。汉康陵位于咸阳市渭城区周陵街道办陵照村东北约 500 米，咸宋公路北侧约 350 米。康陵为汉平帝刘衍与王皇后合葬陵。2001 年 6 月，汉康陵被列为全国重点文物保护单位。

二　发展思路及目标

依托区内丰富的历史文化资源，紧抓"一路一带"发展机遇，遵循文化产业发展规律,按照"政府引导,市场运作,项目带动,创新引领"的思路,统筹兼顾文物保护与开发利用,创新文化遗产保护利用传承方式,紧紧围绕"秦"和"汉"两大文化元素,通过实施一大批文化产业项目,延续历史文脉,树立秦汉文化品牌,积极申报国家级文化产业示范园区,努力将秦汉新城建设成为"具有世界影响力的秦汉历史文明集中彰显区"和"丝绸之路经济带国际文化旅游目的地"。

三 主要做法与成效

(一)编制文物保护展示专项规划

启动了秦咸阳城遗址展示专项规划、秦咸阳城咸阳宫遗址保护展示工程、秦咸阳城制陶作坊遗址保护展示工程、安陵邑保护展示工程、渭陵保护展示工程、五陵塬片区展示专项规划、长陵保护展示工程规划、兴宁陵保护规划八项专业规划编制工作。目前,已基本完成规划编制工作,正在征求文物专家意见并上报中、省相关文物部门评审。

(二)启动"一陵一馆"工程

为了发挥历史遗址潜在的文化价值和经济价值,提高文物保护、展示水平和文化产业发展水平,启动了西汉帝陵"一陵一馆"工程。目前,汉阳陵和茂陵已建博物馆,长陵博物馆已初步完成建筑设计方案,预计2016年底主体封顶。待长陵博物馆建成后,其余汉代帝陵博物馆将逐步建设。

(三)实施帝陵绿化工程

为了有效保护汉代陵寝,提升陵区景观效果,新城采取租赁土地的方式,绿化五陵塬文保区域,着力构建五陵塬西汉帝陵遗址风光带。先后对长陵、安陵及赵王如意墓进行全面绿化,共计绿化面积约150万平方米,栽植雪松、侧柏等各种乔木25万余株,栽植大胸径油松1.5万棵。义陵竹柳绿化项目和二十八星宿梅园绿化项目正在施工，绿化面积 1700 亩。其余汉代帝陵正在编制绿化规划方案。

（四）建设重大文化产业项目

实施大秦文明园、五陵塬历史文化体验区、新丝路·数字文化创意（产业）基地、张裕瑞那城堡酒庄、际华园旅游目的地中心等一批文化产业项目，推进秦汉历史文明集中彰显区和"丝绸之路经济带"国际文化旅游目的地建设。

其中，大秦文明园全方位展现大秦风貌，是由秦咸阳宫遗址、博物院、秦文明广场及配套三大板块组成的新型历史文化旅游园区，占地 7628 亩，博物院项目主体建设已基本完成，计划 2016 年 10 月投入运营，秦文明广场已完成规划设计，秦咸阳宫遗址已开始整体的文物规划方案及概念性策划方案的编制工作。

五陵塬历史文化体验区依托西汉 9 座帝陵，对 104 平方公里遗址保护区进行整体规划，加强基础设施配套，完善旅游服务设施，提升环境品质，优化旅游线路，通过对每座帝陵背后历史文化的深入挖掘，建设帝陵陵阙、游客服务中心、陵区导示系统和博物馆等一系列设施，带动五陵塬文化旅游产业发展，积极申建国家公园。目前，省政府已通过《帝陵旅游规划》，旅游交通道路升级改造项目已经启动。

新丝路·数字文化创意（产业）基地依托惠普公司的数字媒体技术和合作伙伴资源，重点建设以数字媒体渲染为核心技术的数字媒体制作云平台、数字媒体库和旅游文化在线传播平台、运营服务和招商平台等内容，促成传媒、娱乐、旅游等新文化产业的一体化支撑，打造以"产业孵化""服务传播""展示交易""旅游娱乐"为主要环节的文化创意全产业链，基地建成之后预计聚集文化创意、传媒影视、数字创作企业 300 家，形成总产值超过 100 亿元，带动高端人才就业 2 万人。

张裕瑞那城堡酒庄是集优质葡萄种植示范、高档葡萄酒生产销售、葡萄酒文化展示和旅游休闲"四位一体"的国际一流葡萄酒酒庄，总占地约

1100 亩。该项目于 2013 年 10 月正式运营投产。

关中民俗文化园是新城按照省委、省政府"一陵带一村，一村护一陵"的发展思路，保护利用帝陵遗址区的新模式。新城利用沟道、窑洞自然条件，沿一道 22 公里长的台塬对陵区原有村庄进行就地改造，与帝陵旅游相结合，改善公共服务配套，打造传统民俗文化村落，充分展示关中特色、饮食、非物质文化遗产等文化，发展关中民俗乡村游，实现"陵、塬、村"三位一体的有机融合。同时，该项目也有助于让群众就近就业、就地城镇化，实现城市与村庄的完美结合。目前刘家沟民俗文化村项目已完成前期方案论证，正在招商引资。

际华园旅游目的地中心项目占地约 700 亩，由时尚购物中心、运动体验中心、特色酒店餐饮服务以及休闲配套设施四部分构成，目前际华集团已与国际品牌、室内运动技术提供商签订了合作协议，预计项目年收入将超过 38 亿元，每年税收贡献约 1.4 亿元，创造就业岗位超过 1000 个。

四　存在问题

（1）城市建设规划与文物保护规划衔接不够紧密，对历史遗址自然环境原始地貌的整体性开发利用考虑不足，局限于历史遗址局部片区内，经常与城市建设分区规划功能不一致，导致城市建设难以兼顾遗址保护。文物保护与当地村庄发展的关系也有待协调。

（2）在建设"丝绸之路经济带"重要支点上缺少具体的、可操作性的方案，未能紧密结合国家"一带一路"政策开展历史文化资源保护利用工作。

（3）新城缺少标志性文化形象，对外宣传缺乏亮点，难以给人留下持久深刻印象。

五　建议

针对秦汉新城历史文化保护利用中存在的问题，提出以下几点建议。

（1）组建专业团队，联合有关学术研究机构、大专院校、企事业单位、社会团体等力量，共同研究文化遗产保护利用如何与城市建设衔接融合，如何与国家"一带一路"战略具体结合，努力把秦汉新城打造成与丝绸之路有深入关联的文化特区。

（2）尽快完善区内历史遗址考古资料，对新城范围内的各博物馆、文保中心文物进行统一的三维数据采集工作，建立全面完整的文物数据档案，建立文物大数据平台，并对考古数据进行分析和整合利用，转化为全新的文物产品，将历史文化元素融入大众的日常生活中。

（3）通过报纸杂志、广播电视、网络以及创意摄影、短片、电子报、文物展览推广纪念品等形式，宣传秦汉新城历史文化资源，展示新城文化魅力和资源优势，吸引更多企业和人员来新城投资和旅游，使文保区内居民了解并支持历史遗址保护利用，同时推动公众参与，在现有遗址博物馆定期举行各类活动，提高民众兴趣。

（4）深入挖掘历史素材，将某个人物、故事或某处遗址打造成秦汉新城乃至西咸新区的标志，让大众认识并记住秦汉新城和西咸新区，激发游客热情。

实证案例篇

Empirical Cases

B.19
中国西部科技创新港

摘　要：　中国西部科技创新港是教育部和陕西省为落实国家"一带一路"及创新驱动发展战略，按照"省部共建、区校联建"模式建设的国家级项目。创新港规划了科研、教育、转孵化和综合服务配套四大功能板块，通过聚焦国家战略，发挥各自优势、创新建设模式，将现代田园城市理念与国际著名高校"学镇"形态相结合，集成"校区、园区、社区"功能，实现技术与服务的结合、科技与产业的融合，努力建成我国智慧学镇的典范和科技创新的国家级示范区。

关键词：　科技创新港　创新驱动　建设规划

　　位于西咸新区沣西新城的中国西部科技创新港（以下简称"创新港"）是陕西省与西安交通大学（以下简称"西安交大"）落实国家创新驱动发展战略，推动陕西建设创新型省份的重要举措。

一　背景及意义

（一）创新港是落实国家创新驱动战略的重大举措

长期以来，我国经济发展主要为要素驱动型发展模式，科技创新对经济发展的支撑作用不强。随着经济社会的进一步发展，资源枯竭、环境破坏的压力越来越大，依靠大规模要素投入的传统发展模式难以为继，我省也面临同样的问题。破解难题的唯一出路就是通过全面实施以自主创新为核心内容的创新驱动发展战略，实现经济发展由要素驱动向创新驱动转变，通过创新，掌握自主知识产权，形成核心竞争力，占领高端产业链。

创新港建设把握住了国家脉搏，以推动区域经济社会可持续健康发展为目标，以科技创新为突破口，以体制机制创新为保障，为陕西省创新型省份建设探索新路径，提供新范例，将有助于陕西省深入挖掘科教、人才等方面的潜力，从而在新一轮深化改革中异军突起，成为全国创新驱动的领头羊。

（二）创新港是建设创新陕西的具体实践

创新港是高端人才荟萃、知识密集型高新技术企业集聚、城镇管理与社会服务智能、"生态良好、环境宜居、开放包容、青春激扬"的优美小镇，是实现中国梦、陕西梦、交大梦的一个亮点、一块高地、一道风景、一张名片。

（1）国家使命的担当。聚焦国家战略目标，依托西安交大多学科人才、科研优势与陕西省产业优势，把新能源、新材料、装备制造、信息技术、大数据、生态环保、生物医药等领域作为主攻方向，抢占现代科技制高点，增强国家博弈主动权，为实现中华民族伟大复兴做出更大贡献。

（2）服务"三个陕西"的阵地。创新港建设将紧紧围绕以"三个陕西"和"创新型省份"为目标，深度融入西部大开发和"丝绸之路经济带"建设，以先进科技拉长产业链、提升价值链，加快经济转型升级和发展模式转变。进一步放大交大品牌效应，扩张优质教育医疗服务的规模和范围，更好地服务陕西发展、惠及三秦百姓。

（3）创新驱动的平台。统筹科教资源，组建政府、高校、企业创新联盟，构建"政产学研投孵金"体系，实现科学研究、实验开发、推广应用的三级跳，推动科技成果就地产业化、市场化。坚持协同创新、开放创新，与西咸新区信息产业园错位互补，输出更多高素质人才、高层次成果，孵化更多高科技项目、高品质企业。

（4）科研教学的高地。创新办学模式，建设"学术特区"，聚集高端人才，成为"丝绸之路经济带"创新中心、核心智库、人才高地。围绕国家和陕西的战略需求，开展前沿科技研究，增强自主创新成果源头供给，争当国家科技创新领头羊。培养高素质实用型人才，为经济社会发展提供智力保障。

（5）智慧学镇的范例。将西咸新区现代田园城市理念与国际著名高校的"学镇"理念相结合，实现"校区、园区、社区"功能集成，完善公共服务，创新社会管理，提升城市品位，丰富现代田园城市概念，打造新市镇建设范例。建设开放共享平台，开展文化旅游、邀请访学、互派学生、会展博览等活动，成为陕西走向世界的新门户。

二 定位及目标

（一）创新港的定位

创新港涵盖优质教育、高端科研、产业承载、创新创业、综合配套等五大内容，通过建设"创新能力突出、科教特色明显、国际交流广泛、公共服务完善"的现代国际化智慧学镇，成为转化陕西科教优势、建设创新陕西的重要载体。

创新港聚焦国家战略，建立电力电子研究院、高端装备制造研究院、能源与动力研究院、信息技术研究院、新材料研究院、航天航空研究院、生物医学研究院、新型城镇化与环境管理创新研究院、新型智库中心九大研究院（中心）。

创新港作为我省创新驱动的重要抓手，按照"省部共建、区校联建"的建设模式，以西安交大优势学科为龙头，依托我省科教优势，吸纳其他院校和科研单位的力量，吸引国内外大型企业参与，发挥创新示范和带动作用，形成政策集约效应，促进各种发展要素聚集，集全省科技创新力量于一体，成为陕西产业升级和创新的策源地、成果转化的加速引擎和孵化器。

（二）创新港的目标

创新港主要围绕电力电子、高端装备制造、能源与动力、信息技术、新材料、航天航空、生物医学、环境保护等领域国家重大需求，建立多学科融合、多团队协同、多技术集成、产学研用长效合作的技术研发与应用平台，形成支撑我省优势产业核心技术和创新技术的研发与转移高地、汇聚高端人才和培养领军人才的基地、国际交流合作的窗口，进而成为西部区域创新平台。

三　工作任务

（一）创新港的运行机制

一是建立创新港组织管理体系。创新港管理组织由 2 个委员会组成：管理委员会、科学技术咨询委员会。

创新港管理委员会是创新港的领导机构，由省上领导、西安交大领导、西咸新区领导和政府职能部门领导参加，负责创新港发展战略规划、机制体制改革的协调推动、政策支持、指导督促。

科学技术咨询委员会是创新港的咨询和指导机构，邀请国内外著名专家学者和企业家参加，负责评估创新港规划的重大研究领域与方向，评估拟进入创新港的科研机构和团队，指导高端人才队伍建设与培养，吸引企业参与研发，推动国内外学术交流与合作，拓宽创新港的国际视野和市场意识。

创新港管理委员会下设三大中心：创新研究指导中心，转孵化服务中心，社会事务服务中心。

创新研究指导中心主要为科研、教育板块提供服务，是以促进重点产业关键技术研发为核心，以产业技术集成为纽带，以产业发展过程中产生的关键性、前瞻性技术的研发与转移为目标的技术指导机构。该中心将吸纳政府代表、企业代表和高校代表共同参与管理，并由三方共同出资设立中心运行的资本金，以企业化方式运行。

转孵化服务中心主要为转孵化板块提供服务，是以推动现有科研成果和未来新增科研成果迅速转化为商品或生产力、快速孵化出高新技术企业为目标的综合性服务机构。该中心将借鉴硅谷经验，集聚创意交流平台、企业咨询平台、人才交流平台、培训指导平台、融资交流平台、转移推广平台、信息支撑平台等。该中心将吸纳来自政府、企业、风投和高校等多方面代表共同参与管理，并由多方共同出资设立中心运行的资本金，以企业化方式运行。

社会事务服务中心主要是负责在创新港尝试进行社会管理模式的改革，为入驻创新港的各类主体提供政务服务，代表政府履行行政职责的机构，由西咸新区牵头组建，吸纳学校代表参加。

二是建立以市场为导向的运行体系。西安交大以九大研究院（中心）的建设为契机，给予其充分的聘人、用人自主权，打破学校和企业之间的人才身份壁垒，创造人才自由流动的环境；企业化运行的创新研究指导中心和转孵化服务中心，从项目动议开始就可以明确各方参与主体的责权利，打破各种资本投资的壁垒；改革现有的科研项目评估和评价标准，建立以国家战略为导向，以服务行业升级，提升企业水平，满足市场需求为主要考核指标的项目评估和评价体系，打破科研和应用之间的技术壁垒；通过政府、企业、中介服务业、国内外专家的深度介入，打破相互之间的信息壁垒；通过和国内外高校、科研机构、企业共同建立联合实验室、技术联盟的方式，汇聚创新资源和要素，突破创新主体间的壁垒；通过社会事务服务中心的一站式服务，建立高效的社会管理体系。

三是建立新的人才培养体系。西安交大通过创新港九大研究院（中心）建设，在创新港重点培养参与科研项目的博士生和高年级硕士生，全面提高学校办学水平和教学质量，扩大办学规模，带动西部高等教育质量的提升，探索高等教育新模式。

（二）主要创新点

1. 设立"学术特区"，建立动态高效的人事管理制度

西安交大给予九大研究院（中心）"学术特区"的地位，确定研究院"自主设岗、自主聘用、自主考核、自主定酬"的"四自主"用人原则，建立动态、高效、可持续的人事管理长效机制。研究院通过建立"学术特区"和灵活的人事管理长效机制，形成以科研任务驱动的人才流动制度和岗位互聘制度。

2. 充分利用市场资源，建立产学研双核驱动机制

为解决我国科技与经济"两张皮"，产学研脱节的现实问题，创新港将借鉴中国台湾地区工研院模式和美国硅谷模式，结合我国实际，提出产学研双核驱动模式。双核驱动模式主要体现在两个核心驱动方面：一是建立创新研究指导中心，以九大研究院（中心）为核心，通过点对点服务，驱动重点行业、龙头企业技术和产品升级，提质增效；二是建立转孵化服务中心，以现有科研成果和九大研究院衍生的学科交叉平台为核心，集聚各种创新要素，通过不断创造新技术和新产品，加速创新成果转孵化，驱动培育大量高科技企业迅速发展壮大。

3. 集聚各方力量，确立科技资源统筹的新路子

以创新港为平台进行科技资源统筹，实现资源的集聚整合、优化配置，并最终转化成现实生产力，成为推进产业升级的加速器。一是联合省内外高校、科研院所成立联合实验室，实现科研、资金、智力和信息资源的整合与优势互助，推动新技术的研发和推广应用；二是坚持协同创新原则，与省内外企业、高校、科研院所共建技术联盟，围绕国家重大需求，行业重点领域，产业关键技术，联合开展科研攻关，实现自主创新成果的源头供给；三是坚持开放创新原则，建立科研平台的开放、运行、维护、使用管理制度，实现港区内的各类科研平台开放共享，提高科技资源的利用效率和效益。

4. 寓教于研，探索21世纪高等教育新模式

按照"寓教于研"的人才培养理念，将博士生、硕士生的培养过程凝聚

在创新研究的前沿阵地，将知识的学习与实际问题对接，提升人才、学科、科研"三位一体"的创新能力。通过高等教育与经济社会深度融合，不同学科交叉融合，形成独具特色的科技创新港高等教育模式。创新港模式是对我国大学传统培养模式的重大变革，是西安交大全面提升教育质量，扩大办学规模，带动西部高等教育质量的提升，探索21世纪高等教育模式的创新举措，将带来教学观念的巨大转变，教学方式的根本突破，具有强大的示范效应，为我国高等教育改革走出一条具有中国特色、世界水平的发展道路做出有益尝试。

5. 融入西咸新区的建设，创新城市发展方式

创新港将按照国家对西咸新区的战略定位要求，遵循城产学研高度融合、绿色智慧的新型城镇建设理念，以科学的规划设计，引导区域合理布局，实现"校区、园区、社区"功能集成；通过科技、教育与产业的融合，技术、资金与服务的结合，打造科教、产业、商业、生活、服务多种功能"零切换"的集约、便捷、高效、绿色、安全的开放共享平台；利用新一代信息与互联网技术，实现政府对居民户口、环境卫生、医疗急救等多种服务与管理功能的数字化、信息化、智能化，构建高效的服务型政务平台。

6. 创新要素集聚，产生裂变、催化作用

创新港是国际化人才、科技、资本等要素的集聚高地，各种要素、信息在此融合、碰撞，相互催化，产生新思想、新技术、新产品、新产业，并向外辐射，成为西部科技产业创新的又一智慧极。

四　项目选址

项目位于沣西新城渭河与新河三角洲区域。具体位置为沣西新城渭河以东，新河以西，新西宝高速以北区域。建设用地规模约4370亩。

前期通过对西咸新区沣西新城、秦汉新城、泾河新城及咸阳北塬新城有关选址的综合对比分析，西咸新区沣西新城发展定位与科技创新港发展定位契合，生态水系良好，公共交通便捷，科研环境安全，在交通、空间、生态、产业等方面具有综合优势，是科技创新港－智慧学镇项目建设的最佳选址。

五 项目规划

创新港的功能板块明确，分为四大板块，即科研板块、教育板块、转孵化板块和综合配套板块。

（一）科研板块

科研板块围绕九大研究院（中心）的设立，重点建设 13 个国家级重点实验室和工程研究中心，1 个国家协同创新中心，1 个国家大数据应用技术中心，58 个省部级重点实验室及研究中心。科研板块用地面积 1150 亩，总建筑面积约 50 万平方米，建筑总投资额约 35 亿元（见表 1）。

（二）教育板块

教育板块主要建设满足 1.1 万余名硕士、4000 余名博士及博士后的教育设施，同时建设国际联合办学的米兰国际学院（留学生 2000 名）和国际学术交流中心等。教育板块用地面积 850 亩，总建筑面积约 47 万平方米，建筑总投资额约 25 亿元。

创新港学生主要为高年级硕士生、博士生，学生主要在科研机构学习，集中上课较少，实验一般在科研单位完成，院系办公内容少。"92"指标中，9 大校舍可不含会堂、图书馆、生活福利（通过社会公共服务配套解决），行政办公、教室、实验室指标是按现行标准的 45% 计算（见表 2）。

国际学术交流中心考虑建设 30000 平方米。

（三）转孵化板块

转孵化板块主要建设孵化器 15 万平方米，加速器 10 万平方米，中试厂房 5 万平方米，联合实验室 10 万平方米，中介服务办公楼 5 万平方米，企业总部办公楼 5 万平方米。转孵化板块用地面积 800 亩，总建筑面积约 50 万平方米，建筑总投资额约 15 亿元。

表1 科研板块项目规划情况

序号	研究院(中心)	科研机构及人员	数量	指标(平方米)	面积需求(平方米)	面积小计(平方米)	省部级实验室、研究中心
1	电力电子研究院	国家重点实验室	2	16000	32000	56500	电力设备电气绝缘国家重点实验室、精细功能电子材料与器件国家重点实验室
		省部级实验室、研究中心	7	3500	24500		智能化电器教育部工程研究中心、特种电气技术教育部重点实验室、能源局评估技术网与装备可靠性及寿命评估国家能源先进电实验室、陕西省智能电器及CAD工程技术研究中心等
2	高端装备制造研究院	国家重点实验室	1	16000	16000	108500	机械制造系统工程国家重点实验室
		国家工程研究中心	1	16000	16000		快速制造国家工程研究中心
		协同创新中心	1	52000	52000		2011高端制造装备协同创新中心
		省部级实验室、研究中心	7	3500	24500		陕西省机械产品质量保障与诊断重点实验室、陕西省微型机械电子系统工程技术研究中心、润滑理论及转子系统部门开放研究实验室等
3	能源与动力研究院	国家重点实验室	1	16000	16000	42500	动力工程多相流国家重点实验室
		国家工程研究中心	1	16000	16000		流体机械及压缩机国家工程中心
		省部级实验室、研究中心	3	3500	10500		热流科学与工程教育部重点实验室、陕西省可再生能源工程技术研究中心、海洋石油勘探工程实验室
4	信息技术研究院	国家重点实验室	1	16000	16000	51000	视觉信息处理与应用国家工程实验室
		省部级实验室、研究中心	10	3500	35000		智能网络与网络安全教育部重点实验室、电子陶瓷与器件教育部重点实验室、陕西省计算机网络重点实验室等

续表

序号	研究院（中心）	科研机构及人员	数量	指标（平方米）	面积需求（平方米）	面积小计（平方米）	省部级实验室、研究中心
5	新材料研究院	国家重点实验室	1	16000	16000	26500	金属材料强度国家重点实验室、多功能材料与结构教育部重点实验室，国际电解质研究室、物质非平衡合成与调控教育部重点实验室等
		省部级实验室、研究中心	3	3500	10500		
6	航天航空研究院	国家重点实验室	1	16000	16000	26500	机械结构强度与振动国家重点实验室，材料强度教育部门开放研究实验室、现代设计及转子轴承系统教育部重点实验室、陕西省微纳传感器工程技术研究中心等
		省部级实验室、研究中心	3	3500	10500		
7	生物医药研究院	国家重点实验室	1	16000	16000	107500	现代医学电子技术及仪器国家专业实验室、生物诊断医疗国家地方联合工程中心、天然血管药物筛选与分析国家地方联合工程中心、生物医学信息工程国家教育部重点实验室、卫生部微量元素与地方病重点实验室、陕西省营养与健康研究中心、陕西省天然药物研究与工程重点实验室等
		国家工程研究中心	2	16000	32000		
		省部级实验室、研究中心	17	3500	59500		
8	新型城镇化与环境管理创新研究院	省部级实验室、研究中心	3	3500	10500	10500	人居环境与气候适应协同创新中心、环保大数据研究中心、陕西省工业有机废水处理工程技术研究中心等
9	新型智库中心	国家重点实验室	1	16000	16000	66500	教育部软科学研究基地"中国管理问题研究中心"、过程控制与效率工程教育部重点实验室、陕西省电子商务与电子政务重点实验室、丝绸之路国际法与比较法研究所、欧亚经济论坛研究院等
		国家大数据应用中心	1	33000	33000		
		省部级实验室、研究中心	5	3500	17500		
	合计					496000	

表 2　教育板块项目规划情况

规划面积		九项基本办学用房(不含会堂、图书馆和生活福利)						采暖系数
		教室	学生食堂	实验室实习场所及附属用房	风雨操场(体育馆)	行政办公用房	学生宿舍	
面积指标	计算标准	自然规模	自然规模	自然规模	自然规模	折算规模	自然规模	计算标准
	本科生面积指标	2.52	1.3	7.17	0.4	2.37		
	研究生补助指标			2.00				1.06
硕士生	11000	13222	15158	48115	4664	24871	132000	
博士生	4000	4808	5512	17496	1696	9044	96000	
留学生	2000	2404	2756	8748	848	4522	48000	
小计		20435	23426	74360	7208	38437	276000	
合计		439865						

注：1. 学生宿舍的面积计算按照"4、2、1"标准，即本科生、专科生每人 8 平方米，硕士生每人 12 平方米，博士生、留学生每人 24 平方米。

孵化器

孵化器建设分为三种情况，即为具备量产条件、市场前景好的产品提供生产、销售、研发全面服务；有市场影响，但缺乏投资环境的企业，提供资金和技术支撑方面的服务和帮助；市场潜力大，掌握关键技术和专利，希望深入开发技术并入股或向大型企业出售技术。

根据西安交大的实际情况，将在以下几方面进行孵化器建设（见表 3）。

表 3　孵化器项目规划情况

序号	孵化器	孵化内容或方向	配备物理空间面积（平方米）	拟孵化企业
1	软件孵化器	信息技术的发展正在深刻地改变人们的生活方式与企业的运营管理模式，各个行业对于国际化的、高端 IT 人才的需求不断增加，在这种新的技术与应用趋势的推动下，该领域相关学科积极跟踪前沿技术，发挥研究优势和人才优势，紧盯市场需求，开发软件	10000	紧跟时代潮流，在动漫、电子商务、电子政务、互联网安全、影视开发等方面积极探索和培育一批企业或研究机构。预计孵化 100 家企业

续表

序号	孵化器	孵化内容或方向	配备物理空间面积（平方米）	拟孵化企业
2	先进制造技术孵化器	重点开展智能微传感器、精密光栅尺、智能化装备、智能化生产系统、智能检测与维护等方面的产业化应用，提升现有产业竞争力，加速企业转型发展	20000	在精密光栅制造方面，发明了国际首创的卷对卷纳米压印精密光栅制造技术，使精密光栅的制造技术环境和投资的门槛大大降低。预计孵化50家企业
3	半导体新技术孵化器	该应用可大幅提高电子器件的电压等级和工作温度，降低导通电阻和开关损耗，减少电能变换过程中的功率损耗，具有高效、损耗小、体积小、轻便、故障率低和系统成本低等优势	25000	该项目未来将与西电集团、中航工业电源公司(陕西航空电气公司)和北车西安永电电气公司联合研发 SiC 和 GaN 电力电子器件以及应用，与陕西有色集团/陕西天宏硅材料有限责任公司合作研发 6 英寸的 SiC 单晶衬底材料。预计孵化50家企业
4	高性能材料孵化器	致力于新型 PVDF 基氟聚合物电介质材料的研发，在聚合物合成新方法、新结构聚合物制备、聚合物介电储能性能研究以及聚合物的铁电弛豫等领域进行了大量深入研究。所制备的聚甲基丙烯酸酯改性氟聚合物可以实现铁电体、弛豫铁电体、反铁电体以及线性电介质等多种特性，储能密度高达 25 兆焦/立方米，损耗低于 20%，耐击穿场强达到 650MV/m 以上，为目前国际一流水平	20000	氢化法制备 P(VDF-TrFE)已经完成了中试试验，目前正在进行工业化生产试验。该产品推向市场后将产生年产值约 10 亿元的经济效益，并带动一批配套产业。预计孵化15家企业
5	营养与健康食品孵化器	加强与国际一流营养食品公司——雀巢、安利等合作，建立国内第一个致力于营养产品研发的营养与健康实验室，进一步着力于重大慢性疾病的营养预防与产品开发	20000	在未来 5 年内，转化 1~2 项针对慢性重大疾病的具有重大社会和经济效益的预防产品。预计孵化10家企业
6	可持续能源与化工孵化器	落实国家创新驱动发展战略和陕西创新型省份建设的创新举措与改革思路，建设(共建)国际化的能源领域基础研究基地及国际合作联合实验室、煤的新型高效气化与规模利用协同创新中心、能源和动力装备工程技术研发基地，与国家发改委共建新能源政策研究中心等	30000	积极探索和创新管理体制和机制，使科技创新港也成为我国能源领域中统筹国内外资源、政府和企业资源，吸引和培育国内外一流企业。预计孵化10家企业

续表

序号	孵化器	孵化内容或方向	配备物理空间面积（平方米）	拟孵化企业
7	生物医学与转化医学孵化器	以"西北环境与高发恶性肿瘤及转化医学研究"教育部创新团队为核心研发力量，同时整合区域内从事生物治疗和转化医学研究的专业人才，形成稳定的转化医学研究团队	25000	目前，该转化医学研究团队以重大疾病的生物早期诊断和生物免疫治疗及其相关技术的临床转化为研究重点，已经开始了循环肿瘤细胞（CTC）检测、基因测序、恶性肿瘤生物免疫细胞（DC–CIK）治疗等临床诊疗。预计孵化25家企业

加速器

企业成功孵化后，将现有产品市场"蛋糕"做大，占领市场前沿，掌握市场主动权，需要在更高层次上为其发展提供服务和支持，加速器便应运而生。

西安交大将在创新港考虑建设以下加速器（见表4）。

表4 加速器项目规划情况

序号	项目名称	项目介绍	配备物理空间面积（平方米）
1	环保物联网	从1999年开始组织和研发"国控重点污染源及基础数据库系统"，获得国家环保部的大力支持，排污费征收管理系统已在全国30个省、600多个地市进行了安装部署和应用。该项目将与相关政府部门和企业共同建设环保物联网总量控制及排污权交易云计算平台，促进物联网、云计算、总量控制、排污权交易等高新技术的整合应用，建立统一的智能海量数据资源中心，进行数据挖掘、模型建立，为监管部门提供总量控制、生态保护、环境执法等服务，最终建成全国一流、世界先进的环保物联网交易中心和平台	20000
2	智慧城市与智慧医疗	以软件工程、宽带通信、通信网、移动通信、光通信、微电子技术为主要特色的研发基地，开展的移动互联网中核心网架构的实现；利用当前手机终端实现视频通话等技术的研究；利用毫微微蜂窝技术实现物联网的无线通信技术支撑；通过对无线数据拥塞问题研究为智慧城市的建设提供信息的无线传输与远程控制实现方法，并将其转化为创新型的移动互联网与智慧城市支撑产品；借助互联网开展网络会诊、电子咨询、远程诊断等特色的智慧医疗服务	20000

序号	项目名称	项目介绍	配备物理空间面积（平方米）
3	分布式能源	分布式能源系统是直接面向用户，按用户的需求就地生产并供应能量，具有多种功能，可满足多重目标的中、小型能量转换利用系统。作为新一代供能模式，分布式能源系统是集中式供能系统的有力补充。它有以下四个主要特征：它直接面向当地用户的需求，布置在用户的附近，可以简化系统提供用户能量的输送环节，进而减少能量输送过程的能量损失与输送成本。分布式能源系统包括太阳能、地热、风能和生物质能等	30000
4	大功率垂直结构 LED 芯片	该产品的中试已经完成，一期计划将建成年垂直结构专用外延片 13.5 万片，大功率垂直结构芯片 180kk 的产能，年实现销售收入 4.3 亿元，二期计划将达到扩大产能、降低成本、提高市场占有率的目的，年实现销售收入 30 亿元。并且该项目二期建设投产后，将带动其上游产品的蓝宝石生长、衬底制造企业、下游封装和照明应用市场至少数十亿元的产业规模，解决数千人的就业问题，最终使得陕西省在半导体照明行业中收复失地，重新占据重要的地位	30000

中试厂房

中试厂房将主要为大项目提供量产条件（见表5）。

表5　中试厂房项目规划情况

序号	项目名称	内容与前景	配备物理空间面积(平方米)
1	3D 打印技术及装备	3D 打印工艺和装备达到国际前列。研究开发无人机机身复合材料模具制造技术与装备、飞行器控制装置的制造装备和结构创新设计。重点在 3 个方面实施产业化，普及型 3D 打印设备和材料，推进个人和企业的创新能力；建立 3D 打印在航空航天汽车领域应用的研究示范基地，支持陕西航空航天汽车等骨干产业发展；建立 3D 打印在生物医疗领域的应用基地，催生一批新兴中小企业	10000
2	超临界水煤气化制氢耦合发电技术	超临界水煤气化制氢耦合发电新技术以"一锅水煮煤"形式通过超临界水煤气化制取高纯度 H_2 和 CO_2，并依此构建新型热力循环发电。与常规电厂对比，该项目将节省烟气受热面、节省三脱装置，而且无排烟热损。另外，与常规煤气化技术相比，该项目具有气化反应温度温和、气化产物中氢气含量高，无气态污染物、焦油等突出优点。该项目研制成功将完全颠覆现有的燃煤发电产业链，是世界范围内的一项革命性的重大新技术新成果，引领中国能源工业实现绿色超常规跨越发展	20000

续表

序号	项目名称	内容与前景	配备物理空间面积(平方米)
3	无铅压电材料	区别于传统的压电材料,锆钛酸钡钙具有压电、介电性能优异,不挥发、不潮解,易于制备的特点。研究结果显示,锆钛酸钡钙具有令人惊异的压电性能,压电系数高达 620 皮库仑/牛顿,远远超过现有的压电材料—锆钛酸铅的性能(250~590 皮库仑/牛顿)。这项成果对无铅压电材料的研究开发具有重要意义,不仅研制出了可以和锆钛酸铅相媲美、对环境无害的压电材料,而且可预期今后将出现更多更好的无铅压电材料,从而引发长期依赖锆钛酸铅的工业界向无铅压电材料的变革。该材料研制成功推向市场后,将会彻底改变现有工业界压电材料的产业链,给陕西省乃至我国带来年产值数千亿的高性能无铅压电产品及其产业链	10000
4	中压大容量直流断路器系列产品	该系列产品是大型船舶、轨道交通等国家重要领域中电力控制与保护所急需的核心设备。目前已突破了其核心关键技术,研制出世界上中压直流领域开断容量最高的 4kV/70kA 大容量断路器样机,通过了国际权威机构德国 IPH 试验站的型式试验,可以直接进行规模化生产并推向市场。同时,自主开发的轨道交通系列直流断路器也已研制成功,并产品市场化的各类型式试验,可以完全满足国家重大项目的急需。该系列产品的开断容量为目前该领域内世界最高指标,填补了这一领域的空白,处于国际领先水平	10000

联合实验室

陕西省高校云集,科研机构众多,各有所长,西安交大将积极与西北工业大学、西安电子科技大学,西北农林大学,航空航天部 4(5、6)所、信息产业部 20 所(214 所)以及其他高校密切联系,加强合作,组建多学科交叉的联合实验室,促进共同繁荣,全面发展,创新港计划为联合实验室提供 10 万平方米物理空间。

服务设施和机构

企业孵化离不开中介服务,需要项目策划、技术咨询、融资理财、审批立项等方面的服务。同时经过孵化器、加速器、联合实验室,将催生大批具备一定规模的企业,所以将配套建设 5 万平方米的中介服务楼和 5 万平方米的企业总部办公楼。

（四）综合服务板块

综合服务板块主要建设城市基础配套设施，后勤服务设施，包括幼儿园、中小学、商业服务、文化娱乐、专家公寓、三甲医院等。综合服务板块用地面积1570亩，总建筑面积约160万平方米，建筑总投资额约45亿元。

六　建设模式

省部共建、区校联建的创新港项目以"政校企"合作为基础，按照"优势互补、协同创新、合作共赢、共同发展"的原则，由西安交大、西咸新区沣西新城管委会、交大资产公司、西咸新区沣西新城开发建设（集团）公司四个主体共同合作开发建设。西咸新区管委会组建项目服务小组提供专项服务。

（1）企业化运作。由交大资产公司和西咸新区沣西新城开发建设（集团）公司共同出资设立建设平台公司（其中交大资产公司股权不低于51%，沣西新城开发建设公司股权不高于49%），统一负责创新港项目的开发建设。西安交大和沣西新城的派出代表组成平台公司董事会，聘任公司经营班子；省市政府、国家各部委和西安交大的支持资金以合适的方式进入平台公司；平台公司以自有资产和土地抵押融资，解决部分建设资金；创新港建设用地按具体建设项目性质，根据政策要求，分门别类以划拨、协议出让、招拍挂等方式获取。

（2）分工协作。由西安交大、西咸新区管委会共同负责完成。交大在项目内整合投放高端人才教育研发、医疗教育配套等资源；沣西新城管委会负责与项目相关的社会配套服务，包括土地审批、征地拆迁、环境保障及项目外部配套基础设施建设工作等，创新港的投资边界由沣西新城和西安交大另行协商。

（3）功能板块建设。科研及教育板块建设由平台公司负责规划、建设、运营、管理，同时也可根据交大的要求由交大自行建设一部分；转孵化及综合服务板块建设由平台公司负责开发和运营、产业链培育等工作，同时设立项目建设基金，为项目内部环境配套募集资金。

七 效益分析

（一）投资分析

项目计划总投资 150 余亿元。其中土建成本约 120 亿元，征地和城市基本配套建设约 30 亿元。

按照初步估算，项目将安排西安交大自筹资金 20 亿元，西安交大校资产经营公司融资筹资 20 亿元，西咸新区筹资 20 亿元，申请省政府拨付西咸新区西安交大"985"建设配套资金 18 亿元，申请省发改委组织各处室拟订项目专项资金扶持计划，分 5 年安排 25 亿元的专项扶持资金，用于项目建设，并按年度对项目建设进度进行监督和考评。同时，鼓励社会资本进行投资，多元化筹措资金，企业融资 40 亿元。

（二）社会效益

（1）创新能力突出。每年实现 100 项科研成果转化；每年孵化科技创新企业 100 家以上，到 2020 年培育亿元以上科技型企业 100 家以上；创新港贡献总产值超过 1000 亿元。

（2）科教特色明显。每年为社会输送 5000 余名创新型人才，完成 5000 人次高层次人才培训；集聚高端人才 2 万人以上；五年内新增 2～3 个国家级科研平台；每年发表 3000 篇以上具有国际影响力的高水平论文；产出 10 项国家级高质量研究成果；申请 500 项发明专利。

（3）国际交流广泛。建成国际联合办学院校 1 所，留学生达到 2000 人以上，成为中国西部国际交流中心；年接待文化交流人群 100 万人次以上，其中国际交流 30% 以上。

（4）公共服务完善。形成基本完善的区域基础设施配套，聚集人口 5

万人以上。扩大公共服务覆盖面，为大西安地区提供 6000 人次优质基础教育资源服务、100 万人次优良医疗服务。

八 工作及实施计划

（一）项目整体实施计划

项目整个建设期 6 年，整体分两期实施，一期以科研板块、教育板块建设为主，并启动转孵化板块和综合服务板块建设工作；二期以转孵化板块和综合服务板块建设为主，完善科研板块及教育板块建设。

1. 项目一期计划（2015～2017年，计划投资60亿元）

基本建成部分教育、科研板块的教学科研设施（30 万平方米），建成 50% 的研发创新基地和科研平台（20 万平方米），形成基础科研能力。完成综合服务配套板块的部分专家公寓（36 万平方米）、小学（4.5 万平方米）、幼儿园（2.5 万平方米）、医院（16 万平方米）、部分综合服务配套设施（10 万平方米）等建设工作。

2. 项目二期计划（2018～2020年，计划投资90亿元）

完成教育、科研板块的教学科研设施（46 万平方米）、初中（6 万平方米）、高中（6 万平方米）建设，形成功能齐备的基础教育体系；完成研发创新基地（30 万平方米）、科技创新平台（20 万平方米）、专家公寓（72 万平方米）、综合服务配套设施（16 万平方米）、四大功能板块建设。

（二）近期工作进展

1. 控制性规划

2015 年 6 月，由沣西新城规划局牵头编制创新港项目控制性详细规划，10 月 28 日由建设部节能司在沣西新城管委会组织专家进行终期评审，控规编制已经完成。

2. 发展规划

2015 年 6 月，委托中国国际工程咨询公司编制创新港发展战略规划和投融资保障规划，其间中咨公司先后四次赴西安进行实地调研，与省发改委、沣西新城管委会、西安交大主要学科和研究院（中心）相关人员及相关职能部门进行沟通交流，考察创新港现场情况，了解地方政策与支持，摸清学校功能需求，目前，初稿已基本完成，正在征集陕西省各厅局意见。

3. 立项手续

2015 年 8 月以来，已经获得西安交大科技创新港科创基地 11 个子项目的项目建议书批复，涵盖交大研究生院，工学、理学、医学和社会科学四大板块，23 个研究院，一百余所研究所（中心）。获得 11 个子项目用地选址及土地选址意见；获得环评、稳评、可研报告的批复。

4. 施工准备

（1）2015 年 12 月，创新港市政设计及总图设计已经开标并确定了中标单位，目前正在控规指导下进行市政设计，预计 2016 年初开始施工。

（2）科研、教育板块 A、B、C、D 四个区域正在进行方案设计和施工图设计的准备工作，已于 12 月 18 日发标，预计 2016 年 1 月下旬开标，2016 年 5 月底完成初步设计及施工图设计工作。

5. 土地征用

创新港项目征地工作涉及沣西新城规划区域的秦都区、长安区、户县三个部分的地块，规划征迁面积分别约为 1375 亩、1695 亩、1300 亩（具体数字以完成征迁后的实测为准）。首期征地包括秦都区和长安区两个部分，共 3070 亩土地，目前首期征地中秦都区部分已完成土地征用和青苗补偿工作，即将开展村民住宅拆迁安置工作；长安区部分已开始土地征用工作，正在进行现场测量。预计 2016 年 3 月底前完成首期征地中秦都区部分征地工作（含征地及村民住宅拆迁安置），2016 年 6 月底前完成首期征地中长安区部分征地工作。

B.20
空港新城探索城市
新区和谐拆迁新模式

摘　要：　空港新城在征地拆迁中坚持以人为本，充分尊重农民在开发
　　　　　建设中的主体地位，将农民利益和城市建设、经济发展紧密
　　　　　结合，通过政策引导、真情服务、强化保障三大手段，创新
　　　　　群众工作方法，实现了和谐有序征迁，开创了阳光和谐拆迁
　　　　　的"空港模式"，为探索城市新区和谐拆迁提供了新思路、
　　　　　新模式。

关键词：　空港新城　和谐拆迁　新模式

空港新城规划面积 144.18 平方公里，区域内有 4 个街办（镇），56 个
村庄 8 万多人口，其中 97% 是农业人口，原区域内产业结构单一，村民收
入来源大多依靠土地耕种，收入水平较低，村庄分布散乱、公共基础配套设
施薄弱，村民居住环境和安全环境较差，属于城市郊县地区。

西咸新区建设初期，土地是核心问题，征地拆迁直接关乎新区建设的成
败。空港新城自 2012 年开展征地拆迁工作以来，坚持把农民利益和城市建
设、经济发展紧密联系在一起，在"以人为本、始终高看群众一眼、新区
开发建设一定要让农民获益、最大限度保障农民权益"的思想指导下，积
极创新工作方法，通过政策引导、真情服务、强化保障三大手段，走出了一
条阳光和谐拆迁的新路子，开创了和谐征迁的"空港模式"。

开发建设四年来，空港新城征迁工作没有发生一起群体性事件，没有发
生一起赴省进京上访事件，乱搭乱建、抢建加盖现象基本绝迹。先后完成房

屋拆迁共 2027 户，涉及 8716 人，完成回迁安置 246 户、1103 人。随着 "新市民" 的陆续回迁安置，现代宜居小镇建设的不断推进，以及配套设施的逐步完善，空港新城在建设 "看得见山，望得见水，记得住乡愁" 的现代田园城市道路上迈出了新的步伐。空港新城和谐拆迁工作得到了包括《人民日报》在内的中央和省级各类新闻媒体的报道，省委书记赵正永先后两次做出批示，在全省推广空港新城和谐拆迁新模式。

一 "不让老实人吃亏" 的政策导向

制定政策前，新城管委会到有关开发区调研学习征迁工作的成功经验和做法，同时开展村庄摸底工作，做到 "情况明，家底清"。制定政策时，广泛听取意见，邀请区政府相关部门、街办（镇）工作人员和群众代表参与政策制定，邀请群众代表参观安置房样板间和选房大厅，同时发放问卷调查，吸取各方面意见建议。政策出台前，请法院、检察院从司法实践出发，提出司法建议。坚持 "加盖不受益、不盖不吃亏" 的政策导向，为从根本上遏制抢建加盖现象，制定了 "符合条件的农业人口，人均建筑面积在 60 平方米以内的，每人给予 4 万元奖励，不足面积部分按每 300 元/平方米予以奖励" 等条款，形成了符合当地实际情况的拆迁政策。在执行政策的具体实践中，坚持 "一把尺子量到底、一本账算到底，一个政策讲到底" 的原则，不迁就村干部、不迁就 "不讲理的人"，获得了群众的拥护和支持。

二 阳光透明的工作程序

执行拆迁政策公平公正。将征迁政策、奖励办法、交房顺序、选房流程等关键事项全部公示，在征迁宣传手册和回迁宣传手册中测算出不同家庭的补偿赔付标准，做到不隐瞒条款，不欺骗群众。将政策中设立的多项奖励现场兑现现金，其中丈量奖励每户 5000 元，签订协议奖励每户 20000 元，交房奖励每人 10000 元，提振了村民对征地拆迁工作的信心，树立了空港新城

"言出必行"的诚信形象。

回迁选房流程公开透明。为便利回迁群众看房、选房，空港新城在回迁安置社区建起"空港花园社区回迁安置选房大厅"，选房大厅提供"一站式"服务，对选房、手续办理、费用结算整个流程进行科学合理布局，实时公布每户群众的已选房屋信息，并由渭城区公证处全程现场监督，确保回迁选房工作公开公正、公平高效。

廉洁征迁接受多方监督。工作中丈量评估、协议签订、附着物清点等重点环节至少有 2 名工作人员在场，互相监督。积极开展征迁廉政风险点排查，找到征地拆迁风险环节 13 个、个性风险点 37 个、共性风险点 14 个，将所有环节风险点进行公布，在办公区设立群众意见箱，接受群众监督，保障征迁工作廉洁透明。

三 务实管用接地气的工作方法

利用多种形式宣传政策。入村宣传，分片入户发放《政策宣传手册》《致村民的一封信》和"工作便民卡"，编发《城乡统筹快讯》介绍产业发展和企业用工需求。拍摄城乡统筹宣传片，在"电影下乡"时穿插播出。组织"中秋纳凉晚会""文明进社区"等活动，将办公区、样板间、城乡统筹展示中心等向群众开放，充分听取群众诉求，为群众答疑解惑。

悉心照顾特殊群体。对在校中小学生每人补助交通费 1500 元，低保户、五保户、残疾人、年满 60 周岁及以上老人每人 3000 元生活补助，为残疾群众赠送轮椅。每逢传统节日，上门慰问在外过渡的高龄和残弱群众，为他们送去米面油等生活必需品。积极联系 40 多家房屋中介，替群众寻找价格便宜、环境适宜的过渡房。

便捷温情的选房服务。采取分包入户全负责的方式，从入户宣传到房屋移交，全程提供"一对一"服务，让群众知情、便利、舒心，少走冤枉路。精心制作服务手册和回家手册，用漫画、故事等形式介绍生活居住引导细节。将各村进行分地块集中安置，每个村在两个地块都分有相对集中的楼位，既满足回迁群众以往访邻串巷等生活习惯延续的需求，又符合楼栋户型建设条件。

四　联合办公的合作模式

制定"六位一位"城乡统筹发展战略。与咸阳市渭城区政府联合制定城乡规划建设、城乡产业发展、城乡基础设施、城乡公共服务、城乡管理机制和城乡社会保障相融合的"六位一体"发展战略，安置小区均结合空港新城整体规划布局和优美小镇建设，配套建设现代化、标准化基础设施，水、电、气、暖及电信工程施工全面推进，初步形成了区域内群众和谐共享城市配套服务的局面。

建立优势互补的征迁工作新模式。改变原有的"委托征迁"模式，采取"新城＋区政府＋街办"合作模式，成立征迁工作领导小组，领导小组下设拆迁指挥部和回迁安置办公室，分别负责征迁和回迁工作。在村庄拆迁、回迁安置前，严格按照程序，组织召开村民代表大会、听证会、业务培训会和动员会等。发挥街办"情况熟、底子清、人缘好"的优势，空港新城"政策清、程序明、机制活"的优势，双方互通信息、协同工作。

五　全方位的后续生活保障

现代生活型"三大优美小镇"满足群众入住条件。为妥善安置被拆迁群众，空港新城先后开工建设了空港花园小镇、幸福小镇、阳光小镇3个新型社区，每个新型社区都有完备的基础设施配套，满足群众日常生活需求。考虑到回迁群众入住后的出行问题，在主干路网、安置社区所在区域开设公交线路，根据群众出行情况设置公交通行班次、数量，优先保障群众出行便利。

新型社区"四大标配"高标准服务群众生活。在小镇新型社区内规划了公共服务中心、社区医疗中心、学校、公共绿地四大标准配套设施，统一按国家标准施工建设，实现教育、医疗等基本公共服务全覆盖，让群众在家门口享受到与城市居民一样的基本公共服务。

"五金"保障群众生活水平不降低。一是按照征迁政策，在房屋拆迁、土地征收及流转时群众可以领到补偿"现金"；二是大部分群众回迁后可拥有 3 套以上住房，闲置房屋收"租金"；三是每人安置 10 平方米商业用房，可以让群众赚"股金"；四是就业培训后通过人才推介等形式进入区内企业，让群众赚到"薪金"；五是合理优化社保支付，确保群众晚年养老有"保障金"。通过五金保障体系，全方位保障空港新市民的未来生活。

空港新城和谐拆迁实践告诉我们，在新区开发建设征地拆迁过程中，必须注意三个问题。

一是尊重当地群众在开发建设中的主体地位。新区建设的主体是当地群众，服务的主体也是当地群众，新区管委会和当地政府都是为群众服务，摆正这个位置就摆正了关系。尊重群众的主体地位，首先体现在尊重群众的利益上，空港征迁政策的成功就在于充分尊重了群众利益。

二是在征迁工作中尊重群众感情。不搞冰冷拆迁，除了必需的经济补偿和生活保障，还必须慰藉失地农民的情感，照顾他们的疑惑、彷徨、失落甚至痛苦的情绪，体谅、尊重他们的土地情结、故乡情感，工作中要换位思考、将心比心，用实际行动争取群众的理解和配合，用有感情的、有人情味的工作赢得群众的拥护和支持。

三是尊重群众发展权。空港新城在拆迁中大力推广职业技能培训，同时把农民群众组织起来，用市场机制大力发展自身，让农民改变传统农耕方式，除了工资收入以外，还有财产性收入和理财收入，最终让群众在拆迁后，住着和城市居民一样的房子，享受相同的社会保障，过"进公司、挣工资"的城市生活，这就是对群众发展权的尊重和维护。

总之，尊重当地群众在开发建设中的主体地位，尊重群众感情，尊重群众发展权，创新群众工作方法，让群众共享发展成果，就能有效推进阳光和谐拆迁，就能赢得广大群众的支持和拥护。

B.21

泾河新城茯茶小镇

摘　要：　泾河新城坚持因地制宜，以泾阳茯茶文化为主题，按照"政府引导、产业主导、社会投资、市场运作"的方式，通过组建国有、农村集体、社会资本交叉持股的混合所有制项目开发公司，对泾阳双赵村现有村庄进行改造提升，改善农村人居环境，制定"一户一业"帮扶政策，鼓励开展商铺经营，打造关中特色民俗文化优美小镇，为探索农村就地城镇化提供了西咸范例。

关键词：　泾河新城　茯茶小镇　开发建设

西咸新区建设泾河新城茯茶小镇，坚持因地制宜，充分发挥当地的区位、产业、文化等优势，按照"政府引导、产业主导、社会投资、市场运作"的经营方针，以泾新茯茶公司作为建设管理运营主体，开展投资、策划、规划、建设及招商，探索一条合作共建、互利共赢的新道路。

一　基本情况

茯茶小镇即泾阳县泾干镇双赵村，位于泾阳县东南部，华晨大道与高泾中路交叉西北角。全村共 7 个村民小组、545 户、2200 余人，总占地约3012 亩。茯茶小镇规划占地约 1300 亩，用地性质为工业、商业和居住用地。茯茶小镇以泾阳茯茶文化为依托，通过建设茯茶文化产业园、商业展示区、双赵村改造及公共基础设施项目，打造集茯茶文化、关中民俗和关中生活文化为一体的综合园区。其中，茯茶文化产业园占地约 200 亩，以挖掘和传承茯茶文化为切入点，通过股权合作，发展茯茶产品生产、研发、体验及文化展示等，形成以茯茶为核心的文化产业链条；商业展示区约 100 亩，建筑面积 12 万平方米，投资建设茯茶历史博物馆、茯茶驿站、茯茶戏楼、丝绸之路民俗特色展示等，形成风貌特色鲜明的街市；双赵村改造项目约 350 亩，包括茯香街建设和双赵村改造两部分，茯香街建设融入茯茶文化、关中民俗文化和关中生活文化，双赵村改造在不破坏原有房屋结构、最大程度保留原有乡村风貌和乡村记忆的基础上，通过对基础设施进行改造提升，实现农村的城市化改造；公共基础设施项目用地约 235 亩，投资建设医院等公共基础设施，在满足茯茶小镇及周边居民生活需要的同时，适时进行养老公寓房地产项目开发。

茯茶小镇分三期建设，一期主要进行双赵村旧村改造，建设商业展示区、水系以及相关基础设施；二期建设茯茶博物馆、茯茶产业园和温泉酒店，并对商业展示区和水系进行延伸扩建；三期主要建设公共基础设施项目。目前，茯茶小镇（一期）已全面建成，投资约 5.5 亿元，优美小镇形象初显。在双赵村旧村改造上，主要对井田巷、茶马巷、天茯巷农户进行外立面和装饰、管沟、下水、路灯等建设，300 户就地改造全部完成。在商业展示区建设上，商业展示区（茯香街、采摘体验和其他科普体验区）和水系（水系和景观占地 100 亩）项目于 2015 年 7 月底建成使用，建设商铺 172 间，招商 600 余户，8 月 10 日开园运营。在基础设施配套建设上，茶坊二路、茶坊三路、茶坊四路、茶香大道分段均已建成，办公楼、餐厅、宿舍投入使用，地下车库正在进行主体施工。2016 年 1 月启动二期项目建设，预计 6 月建成营业。

茯茶小镇开园后，通过市场化运作，取得了良好的经济效益和社会效益，影响力和美誉度不断提升。目前小镇已成为西安、咸阳等市民旅游的首选目的地。自 2015 年 8 月 10 日试开园以来，茯茶小镇旅游人数持续增长，开园首周客流量便达 38.5 万余人次，2015 年累计接待游客 460 万余人次，其中泾阳周边游客量占 50%，西安、咸阳客流量占 50%，基本形成了以泾河新城为中心，辐射周边的一小时旅游经济圈。随着茯茶小镇知名度不断提升，客源市场半径不断延伸，外省游客数量有显著增长的势头，省外游客以甘肃、宁夏、四川、青海、河南、湖北居多。截至 2015 年底，园区商户总营业额 6000 余万元，从事农家乐项目经营的村民日收入达 400～1000 元，月收入高达 3 万元左右。

二　主要做法

（一）组建混合制企业，开发建设茯茶小镇

项目采取混合所有制的投资运营模式，由泾河新城开发建设集团（出资 5000 万元）、泾阳茯砖茶发展服务中心（出资 500 万元）、西咸新区泾泰商贸有限公司（出资 2000 万元）和陕西蔚嘉实业有限公司（出资 2500 万元）注册成立西咸新区泾新茯茶文化产业发展有限公司，负责茯茶小镇开发建设。同时，通过对双赵村集体资产进行清产核资、股份量化和吸收村民自愿入股的方式成立陕西西咸新区双赵置业有限公司，并对茯茶镇商业管理公司（系泾新茯茶文化产业发展有限公司全资子公司，负责小镇招商和管理）增资入股，探索国有资本、集体资本、非公有资本等交叉持股、相互融合的混合所有制经济形态，共同开发建设茯茶小镇。

（二）加强基础设施建设，改善小镇环境

在小镇商业展示区，采集地下水建设面积 39091 平方米的水系，已建成水面面积 4000 平方米，周边绿化、建筑面积约 4000 平方米，并配备了完善的道路、休憩处等基础设施；在双赵村改造区，对村民原有的宅基地进行保留，充分征求村民意见，对民居进行改造，赋予传统坡屋顶等外立面统一的风格，进行商业性改造提升，同时加强道路管网、景观绿化和水系照明等基础配套改造，并给予每户 1000 元改造补助。目前，一期已完成提升改造 300 户，拓宽硬化道路 2500 米，安装路灯 47 个，放置垃圾桶 90 个，栽植绿

化花木 5150 株、草皮 800 平方米，铺设雨污水管道 3800 米，极大地改善了当地群众的居住环境。

（三）帮扶引导，促进村民就业创业

一是通过"一村一品、一户一业"的形式，引导村民在"家门口"创业，开展餐饮、宿、休闲娱乐、茯茶制作与销售等商业经营。目前开展经营共 254 户，其中自主经营的 45 户，涵盖了农家乐、便利店、茶楼、客栈、手工艺品等多种业态，招商、合作经营 14 户，其中农家乐 11 户、油坊 1 户、驿站 1 户、字画雕艺馆 1 户，租赁经营 34 户，经营流动摊位的村民共计 161 户，让农民不离土不离乡，实现家门口创业。二是通过专业培训，提高村民劳动技能及商业经营技能。组织村民对周至水街、上王村等关中民俗项目进行参观学习；引入专业培训机构，对具有就业意向的村民开展物业管理、导游解说等各项职业技能、综合素质教育等专业培训；对有意愿从事茶艺师工作的村民进行茶艺培训，帮助村民掌握茯茶文化、制作、品尝与销售等经验与技巧；对具有自主经营意向的村民，开展商业经营技能、综合素质教育等专业培训，加快村民项目经营的步伐。三是在项目建设和运营中，主动对接企业，解决村民就业问题。汇总用工信息，统计村民就业需求，根据村民实际情况，优先安排当地村民从事物业管理、保安、保洁、导游解说及生产用工等工作，目前已为 80 名村民提供了工作岗位。

（四）加大宣传力度，注重产品营销

一是根据产品定位，通过开展专题活动、参加展会、新闻报道等方式，围绕茯茶小镇建设节点及产品开展旅游品牌宣传，先后在新华网、央广网、《陕西日报》、《华商报》等媒体刊发新闻报道 50 多篇；通过网络与文化相结合的方式传播，吸引"微粉"25000 人；在西安地铁发布形象宣传广告，提升了知名度。二是制定品牌发展战略，申报"茯茶镇"和"茯香菌"及图形 LOGO 等商标。积极培育自主品牌，目前园区统一以茯茶镇注册营业执

照的商户达 102 家。三是丰富文化宣传载体，配合拍摄由西安广播电视台与全国城市台电视联盟合作摄制的《乐游天下》——"关中民俗文化之旅"系列纪录片，农林卫视拍摄的《砖茶开金花、品茗茯茶镇》专题片，重点宣传介绍茯茶小镇的关中民俗文化和茯茶文化内涵。

（五）积极争取政策支持，强化招商力度

一是结合国家、省市对项目、产业融资的优惠政策，争取在建设用地、基础设施以及信贷、融资、税收等方面的扶持，同时积极申请产业发展及新区"十三五"重点项目专项资金。二是成立招商团队，开展项目策划与经营招商服务，储备项目目标客户群，及时与有投资意向的大企业加强联系与沟通，在考虑各业态合理搭配，主题店与特色店合理布局的前提下，通过综合对比，甄选具有地方特色和西域特色的餐饮及手工艺品。小镇现有经营业态 102 种，其中手工作坊 7 户，手工艺品 12 户，特色小吃 83 户，主题店有6 家。

三　建议

茯茶小镇自建设运营以来，通过不断的实践与探索，带动了当地经济发展，提升了小镇环境，增加了群众收入，但也存在一些问题，比如，对茯茶文化还挖掘不足、展示不全，茯茶产品生产需加强生产标准、品牌保护等方面的工作，缺少具有一定规模和实力的茯茶龙头企业，小镇基础设施有待完善，小镇管理水平也有待提高等。

为促进茯茶小镇健康发展，提出以下建议。

（一）要突出茯茶文化特色

茯茶文化是在茯茶生产、加工、茶叶营销和品鉴等过程中，与吃、住、行、游、购、娱有机融合，从各个角度体现的文化精神。因此，茯茶小镇要在已建成板块的基础上，加强茯茶文化在建筑、标识、周边绿化、道路命名

等方面的表现，在茯茶加工、营销和品鉴等茶文化要素中凸显茯茶历史渊源与原理，在吃、住等服务设计中烘托和体现茯茶文化精神。例如，吃有茶膳、茶点、茶饮，住有茶境、泡茶用具，购有茶产品，娱有茶艺、茶俗、茶歌舞等，最终使旅游者在茯茶文化素养方面有所收获。

（二）以市场为导向，发展中低端茯茶产品

加强对市场及目标群体的调研，制定合理的营销、推广和产品开发策略，同时，严格按照《泾阳茯砖茶生产技术标准》，加强对加工企业、小作坊业的监管，通过改进生产加工基本条件，推行茶叶生产加工的标准化，使茶叶生产全过程做到规范、有序、可控，逐步实现茶叶生产加工的规模化、标准化，形成中低端茯茶产品合理发展的局面。

（三）小镇规划要立足长远

在茯茶小镇一期开发建设的基础上，对双赵村及周边自然地理、人口流动、交通情况、产业发展等开展全面摸底调查，深入分析发展潜力，充分考虑各方面条件，确保二期规划中做到"四个统筹"，即统筹规划村落基础设施建设和公共服务配置，统筹规划域内的现有人口和流动人口，统筹规划小镇建设、工农业布局和产业聚集，统筹规划农田保护和周边环境，为小镇长远建设和发展奠定坚实基础。

（四）加强小镇的运营管理

根据茯茶小镇的定位和运营现状，发展集茯茶研发、生产、体验、销售和展示为一体的茯茶产业链条，提高运营规模和效益。最大限度地发挥盘活茯茶小镇土地、人力、农产品等资源，运用市场化手段将其转化为经济效益。加强与入园企业、商户和村民的沟通，了解经营中的实际需求和困难，及时提供融资、技术、设备、市场、人才等服务，帮助其降低运营成本。

（五）培育龙头企业，带动小镇发展

"茯茶龙头企业兴则茯茶产业兴"。鼓励和引导社会资本投资茯茶生产，吸引茯茶产业入驻产业园，并在贷款、税收等方面向茯茶龙头企业倾斜，支持茶业龙头企业扩大规模、建立原料基地、拓展销售渠道、争创名优品牌，促进企业做大做强。

B.22

空港新城空港花园小镇

摘　要：　空港新城在开发建设中积极探索政府主导安置型宜居小镇建设，按照"政府引导、社会投资、市场运作、村民自治"原则，规划建设空港花园小镇，注重节约用地和生态营造，建设小镇学校、医疗中心、服务中心、绿地等公共服务配套设施，创新公共服务新模式，倡导文明生活新理念，建成空港新城首个拆迁安置型宜居优美小镇。

关键词：　空港新城　花园小镇　开发建设

空港新城按照"政府引导、社会投资、市场运作、村民自治"原则，探索政府主导的安置型宜居小镇建设模式，规划建设空港花园小镇，逐步实现辖区资源整合、利益共享、成本优化的良好发展态势。

一　基本情况

空港花园小镇位于空港新城主干道自贸大道西侧，渭城大道以北，占地700余亩，总建筑面积约45万平方米，主要规划为A、B区居住组团、青年公寓、邻里商业街区等，同时配备公共活动场地、健身区、儿童游乐区、中心广场、文化公园、早晚市、社区服务中心、社区医疗中心和学校等，保障小镇上万居民的生活、教育、医疗、商业等需求。

目前，空港花园小镇居住区A区、B区、青年公寓已建成，A、B区作为回迁安置区已有246户、1103人顺利入住；邻里商业街区将于2016年竣工交付；1 所幼儿园与渭城区完成验收交接手续，2016 年 9 月将正式开园，其他设施将陆续建成投入使用。

二　主要做法

（一）落实四大标配，统一建设标准

空港花园小镇作为空港新城首个规划建设的优美小镇，从设计理念、建设规模、功能设置等方面都起到示范作用，规划建设的小镇四大标配——学校、医疗中心、服务中心、公共绿地，得到了省委书记赵正永的肯定，并鼓励新区进一步优化小镇建设标准，落实四大标配建设体系。

（1）小镇学校。空港花园小镇配备 2 所幼儿园、1 所小学。幼儿园分别为 2400 平方米和 3000 平方米，共开设 16 个班，拥有室外活动场地、教室、寝室、多功能厅等，为区域适龄儿童提供就近入托的便利；空港花园小学，占地约 25 亩，总建筑面积约 8300 平方米，共 24 个班，为全日制小学提供现代化基础设施和教学硬件保障，为居民提供从幼儿园到小学的教育保障。

（2）小镇医疗中心。建筑面积约 2000 平方米，设有门诊输液、临床科室、儿科预防保健等科室，能够解决群众日常就医需求，为小镇居民提供便捷的医疗服务。

（3）小镇服务中心。建筑面积约 800 平方米，建成后将逐步引入包含社保、养老等政府便民服务窗口，提供"一站式"居民公共服务，为群众营造舒适、便捷的生活环境。

（4）小镇公共绿地。公共绿地占地面积约 45 亩，规划建设群众戏台、漫步道、篮球场、乒乓球场、儿童游乐、健身器材等设施，将运动休闲、日常居住与生态绿地融为一体，为居民提供休闲娱乐和交际场所。

（二）建设绿色小镇，打造生态家园

借鉴城市"精明增长"理念，注重节约用地和生态营造，优化小镇形

态，实现"节约用地、承载人口"两大目标。

大力推广墙体保温、窗外遮阳、多层玻璃、新风系统等西咸绿色建筑标准，从路网绿化到宅前绿地，从各区入口到文化公园，处处营造绿色生态，使居住者与建筑、道路之间形成和谐美好的生态环境。充分考虑回迁居民传统生活习惯，以多层建筑为主，建设具有关中特色的民居聚落，同时将周陵当地文化融入文化公园，从生活服务导视系统，到"周礼文化、编钟作乐"等雕塑，为居民创造具有丰富文化内涵和人文气息的生活环境。

（三）以人为核心，创建和谐文明小镇

空港新城联合渭城区政府、街办等开展"文明进社区"文艺会演活动，通过歌舞、小品等方式宣传空港优美小镇规划建设情况，展现新城新市民的生活新气象。以"提倡节约环保，共创绿色小镇"为主题，举办环保宣传活动，通过环保知识宣讲、小镇环境卫生维护及环保购物袋发放等举措，树立小镇居民文明生活的理念。以开展社区志愿活动形式，关注面临生活困境的特殊人群，通过公众力量对其进行无偿帮助，解决群众实际困难。

（四）创新服务模式，保障小镇运营

为进一步对小镇居民进行服务与生活指导，空港新城联合渭城区指导周陵街办成立"周陵空港花园小镇社区党委"和"周陵空港花园小镇管理委员会"常驻机构，协助物业公司为小镇居民提供便捷社区服务，营造舒适的生活环境。

为提升小镇居民入住满意度，空港新城联合渭城区有关部门、小镇建设部门、物业服务部门成立"空港花园小镇回迁协调工作领导小组"，协调解决入住居民反映的物业服务、房屋维修、公共配套等管理运营过程中出现的问题。

三 下一步工作打算

一是在完善空港花园小镇内部配套设施的同时，加速落实小镇周边水电气暖、路网、商业配套建设，避免出现"城中城"现象，将优美小镇建设融入新城开发建设进程中。二是空港花园小镇的管理运营工作目前还处于初级阶段，从组织机构建设到小镇的整体运营还不够成熟，面对优美小镇发展的新形势、新任务，要健全小镇管理体系，完善小镇运营机制，同时转变工作方式，改进工作作风，创新服务载体，贴近基层、贴近实际、贴近群众，形成规范化、长效化的管理制度。三是把小镇精神文明建设融入创建文明城市的大环境中，围绕居民素质教育、小镇志愿服务、小镇文化建设、小镇环境提升、小镇安全维护等方面，依托社会力量，广开渠道，因地制宜，逐步实施。

B.23
渭河秦汉新城段综合治理

摘　要：　渭河综合治理是陕西省确定的重点生态工程，秦汉新城承担
　　　　　了渭河下游北岸 18.65 公里的综合治理任务。秦汉新城在综
　　　　　合治理过程中创新建设理念，突出民生和生态，精心编制建
　　　　　设规划，严格工程质量管理，多渠道筹措建设资金，建成了
　　　　　陕西渭河治理的样板工程、大西安最美的生态公园和生态景
　　　　　观长廊。

关键词：　秦汉新城　渭河治理　开发建设

渭河作为黄河最大支流，水资源丰富，从古至今滋养着三秦大地，同时洪涝灾害也威胁着沿岸群众的生命财产安全。2011 年初，省委常委会审议通过《陕西省渭河全线整治规划及实施方案》，启动全省渭河综合整治工程。渭河综合治理是陕西省委、省政府促进全省经济社会发展的重大决策，是陕西"十二五"发展规划的一项重要内容。

秦汉新城承担了渭河下游北岸 18.65 公里的综合治理任务。经过 4 年的开发建设，渭河秦汉新城段堤防水平大幅提高，防洪标准提升为百年一遇，建成了当地百姓防洪安澜的坚实屏障、堤岸结合的滨河大道，成为陕西渭河治理的样板工程，以及西安最大的生态公园、最美的生态景观长廊。

近年来，该工程先后受到国务院副总理汪洋，中组部部长赵乐际、水利部部长陈雷等多位中、省领导的调研视察肯定。2014 年 6 月，渭河生态景观带绿化工程获得了由联合国环境基金会、中国环境保护协会、香港环境保护协会等八家机构共同颁发的"2014 绿色中国 - 环保成就奖"。2015

年 7 月，秦汉新城管委会荣获陕西省"渭河综合整治先进集体"荣誉称号。

一 工程概况

该工程西起上林大桥，东至西咸交界处，全长 18.65 公里，包括防洪工程和景观绿化工程两大类，累计完成投资 17.75 亿元。

防洪工程。防洪工程包括防洪大堤加高培厚工程、渭河主河槽控制燕翅坝工程、滩面平整工程和防洪大堤堤顶道路工程四部分。防洪工程于 2010 年 10 月开工建设，2012 年底全部建成。累计铺设防洪大堤堤顶沥青路面 18.65 公里，整治滩面 3.15 平方千米，新建雁翅坝 138 座。总计完成堤身土方回填 324 万立方米、散抛石 78 万立方米、格宾网箱笼石 20 万立方米、格宾网垫护坡 8 万立方米、滩面整修土方 509 万立方米，完成投资约 8.97 亿元。

（1）防洪大堤加高培厚工程。该工程施工内容包括堤基清理、原堤顶路面拆除、软基处理、堤身填筑、土工布铺设、格宾网垫铺设、壤土覆盖层等。该工程于 2010 年 10 月开工，2011 年 10 月完工，工程完成后防洪标准从 20 年一遇提高至百年一遇。

（2）主槽控导工程。控导工程建设范围按自然河势地段划分为碱滩、长兴、店上、大寨、卓所、正阳和电厂控导工程，共计修建雁翅坝 138 座。该工程于 2010 年 10 月开工，2011 年 8 月完工，工程建成后有效地控制了水流，确保了行洪安全，又美化了滩面景观。

（3）滩面平整工程。滩面平整工程范围按自然地段划分为碱滩滩面、长兴滩面、店上滩面、卓所滩面、卓正滩面、正阳上延滩面和正阳下延滩面工程。施工内容包括清障、清表、填筑和平整。该工程于 2010 年 11 月 22 日开工，2011 年 5 月 14 日完工，施工历时 187 天，该工程的建成为进一步营造滩面景观打下了良好的基础。

（4）防洪大堤堤顶道路工程。该段堤顶道路按照市政道路建设标准，防洪大堤堤顶宽24米（或20米），路面从背水侧堤肩线向临河侧依次布局为：2米宽为绿化带、12米（或8米）宽的双向沥青混凝土路面机动车道；2米宽灌木绿化带；3.5米宽红色沥青混凝土自行车休闲观光道路；2.5米宽人行慢道；2米宽为绿化带。该工程于2011年5月12日开工，2012年8月21日完工，施工历时459天，该工程既为当地居民提供了休闲观光道路，又确保防汛抢险道路畅通。

绿化景观工程。分为防洪大堤顶堤外侧堤肩线至主河槽之间的滩地绿化景观工程、防洪大堤顶堤外侧堤肩线至兰池大道之间的绿化景观工程两部分，完成投资约8.78亿元。

（1）滩面绿化景观工程。西起上林大桥、东至西成交界，北起渭河北岸防洪大堤堤顶北侧堤肩线、南至滩面治理边线，最宽处约550米，最窄处约30米，总面积约380万平方米。主要工程内容包括堤顶道路路灯、人行道景观灯安装工程，防洪大堤迎水坡及滩面绿化等。在进行绿化美化的同时，利用较宽滩面在上林大桥至福银高速公路桥之间修建上林运动休闲公园、福银高速至横桥之间修建太伟运动休闲公园、横桥至机场高速之间修建秦曲运动休闲公园，在机场高速以东至西咸交界处修建城市湿地公园。

该工程于2012年4月初开工建设，2012年底完工，绿化苗木约四十余种，包括油松、大叶女贞、枇杷、白皮松、国槐、西府海棠、红叶李、杜梨、山植、火炬树、樱花、碧桃等。

（2）堤外绿化景观工程。防洪大堤顶堤外侧堤肩线至兰池大道之间的绿化景观工程东西总长14760米，南北最宽297米，最窄15米，总面积约173.42万平方米。主要工程内容包含修建微地形，栽植乔木、灌木及草皮，修建休闲娱乐广场及景观园路工程等。

该工程于2011年3月开工建设，目前已全部完工。累计栽植国槐、银杏、黑松、樱花、旱柳、垂柳、楸树、青桐、大叶女贞等11万棵、五十余种，完成色带73万平方米，草坪28万平方米。

二 主要做法

秦汉新城管委会高度重视渭河综合治理，按照将渭河打造为大西安的城中河、生态河和百里渭河生态景观带的要求，迅速启动规划和实施方案编制，多方筹集资金，保质保量实施项目施工，营造渭河北岸综合服务区草绿林茂、空气清新的优美人居环境。

1. 突出民生主线、生态主线，精心编制建设规划

按照西咸新区的总体功能定位，秦汉新城是大西安国际商务窗口区、城乡一体引领区、生态田园示范区、秦汉历史文化展示区和国际一流旅游目的地，围绕"民生之都、文化之城、田园之城、健康之城"这一目标，着力打造"一轴、双核、三带、三区"的空间结构。其中渭河生态景观带就是总体规划的"三带"之一，整个渭河北岸综合服务区的文化、商业、地产、工业等项目都将依托渭河生态景观带的优质资源进行建设与发展。项目在建设规划中始终坚持民生、生态主线，建设高标准的防洪大堤以彻底解决水患，为人民安居乐业提供坚实的屏障。实施生态建设与水污染治理，改善区域生态环境。建设多功能的运动休闲及湿地公园，为"健康之城、田园之城"提供必要载体。真正实现人、水、自然和谐共处，生态效益与经济效益共同发展。

2. 严格管理，打造防洪优质工程

防洪工程自 2010 年 10 月 1 日开工建设以来，参建各方紧密配合，积极对接省市及河道主管部门，履行施工审批手续，先后克服了征迁、暴雨、规划调整以及交叉施工等诸多不利因素，圆满地完成了项目建设内容。同时，在施工管理过程中，落实各方主体责任，严格执行质量安全标准，整个建设过程中未发生任何质量安全事故。该项目于 2012 年 12 月 18 日通过了工程档案专项验收，2013 年 5 月 10 日通过了工程合同完工验收。其中防洪堤填筑、控导护坡、堤顶道路质量评定等级为合格，滩面平整质量评定等级为优良。

3. 多渠道筹措资金，依靠项目引入解决"钱"的问题

秦汉新城渭河综合治理工程采取 BT 模式进行开发建设，建设期间建设

资金由相关施工单位进行筹措，工程完工后秦汉新城管委会按照合同条款进行回购。除公益性建设投入外，秦汉新城积极向中、省争取渭河综合治理补助资金，截至 2015 年底，共计争取到中、省补助资金 4 笔，合计 8730 万元。虽然争取到了一定的补助资金，但是城市生态公共基础设施建设投入庞大，后期维护管理成本同样巨大，仅仅依靠政府公益性投入很难长久维系。秦汉新城紧紧依托渭河生态景观带优质生态资源，不断提升区域内的产业用地价值，积极布局引入春城十八里、枫丹丽舍、星河湾、秦岭北麓、中天诚品、秦汉财富中心等住宅、酒店产业，提升城市品质。同时，加紧实施咸阳湖二期娱乐休闲产业项目，积极引入社会资本参与建设与运营，初步实现了开发建设维护与资金投入的可持续发展。

三　下一步的重点工作

秦汉新城将在现有渭河综合治理工程建设成就的基础上继续实施提升及扩建工程，主要有以下几个方面。

提升方面，将在现有防洪及景观工程的基础上，增加观景廊道、临水街、景观台等附属设施，同时要充分融入秦汉历史文化元素，将其打造成为秦汉新城历史文化对外宣传的又一张新名片。

功能方面，将结合滩地实际条件，规划建设一批城市运动、湿地公园，充分体现生态环境、运动健身、休闲娱乐的设计理念，为秦汉新城乃至全省人民建设一个新的旅游休闲目的地。

建设主体方面，除秦汉新城管委会直接投资建设外，还将加大社会资本引入，充分发挥社会资本包装运营能力，扩大秦汉新城渭河综合治理工程的对外影响力，实现项目建设、运营、维护可持续发展产业链。

发展理念方面，坚持人水和谐理念，加大投入力度，采取有效举措，进一步改善生态环境，以渭河作为关中龙脉，守住青山绿水，带动整个关中城镇群和经济轴的发展，打造"看得见山水、记得住乡愁"的现代田园城市格局。

B.24
斗门水库项目建设

摘　要：　斗门水库项目是陕西省"引汉济渭"工程的重要组成部分，
是一座以供水、防洪为主，兼顾改善生态环境的综合平原水
库。按照习总书记提出的"山水林田湖是一个生命共同体"
思路，沣东新城通过组建项目公司、编制建设规划、实施试
验段工程和水库片区移民安置，推进斗门水库建设，打造人
与自然和谐的生态工程，解决大西安饮水安全问题，优化城
市生态环境，再现历史上昆明池风貌，展示大西安厚重的古
都文化特色和底蕴。

关键词：　沣东新城　斗门水库　工程建设

斗门水库库址位于沣河右岸历史上著名的昆明池遗迹。昆明池兴建于
2100多年前的西汉时期，最初汉武帝用于训练水军，后逐渐演变为城市供
水和观赏游猎之用，在唐末宋初时干涸。昆明池在我国古代水利史上具有举
足轻重的地位。斗门水库项目主要是通过再现昆明池风貌增加展示大西安厚
重的古都文化特色和底蕴，把水利、文化、生态功能融入城市创新、绿色发
展，实现引水进城，解决大西安饮水安全问题，优化城市生态环境，营造人
文和自然景观休闲胜地。

一　工程概况

斗门水库项目是一座以供水、防洪为主，兼顾改善生态环境的综合利

用平原水库，是陕西省"引汉济渭"工程的重要组成部分，西安市"八水润西安"工程的重点建设项目。库区总面积 10.4 平方公里，总库容 4600 万立方米，库周总长 14.76 千米，相当于绕西安明城墙一周，水系面积相当于 2 个西湖。水库由内湖和外湖两部分构成，其中，内湖为城市供水水源，面积 3.5 平方公里，主要是调蓄引汉济渭南干线供沣东、沣西新城的水量，库容 2400 万立方米；外湖为沣河分洪区，面积 6.9 平方公里，库容 2200 万立方米，主要是作为沣河滞洪区，将沣河下游两岸的防洪标准由 100 年一遇提高到 300 年一遇。同时，利用库区宽阔的水面形成生态水景观，通过水系连通西安市西北部湖泊水系补给生态用水 1100 万立方米。工程总投资 79 亿元，计划工期为 6 年。2015 年斗门水库项目被列入"全国中型水库建设规划"。

二 发展历程

2011 年 7 月，陕西省委书记赵乐际、省长赵正永在考察引汉济渭工程时，提出将昆明池（斗门水库）作为引汉济渭进入关中供水管网调蓄库的战略构想。

2012 年 10 月，陕西省省长赵正永视察昆明池板块时要求，昆明池的恢复要做到历史遗迹保护、引汉济渭水资源蓄积和生态景观建设的有机统一。同月，水利部原副部长翟浩辉调研昆明池板块时指出，将昆明池板块规划建设纳入引汉济渭工程体系的部署实属战略举措，意义重大。

2014 年 7 月，陕西省省长娄勤俭主持召开省政府常务会议根据习近平总书记"山水林田湖是一个生命共同体"的思路，按照发挥蓄滞洪作用、改善生态环境、恢复历史风貌的主旨，以斗门调节水库为核心，实施昆明池项目建设。

2014 年 10 月，陕西省委、省政府出台《关于加快西咸新区发展的若干意见》，明确提出尽快"启动斗门调节水库"建设。

2015 年初，习近平总书记在陕西视察时，引用西汉文学家司马相如的《上林赋》，遥想"八水绕长安"的盛景，对陕西的生态环境保护提出了殷切的期望。《上林赋》所描述的场景，就是汉长安城昆明池畔的上林苑。省委、省政府在汇报陕西水利发展时专门介绍了昆明池板块，习近平总书记要求陕西开展山河江坡综合治理，为优化全国生态大格局做出贡献。

2015 年 2 月 28 日，斗门水库工程正式启动建设。

2015 年 11 月，省长娄勤俭调研斗门水库项目建设情况时强调，要科学规划关中水系，积极推进项目建设，把宝贵的水资源保护好、利用好。要充分挖掘"八水绕长安"的历史文化底蕴，统筹搞好遗址保护、文化旅游名镇建设，提升周边城镇品位，把昆明池板块打造成具有南方特色的北方水城。

2016 年，陕西斗门水库项目作为省级重点项目被写入省政府工作报告，并被列入陕西省"十三五发展规划"和全国"十三五水利发展规划目录"。

三　机构组建及项目运作

为加快项目筹备和建设管理，2012 年 7 月，沣东新城按照精简、高效、大部制的原则，组建西咸新区沣东新城昆明池文化生态景区管理办公室和西安昆明池投资开发有限公司，采取"一套人马、两块牌子"的运营模式，科学设置管理架构，实施项目开发运作。2014 年 11 月，成立"陕西省西咸新区沣东新城斗门水库建设管理中心"，代表管委会负责斗门水库项目筹备、建设、运营等管理职能。坚持"制度管人、流程管事"的管理理念，先后面向社会公开招聘 44 名工作人员，充实人才队伍，实行企业化管理和全员聘用制，建立能上能下、能进能出的人事管理制度，为项目开发建设提供人才支撑保障。

四　工程建设进展

（一）项目前期工作

2012 年，完成昆明池池区（一期）水域工程项目立项工作。以昆明池生态农业区建设项目约 2 平方公里为起步区获项目备案。同年 10 月，协调省、市水利设计院完成《昆明池水利工程规划方案》和《昆明池水利工程效果图》编制工作。2013 年，完成昆明池项目战略策划、总体规划修编、一期 2 平方公里范围文勘、地勘、可研、环评报告编制。2014 年，先后完成《陕西省西咸新区昆明池项目总体规划（2013～2020 年）》及审批，《陕西省斗门调节水库可行性研究报告》，试验段工程约 1166 亩涉及斗门街道土地利用总体规划修编工作；组织召开斗门街道土地利用总体规划听证会和专家论证会，取得市国土资源局《关于修改长安区斗门街道土地利用总体规划的批复》；完成试验段工程的水利、规划、环境、土地、节能、社稳等相关部门的审批意见和立项批复。2015 年，取得西咸新区管委会《关于陕西省斗门水库试验段工程初步设计报告的批复》《关于陕西省斗门水库试验段工程招标实施方案的批复》《关于西咸新区沣东新城管委会组建陕西省斗门水库试验段工程项目法人方案批复》，斗门水库试验段工程开工建设。

（二）用地工作进展情况

积极协调争取省国土厅支持，编写《关于斗门调节水库土地利用有关问题的意见》报送省政府，省政府同意将斗门水库列入"十三五"水利重点项目工程，水面用地可不占新增计划指标；堤坝用地在调整土地利用规划后，新增计划指标由省国土厅予以倾斜；占补平衡由省国土厅协调解决。

（三）试验段工程建设

试验段是斗门水库工程建设的先期部分，由库区工程和景观工程组成。总占地面积约 1637 亩，将形成水系为韵、生态为脉、文化为魂的文化生态景区。实施斗门水库试验段工程是为了探明库区地层结构，复核古昆明池库盆防渗效果，探索库区生态防护、亲水景观与城区周边的协调性，为斗门水库总体工程设计、施工提供可靠依据和经验。为此，我们根据"永临结合、减少临时工程"原则，参考土地利用规划现状选取斗门水库库区北部具有地质代表性区域进行试验。试验段工程由库区、围坝、引水建筑物组成。水面面积约 707 亩，蓄水深度 3.67 米，蓄水量 155 万立方米。景观工程占地面积约 930 亩，以生态性、文化性、生活性、经济性为原则实施，包含生态林带、浪漫花海、休闲草坪、荷花塘、亲水平台等景观。

斗门水库项目建设动员会召开后，按照水利工程要求及相关建设程序，快速推进工程建设。完成项目法人组建、施工监理招标、质监、开工备案等手续办理；完成总工程量的 60%，其中库区清表 23 万立方米，坝基强夯 13.8 万立方米，土方开挖 53 万立方米，围坝填筑 47 万立方米。库区移民拆迁工作进展顺利，试验段工程已初具形象，计划 2016 年 8 月具备蓄水条件；完成景观工程立项及设计工作，计划于 2017 年 5 月建成并启动斗门水库试验段二期工程。

（四）斗门水库片区移民及配套建设进展情况

斗门水库片区已建成 30 栋 60 万平方米的安置小区——润景怡园，该小区将高层住宅区、景观生态、传统商业街、核心商业区等功能有机结合，摒弃传统的建筑排排坐的方式，满足村民的庭院情节，探索高层建筑与田园相结合的新居住方式，建成西咸新区新型城镇化的样板工程，用于安置水库移民约 5100 人。已建成可容纳 360 人的沣东第六幼儿园，容纳 1620 人的沣东第六小学，容纳 1500 人的沣东第六初级中学。商业地产项目"昆明澜庭"已建成 3 栋共计 2.7 万平方米的高品质花园洋房。区域市政配套加快推进，各项路网等基础设施逐步完善，周边生态环境得到有效改善。

B.25
泾河新城农业转移人口市民化
主要做法

摘　要：　泾河新城在开发建设中积极推进农业转移人口市民化，通过
统筹推进被征地农民户籍制度改革，完成被征地农民户籍身
份转换；创新被征地农民社保制度，推行兼顾农民、失地农
民和城镇居民于一体的新型社会养老保险制度；完善城市基
础设施及住房、教育、医疗等配套设施，提高城乡公共服务
水平；以就业和城市功能为导向布局产业，积极拓宽农民就
业渠道，为农业转移人口提供就业支撑。泾河新城农业转移
人口市民化的探索与实践，为西咸新区打造国家新型城镇化
范例提供了新思路。

关键词：　泾河新城　农业转移人口市民化　实践探索

农业转移人口市民化是指农民在生活区域上由农村转移到城市，在就业
领域上由第一产业转向第二、三产业，并在身份、生活方式上逐渐由农民转
变为市民的过程。按照国务院批复西咸新区打造国家新型城镇化范例的战略
要求，泾河新城在开发建设过程中积极推进被征地农民就地城镇化，在农业
转移人口市民化方面进行了一些探索和实践，积累了一定经验。

一　统筹推进被征地农民户籍制度改革

泾河新城规划范围大部分属于农村区域，外来流动人口少，推进城镇化

的主要任务就是当地被征地农民的就地城镇化。泾河新城在开发建设之初，就确立了"立足实际、积极稳妥、先行试点、有序推进"的工作思路，以实施户籍改革为着力点和突破点。2012 年 12 月泾河新城管委会和泾阳县委、县政府组成联合调研组，赴西安市考察学习城中村改造农民变市民、变股民的经验。2013 年 11 月双方联合成立小城镇户籍制度改革试点工作领导小组，制定出台了《泾阳县小城镇户籍制度改革试点工作方案》，将泾河新城所辖泾阳县的 4 个镇，以村组为单位，人均耕地 0.3 亩以下的在册农业户籍人口，全部纳入了小城镇户籍制度改革试点范围。首批试点崇文镇虎杨、崇文 2 个村，共 3187 名被征地农民，2013 年 12 月试点村组农民原有农业户口本更换为加盖有"小城镇居民户口审核章"的城镇居民户口本。随着开发建设的不断深入，试点范围逐步扩大至费家崖村、花李村、坡底村等 5 个自然村。截至 2015 年 12 月，泾河新城共完成 2527 户、9269 人户籍转换工作，基本实现了土地即征、身份即转的工作目标，率先在西咸新区完成户籍制度改革试点工作。

二 创新被征地农民社保制度

农业转移人口市民化的核心是要破除附加在户籍上的养老、医疗、社保等制度差异。2013 年泾河新城联合泾阳县制定出台了《被征地农民社会养老保险和就业培训工作意见》，将新城范围内的被征地农民全部纳入社会保障范围，建立城乡制度并轨、标准统一的养老保险、医疗保险和最低生活保障制度，创新推行了兼顾农民、失地农民和城镇居民于一体的新型社会养老保险制度。按照政府引导、个人自愿的原则，将被征地农民人均耕地 0.3 亩以下、在册农业户籍 16 周岁及以上人员全部纳入城镇企业职工基本养老保险或城乡居民社会养老保险体系。对参加城乡居民社会养老保险的被征地农民给予每人每年 300 元缴费补贴，连续缴纳 15 年，为其储备社保金；对参加城镇企业职工基本养老保险的被征地农民每年按陕西省灵活就业人员最低缴费标准的 1/3 给予缴费补贴；对 60 岁以上的被征地农民每月发放养老金

280 元。以往崇文镇 60 周岁以上农民，领取的是 80 元的社会养老金。小城镇户籍制度改革试点工作启动以后，县政府对 60 岁以上的被征地农民每月发放养老金 280 元。从 2013 年 7 月至今，约有 3000 多名 60 岁以上的被征地农民领取了养老保险金，率先在全省实现养老金发放全覆盖。

三　完善城市配套设施，提高城乡公共服务水平

一是基础设施建设先行。4 年来累计建成华晨大道、泾河大道等市政道路 300 公里，形成了"三横三纵"六条城市主干道及各片区支路交通路网，实现南与西安市区、东与高陵工业园区、西与秦汉新城，北与泾阳县城的路网贯通，初步形成四通八达的"快捷交通连接"。开通西安至乐华城 315 路区间、316 路区间及西安北客站至乐华城 360 路公交车顺利通车，方便了群众交通出行。

二是同步推进保障性住房建设。4 年来累计承担中、省、西咸新区下达的各类保障房建设任务 1.13 万套，总建筑面积近 100 万平方米，建设包括限价房、经适房、公共租赁住房及棚户区改造在内的 4 种类型保障房。崇文重点镇、泾都壹号、瀛洲新苑等一批安置小区陆续建成，为农业转移人口市民化提供了住房保障。

三是教育、医疗等民生事业同步配套。规划建设中学、小学、幼儿园等一批基础教育项目，完善学生就读政策和资助体系，改善转户居民子女接受义务教育的条件，享受与城镇学生同等待遇。新建占地 51 亩的崇文中学 2013 年 9 月建成开学。科学合理布局综合医院、专科医院和社区卫生服务医疗机构，逐步完善医疗服务配套设施，保障转户居民及其子女享有国家规定的公共卫生服务。

四是市政基础设施建设全面推进。同步建设城市雨污水、天然气、电力、燃气管网等市政基础设施。泾河垃圾压缩中转站建成，第三污水处理厂主体完工，第二污水处理厂、泾河供水厂、燃气交换站、供热站、加油站、特勤消防站、公共卫生间、停车位、公共绿地公园等基础配套加快推进。完

成道路景观绿化面积约 120 万平方米，打造景观小品 80 余处，崇文塔景区公园、泾河湿地公园一期建成开园。

四　以就业和城市功能为导向布局产业，为农业转移人口市民化提供就业支撑

产业是城市吸纳人口的关键，是立城之本。新区在城市建设过程中，紧紧围绕六大核心板块，以项目建设为核心，以产业链招商、园区招商和特色产业招商为重点，形成了"工业园区化、农业现代化、土地集约化"的发展格局。累计招商引资落地项目 60 余个，带动第一、二、三产业均衡发展，产业聚集不断加强。总投资 500 亿元、西北首个大型游乐设施为主题的乐华欢乐世界一期工程于 2015 年 7 月建成，提供保洁、绿化、保安等当地就业岗位 300 余个。依托历史名塔崇文塔建成的崇文塔旅游景区为当地农民提供就业岗位 200 余个。投资近百亿元的华晨汽车产业园一期即将建成，将提供中低端岗位 200 余个。

五　积极拓宽被征地农民就业渠道

一是指导村组发展乡村经济，实现被征地农民就地创业。结合实际，制定扶持政策，指导村组成立了开发建设公司、苗木种植养护合作社、文化旅游公司等集体股份制公司，发展旅游观光、休闲农业、现代服务业等。目前，泾干镇花李村成立了锦绣花李开发建设公司、花李文化旅游公司、花李置业有限公司等 12 家股份制公司，崇文村、虎杨村成立了文化旅游公司等。

二是依托入园项目企业引导被征地农民就地就业。对入园企业进行分类，针对劳动密集型企业在签订项目投资协议时明确要求，必须预留 20%～30% 的就业岗位给本地群众，以满足被征地农民的就业需求。

三是加强被征地农民就业培训。为促进农村劳动力转移就业，2012 年 5 月泾河新城成立劳动力人才培训学校与就业创业服务中心，搭建农民培训和

就业服务平台，对接辖区企业，就地转化农村劳动力，开展专业技能、创业指导、职业素养以及市民生活常识等多个方面的培训，以及就业推荐与指导服务。优先安置被征地农民就业，确保参加培训人员就业率不低于90％。累计举办就业创业各类培训40期，参加培训人员7000人，近万人已在市容保洁、园林绿化，特色观光农业、景区服务业，工程建设等岗位上实现了"家门口就业"，部分已经进入管理岗位。

B.26
全国首个干热岩供热 PPP 项目
——沣西新城同德佳苑（一期）、钓鱼台安置小区
干热岩供热 PPP 项目

摘　要：　沣西新城在城市建设中首次引入零排放、成本低、效果好、分布式、可兼容的干热岩供热清洁能源新技术。积极探索社会资本参与城市建设，组建社会资本出资入股的项目公司，编制实施方案，科学项目识别评估，开展干热岩应用试点探索，为西咸新区创新绿色发展和推广城市建设 PPP 新模式提供案例借鉴。下一步推广应用干热岩供热 PPP 项目应加强顶层设计和协调、搭建平台、把控风险，在重点领域试点示范，提升建设质量和效益。

关键词：　沣西新城　干热岩供热　PPP 模式

　　在西咸新区基础设施建设中，适时推进 PPP 模式，吸纳民间资本，不仅能有效缓解财政压力，使政府有更多的精力转向监督者的角色，也将提升基础设施建设的效率和质量。沣西新城同德佳苑（一期）、钓鱼台安置小区干热岩供热项目是 PPP 模式在西咸新区的首次尝试，同时，引进清洁能源供热技术也属首例。该项目模式不仅为西咸新区建设现代田园城市起到积极的推进作用，也将为西咸新区后续推广应用 PPP 模式提供可资借鉴的经验。

　　本项目采用干热岩供热技术，对沣西新城同德佳苑（一期）、钓鱼台安置小区共计 1700 套住房，供热面积 12.4 万平方米进行冬季供暖。通过政府

采购竞争性磋商的方式选定合作伙伴，在合同谈判达成一致的基础上，双方组建项目公司共同负责本项目后期建设及运营。项目总投资 2475 万元，由项目公司自筹，沣西投资公司代表政府出资比例为 20%。

本例 PPP 项目严格按照国家标准流程，经历以下步骤。

第一步，项目识别。在认真学习 PPP 模式实施流程及内容的基础上，沣西投资公司草拟了《沣西新城同德佳苑（一期）、钓鱼台安置小区干热岩供热项目 PPP 初步方案》（下文简称《初步方案》）。《初步方案》主要供财政部门及行业主管部门对本项目进行评估筛选、物有所值评价及财政承受能力评价，以确保项目决策的科学性，切实防范财政风险。《初步方案》对项目概况、风险分配、运作方式、物有所值评价分析、采购方式选择等内容进行了简要阐述。在通过物有所值评价和财政承受能力论证后，项目步入准备阶段。

第二步，项目准备。项目准备阶段工作主要是项目策划实施方案研究和编制。该《初步方案》是整个 PPP 项目合作内容的集中体现，主要包括：项目概况、风险分配基本框架、项目运作方式、交易结构、合同体系、监管架构、采购方式选择等。《初步方案》编写完成后，由发改部门牵头，会同财政等各相关部门建立 PPP 项目联审机制，对实施方案进行联合评审。通过评审后即可进入项目采购环节。

第三步，项目采购。项目招投标实施阶段包括合同编制、竞争性程序、签署协议三个部分。一是合同编制。参照《政府和社会资本合作项目通用合同指南》（发改投资〔2014〕2724 号附件）、《PPP 项目合同指南（试行）》（财金〔2014〕156 号附件）等国家制定的最新标准化文本，细化完善合同文本，确保合同内容全面、规范、有效。公示期满无异议的项目合同，在管委会审核同意后，由项目实施机构与中选社会资本签署。二是竞争性程序。按照《招标投标法》《政府采购法》等法律法规，通过竞争性磋商的方式，公平择优选择具有相应管理经验、专业能力、融资实力以及信用状况良好的社会资本作为合作伙伴。三是签署协议。先草签项目协议，中标人在约定时间内办理好项目公司成立的有关事宜，资金到位，政府配合完成资产交割及项目审批有关事宜，正式与项目公司签约。

第四步，项目执行。实施阶段包括项目建设和项目运营两个部分。一是项目建设。在开发过程中，政府及相关部门对项目开发的过程进行监督。二是项目运营。政府与项目公司签订特许经营权协议，约定特许经营期限。在整个项目运营期间，项目公司应按照协议要求对项目设施进行运营、维护。

第五步，项目移交。PPP 项目期满或提前终止移交时，项目公司将组建项目移交工作组，按照 PPP 项目合同中明确的移交形式、移交内容、移交标准和补偿方式与社会资本确认移交手续，组织性能测试。社会资本要把满足性能测试要求的项目资产、知识产权和技术法律文件，连同资产清单完整移交给项目实施机构或政府指定的其他机构，办妥法律过户和管理权移交手续。如何保证社会资本移交的设施是完好的，移交的设施应该达到什么标准，都需要在合同中进行详细、准确的描述。

干热岩供热技术项目经过一段时间的运行和检测，呈现以下优势。

一是零排放。以 22 万平方米为例，与燃煤锅炉相比，一个采暖季（4 个月）可替代标煤约 0.35 万吨，减少 CO_2 排放约 0.95 万吨、SO_2 排放约 30 吨。整个过程只是热的传导和交换，不排放任何废气、废液、废渣，不抽取和污染地下水，不影响地质结构。二是成本低。初期建设投资约 200 元/平方米，低于传统供热 290 元/平方米的成本（含厂房建设、换热站、市政管网与碰口费），地下换热器等相关设备使用寿命长达 50 年以上，运行成本不到传统供热的 1/2。三是效果好。采用干热源供热技术，能同时制热、制冷，提供全年生活热水，同样费用条件下，冬季供暖温度达到 23℃以上，比目前国家供暖标准 18℃高出近 1/4。四是分布式。干热岩供热技术取热选点灵活，可在道路下、绿化中、楼宇内搭设，每孔直径 20 厘米，孔与孔间距超过 10 米即可，施工十分方便；施工完成后可以恢复原有景观和功能。设备间占地面积小，布设弹性空间大。既可以单孔供热，也可以并联供热，是典型的分布式能源。不须建设庞大的地下管网和中心热冷工厂，大幅降低建设成本。五是可兼容。基于分布式的特点，干热岩供热可以和传统供热、地源热泵等完全兼容、互为补充。无论老城区还是新城区，都能与现有模式并行，统一建网、分步实施、热源开放、弹性供能、按需取费，形成多来源、多层次的能源供应体系。

该项目于 2015 年 9 月签约，11 月中旬正常供暖，一期 220000 平方米、3 个项目供暖温度均达到 23℃，运行情况和社会反响都比较好，成为西咸新区创新城市发展方式的一个亮点。下一步重点做好以下几个方面工作。

一　顶层建设、加强引导

PPP 模式的运作广泛采用项目特许经营的方式，进行结构融资，这需要比较复杂的法律、金融和财务等方面的知识。采用 PPP 模式，需要长时间的评估，进行复杂的合同谈判，实现合理的风险分担，并实行有效监管来防微杜渐。这是一项系统且复杂的工作，需要成立专业机构推进 PPP 模式。一是加强顶层设计和协调。实施 PPP 模式是一个系统工程，其复杂、专业程度极高。我们将整合各部门 PPP 资源，成立更高层级的 PPP 工作领导小组，制定整体工作计划，开展项目调查，全面统筹协调新区 PPP 工作，尽快形成统一的 PPP 认识、操作流程和管理办法。二是在政府部门设立专门的 PPP 管理中心，负责公私合作项目的相关工作，并在该管理部门下设 PPP 项目采购、合同管理指导的经济咨询机构，利用具有专业知识的技术咨询机构，满足各行业对 PPP 模式的应用需求。

二　人才引进、机构建设

目前，很多地方政府建立了 PPP 咨询机构库。相比之下，西咸新区缺乏在 PPP 领域有较多经验的专业咨询机构。一是进一步加强专业人员培训。我们将积极举办多层次、宽领域，具有较强针对性的专题培训，注重培养政府人员尊重市场、尊重合同的"契约精神"，提升 PPP 合作的实践操作能力，在实践中积累一批专业性强、技能充实的高素质人才。二是鼓励 PPP 咨询机构发展。鼓励支持著名 PPP 咨询机构在新区建立分支机构。建立开放的 PPP 咨询服务机构库，面向社会公开征集符合条件的 PPP 咨询公司，择优确定 PPP 咨询服务机构进入 PPP 咨询服务机构库，为新区发展 PPP 模式提供咨询服务和智力支持。

三　整合信息、搭建平台

一是尽快搭建平台。我们将积极配合财政部门和发改部门，按照财政部和国家发改委的统一要求，尽快搭建上下贯通、涵盖项目管理和信息服务功能的 PPP 信息平台。二是做好信息采集工作。及时将新区 PPP 储备项目、执行项目、示范项目等信息采集到信息平台中，确保信息采集准确、完整、规范。三是及时发布信息。及时发布 PPP 项目相关信息，让行业部门、社会资本、专业机构、社会公众能在第一时间分享公开信息，主动参与 PPP 项目。四是做好数据分析。充分运用大数据等信息技术，对平台信息进行分类监控和分析，为完善 PPP 项目评估和监督体系，跟踪 PPP 政策实施效果，全面提高管理水平和工作效率，提供有实用价值的信息支撑。

四　重点领域、示范试点

一是结合新区发展规划情况，在海绵城市、地下综合管廊等优质亮点项目中筛选一批适合 PPP 模式的项目作为推广运用规范 PPP 模式的重要抓手，旨在形成可复制、可推广的实施范例，形成一套有效促进 PPP 规范健康发展的制度体系。二是建立绩效跟踪制度，通过实施严格的项目识别和科学的动态管理机制，确保示范项目质量，充分发挥示范效应，推动新区 PPP 项目高标准、规范化、多领域实施。三是在示范项目的推进过程中，加大宣传力度，通过广泛传播，吸引、遴选一批优质企业，为合作对象最终的确定以及示范项目的成功打造奠定基础。

五　择优选择、把控风险

PPP 项目通过引入合作伙伴，既能引进资金，又能引进先进机制。在选择社会资本方时，我们将重点在以下方面严格把关。一是招标过程要市场化，通过公开、公平、公正的方式招标。二是社会资本方的选择评审应考虑综合评分，在商务报价的基础上综合评估投资方的专业资质、技术能力、管理经验、财务实力等因素，不一味追求商务报价最低，应择优选择运营服务质量好、综合实力强、诚信可靠的合作伙伴，保证 PPP 项目持续良好发展，提高公共产品效率和质量，达到公共效益最优。三是加强创新技术及管理的引进，在引入社会资本方时，判断的标准既要看重其资金的性质、来源、实力、社会影响，更应注重企业的核心技术和管理能力，尽力促进企业经营管理机制的创新以及核心技术的应用推广。

西咸新区将继续坚持"高品质建设、低影响开发"的理念，尊重自然、顺应自然，在开发建设中积极践行节能减排、低碳环保，大力推广以干热岩供热技术为代表的新能源，深入探索政府与企业合作的创新模式，并将各项新能源技术在新区开发建设中积极应用及推广。

附 录

Appendix

B . 27

西咸新区发展大事记
（2011～2015）

2011年

5月

5月7日

陕西省委、省政府将西咸新区开发建设体制调整为"省市共建，开发建设以省为主"的管理体制，将省推进西咸新区建设工作委员会办公室改设为西咸新区开发建设管理委员会。

5月31日

西咸新区全体干部大会在省政府会议室召开，西咸新区管委会领导班子组建，省长赵正永、常务副省长娄勤俭、副省长江泽林出席会议并作重要讲话。

6月

6月10日

陕西省政府批复《西咸新区总体规划》。

6月13日

省长赵正永、副省长江泽林和国家发改委西部开发司副司长李应明在国务院新闻办发布会上，对外发布《西咸新区总体规划》。

6月28日

西咸新区学习总结交流会召开，省长赵正永、常务副省长娄勤俭、副省长江泽林出席会议并作重要讲话。

7月

7月19日

西咸新区名片征集（形象宣传语和 LOGO 标识）活动正式启动。

7月21日

西咸新区发布招聘公告，面向全国招聘岗位 173 个，报名人数达 6700 多人。

7月22日

西咸新区领导干部大会召开，省委常委、副省长江泽林作重要讲话，省委常委、组织部长李锦斌宣布任命西咸新区管委会班子。

7月22日

西咸新区分区规划评审会在西安举行。

7月28日

西咸新区举行集中开工仪式，基础设施、统筹科技资源产业示范基地、保障房建设等总投资 461.38 亿元的 26 个项目集中开工。

8月

8月10日

省政府印发《关于加快西咸新区发展若干政策的通知》（陕政发

〔2011〕46 号）。

8月11日

西咸新区渭河生态景观带总体规划方案评审会召开。

8月19日

西咸新区管委会组织召开"渭河时代"研讨会，专家围绕"西安国际化大都市龙脉——渭河"建言献策。

8月23日

西咸新区管委会与华晨汽车集团、海韵荣华投资集团签署投资200亿元的项目合作意向书。

9月

9月1日~5日

西咸新区在乌鲁木齐参展首届亚欧博览会，"现代田园城市"主题展区得到各界关注。

9月9日

西咸新区管委会与国家开发银行陕西省分行签署开发性融资协议。

9月24日

西咸新区管委会主办首届现代田园城市高峰论坛，通过了《现代田园城市联盟章程》，现代田园城市联盟总部正式落户西咸新区。

9月26日~28日

国务院研究室综合司司长宋大伟带队，调研西咸新区发展战略，并召开专家研讨会。

10月

10月11日

西咸新区有奖征文活动启动。

10月18日

西咸新区管委会迁至咸阳市世纪大道中段55号（启迪科技会展中心）

新址办公。

10月19日

西咸新区在第12届西部国际博览会上举行项目专场推介。

10月25日~30日

在陕港澳经贸合作活动中，西咸新区签约9个项目，总额约800亿元，占全省签约额的80%；在香港发起设立了西咸发展基金，首期募集金额20亿美元；西咸新区三十三条投资优惠政策正式发布。

11月

11月7日

西咸新区中层以上干部大会暨西咸新区投资优惠政策学习辅导大会召开，省委常委、副省长江泽林出席并作重要讲话。

11月11日

西咸新区知识竞赛活动启动。

11月16日

西咸新区管委会与延安市政府签署战略合作框架协议。

11月25日

西咸新区举行新员工培训结业典礼。

12月

12月1日

西咸新区与金融机构对接会召开，并与5家银行签署总计600亿元的战略合作协议。

12月7日

赵正永省长、江泽林副省长带领省级有关部门负责人赴西咸新区调研建设情况，并作重要讲话。

12月9日

首届"魅力西咸·最美沣西"全国摄影大赛颁奖仪式如期举行。

12月26日

西咸新区荣获"2011陕西推动力区域"大奖，西咸新区党工委副书记、管委会常务副主任王军荣获"2011陕西推动力贡献陕西人物"奖项。

12月29日

省委书记赵乐际深入西咸新区调研，并作重要讲话。

12月30日

"西咸新区成立"列入2011年陕西十大新闻。

2012年

1月

1月5日

西咸新区泾河新城中国锂产业园项目签约仪式在西安举行。

2月

2月10日

西咸新区管委会与北京万通立体之城投资有限公司签署西咸立体城市项目合作协议。

2月20日

国务院正式批复《西部大开发"十二五"规划》，西咸新区被列为西部重点建设城市新区。

2月29日

西咸新区沣西新城基础设施项目集中开工。

3月

农工党中央《关于将西咸新区设为国家创新城市发展方式试验区的建议》被列为2012年全国政协5个重点督办提案建议之一。

3月3日

西咸新区空港新城 2012 年首批重点项目集中开工。

3月13日

西咸新区与中国联通举行战略合作协议签约仪式，中国联通西北数据基地与呼叫中心落户西咸新区。

3月15日

西咸新区宣传语、LOGO 对外发布。

3月31日

西咸新区泾河新城重点项目集中开工。

4月

4月5日～9日

第十六届西洽会在西安举办，西咸新区签约 29 个项目，总投资 1304.93 亿元人民币。

4月23日～27日

全国政协副主席陈宗兴率全国政协重点提案调研组考察西咸新区，表示支持把西咸新区的发展建设提升到国家层面，在创新城市发展方式等方面先行先试。

4月25日

2012 年"境外媒体看陕西"大型集中采访活动走进西咸新区。

4月27日

西咸新区参加央企进陕发展活动启动仪式，中国联通、中国移动和中国电信三大运营商落户西咸新区。

7月

7月2日

江泽林同志、王军同志陪同赵乐际书记、赵正永省长赴京向全国政协主席贾庆林汇报西咸新区规划建设情况。

8月

8月25日~26日

第二届中国现代田园城市高峰论坛在西安举行。

9月

9月7日

西咸文旅公司亮相第六届中国西部文化产业博览会。

9月24日

全国人口数据中心落户西咸新区信息产业园。

9月28日

西咸新区沣东新城华润综合体项目开工。

10月

10月18日

榆林市人民政府与西咸新区管委会签订战略合作协议。

11月

11月21日~25日

第二届陕粤港澳经济合作活动周在香港举行，西咸新区召开专场推介洽谈会。

11月28日

西咸新区沣东新城集中开工一批重大民生项目。

12月

12月6日

"2012西咸新区大数据高峰论坛"在京举行。

12月15日

西咸新区举办"理想城市理想社会"创新城市沙龙。

12月29日

第四军医大学教研综合园区项目落户西咸新区秦汉新城。

12月30日

咸阳博物馆建设工程开工。

2013年

1月

1月8日

中国环境与发展国际合作委员会、国务院研究室在西安举办创新城市发展方式国际研讨会，王军同志介绍西咸新区新型城镇化的探索与实践。

1月12日

中国联通西北数据基地项目在沣西新城开工建设。

1月21日

全国人口信息灾备中心在沣西新城开工建设。

1月24日

西咸新区管委会与中国人寿保险陕西省分公司签署《保险保障战略合作框架协议》。

2月

2月4日

西咸新区召开2012年度总结测评大会，江泽林常务副省长出席会议，要求加快完善考核体系，推动西咸新区建设再上新台阶。

2月23日

陕西省委、省政府发文（陕字〔2013〕17号），西咸新区获得陕西省

2012 年度目标责任考核优秀单位（市区）。

2月28日

在陕第十二届全国人大代表考察西咸新区。

3月

3月28日

西咸新区保障性住房建设工作获省政府表彰。

4月

4月5日

西咸新区在西洽会专场推介，集中签约总投资额438亿元的项目。

4月5日

常务副省长江泽林出席西咸新区第17届西洽会活动，强调西咸新区开发建设要始终坚持现代田园城市、现代产业体系、生态优先、文化传承、产城一体、城乡一体六大理念。

4月5日

第十一届全国人大常委会副委员长华建敏在省委书记赵正永和省长娄勤俭陪同下，视察西咸新区西洽会展馆。

5月

5月3日

常务副省长江泽林调研沣东、秦汉新城，要求坚定不移地实施新区总体规划，建设现代田园城市。

5月20日

国家环保部副部长吴晓青调研西咸新区，强调统筹好开发建设与生态环境，实现美好蓝图。

5月29日

西咸新区启动"中国梦"和"三个陕西"宣传教育活动。

5月30日

西咸新区召开"传承历史文明、建设文化西咸"研讨会，启动"丝绸之路"文化溯源活动。

6月

6月17日

省委宣传部讲师团来西咸新区作"中国梦及建设三个陕西"专题宣讲报告。

6月24日

西咸新区举办首期"公民代表走进西咸管委会"活动。

6月28日

西咸新区直属机关党委成立，召开第一次党员大会暨纪念建党92周年主题活动；王军同志结合自身体会，以"中国为什么选择了社会主义"为题给全体党员讲党课。

7月

7月3日

渭河秦汉新城段综合治理工程全面完工。

7月8日

沣东新城获批建设省级统筹科技资源改革示范区。

7月8日

西咸新区信息产业园发展规划获得陕西省发改委正式批复。

7月15日

西咸新区召开上半年经济运行分析会，全面总结上半年经济工作，研究部署下一步工作。

7月25日

全省金融支持西咸新区发展工作会暨2013年上半年全省金融形势分析会在西咸新区召开，西咸新区与农发行陕西分行、中信银行西安分行、陕国投签订战略合作协议。

7月26日

位于秦汉新城的西咸立体城市首发项目——"立体城市壹号"正式启动,王军、刘永好、冯仑等出席启动仪式。

8月

8月6日

位于空港新城的"陕西省空港半导体产业基地"获省工信厅批复正式成立。

8月12日

西咸新区举办第二期"公民代表走进西咸管委会"活动。

8月16日~23日

多名专家、媒体记者从西咸新区出发,历时8天,途经宝鸡、兰州、武威、张掖、嘉峪关、敦煌等地,探寻丝绸之路历史文明。

8月22日

西咸新区召开党的群众路线教育实践活动动员大会。

8月28日

《人民日报》发表关于新区建设的评论员文章高度评价西咸新区,指出"前有深圳、浦东新区、滨海新区,中有郑东新区,近有西咸新区,都为打造中国经济新增长点、提高城市综合承载力贡献了巨大力量"。

9月

9月17日

"央企进陕"签约项目落地现场会在沣西新城举行,中国电信数据中心等3个央企投资项目落地西咸。

9月18日

"丝绸之路与西咸新区"研讨会在西安召开,多位专家深入探讨西咸新区如何在"丝绸之路经济带"建设中加快发展。

10月

10月8日

省长娄勤俭调研西咸新区大气污染防治工作，强调要下决心做好大气污染防治工作。

10月9日

常务副省长江泽林调研泾河新城，强调加强基础设施建设，打造多业态产业集群，推进现代田园城市更好更快发展。

10月10日

西咸新区在北京召开西咸立体城市历史文化保护研讨会。

11月

11月1日

西咸新区与太极计算机股份有限公司签署战略合作框架协议。

11月11日

西咸新区管委会和省国资委及省属国企召开座谈会，签订战略合作协议，已有11户省属企业的21个项目落户西咸，投资额达323亿元。

11月11日

西咸新区和谐阳光征迁工作现场会在空港新城召开。

11月15日

西咸新区地税局、工商局、质监局及国税局（筹备办公室）挂牌成立，我省第一张实缴制改认缴制营业执照在西咸新区诞生。

11月19日

西咸新区参加2013年陕粤港澳经济合作活动周，签约陕西西咸保华国际教育园和秦汉新城万通立体城医疗产业园等招商项目。

11月20日

西咸新区举办第三期"公民代表走进西咸管委会"活动。

11月25日

常务副省长江泽林会见微软公司大中华区首席技术官桑迪·古普达，就进一步加强与微软的交流合作进行会谈。

11月27日

西咸管委会2013年档案工作获全省优秀等级。

12月

12月4日

西咸新区与微软达成战略合作协议，"微软创新中心"等五大项目落户沣西新城；省长娄勤俭会见了微软全球副总裁奥兰多·阿亚拉一行。

12月10日

西咸新区"立体城市农业产业合作签约仪式"在深圳举行。

12月11日

省委书记赵正永、省长娄勤俭在京向李克强总理汇报西咸新区开发建设的有关情况，李克强总理作重要批示。

12月30日

中国农业发展银行副行长李刚一行来西咸新区参观考察。

2014年

1月

1月6日

国务院批复设立陕西西咸新区，西咸新区成为首个以创新城市发展方式为主题的国家级新区。

1月6日

西咸新区被国家发改委、工信部批准开展国家级云计算服务创新发展试点示范工作。

1月27日

中共中央政治局常委、国务院总理李克强到西安顺丰速运有限公司（位于西咸新区沣东新城三桥街道区域）看望慰问快递工人。

2月

2月12日

西咸新区召开经济工作会议，就深入贯彻国务院批复，从"抓机遇、增动力、强实力、创范例"等方面对2014年工作做出安排。

2月18日

沣西新城2014年秦皇大道等首批6个重点项目集中开工。

2月19日

国家发改委印发《陕西西咸新区总体方案》。

2月21日

西北地区首个宜家家居项目在沣东新城开工。

2月25日

西咸新区举行"立体城市·新渭城"市政道路开工仪式。

2月27日

西咸新区召开2014年党风廉政建设会议，王军同志与党工委管委会班子成员签订党风廉政责任书。

3月

3月10日

陕西第一张新版营业执照在西咸新区发放。

3月15日

央视四套走遍中国栏目播出《黄土地上的欧式农庄》，报道西咸新区在农作物种植、优良品种培育和节约资源、规模化生产方面的先进做法。

3月19日

西咸新区地税局正式入驻新区。

3月21日

西咸新区召开党的群众路线教育实践活动总结暨深化整改工作部署会。

3月27日

省委常委会集体调研西咸新区建设，省委书记赵正永、省长娄勤俭等出席。赵正永强调，要以国务院批复精神为纲领，围绕创新城市发展方式，抓住机遇、错位发展，全面提升西咸新区建设水平。

3月28日

省委常委会专题研究西咸新区开发建设工作。

5月

5月

西咸新区出台三大类、26条优惠政策，加快丝绸之路能源金融贸易中心平台建设，这是国内首个针对"丝绸之路经济带"建设出台的投资优惠政策。

5月14日

《西安航空城实验区发展规划（2013～2025）》获得国家民航局批复，全国首个以发展航空大都市为定位的临空经济区落地西咸新区空港新城。

5月20日

由国务院发展研究中心和李嘉诚基金会合作举办，西咸新区管委会、省科技厅和省政府研究室承办的"西咸科技创新日"活动在西安举行。省委常委、常务副省长江泽林，国务院发展研究中心副主任韩俊出席并致辞。

5月23日

由西咸新区管委会、省金融办、人行西安分行联合举办的"西咸新区丝绸之路经济带能源金融贸易中心金融企业专题座谈会"在曲江宾馆召开。

5月23日～26日

西咸新区作为陕西经济发展新引擎和国家批复的"丝绸之路经济带"重要支点参展亮相第十八届西洽会暨丝博会。

5月24日

西咸新区泾河新城管委会、泾阳县政府与华晨集团控股成功签约华晨汽车产业园项目。

5月29日

省长娄勤俭就推进大西安建设到西咸新区进行专题调研。他强调，要以国务院批复设立西咸新区为创新城市发展方式国家级新区为契机，把创新理念融入城市建设，将西咸新区打造成中国特色新型城镇化的范例。

6月

6月10日

陕西省人民政府新闻办公室召开新闻发布会，发布《西安航空城实验区发展规划（2013~2025）》，并介绍西安航空城实验区建设有关情况。

6月25日

陕西省党外人士情况通报会在西咸新区召开。

6月30日

陕西微软创新中心、微软 IT 学院项目等 5 大项目同步投入运营，常务副省长江泽林会见微软全球资深副总裁、新兴市场国家主席兼国家竞争力首席战略官奥兰多·阿亚拉。

7月

7月2日

由人民日报社举办的"丝绸之路经济带媒体合作论坛"在北京人民大会堂召开。陕西省委常委、常务副省长兼西咸新区管委会主任江泽林出席论坛并作主旨讲话。

7月8日

西咸新区空港新城被省工信厅授予"陕西省电子商务示范园区"称号。

7月10日

西安市与西咸新区召开座谈会，省委常委、常务副省长江泽林，省委常委、西安市委书记魏民洲出席会议并讲话。

7月11日

习近平主席和中央军委批准，第四军医大学基本部署调整至西咸新区秦汉新城。第四军医大学新校区建设项目在西咸新区秦汉新城破土动工。

7月16日

由共青团中央、全国青联、欧美同学会主办，共青团陕西省委、西咸新区管委会等承办的"海外学人回国创业周"活动在西咸新区启动。

7月26日

中国浦东干部学院与西咸新区管委会签署合作框架协议，共建"中国浦东干部学院陕西西咸新区教学科研基地"，浦东干部学院常务副院长冯俊为西咸新区授牌。

8月

8月14日

西咸新区与西安交通大学举办联合培养博士后研究人员签约仪式。

8月15日

西咸新区举行暑期大学生见习活动结业典礼，来自西安交通大学等12所高校的28名大学生在西咸新区管委会圆满完成了一个月的见习工作，顺利结业。

9月

9月1日

西咸新区参加在新疆乌鲁木齐举行的第四届中国亚欧博览会。

9月5日

西咸新区以"丝绸之路支点，国际文化之城"作为参展主题，参加第七届中国西部文化产业博览会。

9月5日

国开行总行印发《国家开发银行关于支持陕西西咸新区发展的意见》（开行发〔2014〕374号），这是国开行第一次对我省专项出台的信贷支持文件。

9月8日

西咸新区党工委书记、管委会常务副主任王军在北京会见了陪同俄罗斯联邦第一副总理伊戈尔·舒瓦洛夫访华的俄罗斯直接投资基金（国家主权基金）总裁、中俄投资基金联合总裁基里尔·德米特里耶夫，双方就中俄科技合作示范园项目举行会谈。

9月9日

省委常委、常务副省长江泽林在西安会见来陕考察洽谈西咸新区国际医学城项目的美国加州大学圣地亚哥分校代表团一行。

9月18日

西咸新区建设工作联席会议第一次会在西咸新区召开，省委常委、常务副省长、西咸新区管委会主任江泽林主持并讲话。省委组织部、省委宣传部、省编办和省发改委、省教育厅等26个联席会议成员单位的主要负责人参加会议。

9月23日

国家统计局批复同意在陕西西咸新区建设西北数据中心。

9月25日~26日

西咸新区在上海举行"现代服务业系列推介活动"。

9月29日

西咸新区泾河新城秦龙现代农业园区正式成为省级现代农业园区。

10月

10月9日

中共中央政治局常委、国务院副总理张高丽实地考察西咸新区空港保税物流中心建设工地时指出，西咸新区现代田园城市理念很好，空港新城发展航空物流潜力很大，要把规划做好，逐步实施。

10月11日

受中国浦东干部学院邀请，省委常委、常务副省长江泽林为全国新型城镇化专题研讨班学员作专题讲座。

10月13日

中俄丝绸之路高科技产业园项目落户西咸新区。在李克强总理和俄罗斯总理梅德韦杰夫的见证下，陕西省委常委、常务副省长江泽林代表省政府与俄罗斯直接投资基金（俄罗斯国家主权基金）、俄中投资基金、俄罗斯斯科尔科沃创新中心在莫斯科共同签署了《关于合作开发建设中俄丝绸之路高科技产业园的合作备忘录》。标志着中俄丝绸之路高科技产业园项目正式落户西咸新区沣东新城，成为中俄两国政府战略层面的合作项目之一。

10月13日

海关总署、财政部、国家税务总局、国家外汇管理局四部委联合发文，批复设立陕西西咸空港保税物流中心。

10月17日

中共陕西省委、陕西省人民政府印发《关于加快西咸新区发展的若干意见》（陕发〔2014〕10号）。

10月22日

陕西省科技厅发文批复同意西咸新区泾河新城创建省级农业科技园区。

10月22日

西安交大与陕西省发改委签署战略合作备忘录，共推西部科技创新港建设。

10月23日

西咸新区参展在四川成都举办的第十五届中国西部国际博览会。

10月28日

陕西西咸耀华国际学校奠基仪式在西咸国际文教园隆重举行。

10月30日

陕西省政府新闻办召开"新阶段西咸新区建设新举措"新闻发布会，西咸新区党工委书记、管委会常务副主任王军介绍有关情况，并回答记者提问。

11月

11月6日

汉唐帝陵旅游设施项目建设启动会在西咸新区秦汉新城举行。

11月10日

西咸新区管委会主办、沣西新城管委会承办的2014西咸新区大数据高峰论坛在西安举行。

11月19日~22日

西咸新区参加第四届陕粤港澳经济合作活动周推介活动。

11月28日

陕西省与新加坡常秘访华团在西咸新区空港新城举行座谈。省委常委、常务副省长江泽林，新加坡金融管理局局长孟文能，新加坡驻华特命全权大使罗家良出席并讲话。

12月

12月1日

中国西部科技创新港建设工作第一次联席会议在西咸新区沣西新城召开。

12月8日

中国惠普有限公司和西咸新区秦汉新城共同投资的丝路数字文化创意（产业）基地在西咸新区秦汉新城正式启动。

12月17日

全国人大常委、致公党中央副主席闫小培一行调研西咸新区。

12月26日

民政部副部长宫蒲光一行赴西咸新区调研开发建设相关事宜。

12月30日

按照国家税务总局批复，西咸新区国税局、稽查局及沣东（沣西）、秦汉、空港、泾河新城国税分局成立。

2015年

1月

1月6日

省政府在西咸新区召开座谈会，听取对省政府有关工作的意见和建议。

1月10日

西咸新区与中国人民大学签订新型城镇化战略合作协议。省委常委、常务副省长、西咸新区管委会主任江泽林，中国人民大学校长、新型城镇化协同创新中心主任陈雨露出席签约仪式。

1月20日

西咸新区沣东新城成功组织召开"中俄丝路创新合作项目恳谈会"。

1月22日

西咸新区泾河新城获农业部批复为国家级现代农业示范区。

1月27日

全国首个海绵城市建设（LID）技术创新联盟在西咸新区成立。全国政协人口资源环境委员会副主任委员、住建部原副部长、中国城市科学研究会理事长仇保兴发表主题演讲。

2月

2月15日

中共中央总书记、国家主席、中央军委主席习近平来陕西视察期间，提出"发挥西咸新区作为国家创新城市发展方式试验区的综合功能"。

2月27日

住陕全国政协委员集中视察西咸新区。

2月27日

西咸新区召开领导干部大会，传达学习习近平总书记来陕视察重要讲话，并安排贯彻落实工作，聚焦"国家创新城市发展方式试验区"的目标，以现代田园城市为载体，探索和实践新型城镇化道路。

2月28日

西咸新区沣东新城举行斗门水库开工动员会。省委书记赵正永宣布开工，省长娄勤俭致辞。

3月

3月12日

西咸新区信息产业园被国家工业和信息化部授予"国家新型工业化产业示范基地"称号。

3月31日

省委常委、常务副省长江泽林在西咸新区空港新城检查重点项目建设情况。

4月

4月10日

西咸新区成功入选由财政部、住建部、水利部联合公布的2015年海绵城市建设试点城市评审名单，成为西北地区首个海绵城市建设试点城市。

4月28日

西咸新区工商局颁发首批"三证合一"营业执照。

5月

5月8日

西咸新区沣东新城与俄罗斯苏霍伊商用飞机公司在莫斯科签订"中俄苏霍伊商用飞机项目"合作协议，意味着俄罗斯商用飞机首次进入中国航空市场。

5月26日

中共中央政治局委员、国务院副总理汪洋视察西咸新区。汪洋充分肯定了西咸新区创新城市发展方式、建设现代田园城市的实践。他要求大力发展商贸物流等产业，继续做好渭河治理等生态体系建设，推广水资源综合利用，加快探索新型城镇化道路。

6月

6月15日

西咸新区出台《西咸新区优美小镇三大片区规划（2015～2020）》，计划5年内建设35个优美小镇。

6月30日

西咸新区以"送文艺下乡"的形式，在秦汉新城开展"庆七一践行三严三实"暨党工委班子"三严三实"主题党日活动。

7月

7月1日

西咸新区首笔税收收入成功入库，标志着新区国库体系正式全面运行。

7月1日

西咸新区泾河新城乐华欢乐世界顺利开园。开园当日，有两万多名游客入园。

7月8日

省委常委、常务副省长姚引良调研西咸新区，他强调，要开拓创新，做大产业，做旺人气。

7月10日

省委常委、常务副省长姚引良调研西部科技创新港项目推进情况。

7月17日

国家发改委出台关于推动国家级新区深化重点领域体制机制创新的通知，要求西咸新区2015年要"重点围绕推进'一带一路'建设，创新城市发展方式和以文化促发展的有效途径开展探索"。

7月31日

西咸新区空港新城荣获"2015年度全国优秀物流园区"称号。

8月

8月4日

西咸新区渭河综合治理工作喜获省委省政府表彰。新区渭河综合整治工程指挥部、秦汉新城管委会荣获全省渭河综合整治先进集体，4名同志荣获先进个人。

8月14日

西咸新区出台《西咸新区贯彻落实〈陕西省"一带一路"建设2015年行动计划〉实施方案》。

8月18日~19日

省委书记赵正永深入西咸新区五个组团调研，并召开省委专题会议研究新区发展问题。赵正永强调，要聚焦定位，坚守理念，搞好改革，理顺关系，推动新区转型发展、常态发展、精细发展。

8月19日

中国西部科技创新港建设动员会在西咸新区沣西新城召开。省委书记赵正永出席讲话并宣布项目建设启动。

8月19日

西咸新区泾河新城茯茶镇、天心庄园顺利开园。当日近5万名游客入园参观游览。

8月27日

西北首家宜家家居在西咸新区沣东新城正式开业。

10月

10月8日

教育部和陕西省人民政府签署战略合作框架协议，携手共建中国西部科技创新港。中共中央政治局委员、国务院副总理刘延东出席。

10月11日

西咸新区党工委书记、管委会常务副主任王军带领西咸新区管委会考察团赴河南省许昌市及鄢陵县，就现代农业、生态旅游、城市建设等工作进行考察。

10月18日

西咸新区举办 2015 西部创新发展论坛。

10月19日

西咸新区首支 5 亿元项目收益专项债券获国家发改委核准批复，这是国内第一笔城市地下综合管廊建设专项债券，也是国内首笔私募企业债券、私募项目收益债券。

10月22日

第六届国家级新区法制工作交流会在西咸新区召开。

10月27日

全省地下综合管廊和海绵城市建设推进会在西咸新区召开。

11月

11月10日

西咸新区建成全国首个小区干热岩供热 PPP 项目。

11月11日

"陕西省和意大利合作论坛"在西咸新区空港新城成功举办，意大利驻华大使谢国谊等出席。

11月19日

省长娄勤俭和常务副省长姚引良带领省级有关部门及西安、咸阳两市负责同志来西咸新区视察重点项目建设情况。

11月19日

西咸新区秦汉新城 14 亿元企业债券获国家发改委批复。

11月26日

西咸新区举行地铁 1 号线二期工程（西咸新区段）项目建设推进会，

省委常委、常务副省长姚引良出席并宣布项目启动。

11月27日

西咸新区获国家发展改革委、中央编办、公安部等11个国家部委联合发文批复，成为国家新型城镇化综合试点地区。

12月

12月16日

西咸新区空港新城特色文化产业集群、秦汉文化旅游有限公司、泾河新城乐华城·国际欢乐度假区、西咸文旅集团获批"省级文化产业示范基地"，空港新城美术城公司、沣东文化策划有限公司获批"省文化产业示范单位"。

12月25日

西咸新区沣东新城20亿元公司债券获国家发改委批复。

12月25日

陕西西咸保税物流中心顺利通过海关总署、财政部、国家税务总局、国家外汇管理局的联合验收。

B.28
文件汇编

国务院关于同意设立陕西西咸新区的批复

国函〔2014〕2号

陕西省人民政府：

你省关于设立陕西西咸新区的请示收悉，现批复如下。

一、同意设立陕西西咸新区。西咸新区位于陕西省西安市和咸阳市建成区之间，区域范围涉及西安、咸阳两市所辖7县（区）23个乡镇和街道办事处，规划控制面积882平方公里。西咸新区是关中—天水经济区的核心区域，区位优势明显、经济基础良好、教育科技人才汇集、历史文化底蕴深厚、自然生态环境较好，具备加快发展的条件和实力。要把建设西咸新区作为深入实施西部大开发战略的重要举措，探索和实践以人为核心的中国特色新型城镇化道路，推进西安、咸阳一体化进程，为把西安建设成为富有历史文化特色的现代化城市、拓展我国向西开放的深度和广度发挥积极作用。

二、西咸新区建设要高举中国特色社会主义伟大旗帜，以邓小平理论、"三个代表"重要思想、科学发展观为指导，紧紧围绕创新城市发展方式，走资源集约、产业集聚、人才集中、生态文明的发展道路，促进工业化、信息化、城镇化、农业现代化同步发展，着力建设"丝绸之路经济带"重要支点，着力统筹科技资源，着力发展高新技术产业，着力健全城乡发展一体化体制机制，着力保护生态环境和历史文化，着力创新体制机制，努力把西咸新区建设成为我国向西开放的重要枢纽、西部大开发的新引擎和中国特色新型城镇化的范例。

三、陕西省人民政府要切实加强对西咸新区建设的组织领导，完善工作机制，明确工作责任，积极稳妥扎实地推进西咸新区建设发展。要认真做好西咸新区发展总体规划以及土地利用总体规划、城市和镇总体规划、环境保护规划、水资源供求中长期规划等专项规划的编制工作，做好与国家及本省相关规划的衔接。要着力优化空间布局，切实节约集约利用土地，严格保护耕地和基本农田。要抓紧开展环境影响评价，切实保护和节约水资源。要加强历史遗址保护和非物质文化遗产传承，增强文化软实力。要进一步明确发展思路，突出发展重点，创新发展方式，统筹推进西咸新区发展，涉及的重要政策和重大建设项目要按规定程序报批。

四、国务院有关部门要按照职能分工，加强对西咸新区建设发展的支持和指导，在有关规划编制、政策实施、项目布局、资金安排、体制创新、对外开放等方面给予积极支持，为西咸新区发展营造良好的政策环境。要加强沟通协调，建立由国务院有关部门和陕西省人民政府参与的部省际联席会议制度。国家发展改革委要会同有关部门做好有关重大发展政策的落实工作，帮助协调解决西咸新区建设过程中遇到的困难和问题。

建设西咸新区，对于创新城市发展方式、深入实施西部大开发战略、引领和带动西部地区发展、扩大向西开放具有重要意义。各有关方面要统一思想、密切配合、开拓创新、真抓实干，共同推动西咸新区持续健康发展，努力开创陕西经济社会发展新局面。

2014 年 1 月 6 日

国家发展改革委关于
印发陕西西咸新区总体方案的通知

发改西部〔2014〕296 号

陕西省人民政府，国务院各部委、各直属机构：

《陕西西咸新区总体方案》已经国务院原则同意，现印发你们，请认真贯彻落实。请陕西省人民政府按照《国务院关于同意设立陕西西咸新区的批复》（国函〔2014〕2 号）批复精神和《陕西西咸新区总体方案》要求，依法依规组织编制西咸新区发展总体规划，报我委备案后实施。

附件：陕西西咸新区总体方案

国家发展改革委
2014 年 2 月 19 日

陕西西咸新区总体方案

按照《国务院关于印发全国主体功能区规划的通知》（国发〔2010〕46 号）、《国务院关于西部大开发"十二五"规划的批复》（国函〔2012〕8 号）和国务院批准的《关中—天水经济区发展规划》有关要求，为积极稳妥扎实推进西咸新区规划建设，探索以人为核心的中国特色新型城镇化道路，特制订本方案。

一、西咸新区的重要意义

西咸新区位于陕西省西安市和咸阳市建成区之间，包括两市 7 个区县的部分地区，是关中—天水经济区的核心区域，区位优势明显、经济基础良好、教育科技人才汇集、历史文化底蕴深厚，具有较好的自然生态资源，在深入实施西部大开发战略、推进西（安）咸（阳）一体化、引领大西北发展，建设"丝绸之路经济带"重要支点、打造向西开放重要枢纽等方面具有重要作用，在探索中国特色新型城镇化道路、健全城乡发展一体化体制机制等方面具有示范和引领作用。

（一）建设西咸新区有利于加快推进西安、咸阳一体化

西安市是我国西部地区重要的中心城市，是世界著名的古都，具备了建设成为经济繁荣、社会和谐、设施完善、生态良好，富有历史文化特色的现代化城市的基础条件。设立西咸新区，主动顺应西咸一体化发展趋势，是打造大西安的重要举措和必由之路。

（二）建设西咸新区有利于创新城市发展理念，探索中国特色新型城镇

化道路

设立西咸新区，将在吸收借鉴国内外城市发展经验的基础上，坚持以人为核心，遵循城市发展规律，通过创新城市发展理念和科学规划建设，改善功能布局，实现中心城区与新区联动发展，走集约高效、生态良好、可持续的城市发展道路。

（三）建设西咸新区有利于增强区域经济核心带动作用，带动大关中、大西北地区协调发展

西安（咸阳）大都市是关中—天水经济区的核心和重要引擎。设立西咸新区，有利于增强西部地区重要经济增长极的辐射功能，进一步发挥其引领和带动大西北的核心带动作用，促进区域经济协调发展。

（四）建设西咸新区有利于构建西安内陆开放型经济战略高地，推动我国向西开放

设立西咸新区，有利于进一步发挥欧亚经济论坛、中国东西部合作与投资贸易洽谈会等平台作用，创新体制机制，全面推进对内对外经贸技术交流合作，扩大向西开放，建设"丝绸之路经济带"的重要支点，不断为西部大开发注入新的活力和动力。

二、西咸新区的总体思路

（一）指导思想

高举中国特色社会主义理论伟大旗帜，以邓小平理论、"三个代表"重要思想、科学发展观为指导，紧紧围绕创新城市发展方式，走资源集约、产业集聚、人才集中、生态文明的发展道路，促进工业化、信息化、城镇化、农业现代化同步发展，着力建设"丝绸之路经济带"重要支点，推进我国向西开放；着力统筹科技资源，提升科技创新能力；着力发展高新技术产业，提升区域综合经济能力；着力健全城乡一体化体制机制，完善公共服务和社会管理；着力保护生态环境和历史文化，提升区域可持续发展能力；着力创新体制机制，提升国际综合竞争能力和地位。努力把西咸新区建设成为我国向西开放的重要枢纽、西部大开发的新引擎和中国特色新型城镇化的范例。

（二）基本原则

——科学规划，集约用地。按照国家区域发展总体战略、土地利用总体规划、城市和镇总体规划的要求，发挥环境保护规划、水资源供求中长期规划的基础性、指导性作用，合理布局、分步实施、有序推进，切实保护耕地、林地，严格控制新增建设用地，提高土地利用效率。

——以人为本，统筹城乡。切实保护农民利益，以社会建设统领城市建设，在城乡发展形态、基础设施、产业发展、生态保护、公共服务、社会管理等方面系统设计、全面实施，实现城乡统筹协调发展。

——政府推动，市场运作。着力构建服务型政府，进一步完善市场体系，充分调动企业的积极性，吸引和聚集国内外要素资源开发建设西咸新区。

——盘活存量，优化增量。充分发挥西安、咸阳两市科技、教育、文化、人才等优势，加大整合力度，盘活存量资源。同时，提高增量资源的配置效率，力求资源配置效果最优化。

——传承文化，保护环境。继承和发扬优秀传统文化，增强文化软实力。严把环境保护关，强化污染防治设施建设、运行和监管，防止落后产能向西咸新区转移，实现可持续发展。

——开放创新，先行先试。充分利用西安中心城市地位，加快对内对外开放步伐。坚持解放思想、与时俱进、先行先试，在创新城市发展方式的体制机制和政策措施等关键环节上取得突破。

（三）战略定位

——创新城市发展方式试验区。充分借鉴国内外城市建设的成功经验，立足自身实际，将西咸新区建设成为土地节约集约利用、城市空间组团式紧凑布局、生态空间和农业空间环绕周边、城乡有机融合、人居环境优美的现代田园城市，优化城市发展空间，提升城市承载能力，健全城乡发展一体化体制机制，为我国城市发展起到引领示范作用。

——"丝绸之路经济带"重要支点。发挥区位优势，加快建设"丝绸之路经济带"重要支点。围绕把西安建设成为富有历史文化特色的现代化城市目标，着力增强综合服务功能，提高我国向西开放的层次和水平，使西咸新区成为具有核心竞争力的新的增长极。

——科技创新示范区。发挥西安科研资源优势，统筹科技综合配套政策，完善科技创新体制机制，将西咸新区建设成为全国一流的高新技术研发基地、科技成果转化基地、创新型产业生产基地。

——历史文化传承保护示范区。依托丰富历史文化和人文资源，探索大遗址保护、文化旅游、生态环保融合发展的新路。加强历史遗址保护和非物质文化遗产传承，形成独具魅力的城市文化，塑造具有特色的城市形象。

——西北地区能源金融中心和物流中心。发挥西咸新区周边能源资源富集和交通便捷的优势，构建以能源交易为主体的金融体系，建设大西北重要的能源金融中心。发挥国际航空港功能和陆地交通枢纽功能，提升物流集散能力，建设全国重要的物流中心。

（四）发展目标

到 2015 年，西咸新区主要基础设施基本建成，产业发展框架基本确立，土地集约利用水平明显提高，生态环境进一步改善，城乡一体的基本公共服务建设取得新进展。

到 2020 年，西咸新区创新城市发展方式取得明显成效，经济综合实力、创新发展能力和人民生活水平大幅提升；西咸一体化建设取得重要进展，为引领大西北发展、推进西部大开发、建设"丝绸之路经济带"发挥重要作用。

三、西咸新区的总体布局

（一）规划理念

以生态文明理念引领新区规划，建设集约紧凑、生态低碳、和谐宜居、富有特色的现代化城市，形成"核心板块支撑、快速交通连接、优美小镇点缀、都市农业衬托"的空间格局。城市发展严格限定边界，禁止无序扩张，实现既满足城市发展，又严格保护耕地、林地，节约高效用地、用水和保护生态环境的目标。

（二）规划范围

西咸新区西起茂陵及涝河入渭口，东至包茂高速，北至泾阳县高泾大

327

道，南至京昆高速，涉及西安、咸阳两市7县（区）23个乡镇和街道办事处，规划控制面积882平方公里，现有人口90万人。规划建设用地具体规模、范围和布局，依据土地利用总体规划和城市（镇）总体规划确定。

（三）功能分区

根据资源环境承载能力、开发现状和发展需要，西咸新区在空间上分为生态保护区、都市农业区、历史文化区和城市建设区。

——生态保护区。加强水土保持生态建设，重点对河流、湿地、林地进行生态保护与修复，保持生态多样性，打造绿色生态屏障。

——都市农业区。应用先进技术和现代经营方式，重点发展现代农业、特色农业、休闲农业和农产品加工业，增强农副产品供给能力，促进农业资源永续利用。

——历史文化区。在历史文物保护范围之内，全面保护西咸新区内周秦汉唐历史文化及新发现的遗址、遗存，进行文物和非物质文化遗产展示，促进文化遗产保护与传承。

——城市建设区。重点推动城市和小城镇协调发展、产业和城镇融合发展，主要集聚产业和人口，建设综合服务设施，适度开展景观建设。

（四）组团发展格局

根据区内地理地貌和资源分布情况，新区规划布局空港、沣东、秦汉、沣西、泾河等五个组团。

——空港组团。位于以西安国际空港为核心的渭河以北地带，主要依托西安咸阳国际机场，重点发展临空物流、国际商贸、飞机维修等产业，带动临空制造业集聚发展。

——沣东组团。位于渭河以南、沣河以东地带，紧邻西安高新技术产业开发区，重点发展科技研发、高新技术、会展等产业，建设科技创新中心和国际会展中心。

——秦汉组团。位于咸阳市主城区以北，拥有丰富的秦汉历史文化遗存，重点发展历史文化旅游、生态休闲、创意文化等产业，建设成为具有世界影响力的秦汉历史文化聚集展示区。

——沣西组团。位于咸阳市主城区以南、沣河以西地带，主要承接转化高新技术成果，重点发展新材料、生物医药、新一代信息技术等战略性新兴产业和国际化教育产业，促进战略性新兴产业集聚发展。

——泾河组团。位于咸阳市泾阳县东南部、跨越泾河两岸，重点发展都市农业、节能环保、高端装备制造等产业，率先开展统筹城乡发展示范。

四、西咸新区的重点建设任务

（一）创新城市发展方式

坚持集约节约利用土地，依法依规确定规划建设用地规模和范围，合理划分功能分区，限定城镇发展边界，严禁在建设区外侵占耕地、林地和无序蔓延发展。通过村镇适当合并、土地复垦、农业现代化等途径，提高农业生产能力，稳定耕地面积和粮食产量。严格按照功能分区，布局层次分明、功能清晰、紧凑集约的城市群落，建设高度集中、立体发展、具有综合功能和人口承载力的核心城区，以历史文化遗址保护带、河流生态廊道、森林博览园、都市农业园区营造绿色田园景观。

（二）健全城乡发展一体化体制机制

积极探索农村集体建设用地流转制度改革，有序推进符合条件农业转移人口落户城镇。建立城乡统筹的户口登记、就业服务、社会保障以及教育、医疗卫生等制度。以社会建设引领城市发展，创新公共服务和社会管理，积极培育和引导社会组织、中介机构和社区更多地参与城区事务性管理。

（三）加快基础设施建设

加大政府投入力度，创新投融资方式，积极鼓励社会资本参与基础设施建设。加大金融工具创新，引导金融资本支持新区发展。加快新区航空、快速铁路、高速公路等综合交通体系建设。建设区内骨干路网，尽快实现与西安、咸阳交通体系的有效对接。以快速路、城市轨道、大运量公交等多种交通方式，构建区内便捷通畅的交通体系，实现零距离换乘。加强给排水、供电、供气、供热、污水处理等市政设施建设，推行综合管沟模式。建立健全减灾防灾系统，全方位提升城市综合服务能力。推进数字化建设，实现高速宽带无线网络全覆盖，积极推进"三网融合"，全面提升西咸新区信息化水平。

（四）加强生态环境保护

加大生态保护和污染治理力度，努力提升生态文明建设水平。严格环境准入门槛，切实抓好农业面源污染治理、土壤环境保护及综合治理等工作。加强城乡环境基础设施建设和环境监管能力建设，提升区域可持续发展能力。

（五）培育现代产业体系

按照"资源整合、错位布局、集群发展"的思路，依托西安、咸阳产业资源，注重自主创新，构建创新型产业体系。大力发展现代都市农业，提高农副产品附加值，增加农民收入。重点发展高端装备制造、新一代信息技术、生物医药、节能环保等产业，建成国家重要的战略性新兴产业基地。积极发展电子商务、信息服务等高技术服务业，以及文化旅游、商贸会展、能源金融等现代服务业。发挥西安作为中国服务外包示范城市的优势，打造面向京津沪的数据服务、金融后台服务和软件研发中心。加快发展现代职业教育，培养产业转型升级急需的技术技能人才，实现现代职业教育体系与现代产业体系有机融合、协调发展。

（六）建设全国科技创新中心

坚持"自主创新、统筹资源、提升产业、支撑发展"的方针，增强创新驱动发展新动力，加大高新技术研发投入，创新体制机制，提升科技创新能力。打破中央、军队、地方三类科研院校之间藩篱，推动军民科技融合发展，建设军民两用技术创新和转化平台。不断提高原始创新、集成创新和引进消化吸收再创新能力，注重协同创新，在重点领域和核心技术实现突破性进展。支持发展技术联盟，搭建公共服务、技术转移和知识产权交易平台，促进科技成果转化为现实生产力和区域核心竞争力，在重点领域掌握一批核心技术，拥有一批知识产权，造就一批具有国际竞争力的企业。深化科技体制改革，着力破除制约科技创新的体制机制障碍。加强科技创新政策法规的制定和落实，实施科技成果转化的股权激励政策，根据不同类型科技活动特点，建立以科技创新质量和实际贡献为导向的科技评价体系。

（七）建设西北地区能源金融和物流中心

促进能源开发和金融创新有机融合，大力发展能源金融市场，把西咸新区建设成为西北地区能源金融中心。依托西安咸阳国际机场，推进机场口岸大通关建设，发挥西安欧亚大陆桥铁路枢纽优势，大力发展贸易物流，对接全省高速公路网络，形成1小时经济圈。推动航空、铁路、公路联合运输、互联互通和内陆直通式服务，把西咸新区打造成西北综合交通和物流中心。

（八）创新历史文化保护方式

把历史文化保护放在突出重要地位，坚持"连片保护、系统展现、审慎开发、合理利用"的原则，开展专题研究，科学论证，依法依规合理划定西咸新区的建设用地增长边界，正确处理保护和发展的关系，探索大遗址保护与历史文化旅游、文化产业互动发展模式，提升文化内涵。推动历史文化资源和文化产业、旅游业融合发展，加强文化科技创新，推进文化和科技融合，打造具有世界影响力的历史文化品牌，建设国际旅游目的地，在提升国家文化软实力和扩大中华文化世界影响力方面发挥重要作用。

五、政策支持

西咸新区开发建设，要以改革创新精神，破解制约城市科学发展的深层次矛盾，走中国特色的新型城镇化道路。

（一）赋予西咸新区创新城市发展方式先行先试权

支持西咸新区在城乡社会管理、行政管理体制、科技资源统筹、文化资源保护与开发等方面先行先试。国家有关财税、土地、生态、服务业等政策试点优先考虑放在新区。

（二）优先布局重大产业项目

国家在统筹规划重大产业化项目时，对西咸新区给予重点支持，支持高端装备制造、新一代信息技术、生物医药、节能环保等战略性新兴产业重大项目落户西咸新区。对承接鼓励类产业转移项目优先支持。

（三）加大政策支持力度

中央财政加大一般性转移支付力度，支持陕西省逐步提高西咸新区基本公共服务水平。国家有关专项资金加大对符合条件项目的支持力度，促进西咸新区相关社会事业加快发展。中央基建投资支持新区符合条件的市政等基础设施、城乡社会事业和生态环保建设。鼓励和支持金融机构进一步加大对新区的信贷支持力度。支持符合条件的企业发行企业债券。鼓励发展各类投资基金，不断拓宽投融资渠道。

六、组织实施

建立西咸新区建设部省际联席会议制度，定期研究解决有关问题。国家有关部门加强对西咸新区开发建设的指导、协调和支持，根据各自职能研究制定相关支持政策措施。陕西省要把西咸新区开发建设放在重要地位，加强组织领导，制定扶持政策，组建强有力的机构做好实施工作，并做好与国家有关部门衔接，保证西咸新区开发建设顺利推进。要协调处理好西咸新区开发建设与西安、咸阳两市发展的关系，建立统一规划、责权明晰、共建共享的合作机制。

陕西西咸新区发展战略研究报告

国务院研究室课题组

（2012 年 5 月 17 日）

2009 年 6 月，国务院批准实施的《关中—天水经济区发展规划》明确提出，"加快推进西（安）咸（阳）一体化建设，着力打造西安国际化大都市。建设大西安，带动大关中，引领大西北"。2010 年 12 月，国务院颁布的《全国主体功能区规划》明确提出，"推进西安、咸阳一体化进程和西咸新区建设"。这些都对陕西西咸新区开发建设提出了明确要求。根据国家规划的要求，陕西省设立了西咸新区，编制了《西咸新区总体规划》。西咸新区的开发建设，涉及在国家区域发展总体战略中的定位，以及发展战略等一系列重大问题。受陕西省政府委托，国务院研究室组成课题组，对陕西西咸新区开发建设的战略定位、发展目标、重点任务、重大举措等问题，进行了深入调查研究，形成了陕西西咸新区发展战略研究报告，为中央有关部门和陕西省制定西咸新区开发建设的政策措施提供决策参考。

一、陕西西咸新区开发建设的现实基础和重大战略意义

陕西西咸新区位于西安、咸阳两市建成区之间，东临高陵县和未央区，北接三原、泾阳县，西邻户县和兴平市，涉及西安、咸阳两市7个县（区）、23个乡镇（街道办），总人口90万人，其中城镇人口20.5万人，总面积882平方公里，规划建设用地272平方公里。新区东距西安市中心10公里，西距咸阳市中心3公里，与西安高新区、阎良区、临潼区相邻，与西安经济技术开发区、浐灞生态区、国际港务区隔渭河相望，西安咸阳国际机场位于新区北部，渭河纵贯东西，沣河由南向北、泾河由北向南注入渭河。目前，西咸新区规划布局五个组团，包括泾河新城、空港新城、秦汉新城、沣西新城、沣东新城，形成"一区五城"组团式发展的现代田园城市发展格局。陕西省专门成立了西咸新区管委会，统筹协调新区的开发建设工作。可以说，西咸新区开发建设已经有了一个良好开端，正在迈向大开发、大建设、大发展的新阶段。

西咸新区开发建设具有多方面的优势和有利条件。概括起来，西咸新区开发建设具有五大优势。

一是区位优势明显。西安市位于中国的区位中心，中国大陆的地理中心——大地原点就位于新区的泾阳县境内，还是亚欧大陆桥的中心。西咸新区位于西安和咸阳之间，承东启西，连接南北，是关中平原——八百里秦川的核心地带，地形宽阔平坦，具有土地集约化利用和承载大都市发展的有利条件。

二是经济基础雄厚。西安、咸阳两市都具有较强的经济实力，这里形成了国家航空航天基地、关中装备制造业基地、西部电子信息产业集聚区、西北地区综合服务中心等，奠定了产业发展的良好基础。西咸新区也有了一定规模的高新技术、装备制造、能源化工、生物医药等产业基础，农业生产条件优越，可以进一步集中西安、咸阳的优势，形成现代产业体系。

三是教育科技人才汇集。西安高校和科研院所众多，拥有西北大学、西安交通大学、西北工业大学、西安电子科技大学、西北农林科技大学、长安

大学等几十所高校，有上百个国家级和省级重点科研院所。西咸新区与西安国家级高技术产业开发区、经济技术开发区接连，可借西安科教优势，形成强大的科技支撑和人才支撑。

四是历史文化深厚。西咸地区自古以来就是中华文明的发源地和承载区，我国十三朝古都的许多历史文化在这里都有遗存。沿渭河两岸分布有许多历史文化遗址，南边有周丰京遗址、周镐京遗址、秦阿房宫遗址、汉长安城遗址、汉建章宫遗址、唐大明宫遗址，北边有汉唐陵墓群，包括汉高祖长陵、汉武帝茂陵、汉景帝阳陵、汉昭帝平陵、汉成帝延陵、汉元帝渭陵、汉平帝康陵、汉惠帝安陵、汉哀帝义陵，还有周陵、唐顺陵等，以及秦咸阳宫遗址等，形成一条沿渭河遗址带，是世界上不可多得的历史文化宝库。为保护历史文化遗产、建设大西安国际休闲旅游城市提供了得天独厚的条件。

五是自然环境优越。我国西北地区总体缺水，而关中地区却水资源丰富。西咸新区地处关中平原的核心区，具有良好的生态环境。渭河纵贯东西，"八水绕长安"之渭、泾、沣、涝等河流经该区，丰富的水资源为工农业发展、城市建设、居民生活提供了良好条件。同时，水脉水系、土地植被还带来生态涵养、自然风光、休闲郊游、傍水种养等综合性效益，具有很大的开发潜力。

西咸新区开发建设正面临难得的历史性机遇。国家实施区域发展总体战略和主体功能区战略，有选择地推进重点区域开发建设，全国各地区从自身特色和优势出发，加快发展步伐，形成了竞相发展的良好局面。特别是实施西部大开发战略，加快中西部地区发展，不断完善政策支持体系，加大对中西部地区的支持力度。国家制定了深入实施西部大开发战略新10年的一系列政策措施，开工一大批重点工程建设项目。更重要的是，国家制定的《全国主体功能区规划》和《西部大开发"十二五"规划》都提出，建设西咸新区，加快推进西（安）咸（阳）一体化，着力打造西安国际化大都市。还有国家应对国际经济危机，实施扩大内需战略，拓展我国区域经济发展空间，再加上国内外经济结构战略性调整，产业从沿海开始向中西部地区转移。国家加快推进科技、教育、文化、社会管理等体制改革。所有这些，都为西咸新区开发建设提供了前所未有的重要机遇。

同时，应该看到，西咸新区开发建设也面临着新的挑战。主要表现在两大方面：一方面，西安虽然作为区域中心城市具有较强的经济实力，但距离国家中心城市特别是国际化大都市还有很大差距，其经济实力还不强，引领、吸纳、辐射带动能力相对较弱，这在一定程度上制约了西咸新区的开发建设。2010 年，西安市地区生产总值 3240 亿元，在全国城市经济总量排名中排在第 28 位，不仅远低于广州、重庆、杭州、武汉、南京等城市，也低于郑州、长沙、济南、长春等城市，作为西北地区的国家中心城市要向更高程度发展，还要付出很大努力。在现有基础上，西咸新区如何开发建设，吸收要素聚集，形成产业支撑，实现错位发展，面临着新的挑战。另一方面，在全国推动科学发展，加快转变经济发展方式的新形势下，适应新型工业化、新型城镇化和农业现代化的需要，如何在西咸新区开发建设中创新城市发展模式，走出一条新型城市发展道路，也面临着新的挑战。这些都需要在西咸新区开发建设中深入研究，创新发展理念，转变发展方式，实现在新的条件下城市开发建设的转型、创新和跨越式发展。

西咸新区开发建设，在国家区域发展全局中具有重要的战略地位，无论对于加快推进西咸一体化、建设西安国际化大都市，还是对于引领西部大开发，带动整个西北地区经济发展，直至对于实施国家区域发展总体战略，促进我国区域协调发展，从根本上创新城市发展方式，探索一条新型城镇化发展道路，都具有重大的战略意义。

第一，西咸新区开发建设，有利于加快推进西咸一体化，建设西安国际化大都市，形成我国发展新的经济增长极。西安、咸阳两市相距仅 25 公里，同城效应明显。历史上秦朝定都咸阳，实际上紧靠今西安市，其阿房宫、咸阳宫近邻汉长安城，都在今西安境内。因此有人说，历史上的咸阳就是西安。随着城市建设发展，西安、咸阳越来越趋向一体化。通过开发建设西咸新区，真正实现把西安、咸阳连接起来，形成城市一体化的新格局，这是未来发展的必由之路。在此基础上，进一步推进西安国际化大都市建设，形成西安强大的带动和辐射能力。我国地域辽阔，人口众多，在现代化建设中需要形成几个具有强大带动和辐射力的国家中心城市。现在，以北京、上海、天津、广州、重庆等国家级中心城市为核心，正在形成京津冀、长三角、珠三角以及成渝地区四个重点城市群，成为带动全国经济发展的重要增长极。西安是我国西北地区最大的中心城市，又是世界历史文化名城，作为我国周秦汉唐等十三朝古都和世界四大文明古都，对国内外具有巨大吸引力，迎接八方来客，展示汉唐雄风，有条件、有能力建设成为国家中心城市和国际化大都市。加快西咸新区开发建设，必将有利于发挥大西安的综合优势，整合各方面资源，打造吸收高端要素聚焦的平台，形成新的经济增长极。从这个意义上说，开发建设西咸新区，是推进西安建设国家中心城市和国际化大都市的重要战略举措，必将对大西安的建设和发展产生重大而深远的意义。

第二，西咸新区开发建设，有利于进一步深入实施西部大开发战略，引领和带动大西北，促进我国区域经济协调发展。我国实施西部大开发战略10年来，取得了巨大成就。但西部地区地域辽阔，从南到北绵延数千公里，各地又有很大差异。总体上说，西部地区可以划分为西南地区和西北地区。要促进区域经济发展，必须形成带动和辐射力强的区域增长极。我国制定西部大开发"十一五"规划时，就确定了关中—天水经济区和成渝、环北部湾是我国西部大开发的三大经济增长极。我国西北地区面积广大，能源资源丰富，与数个国家接壤，战略地位重要，但由于地理位置、交通不便、干旱缺水、水土流失、沙漠化等条件的限制，经济发展相对落后。西安作为我国西北地区最大的工业城市、商业贸易物流中心、科技教育人才基地、交通和通信枢纽、内陆对外开放高地，以西安为核心的关中城市群和关中—天水经济区是大西北经济社会要素聚集程度高的领先发展地区，是西部大开发的重要经济增长极。加快西咸新区开发建设，充分发挥西安科技、教育、人才等多方面的综合优势，加快形成以西安为中心的关中城市群，增强关中—天水经济区综合实力，对于深入实施西部大开发战略，开发大西北，推动形成我国区域发展新格局，具有重大而深远的战略意义。

第三，西咸新区开发建设，有利于在我国发展的新阶段创新城市发展理念，转变城市发展方式，探索走出一条新型城镇化发展道路。我国工业化、城镇化快速发展，全国城镇化率已经超过 50%，进入一个城镇化发展的新阶段。我国在城镇化发展取得巨大成就的同时，也产生了许多问题，出现了"摊大饼"式建设、土地资源大量占用和浪费、交通拥堵、环境污染、住房紧张、产业布局不合理、城市生活质量下降、城乡差距扩大等突出矛盾。因此，城市开发和建设，不能再走传统粗放式和外延扩张式发展的老路，必须从根本上贯彻落实科学发展观，创新城市发展理念，转变城市发展方式。西咸新区开发建设，将深刻总结我国城镇化发展的历史经验和教训，从自身的特色和优势出发，创新城市发展方式，探索走出一条我国城镇化发展的新路。西咸新区开发建设具有这方面的许多有利条件，既具有西安、咸阳两市之间的城郊区位，又具有广阔的农村腹地；既具有渭河这条城中河的水利地脉，又具有周秦汉唐的历史文化积淀。因此，西咸新区的开发建设能够以"天人合一"的理念，形成"大开大合"的城市空间布局，即开阔的田园风光加上高度复合的城市功能，构建"城市组团 + 绿色空间 + 优美小镇"的城乡空间格局，建设现代田园风光城市。以渭河水系为依托形成自然风光带，以周秦汉唐历史遗址和渭北帝陵带为依托建设历史文化保护区，实现历史与现代完美结合、经济发展与生态环境保护相统一的新型城镇化目标。西咸新区开发建设，可以作为全国创新城市发展方式综合试验区，这将在很大程度上改变我国传统城镇化的发展模式，为新型城镇化建设和发展提供新的范例，起到重要的示范和借鉴作用。

二、陕西西咸新区开发建设的总体思路、战略定位和发展目标

按照《全国主体功能区规划》、《关中—天水经济区发展规划》以及《西安国际化大都市发展战略规划（2009—2020）》的有关部署，西咸新区的开发建设已经到了非常重要的推进阶段。建设世界城市是中国内陆开放的国家战略，是中国全球化的战略布局，是参与世界城市竞争的重大举措。未来时期，推进西咸一体化，就是以西咸新区的开放开发作为突破口，打造西安国际化大都市，建设大西安，带动大关中，引领大西北。我们认为，要选对发展道路，选对发展方式，走出一条独具特色的、符合科学发展要求的城市发展的路子，必须用新的眼光和发展理念来全面谋划西咸新区的建设和发展。

（一）西咸新区开发建设的总体思路

西咸新区开发建设的总体思路概括为"围绕一条主线、立足七大创新、实现一个目标"，即在科学发展观的指导下，按照国家有关西咸新区建设开发的要求，以转变粗放的、外延式的、不可持续的城市发展方式，探索田园化、集约化、现代化相得益彰、有机统一的新型城镇发展道路为主线，创新城市发展模式，走出一条符合自然规律、经济规律、社会规律和城市发展规律的独特的城市发展道路，实现城市的全面发展、协调发展、可持续发展。充分借鉴国内外生态宜居田园城市建设的成功经验，创新城市发展理念、创新城市建设形态、创新城市产业形态、创新城市组合功能、创新城市要素集成方式、创新城市管理模式、创新城市历史文化保护方式，通过西咸新区开发推进西咸一体化进程，实现西安建成国际化大都市的宏伟目标。

——创新城市发展理念。坚持以人为本，以全面协调可持续的科学发展观指导城市发展，为人们构建良好的物质环境、生态环境和人文环境相结合的宜居空间。以面向未来的城市发展理念，使城市从单纯的数量扩张和拉大框架的外延式发展，向提升城市的质量、完善城市的功能、提高城市服务水平、增强城市的承载能力的科学发展、协调发展、可持续发展转变。以城乡共赢的城市化理念，统筹城乡规划建设、经济发展和社会管理，促进新型工业化、城镇化和农业现代化融合发展。以人文城市理念，更加突出历史文化传承、社会建设和民生改善，增加城市的文化内涵，提升城市品质和品牌。以生态城市理念，探索城市的绿色发展方式，融入生态循环的先进理念，更加关注生态环境、资源节约和质量效率，实现社会、经济与自然的协调发展。以智慧城市理念，更加注重创新驱动和知识经济，建立以科教人才为支撑、智慧产业为主导的经济结构。以立体城市理念，建设现代化城市形态集聚和功能密集区，以高密度城市发展模式，实现对土地和能源的集约利用。

——创新城市发展形态。城市形态是城市发展的"骨架"，是城市各要素高效合理布局的基础。创新西咸新区的城市发展形态，构建城市功能混合、空间结构紧凑、景观特色协调多样、就业与居住适度均衡的城市空间，引领城市规划建设和建筑设计理念、方式和艺术，为西咸新区发展的百年大计积累宝贵财富。城市外观形态的创新，改变过去长期"同心圆"式的环线交通路网和"摊大饼"式的城市建设方式，以现代建筑群勾勒城市天际线，镶嵌于田园风光和自然山水之中，兼具城市和乡村优点的新型城市形态，打造别具一格、独具特色的现代生态田园城市，奠定城市可持续发展的基础。城市组成结构的创新，在内部组团布局、大开大合，设计多中心的都市空间形态，构建"紧凑型城市"；在外部作为大西安城市群落的核心区，基于城市间基础设施、市场要素、信息平台、生态保护、公共服务等方面的无形连接和有形连接，与外围组团构成有机的关联体，实现大中小城市与现代乡村之间的互动关联，形成城乡交错、大中小城市相间、风情小镇点缀、疏密合理得当、既大气又别具一格的西安现代新城布局。

——创新城市产业形态。城市产业是城市发展的持续动力，创新城市产业形态是城市发展模式创新的重要组成部分。具体包括：坚持产业布局合理高效，按照"资源整合、错位布局、集群发展"的思路，整合各组团内优质存量资源，错位发展，培育链式和集群式产业，加快发展现代农业，构建以战略性新型产业、现代制造业、现代服务业和现代都市农业为主体的现代产业体系。坚持产业发展创新驱动，着力创建以高技术为先导的产业发展新机制、新方式，创造科技、教育、文化、旅游、物流、金融产业成长壮大的新途径、新业态，加快高新技术改造传统产业进程。实现产业形态高端攀升，着力发展高端产业和产业链高端环节，按照跨产业、耦合式、集群式的思路，培育智慧型、科技型、创造型、生态型的产业集群，加快培育以技术、品牌、质量、服务为核心竞争力的新优势。

——创新城市组合功能。从城乡生产生活一体化的多层次、多方面、动态的需求出发，再造城市的组合功能，构建以生产性、生活性和创新性服务功能为核心的城市综合服务功能体系。从建设西安国际化大都市的定位出发，以国际化、现代化的标准全面提升和完善西咸新区的城市综合服务功能，充分发挥中心城市和国际大都市适宜现代人居、融合先进文化、集聚新型经济、包容开放合作的高端平台功能，围绕全面提高经济层次、产业能级、社会文明和现代化管理水平，增强引领带动能力、集聚辐射效应、综合服务功能。重点提高公共服务供给能力，保障城乡居民充分就业、便利就医、就近入学，实现城市有序、高效、低耗运转。

——创新城市要素集成方式。西咸新区的建设发展是一次城市形式与城市内涵并重的新尝试，不仅要在城市形态和城市文化上独树一帜，更要在城市资源、城市要素的集约集成上形成特色。应遵循人文城市、智慧城市的要求，更加注重科技、教育、文化、人才等要素对城市的内生驱动作用，着力创新城市要素的组合和集成方式，形成激励和转变城市发展模式的内生动力与内在合力。创新城市要素集成的有形载体，着力构建国家统筹科技资源示范基地、产学研合作基地和科技创新基地、国际文化交流和国际会展中心、国际教育合作基地等要素集聚平台；创新城市要素集成的无形载体，以城市产业形态和城市组合功能创新为载体，发挥其对科技、教育、文化、人才等要素的综合性组合集聚功能，以多元要素的聚集丰富城市产业和城市功能的内涵；创新城市要素集成的新机制，着力构建科技成果转化机制、国际教育合作机制、城市文化保护机制等。

——创新城市管理模式。针对新时期我国社会管理中凸显的矛盾和问题，尤其是互联网普及对社会管理带来的新挑战，树立以社会建设统领城市建设的理念，坚持以人为本，提高社会管理的科学化水平，强化城乡社区自治和服务功能。创建覆盖城乡居民的社会管理和服务模式，构建城乡居民公平、公正共享发展成果的社会建设和管理新机制，全面形成政府主导，社会协同，公众参与的新型城市管理格局。就西咸新区来看，具体包括：积极探索基层组织治理模式的创新，建立健全基层社会管理服务体系；统筹城乡基础设施、公共服务、劳动就业、社会管理，构建保障农村人口稳定有序转移的制度基础，特别要保障农民土地权益，建立城乡统一的户籍管理、就业服务、社会保障制度；推动基本公共服务均等化，着力于社会服务供给方式的创新。

——创新城市历史文化保护方式。把历史文化保护放在优先地位，坚持"整体保护、系统展现、合理开发、永续利用"的原则，构建适合西安的大遗址保护、历史文化旅游和文化产业融合发展的历史文化保护方式，使历史文化遗迹财富实现保值增值，获得长久和永续利用。在新区开发中坚持现代城市建设和历史文化传承相融合，从大西安范围内对古都大遗址进行整体协同保护。以汉长安城为纽带，以周秦汉历史遗迹和渭北帝陵历史遗存带为依托，打造集中彰显"周秦汉"文化的具有历史影响力的大遗址集中保护区。在保护中开发，围绕周秦汉唐历史文化资源利用，促进大遗址保护与历史文化旅游有机结合，探索历史文化资源和新兴文化产业融合发展。以开发促传承，在开发中挖掘、整合城市历史文化潜在的价值，梳理贯通城市文化脉络，加强中外文化交流，探索历史与现代融合的城市历史文化保护新路。

（二）西咸新区开发建设的战略定位

西咸新区开放建设，必须紧紧围绕加快推进西咸一体化和建设西安国际化大都市的发展定位，打造在全国具有重要影响力、在西部具有强大集聚带动功能的一体化开发示范区。总的考虑是：根据西咸新区在区域发展和我国城镇化道路探索中所处的重要战略地位，应当将其放在与上海浦东新区、天津滨海新区、浙江舟山群岛新区和广州南沙新区同等重要的位置，按照建设大西安、引领大西北的战略定位，把西咸新区开发建设上升到国家战略给予必要的政策支持；又应以区别于前四者的全新的发展理念和战略安排，力求突出道路、方式、体制创新，担当起我国创新城市发展模式的重大战略责任。综合各方面研究成果，西咸新区开放的战略定位如下。

——创新城市发展方式试验区。适应新型工业化和新型城镇化的要求，转变过去粗放式、外延扩张型的城市发展方式，立足于高效集约节约利用土地，切实保护耕地资源和农民利益，发展高附加值、节能环保的高端产业和现代服务业，使西咸新区成为引领城市发展方式创新的先行区，为我国创新城市发展道路提供崭新的经验。适应现代城市发展理念和发展形态的新趋势，创造集现代文明、优美环境、和谐社会于一体，城市和乡村共融共生的城市发展新模式。坚持城市建设与自然人文要素充分协调，将西咸新区建设成为城市与乡村融合、历史文化延续、城市功能完善、生态环境优美的现代生态型田园城市，成为引领中国未来创新城市发展模式的典范。

——西安国际化大都市重要支撑带。立足将西安打造成更具有综合竞争力的国际化大都市，切实按照国家区域发展总体布局的战略安排，加快实现从关中地区具有重要政治、经济、文化意义的区域中心城市，向引领大西北发展、服务全国、面向世界的国际化大都市迈进。着力增强西咸新区高端要素集聚、科技创新、文化引领和综合服务功能，优化城市发展空间、提升城市承载能力，使之成为西安国际化大都市内城镇集聚发展、城乡统筹取得突破、具备核心竞争力的重要支撑带，进而全面提高西安开放兼容力和国际影响力，发挥国际化大都市引领、辐射、集散的龙头作用。

——大西北经济金融中心。把握国家深入实施西部大开发战略机遇，紧紧围绕建设大西安、带动大关中、引领大西北的战略方向，重点在区域创新、引领对外开放格局、创新区域合作机制等方面形成综合竞争力和带动力。在关中—天水经济区"一个高地、四个基地"建设上发挥战略支撑和战略保障作用，积极构建大西北新的经济增长引擎。配合西安建设中西部和北方内陆地区的区域金融中心和国际现代立体化交通枢纽，发展成为亚欧大陆桥的重要节点，推进亚欧开放合作战略思路的尽快实现。

——全国科技创新中心与高端要素集聚平台。根据国家赋予西安统筹科技资源改革示范基地的要求，利用陕西省科研资源的优势，将西咸新区建设成为全国一流的技术研发基地、科技成果孵化中心，我国西北内陆地区的外向型高端知识创新产业新区。发挥西咸新区作为我国西部的能源资源交通枢纽地位，加快完善各类要素市场，建设西部能源、有色、果品等商品交易所，创立产权、三板、碳排放交易功能，发展成为全国重要的资源要素交易中心。以西安咸阳高新技术产业和先进装备制造业等优势产业为基础，充分发挥两市科技教育人才优势，着力将新区打造成国际化、外向型的高端制造业和高端服务基地。

——国际休闲旅游宜居城市。依托陕西丰富的历史文化资源和人文环境，探索现代商贸、生态休闲、大遗址保护、历史文化名城建设和文化产业融合发展的新路，使其成为西安国际化大都市建设的重要支撑，转变经济发展方式的重要着力点。着力提升新区旅游综合服务能力和旅游品牌体系建设，建设成为国际一流的旅游目的地。着力促进文化产业振兴，完善现代文化市场，凸显陕西多元而独特的文化形态。依托现代生态型田园城市的建设，结合地方特色的现代化、国际化商业环境，打造国际休闲宜居城市。

（三）西咸新区开发建设的基本原则

西咸新区开发建设既是推动西咸一体化的关键，是实现西安国际化大都市城市发展战略的重要突破口，也是探索我国新型城镇化发展道路的示范区，是一项创新性很强的工作，应以战略眼光、全新思路和全局意识来谋划，以前瞻性、战略性、全局性、国际性思维，高起点规划、高标准建设、高水平管理、高速度发展，从促进西咸一体化的枢纽性节点向区域发展的战略性高地转变。在新区开发战略制定和具体实施中应把握好以下几个方面的原则。

——坚持区域战略联动。将西咸新区置于大西北经济中心的战略地位，与建设西安国际化大都市发展战略、全国区域协调发展总体战略布局、国家其他重大战略布局联动，高端设计、整体推进，实现区域合作共赢。西咸新区作为建设西安国际化大都市重要组成区，应结合国家深入实施西部大开发战略和建设关天经济区的要求，结合国家加快培育和发展战略性新兴产业、推动文化产业跨越式发展等重大战略安排，以明确战略方向和战略重点，与西安、关中—天水经济区乃至整个西部形成一个共同建设的组合体。加快建设信息资源和公共资源的共有、共享体系，推动区域基础设施对接，与周边城市形成分层次、有分工、功能错位并互补的发展格局，促进区域内经济发展和市场一体化，形成区域内城市群整体竞争力和核心竞争力，最终实现区域发展和国家战略的共赢。

——坚持城乡统筹联动。即从城乡发展形态、要素配置、产业发展、生态保护、公共服务、社会管理等方面，一体化设计、一体化推动，实现城乡一体化发展。在发展形态方面，秉承"大开大合"理念，坚持开阔的田园风光和高度复合的城市功能有机结合，城市密集建设区和绿色开阔空间高度融合，进而在西安国际大都市框架下，以核心城区、田园社区、优美小镇、现代乡村为构架，实现大中小城市和现代乡村建设联动，形成层次分明、功能清晰的城市群落。在要素配置方面，构建覆盖城乡的要素配置共享机制，促进资金、技术、人才、土地、服务统筹利用，城乡居民共同参与建设、共享发展成果。在产业发展方面，集中、集成、集群布局高端制造业和高端服务业，高效发展现代农业，形成互相联系、互相循环的立体化生态产业链条，打造循环经济型产业集群，促进农业、工业、服务业一体化发展。在生态保护方面，在建设中融入集约循环的先进理念，充分体现田园城市的生态内涵，实现社会、经济与自然的协调发展。在公共服务、社会管理方面，创新社会管理城乡一体化发展模式，实现城乡居民公共服务共享。

——坚持政府推动和市场配置联动。即在新区开发建设中，正确处理政府、市场、企业三者关系，创新新区建设开发模式和管理模式，形成政府规划引导、市场运作、企业投资带动的新型开发格局。创新多元主体参与的开发模式，充分调动政府、市场和企业的积极性，构建由政府主导开发模式、企业化、专业化开发模式和吸引外资集聚开发模式组成的综合开发模式。着力构建服务型政府管理模式，切实将政府职能转变到经济调节、市场监管、社会管理、公共服务上来。注重市场机制作用的发挥，进一步完善要素市场体系、市场监管体系、社会诚信体系和中介服务体系。在更大程度、更大范围发挥市场配置资源的基础作用，支持企业参与新区发展建设，吸引和聚集国内外要素资源，构建共同开发建设新机制。

——坚持存量整合和增量优化联动。将西安、咸阳、西咸这两市一区资源联动，区内资源和省内资源联动，促进西咸新区存量资源的全面整合和增量资源的高效配置，加快西咸新区开发建设步伐，进而形成对陕北以及陕蒙宁能源开发战略区域资源深加工产业链构建、资源集约利用、生态环境建设保护的区域核心支撑和服务能力。一方面充分发挥西安的科技、人才、金融、信息等资源优势，充分发挥咸阳的土地、劳动力等生产要素优势，坚持科技创新和产业发展联动，加大区域优势资源的整合力度，形成分工合理、协作配套、优势互补的一体化示范区。另一方面提高增量资源的配置效率，坚持产业形态的集群、集聚发展，人才、技术、资本的密集和集成，资源配置方式的有效集约，城市集中布局和现代流通集散，更好地发挥人力资本效率、技术进步效率和资源利用效率，力求产生乘数效应，达到资源配置效果的最大化。

（四）西咸新区开发建设的未来目标

西咸新区开发建设，应按照国家中心城市发展的要求，引领城市发展模式，引领管理职能升级，引领高端产业集聚，引领社会文化建设，引领内陆地区开放。在开发中，着力提升区域综合经济能力、区域科技创新能力、区域国际竞争能力、区域发展承载能力、区域辐射带动能力、区域交通通达能力、区域可持续发展能力。西咸新区发展建设的总体目标是：到 2020 年，西咸新区创新城市发展方式试验区取得显著成效，基本建成现代生态田园城市，形成西咸一体化新格局，西安成为国家中心城市，形成国际化大都市的新面貌，在引领大西北、实施西部大开发战略中发挥重要作用。

——经济综合实力。西咸新区成为国际化大都市经济发展新引擎，地区生产总值超过 3000 亿元，经济总量再造一个西安，人均地区生产总值达到 2 万美元。产业综合竞争力大幅提升，集群化水平和技术水平取得新突破，高端制造业和高端服务业成为主导产业，科技、教育、文化、金融内生驱动作用有效发挥。

——创新发展能力。科技研发实力显著增强，知识产权创造能力明显提升，产学研合作基地和科技创新平台建设加速推进，科技成果转移转化步伐加快，科技创新体系基本建立，科技资源统筹改革示范效果明显，每万人口发明专利授权数量、科技进步贡献率达到较高水平；产业技术支撑体系进一步完善，核心和关键领域自主创新能力明显提升，战略新兴产业和高技术产业占比大幅度提高；多层次、多样化教育合作格局显现，教育现代化水平居全国领先地位。

——国际化水平。全方位、多层次、宽领域的对外合作交流格局初步形成，开放型经济发展取得重大突破，成为引领西安大都市和西部内陆参与经济全球化的重要基地；国际文化交流和国际会展中心基本形成，国际旅游目的地功能大幅提升，教育国际化合作水平显著提高，西部地区最大的科技教育、文化艺术等高层次人才及留学生、国际友人聚居区初步形成。入驻的跨国公司、世界 500 强企业和国际研发实体数量、影响力在西部领先，国际综合竞争能力和国际地位大幅提高。

——城市建设品质。引领城市规划建设和建筑设计理念、方式和艺术，显现集约节约、清洁低碳、智能便捷的先进运行机制和模式。基础设施建设水平和综合保障服务功能全面提升，市政运行效率和管理处于领先水平。生态田园城市形态、生态保护功能和现代都市农业初显成效，人居环境优美、生态良性循环的现代城市新区特征基本形成。土地利用、能源消耗、污染物排放达到国内先进水准。

——人民生活水平。以社会建设为主导的城市规划格局基本形成，城乡居民收入水平达到10万元左右，不同群体收入差距大幅度缩小。居住、工作条件显著改善，就业创业机会不断增加，居民基本公共服务水平高于全国中西城市平均水平，实现城乡社会保障、基础教育一体化和均等化。精神文化需求得到较好满足，人民群众幸福指数和满意度显著上升。

——体制机制创新。社会主义市场经济体制更加完善，重点领域和薄弱环节改革取得新突破，城乡融合发展机制基本建立，全球一体化资源要素利用和专业化分工机制形成，社会管理创新有效推进，人民群众共创共享发展成果的体制机制得以完善，人与自然和谐共生与可持续发展成为基本发展状态。

附表 1　经济社会发展主要指标

类别	指标名称	2015 年	2020 年
综合实力	生产总值（亿元）	1000	3000
	人均生产总值（万元）	6.6	12.5
	服务业增加值比重（%）	42	50
创新发展能力	科技进步贡献率（%）	40	50
	R&D 经费占 GDP 比重（%）	5	6
	战略性新兴产业和高技术产业比重（%）	25	30
	每万人发明专利授权数（件/万人）	3	4
国际化水平	外贸依存度（%）	20	30
	国外定居人数（万人）	10	20
	入驻国际知名企业数（个）	80	200
	引进国际研发实体（个）	20	50
人民生活	总人口（万人）	150	240
	城镇居民可支配收入（元）	46000	100000
	农村居民人均纯收入（元）	26000	98000
	人均居住面积（平方米/人）	35	40

续表

类别	指标名称	2015 年	2020 年
人民生活	城市登记失业率(%)	4	3
	高中阶段教育毛入学率(%)	97	99
	预期平均就业年限(年)	30	30
	人均公共服务设施用地面积(平方米/人)	18	20
生态环境	绿化覆盖率(%)	40	46
	万元 GDP 耗水量(立方米/万元)	26.4	20.7
	单位 GDP 能耗水平(tce/万元 GDP)	1.5	1.2
	可再生能源使用比例(%)	20	30
	污水处理率(%)	95	100
	资源化利用率(%)	20	30
	生活垃圾无害化处理率(%)	90	100
	生活垃圾资源化利用率(%)	30	50
	空气污染指数小于 100 的天数(天)	310	320

三、陕西西咸新区开发建设的空间布局

西咸新区开发建设应服务和服从于推进西咸一体化的总体布局,沿承西安国际化大都市的空间结构,以"大开大合"的空间发展模式,构建新区"一河、两带、四轴、五组团"的城市发展新格局。通过两条遗址带,渭河、泾河、沣河三条生态景观廊道,以及组团间楔形绿地为分隔,形成"廊道贯穿、组团布局"的田园城市总体空间形态。

(一)形成"一河、两带、四轴、五组团"的城市发展空间格局

——"一河"是指渭河。即以渭河为纽带,两岸集中高端服务业,着力构建横贯东西的百里渭河生态长廊,建设大都市渭河核心区带,打造成西安大都市城中河和核心地带,形成以"涝渭湿地公园、沣渭湿地公园、灞渭湿地公园、泾渭湿地公园"为核心的"四绿心、四大滨水板块、十大功能分区"渭河生态景观结构。渭河流域曾是人类文明发祥地,西安、咸阳历史上就是沿渭河发展;渭河也是关中生态系统的重要组成部分,构建渭河生态景观带,对于西咸新区的环境建设,提升西咸新区乃至西安国际化大都

市的文化品牌都具有重要的作用。

——"两带"是指渭北帝陵风光带和周秦汉古都遗址带。即沿五陵塬遗址,构建渭北帝陵风光带;沿周秦汉都城遗址,构建周秦汉古都文化带。"两带"沿渭河东西延展,使渭河生态长廊成为"两带"的重要支撑,与"两带"交相呼应,形成关中地区周、秦、汉文化核心彰显区和西咸一体化中文化内涵丰富的生态产业带。西咸新区历史文化遗址丰厚,是国家遗址保护区最多的区域,"两带"的建设是西安打造世界东方人文古都和建设国际一流旅游目的地的重要支撑。

——"四轴"是指正阳大道、沣泾大道、红光大道、秦汉大道。沿正阳大道拓展城市功能,对接西安钟楼南北线,共同构建大都市南北主轴带;以沣泾大道为轴带,对接大都市开发区经济发展带;以红光大道为轴带,对接大都市东西主轴带,完善大都市的发展格局;以秦汉大道为轴带,连接秦咸阳城与汉长安城遗址,构建大都市秦汉文化主轴带。在西咸新区内通过"四轴"将"一河""两带"与西安国际化大都市的总体布局对接起来,成为西咸一体化的黏合剂和转换带,大西安调整产业结构、优化经济布局的拓展带。

——"五组团"是空港新城、沣东新城、秦汉新城、沣西新城和泾河新城。空港新城,总面积144平方公里,城市人口约27万,以临空产业为主,重点发展航空运输及物流业、临空制造业、国际商贸、高端服务业、临空农业等产业,打造成为国家重要的国际航空枢纽,西部地区临空经济示范区,西安国际化大都市的门户新城;沣东新城,总面积159平方公里,城市人口约67万,以高新技术和会展业为主,重点发展体育、会展商务、文化旅游、都市农业等产业,建设成为国家统筹科技资源示范基地,西部地区能源中心和体育会展中心;秦汉新城,总面积302平方公里,城市人口约42万,以秦汉历史文化旅游、文化产业为主,重点发展生态休闲、行政商务、总部经济、住宅、都市农业等产业,建设成为具有世界影响力的秦汉历史文化集中彰显区,西安国际化大都市生态田园示范新城;沣西新城,总面积143平方公里,城市人口约53万,以战略性新兴产业和现代服务业为主,重点发展信息技术、节能环保、生物医药、行政商务、文化旅游、都市农业等产业，建设成为西安国际化大都市综合服务副中心，战略性新兴产业基地；泾河新城，总面积 133 平方公里，城市人口约 47 万，以低碳产业为主，重点发展高端制造业、测绘、新能源、现代物流、创意产业、都市农业等产业，建设成为西安国际化大都市北部中心，高端制造业、现代物流业、地理信息产业基地，统筹城乡发展示范区。

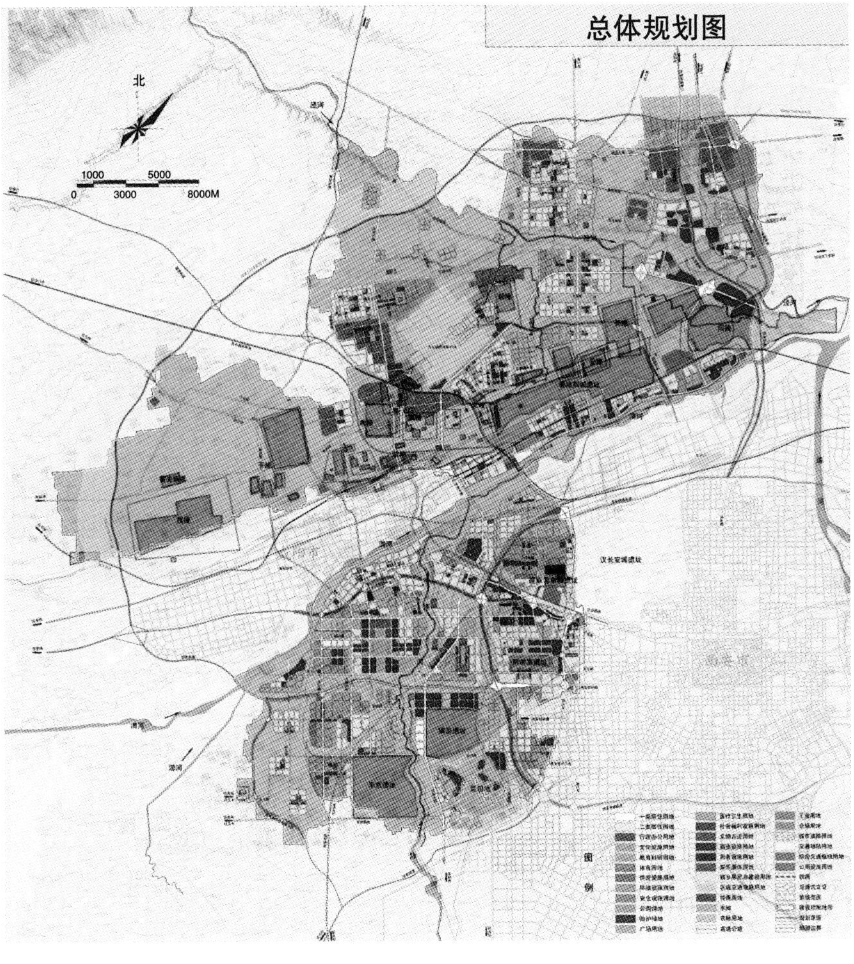

附图 1　西咸新区总体规划图

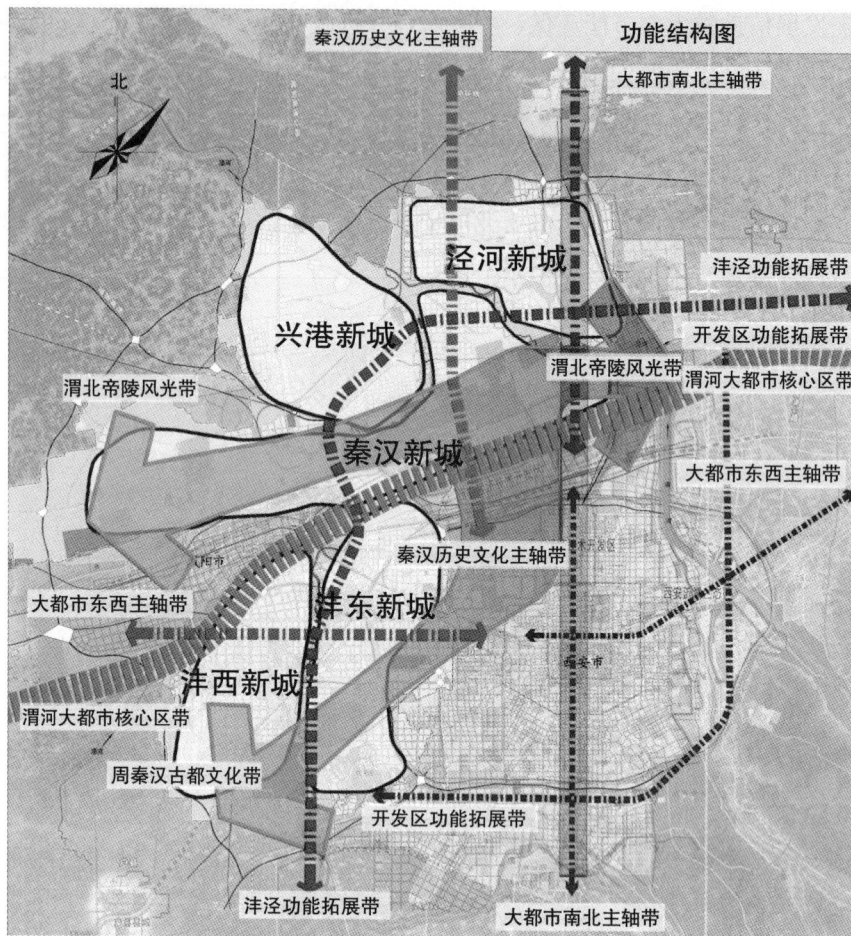

附图2 西咸新区功能结构图

（二）构建"核心板块、田园城区、优美小镇"的现代田园城市体系

——"核心板块"。即各个新城的中心，建设规模约10~18平方公里，与其他组团间有快捷的交通连接。它是城市功能的高度集聚区，具有完善的基础设施和公共服务设施，具有现代城市风貌。总建设用地面积约120平方公里，集聚人口约120万。

——"田园城区"。即围绕在核心板块组团周围，并与外围田园衔接的城市组团，建设规模约3~5平方公里，地块平均容积率为3.5~5.0。它是以某种城市功能为主或者涵盖城市综合功能的田园社区组团，以超越城市综合体的概念涵盖居住、商贸、医疗、教育、文化等城市功能，周边布局绿色田园产业，是一个全新的城市组织。总建设用地面积约 120 平方公里，集聚人口 100 万人。

——"优美小镇"。即按照田园城市形态，依托田园产业，点缀在田园中，专业化标准高，发展特色鲜明的特色小镇，建设规模不超过 1 平方公里。它的主要功能是为市民提供农业参与体验和田园生活体验，为企业、专业人士等提供会所、工作室等。总建设用地面积约 30 平方公里，集聚人口约 20 万人。

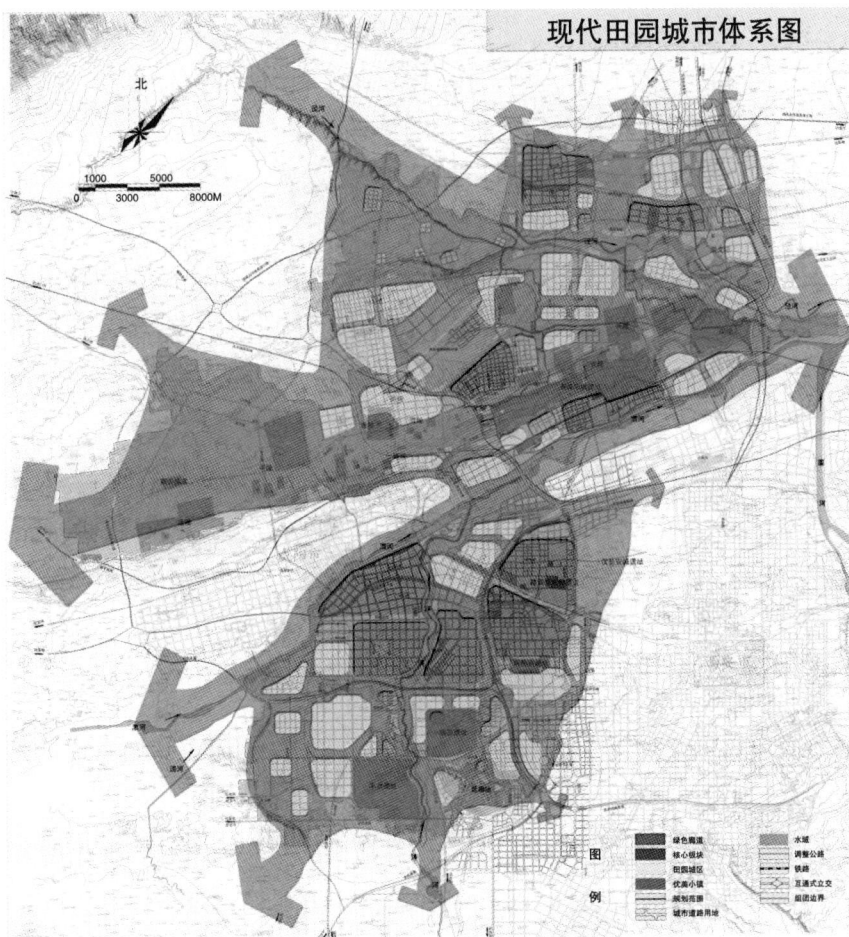

附图3　西咸新区现代田园城市体系图

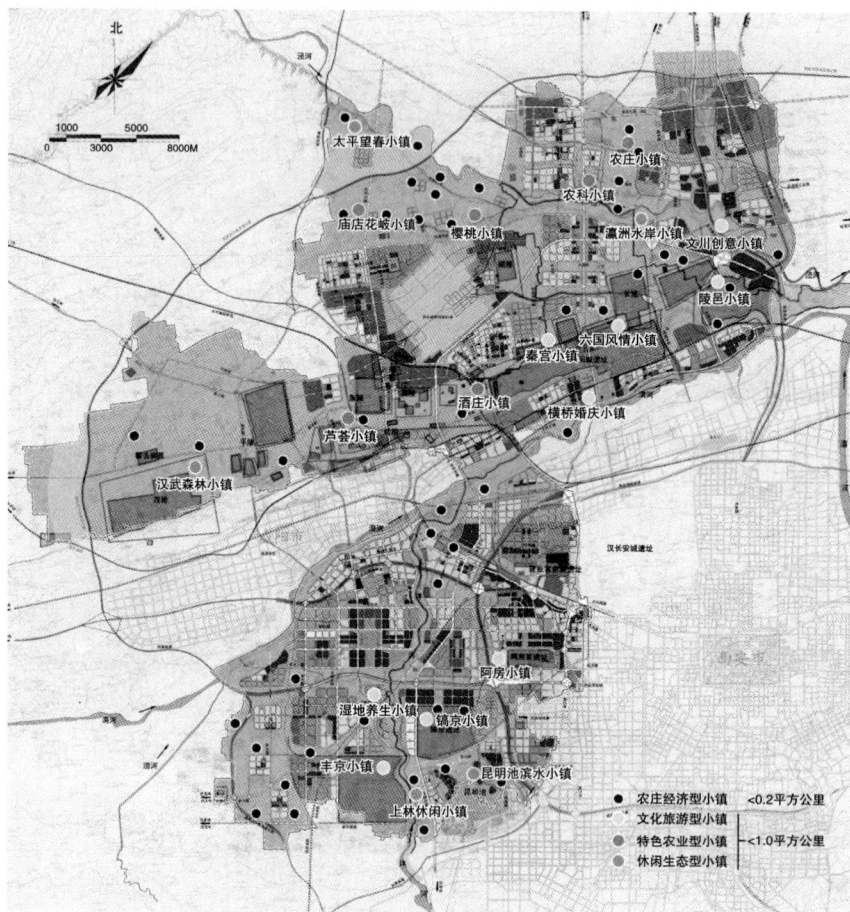

附图4 西咸新区优美小镇布局图

（三）实施以重点项目为核心的建设布局

西咸新区以项目建设为核心，积极实施项目带动战略，以重点项目为载体，全面展开新区建设布局。

——十大概念产品。即根据西咸新区建设的核心理念——"现代田园城市"（Farmland City，简称"FC"），在新区主要布局建设十大概念产品项目，它既包括现代化城市，也包括符合统筹城乡发展的优美小镇、现代农业和绿色田园产业。十大概念产品项目为：泾河湾田园城市 FC1 项目、西咸

立体城市 FC2 项目、镐京田园城市 FC3 项目、能源 CBD FC4 项目、昆明池
文化生态景区 FC5 项目、泾河新城崇文镇项目、空港新城太平小镇项目、
秦汉新城酒庄小镇项目、第四军医大医学城项目、西咸国际购物城项目。

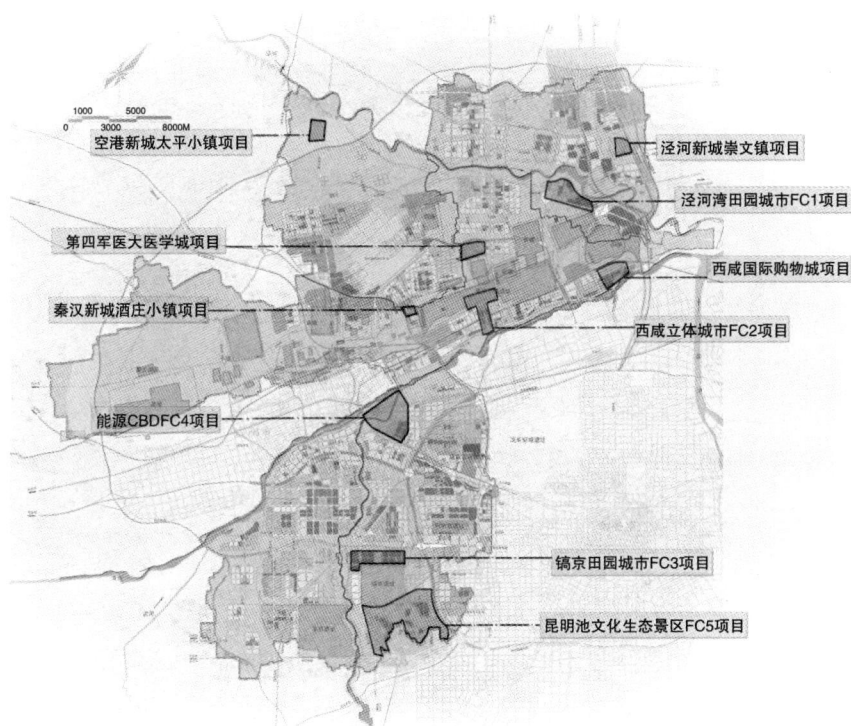

附图 5　西咸新区概念产品布局

——十大产业园区。沿重大项目—产业链—产业群—产业园区的发展路
径，结合国际产业分工趋势、国内生产力布局以及西咸新区的比较优势，与
西安、咸阳两市开发区错位发展，西咸新区布局十大产业园区，包括：空港
新城综合保税 B 区和临空产业园区，沣东新城统筹科技资源示范区和六村
堡新加坡现代产业园，秦汉新城周陵新兴产业园区和五陵源文化产业园区，
沣西新城信息服务产业园区和国际文教园区，泾河新城现代物流园区和地理
信息产业园区。

附图 6　十大产业园区布局

四、陕西西咸新区开发建设的重点任务

西咸新区开发建设，必须从国情省情和西安大都市实际出发，围绕目标定位，明确工作部署和任务。要着力在城乡建设与绿色发展、创新科技教育与培育现代产业、完善要素市场与塑造城市文明、加快开发开放与加强社会建设等结合方面进行探索，加快转变城市发展方式，科学有序、集约高效地推进城市化，为全国新型城镇化创造新鲜经验，并在建设大西安、引领大西北、开发大西部中发挥独特的作用。重点抓好以下八个方面任务。

（一）构建现代田园城市发展格局

这是西咸新区创新城市发展方式、重塑城市功能布局的基本要求。要顺应现代城市发展潮流，贯穿人文、生态、立体等现代城市理念，着力破解大城市"摊大饼"式扩张引起的交通拥堵、环境污染、资源短缺、贫民集中等突出矛盾，探索城市与乡村共融、宜业与宜居并存、人与自然和谐相处的城市发展模式。一是以大开大合的思路，合理布局产业园区、中小城镇、生态功能区和农业示范区。划分五大板块、七大核心主城、一批特色小镇及其区域内主体功能，推进组团式发展，形成"核心板块支撑、快速交通连接、优美小镇点缀、都市农业衬托"的格局。在基础建设和产业布局中，同步推进教育、医疗、文化、商贸等民生产业和智慧城市、立体交通、公共设施等建设，促进城市功能集聚、复合式布局与可持续发展。二是推进遗址保护、生态建设与绿色经济"三位一体"发展。以渭河、沣河、泾河、沙河综合治理为契机，建立环保投入长效机制，打造西安"城中河"生态区。坚持遗址保护与生态绿化同步规划，推进渭北帝陵风光带、周秦汉古都文化带等项目建设。严格企业环保节能准入标准，完善垃圾和污水有偿排放机制，建设城市节能节水综合系统工程，打造低碳循环经济示范区。三是以生态功能区和都市农业区优化城市布局，增强城市功能。依托立体城市和城市集群布局，为都市农业腾出空间，支持农业生产率和产出水平提高，赋予都市农业以生态、就业、菜篮子、创造价值等综合功能。

（二）建立城乡一体化发展机制

西咸新区同时面对城市与农村，这既是城乡发展不平衡的体现，也是发展潜力所在，这里蕴藏着对要素资源科学使用的巨大空间，而且具有后发优势。要加强城乡要素统筹，高效配置和集约利用土地、人力等各种资源，一张蓝图规划，二元结构互动，建立城乡高度融合和均等化的发展模式。当前，西咸新区可以重点在农村集体建设用地有序流转制度和农村人口有序转移制度两个方面推进改革。要积极探索农民带着劳动力和土地"两个资本"进城的模式。完善保障农民集体土地财产权和收益权的制度，试行土地权益股份化、土地承包经营权转包出租抵押等流转新模式。争取把新区列入全国征地制度改革试点单位，创建集体农用地流转补偿机制，盘活城乡存量建设用地，逐步建立"同地、同价、同权"的城乡统一建设用地市场。按照现代田园城市理念编制土地利用总体规划。新区要率先建立城乡统一的户籍管理、就业服务、社会保障以及教育、医疗等制度，实行居民居住证制度，消除农民与市民之分。将新区常住人口纳入城镇住房保障体系。加强与西安、咸阳在基础设施、劳动力、公共服务、城市功能等方面的对接，提升资源要素集聚和辐射能力，在融合两大城市中发挥更大作用。

（三）培育现代城市产业体系

这是增强城市内生增长动力、塑造城市发展内核的关键所在。西咸新区开发，要从大西安及大西北地区传统制造业转型升级的需求出发，利用科技人才优势，高起点规划、高质量培育新型高端产业和业态，发挥好对区域经济的优化、引领、激活作用，在把西安建成我国西北战略增长极的过程中形成重要的发展极核，打造"王冠上的明珠"。重点培育四大基地：一是轻型智慧型产业基地。发挥西安地区高校科研机构和高中端人才密集的优势，大力发展汽车电脑等核心机械和电子零部件、通信装备制造、智能装备制造、地理信息、云计算物联网等信息处理和终端、生物医药、新材料、节能环保等产业，建设好沣西信息服务产业园区、泾河地理信息产业园区等，吸引央企、跨国公司总部及其区域中心、研发中心等入驻。二是高端装备制造业基地。依托西安阎良国家航空高技术产业基地、西安国家民用航天产业基地、西安高新技术产业开发区等国家级产业化基地和陕北能源基地建设，发展航空航天零配件制造、电力设备制造、能源化工装备制造、新能源等产业。着力抓好六村堡新加坡现代产业园区、周陵新兴产业园区、空港临空产业园区等一批制造业重点项目。三是大西北现代服务业基地。重点发展研发设计（包括军民两用）、商贸物流、文化创意、教育培训、医疗保健等业态，做大做强一批服务业品牌。实施大项目带动和集聚发展战略，建设好泾河物流交易园区、五陵塬文化产业园区等一批重大项目。建设国家服务外包示范基地，打造面向京津沪的数据服务、金融后台服务和软件研发中心。加大服务业和社会事业对外开放力度，引进国际和港澳法律、会计、教育培训、科技、投资咨询等业态。依托历史文化资源，发展旅游、考古、会展等产业。四是现代都市农业基地。应用先进技术和现代经营组织方式，改造提升传统农业，推广设施农业示范工程，既要成为西安"菜篮子"，增强城市农副产品自给能力，又要形成包括休闲养生、观光体验等新兴业态的农业产业体系。

（四）建设国家科技资源统筹改革示范城市

西安是西北和国家重要的科技教育中心，这是引领未来城市发展独一无二的优势，也是在西咸新区开发中培育城市核心竞争力的极其重要的战略支撑。要优化配置和高效利用科技资源，放大科技生产力成果，把西咸新区建成国家级的创新型城市、全国创新成果的策源地和西部人才高地。新区开发要把科技园区建设和功能配套作为重中之重，以沣东新城"中华科学城"等为重点，优先规划、优先布局、优先支持。国家支持在西咸新区及区内企业、科研院所、高校等建设国家级重点实验室、联合研发中心、检验检测中心等。打破中央、军队、地方三类科研院校之间的藩篱，推动军民科技和产业融合式发展，引导国防科技资源注入新区企业和研发机构，建设军民两用技术创新和转化平台，共同承担国家重大项目联合研发，逐步建立央地军三方科技资源共享和科技管理协调的成熟机制。鼓励国内外科研院校、外资企业来新区设立研发中心和实验室，建设国际科技合作基地。国家重点科研项目和共性关键技术要在新区优先布局，力争"十二五"时期，在新材料、空天飞机、节能环保、物联网、云计算等领域形成一支高科技研发制造的国家队。建设一批共享信息库、科技成果孵化器、共性技术研发中心等，完善技术转移、产权或股权转让等公共服务平台。依托欧亚论坛、西洽会等，定期举办全国和国际的"科技论坛""科技资源交易博览会"等，形成品牌。

西咸新区作为国家统筹科技资源改革试点，要着力深化科技体制改革，完善成果转化激励机制。应参照执行中关村国家自主创新示范区"6＋1"政策，包括试行科技成果转化产权和股权激励机制，将中央、军队、地方支持研发成果的所有权、处置权、收益权全部赋予项目承担者，实行股权激励所得税优惠；鼓励做大做强创业风险投资，探索多种形式科技融资方式；加大企业研发投入加计抵扣所得税、加速折旧的税收优惠。改革科研立项和经费管理体制，建立以产业化和对经济社会发展贡献率为导向的评价激励体系。培育科技成果转化市场，设立科技成果转化基金、创业创新扶持基金，对具有市场前景但成果转化存在困难的给予资金补助等支持。支持符合条件的科技企业在创业板上市，争取国家批准设立新三板市场，把西咸新区纳入全国科技园区非上市股份公司股份代办转让系统。

（五）建设西北资源要素中心城市和亚欧大陆桥金融中心城市

这是发挥西咸新区作为西北经济核心城市支撑作用的关键。西咸新区不仅要成为经贸资讯中心，更要成为资源要素和资本金融中心，也就是成为各类产品和要素的市场中心，才能形成综合要素优势，更好地服务实体经济、促进产业转型升级、合理配置资源、提升自主创新能力。为此，要重点建设"四大中心枢纽"，即能源资源中心、交通物流中心、信息通信中心和区域金融中心。支持新区建立煤炭、石油、天然气、有色金属等能源资源产权交易或期货交易市场，建立产品价格指数体系，建设西部国家能源交易中心和能源信息中心，建立碳排放权交易机制，开展面向西北和中西南亚及欧洲的能源资源交易。建立发达的人才、产权、土地、科技等各类专业市场。

大力发展金融市场，把西咸新区及西安建成金融总部基地和业务中心，并沿关天经济带、大西北及欧亚大陆桥发展，形成"西进经济金融走廊"，打造西北崛起乃至欧亚大陆桥复兴的输血造血核心。一是做大做强金融机构。制定《西咸新区引进银行业金融机构奖励扶持办法》，支持各大金融机构来新区设立分支机构，鼓励民营资本设立小额贷款公司、担保机构和典当公司，积极引进外资银行及其分支机构。设立以大西北和欧亚大陆桥为服务对象的开发银行、商业银行及信托、保险、证券、基金等金融机构。二是培育壮大资本市场。大力发展资产证券化与商业票据交易，搭建创业资本初级市场。三是发展国际化贸易金融，开展跨境贸易人民币结算、融资融券、出口信用保险等业务。四是开展以破解中小企业和农村融资难题为重点的金融改革创新。拓宽中小企业融资渠道，提供差异化金融监管、信用担保、金融产品创新等政策，鼓励中小金融机构发展。

（六）建设西北内陆开放型国际化的都市区

现代城市首先是开放型、国际化的城市。西咸新区在区位上处于东连长三角、西通新疆中亚、北达京津冀、南与成渝武汉珠三角呼应这样一个贯通东西、承上启下的战略枢纽，同时各类要素组合能力强，具有对内对外开放得天独厚的优势。要以大西安和关天经济区为依托，推进全方位、多层次、宽领域开放，使其成为西北地区对外开放尤其是向西开放的战略高地，中国与欧亚国家合作的核心节点。一是建设国家内陆开放型经济示范区。围绕建设西北商贸物流中心，以西咸国际机场为依托，在西咸新区空港新城建设西安综合保税区（国际港务区）B区，加快建立具有全面保税功能的大型综合性海关保税监管区域。大力发展物流业，加快建设国际空港和物流中心。积极支持西安咸阳国际机场口岸大通关建设，加强航空、铁路、公路等运输方式的优化布局和无缝衔接，推进多式联运、互联互通和"内陆直通式"服务，把新区打造成西北综合交通和生产要素流通枢纽。二是完善多层次区域合作机制。以西咸新区为核心，以合作机制为载体，加快推进大西安和关中—天水经济区经济一体化，完善基础设施、产业布局、生态建设、城市功能等合作规划，形成1小时经济圈。深化与成渝、武汉经济区及沿海地区的经贸联系，积极推进与北京、上海等地的合作，加强与港澳台经贸投资技术合作。以欧亚经济论坛为纽带，在西咸新区建立欧亚经贸合作交流常态化机制。三是积极承接国内外产业转移。抓住国内制造业向中西部转移和国际现代服务业随制造业向发展中国家转移的双重机遇，在泾河新城建设国家级承接产业转移示范基地。优化投资环境，积极参与国际分工，提升集聚国际资源要素和利用国际市场的能力，在新一轮科技革命和产业振兴浪潮中勇立潮头。

（七）塑造教育、文化、旅游相融合的城市发展与城市文明内涵

西咸新区兼具教育、文化、旅游三种资源禀赋，三者结合潜力巨大，既能打造新产业，培育新经济，又能培育传统与现代、东方与西方结合的国际大都市文明。建议在新区设立"教育国际合作试验区"，建好沣西新城"国际教育城"，加快教育现代化步伐。着力创新中外合作办学体制，推进与国内外知名高校甚至中学、研究机构合作办学，发展留学生市场。在新区积极

开展现代大学制度、义务教育均衡发展、职业教育办学模式等改革试点，同时大力发展教育社会化服务产业，引进知名教育考试和培训机构，建设若干重点技能人才培训实训基地，把西咸新区建成西部重要的国际教育交流中心、教育考试中心和人才培训中心。

文化在现代城市发展中具有精神和物质双重内涵。西咸新区有条件、有能力建设文化强区，既在发展文化事业、塑造现代城市文明上走在前列，又使文化产业成为新区的重要经济增长点。要把陕西人诚实守信、淳朴大度的精气神，与现代市场经济理念结合起来，形成传承中华传统、富有陕西特色、符合国际规则的商业文化环境。以特色文化小镇和文化创意园区为载体，把挖掘、整理、推广周秦汉唐文化和创意、设计、休闲、会展、演艺、传媒等结合起来，推动文化与科技结合，创新产品服务、产业形态和商业模式，培育现代文化产业，把文化产业发展成为西咸新区的重要支柱产业。发展西北地区乃至全国最大的文化市场，健全公共文化服务体系。积极开展国际文化交流，开拓国际文化市场，促进东西方文化交融，打造具有世界影响力的中国特色主流文化。

旅游与文化结合既是城市文明的重要组成，又能成为城市发展的支柱产业。要在西咸新区率先开展旅游与文化改革，建设国家文化旅游创新实验区，打造国际旅游文化名城。引进大型企业集团整体开发，培育一批世界级历史文化旅游品牌。建设国家级乃至世界级的文物保护研究基地，建设国家考古博物馆和考古遗址公园。建议将秦咸阳城命名为国家历史文化名城，西咸新区内8座帝陵联合申请世界文化遗产，政府或民间设立文化遗产保护基金，并争取世界文化遗产保护基金的支持。

（八）探索以社会建设引领城市建设新模式

成熟完善的社会管理和基层治理体制，是现代城市的重要特征。西咸新区城市建设，要吸取新中国成立以后我国以企业和产业为中心组建城市、"先治坡后治窝"模式的经验教训，坚持以人为本，创新公共服务和社会管理，走出以社会建设引领城市建设，经济与社会相协调的城市发展新路子。一要着力构建基本公共服务保障体系。坚持以就业为中心布局产业，建立就业帮扶体系，重点解决进城农民就业问题。建立本地户籍人口和外来建设者同等对待的就业、养老、医疗卫生、住房、义务教育、人口管理、公共安全等制度安排，并实现全覆盖。建立财权与事权相匹配应的基层保障机制，增强基层组织动员公共事业的手段和能力。推进农村社区化，将城市社区服务设施和功能向城乡结合部及农村延伸。二要积极探索村社基层治理机制。建立基层群众自治与基层党组织领导有效结合的途径。完善基层党政联席会议制度，健全民主评议、一事一议等制度，提升村社组织自治善治能力，加强村社政务、财务公开和监督管理，建立村社权力运行监控体系，完善村社集体资产管理体制。三要建立健全社会转型期群众诉求表达、权益维护、矛盾调处等机制。在城市社区推行网格化管理和组团式服务，在农村构建乡村治理结构，探索强化上下联系的工作方法。积极培育和引导社会组织，增强群众自我教育、自我管理、自我化解矛盾的能力，把更多的政府事务性管理、适合市场和社会提供的公共服务职能，交由社会组织、中介组织和社区来做。

五、陕西西咸新区开发建设的体制保障和政策支持

西咸新区创新城市发展方式，是一场全方位、结构性、体制性的重大制度创新。需要以改革的精神和新思路、新机制、新办法，加强顶层设计和整体规划，破解制约城市科学发展的深层次矛盾，率先建成全面协调可持续的体制机制。同时，需要国家和省市有关部门给予大力支持和配合。

（一）建议将西咸新区设立为国家创新城市发展方式综合试验区

鉴于西咸新区在西安国际化大都市建设、西部大开发和国家区域发展总体布局中特殊重要的地位，及其所具有的综合条件、战略地位和示范意义，应将西咸新区开发建设上升到国家战略，作为国家创新现代城市发展方式、探索新型城镇化道路的试验区。为此，建议以国务院的名义，批准将西咸新区设立为国家创新城市发展方式综合试验区。国家有关部门加强对西咸新区发展的指导、协调和支持，建立西咸新区创新城市发展方式部省联席会议机制。陕西省要加强对规划实施的组织指导和督促落实。有关部门和地方适时开展规划实施情况评估，及时总结推广成熟经验做法，同时支持在西咸新区开展创新城市发展方式的国际合作与交流。

（二）赋予西咸新区创新城市发展方式先行先试权

西咸新区作为第一个创新城市发展方式先行区，和西北唯一的国家级综合性改革试点地区，要在现代田园城市、城乡一体化、科技体制、绿色经济、开发模式、对外开放、文化体制、社会体制、行政体制等方面率先进行制度创新，国家和省在重要改革措施和重大项目布局上给予支持。国家有关财税、金融、土地、生态、服务业等政策试点优先考虑新区，有关科技重大项目、战略性新兴产业和高端制造业重大项目优先布局西咸新区。支持西咸新区建立项目申请"直通车"，各类项目可以直接向国家相关部委上报。国家支持关中—天水经济区的政策、省内关于其他开发区和重点示范镇建设的政策，均适用于西咸新区。新区自身也要大胆探索，主动推进相关领域的改革创新。

（三）完善财税金融等支持政策

企业扶持政策。新区内企业除享受国家西部大开发优惠政策外，对企业固定资产和无形资产予以加速折旧，对鼓励类产业和优势产业投资项目进口国内不能生产的自用设备免征关税。按照"简税制、低税率"原则，清理中小企业税费，考虑对中小企业流转税所得税给予免征、减征或缓征、加速折旧等优惠，对中小企业按吸纳就业人数给予补贴。设立中小企业发展专项基金，国家支持关中—天水经济区的政策、省内关于其他开发区和重点示范镇建设的政策，均适用于西咸新区。服务业发展政策。国家支持西咸新区开展服务业综合改革试点，推进公用事业和垄断行业市场化社会化改革，通过在西部率先推行营业税改征增值税、调整营业税基数、水电气价格并轨、扩大留成比例、设立服务业引导资金等，创造宽松自由、综合优势突出的营商环境，增强服务业自我发展能力。科技支持政策。制订和实施西咸新区科技创新发展战略及其配套政策措施，建立确保新区 2015 年前 R&D 经费占 GDP 的比重达到 5% 的制度保障。强化科技政策与财税、金融、产业、土地等政策的互动支持，优先规划中华科学城、高科智慧城等科技园区。教育支持政策。把建设教育新区、全面提升教育质量作为西咸新区的一项长期战略，落实政府教育责任，改善教育整体环境，完善教育公共服务，建立教育经费投入长效机制。探索教育社会化支持机制。文化支持政策。结合国际旅游文化名城建设，加大文化基础设施建设和文化公共服务投入，加大财税、金融、用地等方面对文化产业的支持，引导社会资本投入。设立西咸新区文化发展基金。

（四）创新开发建设和投融资模式

成立西咸新区开发建设投融资公司，负责筹资进行基础设施、公共设施、保障性住房等开发运营，逐步与管委会职能剥离，实行独立经营、自负盈亏。引入国内外大型企业和机构，采取 BT、BOT 等模式，共同参与开发经营。引入国内外有实力的大型企业集团或投资公司，按新区规划功能进行整体开发。参照天津生态城等项目，划出单独区域，按照规划明确的主体功能，引入国外主体进行独立开发经营或委托运营。建议中央和省给予一定补助，设立西咸新区创新城市发展方式专项基金，用于基础设施和生态建设等。支持新区发行市政建设债券、短期融资债券、中期票据、信托产品等，发行企业债，鼓励保险资金、社保基金等以多种形式投资。发挥政府投入"四两拨千斤"的杠杆作用，积极鼓励和引导民间资本全面参与新区建设。建立引进大企业进行大规模投资和整体运营机制。比照天津滨海政策，设立新区产业投资基金、创业投资基金以及其他股权投资基金。鼓励银行积极推动直接融资工具和管理模式创新，拓宽企业多元化融资渠道，不断提高对新区内企业的金融服务水平。

（五）实行更加开放、更具吸引力的人才政策

创新城市发展方式，关键在人。西咸新区既要成为田园城市、产业新区，更要成为人才新区和人才特区。要围绕"人才特区"建设，大力实施人才战略和创新战略，发挥新区生态宜居、人才富集、资源雄厚、配套完善、辐射扩散等优势，制订优惠政策，鼓励和支持海内外国际顶尖人才、各领域领军人才携项目到此研究、创业、发展。开辟人才引进"绿色通道"，设立人才基金，制订人才引进计划，在资金支持、科研用地、设施保障、住房保障、子女教育、就医和社会保障等方面实施特殊的优厚政策，创造广纳群贤和拴心留人的良好环境。积极聘请外国专家，放宽外籍创业人才政策限

制。大力培养创新创业型人才，把西咸新区建成西部乃至国家人才战略高地和储备基地。

（六）深化政府职能转变和行政管理体制改革

目标是在西咸新区率先构建科学高效开放的城市行政运行机制，强化公共服务和社会管理职能。新区管委会作为省级政府派出机构，代表省政府行使新区开发建设管理权，享有改革发展自主权，在省级权限内行使审批权和项目申报权。新区逐步做到"六个统一"：统一领导、统一规划和产业布局、统一基础设施和公共设施建设、统一土地利用和资源配置、统一财政预算、统一社会管理和公共服务。新区及新城均按大部门管理体制，精简机构、压缩编制，新城职能主要是营造良好的投资环境、有序推进城镇化等。新城下属可设置两类派出机构，一是按功能区设置管理机构，如旅游文化区、科技创新区、国际教育合作区等，主要行使经济发展职能；二是按原街道乡镇行使公共服务、社会管理等社会发展职能。新区要积极下放审批权限，提高行政效能，设立"一站式"审批服务中心，为区内企业和群众提供"保姆式"服务。

陕西西咸新区开发建设已经有了一个良好开端，面临新的历史性机遇。在国家的大力支持下，充分发挥自身特色和比较优势，西咸新区一定能够在创新城市发展方式方面走在全国前列，为推进西咸一体化、建设西安国家中心城市和国际化大都市，引领大西北、带动西部大开发，促进我国区域经济协调发展发挥重要作用。

省委省政府关于西咸新区的重要文件

中共陕西省委　陕西省人民政府
关于加快西咸新区发展的若干意见

陕发〔2014〕10 号　2014 年 10 月 17 日

为贯彻落实《国务院关于同意设立陕西西咸新区的批复》（国函

〔2014〕2 号，以下简称《批复》）和《国家发展改革委关于印发陕西西咸新区总体方案的通知》（发改西部〔2014〕296 号）精神，结合我省实际，现就加快西咸新区发展提出如下意见。

一、统一思想，举全省之力推进西咸新区开发建设

西咸新区位于西安市和咸阳市建成区之间，是关中—天水经济区的核心区域，区位优势明显，经济基础良好，具备加快发展的条件和实力。2011年 6 月，我省出台《西咸新区总体规划》，成立了西咸新区党工委、管委会，开发建设体制调整为"省市共建、以省为主"，发展步伐明显加快。西咸新区按照"建设新城市、发展新产业、形成新业态，保护历史文化、保护耕地、保护农民利益"的要求，以项目建设为载体，创新城市发展方式，建设现代田园城市。经过 3 年建设，城市骨架基本拉开、生态环境明显改善、招商引资成效显著、新兴产业集聚发展，固定资产投资过千亿元，初步形成了"核心板块支撑、快捷交通连接、优美小镇点缀、都市农业衬托"的发展格局，实现了新区发展的阶段性目标。

2014 年 1 月，国务院批复同意设立西咸新区，明确了"把西咸新区建设成为我国向西开放的重要枢纽、西部大开发的新引擎和中国特色新型城镇化的范例"的发展定位，西咸新区成为首个以创新城市发展方式为主题的国家级新区。这是国家深入推进西部大开发、扩大向西开放、建设"丝绸之路经济带"、推进新型城镇化的重大战略举措，是国家赋予陕西的重大战略任务，是陕西发展的重大战略机遇。加快西咸新区发展，对于我省推动西咸一体化、建设关中城市群，深化改革开放、促进经济转型、推动西部地区发展、探索新型城镇化道路，具有十分重要的意义。

全省上下要认真学习贯彻国务院《批复》精神，充分认识西咸新区的战略地位和重要作用，切实把思想和行动统一到党中央、国务院的决策部署上来，抓住机遇，趁势而上，敢于创新，先行先试，强化政策支持，高水平地推进新区建设，高标准地做好各项工作，举全省之力加快西咸新区发展。

二、全面落实国家赋予西咸新区的重要任务

（一）着力建设"丝绸之路经济带"重要支点，形成我国向西开放的重

要枢纽

整合空港新城和西安国际港务区功能，依托西安海关特殊监管区和西安咸阳国际机场国家海关口岸，积极申报建设"丝绸之路经济带"自由贸易区；设立空港新城海关特殊监管区，开展国家跨境电子商务试点，打造"丝绸之路经济带"交通物流枢纽，建设国家航空城实验区。出台相关园区优惠政策，鼓励各类能源企业积极参与西咸新区丝绸之路能源金融贸易中心建设，鼓励金融企业和我省新组建金融机构优先入驻，推进省资源交易中心落户能源金融贸易中心，打造"丝绸之路经济带"能源金融贸易枢纽。充分挖掘西咸新区历史文化资源，探索大遗址保护与文化旅游、生态环保融合发展新模式，打造"丝绸之路经济带"国际文化旅游目的地。吸引世界知名教育机构、国内重点院校参与西咸国际文化教育园区建设，构建国际文化教育交流合作平台。

（二）加快项目建设，打造西部大开发的新引擎

支持西咸新区建设以航空、高速公路、轨道交通等为主的立体化综合交通系统，制订关中城市群轨道交通规划，启动地铁延伸线建设，加快西咸北环线建设，完善城市路网与高速公路、轨道交通衔接。完善西咸新区水资源规划，支持新区水资源供需保障工程建设，优化新区水资源环境。中、省重大产业项目优先向西咸新区布局，主动承接东部产业转移，鼓励科研院所、科技服务机构向西咸新区集聚。支持沣东新城创建国家统筹科技资源改革示范基地，建设技术转移和知识产权交易平台，探索我国统筹科技资源发展的新路径。依托沣西信息产业园，重点发展大数据服务产业，出台信息产业园区优惠政策，支持国家云计算服务创新发展试点示范建设，发展新一代信息技术产业。建设泾河新城新能源新材料和高端装备制造业基地，打造战略性新兴产业高地。引导社会资本发起设立西咸新区产业投资基金。支持西咸新区建立国际合作产业园区，争取中国—新加坡西部现代服务业产业园落户新区。

（三）统筹城乡发展，建设中国特色新型城镇化的范例

以创新城市发展方式、建设现代田园城市为目标，致力于节约用地和提高人口承载力，遵循山水格局、遵循历史文脉、遵循现代规划理念，坚守西

咸新区发展总体规划，根据资源环境条件，构建科学合理的城镇化布局。以渭河为轴线，严格控制城市开发边界，建立点状布局的市镇体系，实践以人为本、四化同步、优化布局、生态文明、文化传承的新型城镇化道路。坚持城乡统筹，建立城乡统一的户籍管理制度，加快推动农业转移人口市民化；支持西咸新区探索农村土地管理制度改革，有序推进农村土地流转，建立城乡统一建设用地市场；发展都市农业，创建国家级农业示范区；建立健全城乡一体的社会保障体系，逐步提高城乡基本公共服务均等化水平。坚持产城一体，根据资源、环境和人口等基础条件，以新产业、新业态为导向发展战略性新兴产业，以就业为导向布局劳动密集型产业，实现产业发展与城市建设互为促进、融合发展。以周秦汉唐历史遗迹和渭北帝陵带为依托，按照"连片保护、系统展现、审慎开发、合理利用"的原则，加强文物保护，挖掘非物质文化遗产内涵，创新文化遗产保护利用传承方式，加快文化产业发展。加强区内河流、湖泊、湿地的保护和生态修复，构建完整的水生态系统；启动斗门调节水库和该片区建设，恢复生态和景观功能，改善人居生态环境；创建国家级生态文明先行示范区。

三、加强领导，理顺体制，保障西咸新区开发建设顺利推进

（一）赋予新区部分行政管理权限

西咸新区管委会是省政府派出机构，代表省政府行使西咸新区开发建设管理权，在项目建设、城乡统筹、规划实施等方面赋予其省、市级管理权限及部分社会事务管理职能。按照大部制、综合性、简政效能的原则，设立西咸新区内设机构，省编办对西咸新区管委会机构编制实行总量控制，西咸新区管委会对各新城管委会机构编制实行总量控制。省级有关部门要深化行政审批制度改革，提出支持西咸新区发展的简政放权清单，除需国家审批核准或国家明确规定由省级政府部门审批核准外，其余审批权限放给新区办理，以支持西咸新区建设发展。西安、咸阳两市政府及相关县（市、区）政府涉西咸新区的经济及相关社会事务管理权委托新区行使。西咸新区要成为深化改革、简政放权的特区，率先实行权力清单制度，负责好辖区内城市管理、市场监管、土地管理、安全生产、环境保护、文物保护等职能。

（二）调整和加强新区内统一管理体制

探索与西咸新区发展阶段相适应的行政管理体制。沣东、秦汉新城划归西咸新区管理。逐步对区内街镇实行行政托管。省公安厅在西咸新区成立公安派出机构，统一领导和协调西安、咸阳两市在各新城设立的公安分局。尽快出台新区户籍政策。整合工商、质监、食品药品监督、知识产权等市场监管职能，成立专门的市场监管综合协调机构，实行市场监管领域的统一管理。

（三）建立健全财政体制

按照"谁举债、谁偿还"和"保基数、分增量"的原则，理顺省级及西安市、咸阳市与西咸新区财政收入分配关系。以 2014 年实际入库数为基数，从 2015 年起省级收入超基数部分全部留给西咸新区管委会，该政策暂定五年不变。建立西咸新区管委会财政管理体制，西咸新区财政局行使独立财政预算管理权，向省财政厅报告年度预算、预算执行情况和年度决算；设立相应的西咸新区本级金库，直接对接省国库，办理新区财政、国税、地税收入的征纳报解和经费支出的划拨。

（四）加大土地支持力度

继续在土地规划、计划、报批等方面给予西咸新区倾斜支持，继续实行土地计划指标单列，耕地占补平衡由省国土资源厅统筹协调异地补充。西安、咸阳两市及相关县（市）政府按照统一管理、权责一致的原则，授权西咸新区管委会履行辖区土地管理职能，并承担辖区耕地保护、执法监察、信访维稳等土地管理相关责任和义务。

（五）健全金融支撑体系

金融监管部门支持西咸新区充分利用市场机制引进各类金融机构及其分支机构，完善金融服务体系。鼓励银行业金融机构加大信贷投放力度，创新金融产品，支持新区通过发行企业债券、中期票据、保险信托计划等多种融资方式筹集建设资金。完善投融资体系，鼓励央企、省属企业和民营企业等各类投资主体参与新区基础设施建设。支持西咸新区发展集团有限公司做大做强，建立和完善省财政和西咸新区管委会对西咸集团注册资本的共同补充出资机制。以资源、科技、金融互为支撑，通过资源增信、证券化等方式支持西咸新区发展。

（六）加强领导，保障开发建设顺利推进

省委、省政府每年定期召开会议，专题听取西咸新区建设情况汇报，协调解决西咸新区发展中的重大问题，推动"大西安"建设。要加强与国务院有关部门的沟通衔接，建立省部际联席会议制度，研究提出国务院有关部门支持西咸新区建设的具体措施，争取国家有关部委对西咸新区更多更大的支持。加强地方立法，出台《陕西西咸新区条例》，规范和保障西咸新区建设。

省级有关部门要尽快制定本意见的实施办法，强化政策、资金和项目支持，主动服务，帮助西咸新区解决问题。西安、咸阳两市及相关县区要明确职责任务，形成共建共享机制。要加强西咸新区与所在县区干部的交流，完善新区内相关县区党政主要负责同志的调整任免征求西咸新区党工委意见的机制。省考核办要将相关市、县（市、区）和省级部门支持西咸新区建设纳入年度目标责任考核，形成上下联动、协同推进的工作格局，共同推动西咸新区又好又快发展。

西咸新区要承担起国家赋予的重大任务，增强使命感、责任感、紧迫感，大胆探索，创新体制机制和发展模式；要以改革为动力，以项目为载体，大力推进基础设施、产业发展、社会事业和生态建设，加大招商引资力度，优化产业布局，在国家级新区建设中力争上游；要进一步理顺新区、新城关系，加强新区统一领导，充分调动五个新城的主动性和积极性；要加强党风廉政建设，改进工作作风，不断提升干部队伍素质，建设务实创新、勤政廉洁的西咸团队，以实干推动发展，开创西咸新区发展的新局面。

陕西省人民政府关于《西咸新区总体规划》的批复

陕政函〔2011〕110 号　　2011 年 6 月 10 日

一、原则同意《西咸新区总体规划（2010—2020 年）》（以下简称《总体规划》），规划控制范围882平方公里。到2020年，城市人口控制在236万人以内，建设用地控制在272平方公里以内，强化集约和节约用地，合理控制城市规模，切实保护好耕地特别是基本农田。

二、西咸新区建设是省委、省政府贯彻落实《关中—天水经济区发展规划》、加快推进西咸一体化、建设西安国际化大都市的重大战略决策，也是国务院颁布的《全国主体功能区规划》中明确提出加快推进的区域之一。西咸新区建设要以《总体规划》为指导，充分发挥新区历史文化、田园生态、资源要素和综合区位优势，将西咸新区逐步建设成为生态文明、环境友好、设施现代、社会和谐、彰显历史文化、产业有序集聚的西安国际化大都市主城功能新区和生态田园新城，使西咸新区成为中国未来城市建设的典范。

三、西咸新区管委会要在《总体规划》确定城乡规划区范围内，实行城乡统一规划管理，并按照城乡统筹发展的要求，以五个分区组团为核心，以永久性生态绿地和标准农田为绿色廊道，以优美小镇和新型农村社区为点缀，构建布局合理、生态环保、结构完善的城乡空间结构，打造现代田园城市，促进城乡统筹发展。

四、要加快交通基础设施建设，进一步完善西咸新区同西安、咸阳主城区的交通联系，建立各种交通方式相结合的多层次、多类型的城市综合交通系统；统筹规划和建设城市给水、排水和污水、生活垃圾处理等基础设施；高度重视城市防灾工作，加强重点防灾设施和灾害监测预警系统建设，建立健全包括消防、防洪、防震和人防在内的城市综合防灾体系。

五、要坚持以人为本，切实做好关系人民群众切身利益的教育、医疗卫生、市政等公共服务设施的规划布局和建设，将保障性住房建设目标纳入近期建设规划。充分利用新区内自然生态资源，加快"两带、三廊、多绿楔"的生态绿化体系建设，创建宜居环境。

六、加强周秦汉都城和渭北帝陵遗址的规划管理，做好大遗址保护工作。要以有效保护、合理利用、景观环境融合为原则，发掘历史文化遗存，突出风貌特色，彰显城市品位，努力将中华优秀历史文化和现代城市建设完美结合。

七、要按照渭河沿岸梯度开发原则，结合渭河流域综合治理工程，建设大面积湿地公园，加快新区渭河两岸金融、发展、商务和文化娱乐等产业发展，打造西安国际化大都市百里滨水生态长廊、滨水休闲长廊、滨水景观展示长廊。

八、《总体规划》是西咸新区建设、发展和管理的基本依据，规划区内的一切建设活动都必须符合《总体规划》的要求。五个分区组团的规划编制工作要根据《总体规划》加快进度，进一步明确新区建设的重点和建设时序。

陕西省人民政府办公厅关于规范西咸新区规划范围内建设项目管理的通知

陕政办发明电〔2011〕41 号　2011 年 7 月 7 日

建设西咸新区是省委、省政府落实《关中—天水经济区发展规划》，建设大西安、带动大关中、引领大西北，打造全国内陆型经济开发战略高地的重要举措，也是推进西咸一体化、打造西安国际化大都市的重要支撑。为规范西咸新区规划范围内项目用地和项目建设，确保《西咸新区总体规划 (2010—2020 年)》顺利实施，经省政府同意，特通知如下：

一、西咸新区位于西安、咸阳两市建成区之间，西起茂陵及涝河入渭口，东到包茂高速，北至规划中的西咸北环线，南至京昆高速，涉及西安、咸阳两市 7 个县（区）、23 个乡镇（街道），规划控制范围 882 平方公里。

二、自本通知发布之日起，在西咸新区规划范围内，凡未经省西咸新区开发建设管理委员会批准同意的项目，发展改革、住房城乡建设部门不得为其办理项目和规划建设审批手续，包括新建项目的立项审批、规划定点、建筑工程施工许可及开工建设等；国土资源部门不得办理土地预审、农用地转用和土地征收的报批、土地供应、土地用途变更、土地登记发证等相关手续。

三、自本通知发布之日起，对未履行报批程序擅自办理各项批准手续的单位，其批准文件和相关证书一律无效。对于未经批准擅自占用或者转让土地进行开发建设及私自乱搭乱建、突击建房的单位和个人，将依据相关法律法规严肃查处。

陕西省人民政府印发关于加快西咸新区发展若干政策的通知

陕政发〔2011〕46号　2011年8月17日

为进一步推进西安、咸阳一体化，加快西咸新区建设，依据《中共中央国务院关于深入实施西部大开发战略的若干意见》、《关中—天水经济区发展规划》和《全国主体功能区规划》有关精神，现就加快西咸新区发展制定以下政策。

一、西咸新区管委会是省人民政府派出机构，代表省人民政府行使有关西咸新区开发建设的管理权。在重大项目、城乡统筹及规划实施方面赋予其市级管理权限及部分社会事务管理职能。支持西咸新区改革创新，在土地、金融、财税、投资、社会保障等领域先行先试。工商、税务、公安、质监、社会保障等部门可在西咸新区设立分支或经办机构。

二、西咸新区建设用地按土地利用规划、年度计划指标实行单列，严格执行相关土地政策。西咸新区管委会对新区范围内的土地实行集中统一规划管理，统一报批、统一供应、统一登记办证。建设用地在年度指标内单独报批，并履行辖区内土地、房屋管理职能。

三、西咸新区建设用地本着节约集约原则，规划建设用地需要调整的基本农田和占补平衡指标，可在西安、咸阳及全省范围内调整统筹解决。

四、加快西咸新区城乡统筹发展和建设现代田园城市，大力发展都市农业。开展农村集体建设用地流转制度改革试点，创建集体农用地流转补偿机制。

五、西咸新区与所在西安、咸阳各市、县（市、区）税收收入在确定基数的基础上，新增税收收入由西咸新区管委会与所在市、县（市、区）实行比例分成。"十二五"期间，西咸新区管委会的分成部分全部用于新区的开发建设和社会事务管理。

六、按照省政府关于关中—天水经济区科技资源统筹规划和政策，在西咸新区建设国家级统筹科技资源改革示范基地。

七、以西安咸阳国际机场为依托，在西咸新区空港新城建设西安综合保税区（国际港务区）B区。加快建立具有全面保税功能的大型综合性海关保税监管区域，支持保税物流体系建设。积极支持机场口岸大通关建设，增强辐射服务功能，大力促进贸易便利化。

八、在西咸新区5年内有重大投资的企业，可优先参与陕北资源开发。鼓励支持在陕资源开发企业积极参与西咸新区建设。

九、鼓励西咸新区金融创新，支持西咸新区建立发展基金和发行城市建设债券。鼓励各金融机构在西咸新区设立分支机构或营业场所。积极开展科技型企业和小型企业股权转让系统以及能源、矿产资源、碳排放、土地等交易试点工作。

十、国家深入实施西部大开发政策，关中—天水经济区发展规划支持政策，全省重点示范镇建设支持政策，以及省、市政府赋予开发区的各项优惠政策，均适用于西咸新区。

中共陕西省委　陕西省人民政府
关于省市共建大西安　加快推进
创新型区域建设的若干意见

陕发〔2012〕6号　2012年10月15日

根据省第十二次党代会精神和全面建设西部强省"三强一富一美"的总体目标，为进一步加快建设大西安，带动大关中，引领大西北，构建创新型区域，现提出如下意见。

一、深化认识，省市共同推进大西安建设

大西安，包括西安市行政区域、咸阳市城区和西咸新区，总规划建成区面积 800 平方公里，相应辐射到咸阳其他县级行政区域。2011 年，大西安总人口 970 万人，占全省的 25.9%；生产总值 4440 亿元，占全省的 35.8%；地方财政收入 331 亿元，占全省的 22%；城镇居民人均可支配收入 23500 元、农民人均纯收入 9300 元，均高于全省平均水平。但与全国同类城市区域相比，无论是经济总量，还是人均水平，都有一定差距。建设大西安，带动大关中，引领大西北，是贯彻落实《关中—天水经济区发展规划》的核心，是实现省第十二次党代会提出的全面建设西部强省"三强一富一美"目标的关键，更是未来陕西发展的强力支撑。必须充分认识大西安在全省发展中的地位，充分认识用大西安的发展带动大关中、引领大西北的重要作用，同心同向，齐心协力，共促大西安跨越发展。

二、奋力赶超，增强大西安城市竞争力

力争经过五年的发展，大西安城市竞争力在全国同类城市群中排位显著提升，初步建成一体化发展的国际化大都市、创新驱动的现代产业聚集区、文化生态大融合的国际旅游目的地和开放包容的内陆开放开发高地。主要指标应达到：

——经济实力实现新跨越。到 2017 年，生产总值力争达到 1.5 万亿元，年均增长 13% 以上；地方财政一般预算收入超过 1000 亿元，年均增长 20% 以上。

——经济结构得到新优化。非公有制经济占比达到 55%，第三产业占生产总值比重达到 50%，当年实际利用外资超过 100 亿美元，城镇化水平达到 65%。

——创新能力实现新突破。统筹科技资源改革示范基地建设取得明显成效，人才队伍综合实力进一步增强，劳动者素质和创业就业能力大幅提升。R&D 经费支出占生产总值比重达到 5%，技术成果交易额达到 400 亿元。

——生态建设取得新进展。建成区绿地率达到 35% 以上，森林覆盖率达到 45% 左右，城镇污水、生活垃圾无害化处理率达到 90% 以上，单位生产总值能耗和主要污染物排放完成约束性指标。

——民生改善达到新水平。城镇居民人均可支配收入超过 5 万元、农民人均纯收入超过 2 万元，年均增长 15% 以上。全面普及高中阶段教育，从业人员平均受教育年限达到 12 年以上；建立完善的覆盖城乡居民的基本医疗卫生体系和社会保障体系，城镇登记失业率控制在 4.5% 以下。

三、突出重点，完成共建大西安主要任务

省市共建大西安，重点在：一是加快推进产业布局调整和结构优化升级，构建现代产业体系，转变经济发展方式，提升综合竞争力；二是加快完善城市功能，强化城市管理，提升城市品位，提高市民文明素质，推进城乡统筹和一体化发展，努力建设国际化大都市；三是加快推进社会管理创新，加强生态建设和环境保护，建设和谐宜居的幸福家园；四是充分发挥文化优势，加速推进改革开放，使大西安成为全省改革开放和现代化建设的先行区。今后五年，省上直接支持大西安建设的资金超过 120 亿元。西安、咸阳两市政府和西咸新区管委会也要集中优势资源，实施重大项目，推进共建共享，联合省级各部门，共同推进大西安建设。

四、转型调整，构建现代产业体系

1. 支持战略性新兴产业布局和发展

省上出资 10 亿元，通过资本金注入方式支持中航飞机公司落户西安。省财政、航空产业基地和相关企业筹集 10 亿元参股新舟 700 型飞机研发生产。省上和西安市共同出资，设立航空产业投资发展基金，2017 年达到 10 亿元规模。制定专门政策，支持中国联通、中国移动、中国电信等运营商入驻沣西信息产业园，建设国家级信息产业基地和大数据处理中心。科学规划产业布局，形成以西安和咸阳高新区、阎良航空基地、民用航天基地、浐灞金融商务区、沣西信息产业基地、沣东统筹科技资源示范基地、泾河新能源环保产业基地、空港临空产业基地、秦汉文化产业基地等为核心的新兴产业功能区，建成综合性国家级高技术产业基地和先进制造业基地。

2. 支持传统产业改造和退城发展

强化自主创新，推动食品、纺织、建材和医药等产业转型升级，发展终端和高端产品，打造知名品牌，增强市场竞争力。加快西安纺织城迁建和咸阳纺织工业园区建设。制定优惠政策，引导城区传统产业退城入园、提升改造。支持西咸新区周陵轨道交通产业园建设。通过税收列支返还，持续解决纺织、食品、森工行业职工收入偏低问题。

3. 支持现代服务业发展

推进西安国家服务业综合改革试点，支持咸阳申报全国现代科技服务业试点城市，支持西安国际港务区申报国家现代服务业综合试点。支持办好"西洽会"、欧亚经济论坛等品牌展会（论坛），扩建区域性国际会展中心，形成15万平方米的会展面积。支持服务外包公共服务平台建设，对外包企业技改研发、国际资质认证和品牌建设等给予补助。以西安国际港务区、西咸新区空港新城为龙头，打造区域性物流中心。支持为装备制造业配套的现代物流、信息服务、科技服务、商务服务等生产性服务业加快发展。支持区域金融中心建设，加快浐灞金融商务区基础设施建设。省金融发展专项资金每年对大西安的使用比例不低于30%。对在大西安设立或新迁入的全国性金融机构总部、工业和商贸类企业总部，根据注册资本和发展情况给予一次性补助。

4. 支持科技资源统筹和创新

支持西安高新区创建国家自主创新示范区，支持咸阳申报全国创新型城市试点，推动省科技资源中心在咸阳设立分中心。支持建设西安高新技术研发转化基地，支持中电科技园、北斗卫星应用园、北车集团等科技成果转化基地和秦汉新城四医大项目建设。每年省财政安排2000万元、西安市安排8000万元，共计1亿元用于创新高地人才引进。

5. 支持现代都市农业发展

坚持园区引领、基地支撑、龙头带动，建设长安、咸阳、西咸新区等现代农业示范园区，提高专业化、规模化、标准化生产水平。支持拓展农业的社会服务、生态涵养、休闲观光、文化传承等功能，重点发展观光农业、苗木花卉等现代农业，打造全国现代都市农业先行示范区。

6. 支持旅游业加快发展

支持跨区域整合旅游资源，打造精品旅游品牌和线路。加快建设临潼旅游休闲度假区、秦岭终南山世界地质公园、秦汉新城博物馆群、世园主题公园、咸阳博物院等重大项目。对大西安范围内新建的固定资产投资额在 5 亿元以上的高星级酒店，给予连续三年减免营业税、房产税的优惠。对新认定的五星级饭店和 4A、5A 级旅游景区，以及新获得全国旅游商品大赛奖的单位给予奖励。对新开辟的国际旅游航线给予补贴。

7. 支持文化产业发展和大遗址保护

支持大型公共文化设施和重大文化产业项目建设，支持"大戏、大片、大剧、大作"的策划和创作。依托曲江新区、秦汉新城等文化产业板块，建设全国文化产业基地和国家级文化产业示范城市。积极探索大遗址保护利用新途径，省财政筹资 3.5 亿元，支持汉昆明池、汉长安城和秦咸阳城等大遗址保护，支持设立汉长安城和五陵塬大遗址保护特区。整合文物资源，加快西安"博物馆之城"建设。

五、强化基础，完善城市服务功能

1. 加快大西安便捷交通建设

省上安排 10 亿元，支持西安北客站、西安枢纽四大基地和西安火车站改扩建。每年安排 2 亿元，支持西安地铁 3 号、4 号、5 号线和 1 号线咸阳延伸段建设。争取将西安国道绕城快速公路项目纳入国家公路建设规划，争取中央车购税对项目建设的支持，省级交通建设资金给予补助。支持西安、咸阳主城区加密城市路网和西咸公交无缝对接。尽快建成西咸环线高速公路、国道绕城快速公路，西安至太原、成都和银川快速铁路以及连接机场、临潼、阎良和铜川的城际铁路，推进西安绕城高速与城市道路共享并用。加快完善大西安城市组团交通网络，形成大西安中心 1 小时覆盖内部组团、3 小时连接周边省会的快速交通圈。

2. 支持完善市政公共设施

加快城市停车场建设，对新建公共停车场，省财政按西安市实际补助额再给予 20% 的补助。加快城市组团的电力、通信等架空线网落地，对西安南二环高压线落地工程按 3% 贴补率，连续三年给予项目贷款贴息补助。对已纳入省政府批准的棚户区改造规划和年度改造计划的城市棚户区改造项目给予资金支持。积极争取中央预算内资金和中央污水管网专项资金对城市垃圾、污水处理设施及管网配套的支持，省级相关专项资金给予一定补助。支持咸阳申报城市餐厨废弃物资源化利用和无害化处理城市试点。支持城市固体废弃物资源化利用，支持垃圾发电项目建设。省财政通过拨款、借款等方式安排25亿元资本金，支持西咸新区加快基础设施建设。适当提高城市基础设施配套费征收标准，西安市城区范围内按240元/平方米征收，咸阳市、西咸新区按200元/平方米征收，临潼区、阎良区、户县按150元/平方米征收，高陵县、蓝田县、周至县按100元/平方米征收，国家及省上确定的重点镇按30元/平方米征收；对不便于核定建筑面积的建设项目，按工程总造价的5%计征。

3. 提升城市管理水平

以人口、交通和环境为重点，统筹规划西安、咸阳城市发展和城镇化建设，强化城镇功能互补，推进城市空间布局和配套体系合理衔接。加强城郊接合部社会管理和公共服务对接，着力解决交通疏堵、资源供应和垃圾处理等市民关心的重大问题，统筹处理好城市组团局部与系统、地上与地下、城区与郊区的关系，提升城市管理的规范化、精细化水平。支持大西安数字化城市管理信息平台建设，着力建设城市基础设施数据库及信息采集、综合指挥等子系统。支持城市社区服务标准化建设，建立多层次、多元化社区服务体系。

六、以人为本，推进城乡统筹和一体化发展

1. 支持郊县山区扶贫搬迁和新农村建设

从2013年起，连续五年，省上和西安市各安排1000万元，对蓝田、周至等山区居民实施搬迁，加快脱贫致富步伐。加大对蓝田、周至和咸阳相关县的转移支付，优先安排农村危房改造，支持自然村道路硬化工程，提高农村水、电、路等公共设施建设水平。支持搞好新农村建设，创建产城一体、富有现代气息的优美小镇。

2. 支持城乡养老、医疗等社会保险全覆盖

建立社会保障投入增长新机制，探索西咸医疗、养老等社保一体化新模式，逐步在大西安实行统筹，统一城乡、区域之间社会保障标准。扩大养老

保险对非公有制企业、城镇个体工商户和灵活就业人员的覆盖面,加快推进新型农村社会养老保险试点工作。提高新型农村合作医疗和城镇居民基本医疗保险政府补助水平,力争 2015 年达到年人均 400 元。

3. 支持教育均衡发展

跨区域整合优质教育资源,促进共建共享。加快建立各级各类教育生均公用经费定额动态调整机制,逐步使各级各类学校生均校舍、图书、教学设备等基础办学条件达到国家要求。鼓励名校跨区域整合资源,设立教学、培训、科研分支机构。健全从学前教育到高等教育全覆盖的贫困生资助体系,落实学前教育家庭经济困难幼儿资助政策,对城乡义务教育学生实行营养午餐全覆盖。

4. 推进大西安城镇功能拓展

支持咸阳市行政区域内除主城区以外的其他县基础设施建设,改善产业发展基础和条件,促进县城和重点镇有效承接大西安功能扩展和产业转移。推进高陵县统筹城乡试点,支持曲江新区、临潼区创建全国绿色城乡统筹发展示范基地。支持礼泉－乾县、彬县－长武－旬邑等区域建设城乡统筹示范带。支持周至、高陵、泾阳等地建设新兴城区,把大西安及其辐射区建成错落有致、特色鲜明、功能完善、产业配套,由大城市、中等城市、县城和重点镇共同组成的具有较强竞争力的城市集群。

七、保护生态,实现人与自然和谐相处

1. 支持城市绿化美化

实施城市增绿扩绿工程,依托城市重要区域、重点工程、重大项目的分布格局,结合道路建设、河道治理、区域整治、棚户区改造,因地制宜搞好生态绿化、园林绿化和景观绿化,率先达到大城市人均绿地面积、湿地面积和公共休闲场所面积标准,实现大水大绿、生态优美目标,把大西安建成山、水、城、田、塬协调共生,人与自然和谐共处的生态区。

2. 支持城市大气质量和渭河水质改善工程

着力解决重金属污染和城市汽车尾气、噪声污染等突出问题,控制大气中的二氧化硫、二氧化氮和可吸入颗粒物。加快淘汰西安市黄标车,省财政按照提前淘汰黄标车补贴标准给予西安市 20% 资金补助。推广低碳产品和技术，降低工业、交通、建筑等领域温室气体排放。加快实施渭河全线整治，统筹城区段防洪堤岸、滨河公园等建设，实施好渭河流域水污染防治三年行动方案，通过工程治污、环境执法和机制创新，实现渭河水质基本变清。

3. 支持秦岭北麓生态保护工程

从 2013 年起，连续五年，在现有支持西安生态环境建设资金的基础上，每年通过省级相关专项资金再新增 4000 万元，用于秦岭生态保护、城市造林绿化等。加快建设秦岭国家植物园，争取设立秦岭中央森林公园。参照陕南移民搬迁政策，支持黑河引水系统"三库三河"流域移民搬迁工程。严格限制秦岭矿产资源开采，开征生态环境保证金和生态环境治理费，强化秦岭生态环境修复。

4. 支持引汉济渭水网化工程

统一配置大西安水资源，支持李家河水库和平原水库工程建设，完善城乡供水、防洪和水生态环境保障体系，初步建立起城乡一体的水资源管理新机制。加快亭口、柏岭寺、东庄、红岩河水库建设，加快"引羊济乾"供水等前期工作，提高大西安供水保障能力。按照 70% 的比例返还西安市、咸阳市水利建设基金，用于李家河水库、东庄水库等重点水源工程建设。将汉昆明池（斗门调节水库）纳入引汉济渭工程供水网络规划建设。

八、深化改革，提高对外开放水平

1. 加快体制机制创新

加强大西安统一规划，不断提高主城区规划建设水平。支持西咸新区城市发展模式创新，逐步完善管理体制，积极申报国家级新区。科学规划、合理调整西安主城区的管理体制，强化市辖区的城市管理功能和责任。支持大西安在土地、户籍、财税、金融、社保等领域改革创新、先行先试。支持在全省率先完成农村集体土地所有权、集体建设用地使用权、土地承包经营权、房屋产权等确权登记颁证，探索农村产权抵押多种途径。选择大西安区域内的省级重点县区，赋予相当于设区市的经济管理权限。实施"扩权强镇"改革试点，支持阎良区全国发展改革试点城镇建设。围绕大西安主导产业，推进城市产业协作，支持西安高新区、西安经开区、曲江新区等发展"飞地"经济。

2. 支持引进跨国企业和品牌企业

以各类园区为载体，以韩国三星、美国强生和台湾地区鸿海等项目为龙头，以优势特色产业和战略性新兴产业为重点，积极引进战略合作伙伴，加快聚集配套企业，更多地吸引世界 500 强企业和国际一流人才。对新引进的世界 500 强企业投资项目，根据投资额度和辐射带动能力，由项目所在地政府给予优惠政策。

九、加大力度，强化政策保障

1. 财政税收政策

省财政每年安排 3 亿元，设立大西安发展专项资金，其中西安市 2 亿元、咸阳市 1 亿元，重点支持产业结构调整以及渭北工业区建设等。逐年增加对新兴产业、支柱产业、重点项目等的专项补助。对产值 10 亿元以上装备制造企业缴纳的增值税、所得税地方留成部分，2015 年前实行 50% 返还政策，对房产税、城镇土地使用税实行减税政策。对实际投资在 1 亿元以上的关键装备产业化（含科技攻关）项目，给予 300 万元的贴息或补贴。对每 1000MW 光伏全产业链项目给予 6000 万元贴息。对省政府确定的 20 户光伏和 LED 重点企业，以上年缴纳增值税地方留成部分为基数，新增增值税地方留成部分的 50% 返还，用于支持企业发展。以 2012 年为基期年，核定大西安金融保险业营业税附征的城建税和教育费附加收入的基数，从 2013 年起，将大西安区域内产生的随同金融保险业营业税征收的城建税和教育费附加下放，基数部分由市级财政通过每年结算上解省级。

2. 投资金融政策

编制大西安产业结构调整指导目录，实施差异化引导政策。加强大西安招商引资政策对接，逐步统一土地利用政策、税收政策、招商服务标准。建立利益协调机制，推进跨区域项目建设。省级基本建设投资、各类专项资金，中央安排我省的地方政府债券资金，国际金融组织和外国政府优惠贷款向大西安倾斜。支持大西安扩大直接债务融资规模，省财政采取借款方式帮助市级建立风险缓释基金,通过交易商债券市场筹集资金。加快设立农村合作银行和农村商业银行,推进农信社改革重组,鼓励小额担保公司等各类民营非银行金融机构发展。筹建西咸发展银行。

3. 土地政策

集中和调剂全省土地指标,对大西安建设用地给予倾斜,使大西安的用地水平与生产总值占全省的比重基本相当。积极争取国家城乡建设用地增减挂钩周转指标并对大西安予以倾斜。建立大西安用地审批"绿色通道",加快重大产业项目用地预审和审批,支持渭北工业区加快发展。支持大西安创新土地整理复垦开发模式,探索集体农用地流转有效形式及补偿新机制。探索建立城乡统一的土地市场,改革和完善土地征收征用制度,确保农民在土地增值中的收益权益。

十、加强领导,抓好工作落实

1. 加强组织领导

成立由省政府主要领导任组长,省级有关部门和西安市、咸阳市、西咸新区主要领导参加的推进大西安建设领导小组,定期研究解决工作中的重大问题。领导小组办公室设在省发展改革委,负责做好日常工作。同时,建立有西安、咸阳两市党政主要领导和西咸新区管委会主要领导参加的大西安建设联席会议制度,定期联系沟通,共同解决问题。

2. 狠抓工作落实

建设大西安是省市共同的责任。西安、咸阳两市政府和西咸新区管委会要充分发挥建设主体作用,抢抓机遇、乘势而上,加强衔接互动,挖掘发展潜能,努力打造新的增长极。要抓紧制订和完善相关规划,围绕重点任务创造性开展工作,在落实和放大政策效应中实现创新发展。省级各有关部门要按照职能分工,进一步细化各项政策措施,加大支持力度,减少办事环节,尽可能下放审批权限,为大西安建设提供高效、便捷的服务。要把大西安建设的各项重大工作变成可操作的计划、项目,争取列入国家规划、政策支持、项目安排和改革创新范围。各部门支持大西安建设工作落实情况,纳入省级目标责任考核。

❖ 皮书起源 ❖

"皮书"起源于十七、十八世纪的英国，主要指官方或社会组织正式发表的重要文件或报告，多以"白皮书"命名。在中国，"皮书"这一概念被社会广泛接受，并被成功运作、发展成为一种全新的出版形态，则源于中国社会科学院社会科学文献出版社。

❖ 皮书定义 ❖

皮书是对中国与世界发展状况和热点问题进行年度监测，以专业的角度、专家的视野和实证研究方法，针对某一领域或区域现状与发展态势展开分析和预测，具备原创性、实证性、专业性、连续性、前沿性、时效性等特点的公开出版物，由一系列权威研究报告组成。

❖ 皮书作者 ❖

皮书系列的作者以中国社会科学院、著名高校、地方社会科学院的研究人员为主，多为国内一流研究机构的权威专家学者，他们的看法和观点代表了学界对中国与世界的现实和未来最高水平的解读与分析。

❖ 皮书荣誉 ❖

皮书系列已成为社会科学文献出版社的著名图书品牌和中国社会科学院的知名学术品牌。2011年，皮书系列正式列入"十二五"国家重点出版规划项目；2012~2015年，重点皮书列入中国社会科学院承担的国家哲学社会科学创新工程项目；2016年，46种院外皮书使用"中国社会科学院创新工程学术出版项目"标识。

法 律 声 明

权威报告·热点资讯·特色资源

皮书数据库

ANNUAL REPORT(YEARBOOK)
DATABASE

当代中国与世界发展高端智库平台

社会科学文献出版社 皮书系列
SOCIAL SCIENCES ACADEMIC PRESS (CHINA)

卡号:953946809708
密码:

S 子库介绍
ub-Database Introduction

中国经济发展数据库

涵盖宏观经济、农业经济、工业经济、产业经济、财政金融、交通旅游、商业贸易、劳动经济、企业经济、房地产经济、城市经济、区域经济等领域，为用户实时了解经济运行态势、把握经济发展规律、洞察经济形势、做出经济决策提供参考和依据。

中国社会发展数据库

全面整合国内外有关中国社会发展的统计数据、深度分析报告、专家解读和热点资讯构建而成的专业学术数据库。涉及宗教、社会、人口、政治、外交、法律、文化、教育、体育、文学艺术、医药卫生、资源环境等多个领域。

中国行业发展数据库

以中国国民经济行业分类为依据，跟踪分析国民经济各行业市场运行状况和政策导向，提供行业发展最前沿的资讯，为用户投资、从业及各种经济决策提供理论基础和实践指导。内容涵盖农业，能源与矿产业，交通运输业，制造业，金融业，房地产业，租赁和商务服务业，科学研究，环境和公共设施管理，居民服务业，教育，卫生和社会保障，文化、体育和娱乐业等 100 余个行业。

中国区域发展数据库

以特定区域内的经济、社会、文化、法治、资源环境等领域的现状与发展情况进行分析和预测。涵盖中部、西部、东北、西北等地区，长三角、珠三角、黄三角、京津冀、环渤海、合肥经济圈、长株潭城市群、关中一天水经济区、海峡经济区等区域经济体和城市圈，北京、上海、浙江、河南、陕西等 34 个省份。

中国文化传媒数据库

包括文化事业、文化产业、宗教、群众文化、图书馆事业、博物馆事业、档案事业、语言文字、文学、历史地理、新闻传播、广播电视、出版事业、艺术、电影、娱乐等多个子库。

世界经济与国际政治数据库

以皮书系列中涉及世界经济与国际政治的研究成果为基础，全面整合国内外有关世界经济与国际政治的统计数据、深度分析报告、专家解读和热点资讯构建而成的专业学术数据库。包括世界经济、世界政治、世界文化、国际社会、国际关系、国际组织、区域发展、国别发展等多个子库。